KB210825

개인정보 보호법의 이해

- 이론 · 판례와 해설 -

김주영 · 손형섭 공저

法 文 社

이 책의 전반부는 김주영 교수가 중·후반부는 손형섭 교수가 작성하였습니다. 그러므로 각 부분에 대한 질문 및 의견은 김주영(surhomme@mju.ac.kr), 손형섭 (hyengsub21@ hotmail.com)에게 연락주시면 감사하겠습니다.

개인정보 보호법 시행에 즈음하여

이 책은 2011년 9월 30일부터 시행 중인 우리 개인정보 보호법에 대한 이론과 해석을 제시하여, 앞으로 개인정보 취급자들이 어떻게 대처해야 하고 우리 국민들이 개인정보를 보호받기 위하여 어떻게 이법을 통한 구제를 받을 수 있는지에 대하여 이해를 돕고자 한다.

1980년대 이후 세계는 정보화 사회에 돌입하게 되었고, 이와 함께 정보는 인류에게 다양한 혜택을 주면서 다양한 사회적 네트워크를 형성하는데 기여하였다. 따라서 개인의 표현의 영역과 자신의 의사를 표출한 다양한 장(場)이 열렸으나, 개인정보의 다양한 방식에 의한 유출과 사생활의 침해는 정보화 사회의 발달에 병리현상으로 등장하게 되었다. 따라서 세계 여러 국가에서는 그동안 개인정보 보호법 제정이 이루어져왔다.

우리나라에서도 개인정보 보호법의 제정에 대한 요구가 각계각층에서 제기되어 왔고, 관련 입법안 등이 국회에서 제출되는 등 다양한 노력이 있었다. 그러던 중 최근 백화점, 주유소, 은행 등에서 개인정보 유출 사고가 발생하고, 2010년 GS칼텍스에서 약 1000만 건의 개인정보가 유출되어 유통된 사건의 발생하는 등 개인정보 보호법이 하루라도 빨리 만들어져야한다는 공감대가 형성되고 이에 개인정보 보호법의 제정에 추진력을 얻게 되어 2011년 3월 국회를 통과하게 되었다.

2011년 9월 30일부터 시행된 개인정보 보호법(제정 2011.3.29 법률 제10465호, 이하 법이라고 함)은 그 적용 대상을 공공부문뿐만 아니라 민간부문의 모든 개인정보 취급자로 확대하고 개인정보 수집·제공·파기 등 단계별로 개인정보의 처리 원칙을 정립하며 개인정보 보호정책의 심의·의결 기구로서 개인정보 보호위원회를 설치하는 내용 등을 담고 있다.

  보다 구체적으로 이 법은 개인정보의 수집단계부터 이용, 제공, 파기 등 단계별 보호기준을 마련하고, 주민등록번호 등 고유식별정보 처리의 제한 강화 등 개인정보 보호를 강화하는 내용과 함께, 개인정보의 열람청구권, 정정·삭제 청구권, 처리정지요구권 등 정보주체의 권리를 보장하고 있다. 그리고 개인정보 분쟁조정위원회 설치 및 집단분쟁조정제도를 도입하는 한편, 단체소송을 도입하되, 지금 소비자보호법에 있는 규정과 같이 단체소송의 대상은 권리침해행위의 중단·정지청구소송으로 제한했다. 그리고 개인정보 침해사실을 행정안전부장관에게 신고할 수 있도록 개인정보 침해신고센터를 설치·운영하는 내용을 담고 있다. 이와 같이 포괄적인 내용을 담고 있는 이 법은 개인정보 보호법 개인정보에 관한 통일된 단일법으로서 그동안 정보통신망법 등 산발적으로 개인정보를 보호하던 우리 개인정보 보법 체계에 큰 변화를 가져올 것으로 보인다.

  개인정보 보호는 법률가와 IT종사자부터 시민단체 그리고 일반 개인에 이르기까지 전 영역에 걸쳐 높은 관심을 갖는 이슈이다. 이에 대한 법이 9월 30일부터 시행되기 때문에 관련 업계에서의 개인정보 취급 그리고 개인정보 침해자들의 구제 대응태도는 종래와는 크게 달라질 전망이다.

  특히 개인정보 보호법의 적용대상이 공공기관 및 비영리단체, 동창회, 부동산 중개소, 쇼핑센터, 택배사, 여행사, 휴대폰 대리점, 비디오 대여점 등 업무를 목적으로 개인정보를 처리하는 모든 사업자-그 수는 350만을 넘는다고 한다-에게까지 확대됨에 따라, 이 법의 실행과 관련한 다양한 법적 문제점들의 해결에 대한 요구가 늘어갈 것이다.

  이 책은 우선적으로 이렇게 개인정보 보호에 관한 질문과 대책에 대하여 대응하는 것을 목표로 하고 있다. 아울러 일반 국민의 경우, 자신의 개인정보를 열람·신청할 수 있으며, 자신의 개인정보가 잘못 등록되어 있는 경우에는 정정·삭제를 요구할 수 있는 등 자신의 개인정보에 대한 관리에 관한 법리를 제공한다. 특히 개인정보는 보호만이 능사가 아니라는 전제에서 정보사회에서 중요한 자산이자 개인의 인격의 자연스러운 발현을 돕는 정보이므로 이에 대한 균형있는 시각을 가지고 이 책 전면에 걸쳐 개인정보 보호에 관한 이론과 법률의 해석 그리고 관련 판례 등을 제시하려고 한다.

일본의 경우 개인정보 보호법의 제정과정에서 개인정보 보호에 대한 사회적 논의와 인식이 높게 형성되는 과정을 겪은 바 있지만, 우리나라의 경우 개인정보 보호법의 입법이 이루어진 것은 앞에서 설명한 바와 같은 다양한 개인정보 침해의 대응방안에 대한 사회적 필요성에 의해서 더 이상의 개인정보 보호법의 입법을 늦출 수 없었기 때문이다. 그러나 그 입법의 과정에서 구체적인 내용에 대한 사회적인 논의를 다 거치지는 못하고 제정된 아쉬움도 없지 않기에 추후의 개선방향에 대한 논의도 본서에 일부나마 포함하고자 한다.

더 나아가 현 법제의 입법평가적 접근과 함께, 이미 개인정보 보호에 관련한 법제를 마련하여 실행중인 미국과 일본 등의 경험을 검토한 바를 토대로, 현 개인정보 보호법의 부족한 부분을 짚어 추후의 개선방향에 대한 담론의 장을 제공하고자 한다.

이 책을 2011년 9월 30일 '개인정보 보호법'의 시행과 함께 출판하려 하였으나 학기 중에 원고를 마무리하기 어려워 2012년에 정식 출판하게 되었다. 계속 미루어지는 원고 마감을 기다려 주신 법문사의 출판관계자 분들께 사과와 감사의 말씀을 드린다. 그리고 언제나 지도해주신 중앙대학교 민경식 교수님과 일본 도쿄대학의 하세베 야스오(長谷部恭男) 교수님께 감사말씀 드린다. 그리고 2011년 10월 감수본에 대하여 감수하고 의견주신 사법연수원 교수 이규홍 부장판사님과 중앙대학교 이인호 교수님께 감사의 마음을 전한다.

이 책은 앞으로 개인정보의 보호와 합법적인 이용 사이에서 고민을 하게 될 많은 독자들에게 '개인정보 보호법'에 대한 의문에 대답하고 문제의식을 제공하는 역할을 하며, 앞으로 이 법에 대한 다양한 논의와 방향에 대한 토대를 제공하기를 바라며 이 글을 독자들에게 바친다.

2012년 3월

공동 저자 김주영·손형섭

차   례

제5장 「개인정보 보호법」 규정의 이해 (159~238)

01
CHAPTER

서장: 감시의 일상화

I. 감시국가, 감시사회

"국가권력의 생성은 행정목적을 추구하기 위하여 규칙적으로 정보를 수집·보관·통제하는 자체 감사의 감시체계를 재생산할 수밖에 없기 때문"에 "근본적인 의미에서 모든 국가는 정보사회에 해당된다."는 앤서니 기든스 (Anthony Giddens)의 적절한 지적을 염두에 둔다면,[1] 현대 사회를 기존 사회와 확연히 구분되는 의미에서의 '정보사회(information society)'로 규정짓는 미래학자들의 선동에 가까운 주장을 아무런 유보 없이 동의하기는 쉽지 않을 것이다.[2] 그렇지만, 기든스의 지적은 정보의 수집 등이 국가의 본성과 관련되고 있다는 점을 드러내 보임으로써 오히려 더 정보의 중요성을 생각할 기회를 제공해 준다고 하겠다.

비록 영화 속에서의 예이긴 하지만, 2007년 개봉한 『본 얼티메이텀(The Bourne Ultimatum)』이란 영화에서는 한 영국 기자가 취재원과 휴대전화를 통해 통화를 하던 중 특정한 단어를 입에 올리자, 미국의 정보기관의 감청시스템에 그 단어가 검출되어 감시대상이 된 후 결국 암살당하는 에피소드가 등장한다. 이미 1998년에 제작된 영화, 『에너미 오브 스테이트(Enemy of State)』에서도 미국의 국가안보국(National Security Agency: NSA)의 엄청난 감청 및 도청능력이 다루어진 적이 있었는데, 『에너미 오브 스테이트』에서 묘사된 사항들은 상당부분 현실에서 실행되기 어려울 것 같은 영화적 허구라는 느낌을 준 반면에 『본 얼티메이텀』의 감시상황은 영화의 사실적인 분위기 속에서 진짜 저럴 수도 있겠구나 하는 생각이 들게 만들기도 했다. 하지만 실제 미국과 일부 영연방국가들이 운용하고 있는 '에셜론(ECHELON)' 시스템은 『본 얼티메이텀』의 에피소드가 단순한 상상력의 소산이 아님을 보여준다.[3]

---

1) 자세한 내용은 Anthony Giddens, *Nation-state and Violence*, 진덕규 역, 『민족국가와 폭력』(서울: 삼지원, 1991), 211~212면.
2) 정보사회를 둘러 싼 논의들에 대한 비판적인 분석은 Frank Webster, *Theories of the Information Society*, 조동기 역, 『정보사회이론』(서울: 사회비평사, 1997)을 참조.
3) 1960년대부터 운용되기 시작된 에셜론의 존재가 일반에 공개된 것은 1988년의 일이고, 2001년에는 유럽의회에 의해 그 존재가 확인되었다고 한다.
http://news.khan.co.kr/kh_news/khan_art_view.html?artid=200905251750085&code=

아울러 국가가 이러한 감시체제를 운용하는 목적은 안보에만 국한되는 것이 아니고, 일반적인 행정목적, 즉 치안이나 조세행정 나아가 급부행정에 이르기까지의 다양한 행정목적을 아우르게 된다.[4] 더욱이 이러한 감시체제는 국가에 의해서만 운용되는 것이 아니고, 금융기관을 비롯하여 교육기관, 통신회사 등의 민간부문에서도 상당한 수준에서 진행되고 있다. 국가를 비롯한 어떤 조직이든지 그 구성원들에 관하여 신원을 확인하고 관련된 개인정보를 수집·관리하는 것이 그 조직의 안정적이고 효율적인 운용에 필수적인 측면이 없지 않기 때문이다.

II. 감시의 일상화

흔히 셀러브리티(celebrity)라 불리는 유명인들은 어딜가나 파파라치(Paparazzi)의 사진세례를 피하기 어려운 것이 요즘의 현실이다. 파파라치 덕분(?)에 일반인들은 유명인들의 일거수일투족을 어렵지 않게 전해 들으며, 그들의 관심사를 충족시키기도 하지만, 한편으로 일상생활마저 침범당하는 유명인들의 삶이란 얼마나 고달플까하며 유명인들을 동정하는 기회를 가질 수도 있는 것이다.

그렇지만 이러한 상황은 비단 유명인들만이 겪는 것이 아니다. 보통 사람들 역시 그들의 삶의 상당부분에서 다양한 형태의 사진 세례(?)를 받는 등, 실제로 오늘날 우리의 일상생활의 적지 않은 부분이 어딘가에 기록되고 있는 것이다. 필자의 평일 하루 일과를 기준으로 살펴보자면, 아침에 출근을 위해 아파트 문을 나와 엘리베이터에 탑승하는 순가부터 필자와 관련된 정보가 어딘가에 기록되기 시작한다. 즉, 1층으로 내려가기 위한 엘리베이터의 폐쇄회로카메라(Closed Circuit Television; CCTV)를 시작으로, 아파트 지하주차장의 CCTV, 학교로의 출근길의 도로 곳곳에 설치되어 있는 교통정보기록카메라,

---

100100.

4) "국가권력의 생성은 행정목적을 추구하기 위하여 규칙적으로 정보를 수집·보관·통제하는 자체 감사의 감시체계를 재생산할 수밖에 없기 때문"이다. Anthony Giddens, 앞의 책, 211면.

그리고 다시 학교의 지하주차장의 CCTV가 필자의 모습을 기록으로 남기고 있으며, 신용카드회사의 서버는 필자가 점심식사 및 저녁식사를 위해 사용하는 신용카드의 사용정보를 저장하고 있다. 더 나아가 휴대폰을 사용할 때마다의 통화기록 역시 휴대전화 회사의 서버에 기록되고 있는 것이다.

이러한 상황과 관련하여, 2009년 2월 한 주간신문이 게재한 다음의 기사는 한번쯤 읽어볼 만 할 것이다.[5]

기자의 집은 서울 잠실입니다. 지금 살고 있는 아파트는 지은 지 30년이 지났습니다. 시시때때로 재건축 얘기가 나올 정도로 각종 시설이 낡았습니다. 3,900여 가구가 사는 초대형 단지지만, 요즘 흔한 전자 출입카드는 물론 CCTV도 단 한 대도 없습니다. 이곳도 다음달 말에는 188대의 CCTV 카메라가 깔립니다. 지난 설 연휴 기간 한 동에서만 두 집이 도둑을 당하는 일이 벌어진 뒤에 내려진 결정입니다.

한 달 뒤 깔릴 CCTV를 걱정 반, 기대 반으로 생각하며 출근길에 나섭니다. 아파트 뒤 쪽문을 나와 지하철과 연결된 잠실 지하상가로 내려가면 세상이 갑자기 30년 업그레이드됩니다. 140개의 상점이 모여 있는 이곳에는 27개의 크고 작은 CCTV가 설치돼 있습니다. 상가 한구석에 있을 관리사무소에서는 경비 아저씨가 27개의 화면을 지켜보고 있을 겁니다.

잠실역 개찰구로 들어섭니다. 머리 위쪽으로 3대의 CCTV 카메라가 기자를 지켜봅니다. 제 영상은 5987대의 서울지하철 CCTV 영상과 함께 사당동 서울메트로 관제센터로 흘러갑니다. 개찰구에 교통카드를 갖다 대자 '삑' 소리와 함께 '900원'이 찍힙니다. 플랫폼으로 내려가 지하철을 기다리는 동안에도 머리 위 카메라가 신경 쓰입니다. 28분이 걸려 시청역에 도착했습니다. 다시 플랫폼의 CCTV 아래를 지나 출구로 나옵니다. '삑~' 소리와 함께 '100원'이 찍힙니다. 출발·도착지와 시간 등 교통카드 이용정보는 곧바로 광화문 국민은행 신용카드그룹 컴퓨터 서버로 들어갔을 겁니다.

회사에 도착합니다. 로비 입구에서 RFID(Radio-Frequency IDentification) 출입증을 갖다 대고 출입구를 지나갑니다. '사원번호 950*** 중앙일보 최○○ 기자, 09시30분 건물 안으로'라는 정보가 지하 1층 방제실 컴퓨터 서버로 들어갑니다.

5) 최준호, "나의 하루, CCTV 70대와 통신·카드사 서버에 기록되다", 중앙선데이 제102호(2009년9월22일)기사, http://sunday.joins.com/article/view.asp?aid=11265

아 참, 로비에 있는 2개의 CCTV가 나를 지켜봤다는 사실을 잊었습니다. 역시 같은 B1 방제실 모니터에 내 모습이 나타납니다.

책상에 앉아 컴퓨터를 켜고, e-메일부터 확인합니다. 기사 작성 전용 소프트웨어를 열어 간밤에 올라온 뉴스를 점검합니다. 그중 하나를 공용 프린트로 출력합니다. 제 e-메일은 정보관리 담당자가 열어 볼 수도 있습니다. 제가 무슨 기사를 봤는지, 프린트를 했는지에 대한 정보도 회사 메인 컴퓨터에 저장됩니다.

점심시간이 되었습니다. CCTV가 달린 경찰청 앞 거리를 지나 후배 두 명과 김치찌개 집으로 갔습니다. 3인분에 라면 한 개를 넣어 먹고 현대카드를 그었습니다. '2009-2-19/13:05/일시불/19,000원/○○왕곱창'. 이번에는 여의도 국회 앞 현대카드 6층의 부정방지사용(FDS) 시스템 서버에 거래정보가 지나갑니다.

다시 CCTV와 출입카드 인식 출입구를 거쳐 회사로 들어옵니다. 일을 하는 것은 곧 회사 메인 컴퓨터에 계속 정보를 쌓아 보내는 겁니다. 퇴근길은 아침에 만났던 지하철 개찰구 단말기와 CCTV, 상가 CCTV 등을 역순으로 만납니다. 아직은 CCTV가 없는 아파트 단지에 들어서서야 나를 지켜보는 무언가가 사라졌습니다. 아차, 아닙니다. 바지 왼쪽 주머니에 들어 있는 휴대전화를 깜빡했습니다.

이놈은 하루 종일 내게 붙어 다니며 언제, 누구와 통화했는지, 어디를 돌아다녔는지 모조리 을지로2가 SK텔레콤 컴퓨터 서버에 보고했습니다. 오늘 내 통화내역은 6개월, 위치정보는 한 달 반 동안 보관될 겁니다. 이날 저는 70대의 CCTV에 저장되고, 4개의 거래 내용이 카드사에 보고당했습니다. 회사 컴퓨터를 통해 내 기록이 얼마나 남았는지 세는 것은 거의 불가능한 일입니다.

CCTV는 도둑을 쫓아 줍니다. 신용카드·교통카드는 편리합니다. 현금을 가지고 다닐 필요도, 내가 얼마를 썼는지 기록할 필요도 없습니다. e-메일은 편지를 보내고 기다리는, 인터넷 서핑은 발품 팔고 돌아다니는 수고를 덜어줬습니다. 유내선화는 내화에서 공산의 개념을 없애 버렸습니다. 번발생산은 국세성 홈페이지에서 클릭 몇 번으로 해결했습니다. 안전과 편리를 누리는 데 공짜란 없습니다. 카드 거래 내용은 카드사 서버에서 분석·분류돼 고객관계관리(CRM) 마케팅에 이용됩니다. 강도를 지켜보라고 세운 CCTV에는 나도 몰래 내 모습이 기록됩니다. (이하 생략)

그 뒤로 2년여가 지난 현재, 이러한 일상적 감시의 상황은 더하면 더했지, 줄어들었다고 볼 여지는 거의 없다고 할 것이다. 특히 스마트폰의 보급이 확대됨에 따라서 기존 휴대폰의 통화관련 정보의 저장을 넘어서 상세한 위치정보까지도 어딘가에 저장되는 상황이 일상화되게 되었다. 물론 이렇게 저장된 정보들은 특별한 용도로 사용되는 경우도 없지는 않지만, 대부분의 경우는 일정기간동안 저장되었다가 폐기되는 것이 더 일반적이라고 할 수 있을 것이다.6)

Ⅲ. 감시의 새로운 국면

이후에 좀 더 자세히 논의하겠지만, 정보통신기술의 눈부신 발전은 정보의 수집과 저장, 유통을 손쉽게 하고 누구나 인터넷 등의 정보통신망에 접속하여 교육, 쇼핑, 행정 등의 다양한 서비스를 이용할 수 있는 편리한 정보화 사회를 이룩하였다. 또한, 가까운 미래에는 시·공간의 제약 없이 언제 어디서나 정보통신서비스를 이용할 수 있는 유비쿼터스 사회가 도래할 것으로 기대되고 있다.

Ⅳ. 개인정보 보호의 필요성

그러나 이와 같은 급격한 정보화는 무분별한 광고성 정보전송, 사이버 범죄, 정보 격차 문제 등 새로운 정보화 역기능 문제들을 또한 초래하게 되었다.

---

6) 최준호, "메신저·e-메일에 위치정보까지 검색된다", 중앙선데이 제 102호(2009년 9월 22일) 기사, http://sunday.joins.com/article/view.asp?aid=11264

특히, 개인정보의 수집, 저장, 유통이 간편해짐에 따라 집적된 개인정보의 양이 급격히 증가하였음에도 불구하고 이에 대한 충분한 보호조치가 취해지지 못함에 따라, 인터넷을 통해 주민등록번호가 노출되기도 하고 브로커에 의해 다량의 개인정보가 거래되기도 하는 등 개인정보 침해 및 프라이버시 침해 문제가 심각해지고 있다. 특히 비대면의 상태에서 개인정보를 매개로 쌍방을 확인한 후 사회·경제적으로 활발히 활동하는 정보화 사회에서는 개인정보의 도용 및 프라이버시 침해시 그 피해가 더욱 증가할 것이라 예상할 수 있다. 이러한 개인정보 유출은 개인에게 정신적·경제적 피해를 야기할 뿐만 아니라 정보사회 자체에 대한 신뢰를 붕괴하여 사회적 혼란을 야기한다.

한편 기업에서의 개인정보 보호는 유·무형의 기업 자산 보호와 직결되어 있다. 실제로 개인정보는 마케팅을 위한 기업의 소중한 자산이며, 제대로 관리되지 못한 경우에는 고객의 신뢰성 저하로 인한 기업의 이미지가 크게 훼손될 수 있다. 특히 최근 들어 기업의 개인정보 유출 사건에 대해 유출 피해자들의 대규모 소송이 제기되고 실제로 대부분의 소송들이 피해배상 판결이 나고 있으므로 개인정보 보호는 기업의 경영 수익과도 직결된다고 볼 수 있다. 이러한 현상은 비단 우리나라에 국한된 것 뿐 아니라 외국에서도 빈번히 발생하고 있다.

개인정보 유출 피해가 사회문제로 대두하였다. SK텔레콤과 LG유플러스를 비롯한 통신회사와 백화점 항공사 학원 인터넷쇼핑몰 주유소 등 고객정보를 다루는 기업들이 부주의와 과실로 소중한 고객정보를 유출하는 사고가 잇따르고 있다. 지난달에는 네이버 다음 등 국내 주요 포털사이트 가입자들의 아이디와 비밀번호 2,900만 건이 유출되는 사고가 일어나기도 했다. 대한민국 5,000만 국민의 신상정보가 국외 해커들에게 유출됐다는 얘기도 결코 과장만은 아닐 듯하다.[7]

---

7) "개인정보 유출 피해 년 10조… 법제정 시급", 한국일보 2011년 1월 8일자 29면.

02
CHAPTER

개인정보 보호법제의 논의 배경

본격적인 개인정보 보호에 관한 논의를 진행하기에 앞서 이러한 논의를
촉발시킨 사회적 배경에 대한 검토를 먼저 진행한 후, 이론적인 배경을 검토
해 보고자 한다. 이는 단순한 기술 결정론적 사고를 지양하고, 보다 깊이 있
는 논의를 진행하기 위한 사전작업으로서의 의미를 가진다고 할 것이다.1)

Ⅰ. 사회적 배경

이하에서는 먼저 다수의 논의들이 논의의 출발점으로 삼는 정보사회의 실
상에 대한 검토를 진행해 보고, 이어서 현대사회 변화의 주요 동인으로 꼽히
는 정보기술의 구체적인 면모를 살펴보고자 한다.

1. 정보사회이론

'산업사회를 거쳐 정보화사회로 이행되어 가는 오늘날의 사회구조,'2)나
'오늘날의 지식기반 산업화·정보화사회'3) 등의 표현은 우리 판례에서도 종
종 사용하는 어구로, '정보사회'4)의 개념에 대한 사회적 수용의 정도를 보여

---

1) 이 장의 논의는 기본적으로 김주영, "정보시장의 균형을 위한 정보의 공공성에 관한
헌법학적 연구", 서울대학교 법학박사학위논문, 2007.8, 18~39면 및 성낙인 외 9명, 『개인정
보 보호법제에 관한 입법평가』, 한국법제연구원(2008), 54~116면의 내용을 바탕으로 수
정·보완한 것이다.
2) 헌법재판소 2002. 8. 29. 2001헌마788, 2002헌마173(병합) [헌공 제72호]; 헌법재판소
2005. 12. 22. 2004헌마947 전원재판부 [헌공 제111호].
3) 헌법재판소 2003. 9. 25. 2002헌마519 전원재판부 [헌공 제85호].
4) 그 명칭과 관련하여 "'정보(화)사회'라는 명칭은 과거, 현재 혹은 가까운 장래의 사회
형태를 특징짓는 개념으로 사용되는 바, 그 외에도 '탈산업화사회', '정보화사회', '고도 정보
사회' 등 다양한 명칭으로 불리기도 한다. 나아가서는 '지식산업사회', '하이테크놀로지 사
회', '시스템 사회' 등으로 불리기도 하지만, 그 모두가 변화의 요소에만 초점을 맞추고 있기
때문에 적절한 표현이라 할 수 없으며, '정보사회' 혹은 '고도 정보사회'라 칭하는 것이 좋을
것 같다. 왜냐하면, 엄밀히 말해 '정보화사회'라는 말에는 "지금부터 정보화된다, 그 때문에
정보통신 기술의 개발이 필요하다"는 의미가 포함되어 있기 때문이다. 이것은 1960년대 후
반부터 70년대에 걸쳐 일본 통산성에서 주로 사용한 말이다. 현재 상황에서 생각한다면 이
와 같은 말은 이미 과거의 용어라 할 수 있다. 한편, '정보사회'에 관해서도 '이미 정보화는
상당한 정도로 진행되고 있으므로, 해야 할 일은 정보통신 인프라의 정비'라는 의미가 짙다.

주는 경우라 할 수 있을 것이다.[5] 지금까지 이루어진 법학계의 관련 논의들도 대부분 정보사회 담론을 현대사회 인식의 기본전제로 삼고 논의를 시작하고 있다고 평가해도 무방할 것이다. 그럼에도 불구하고, 정보사회가 어떤 사회인가에 대해서는 논자에 따라 다양한 답변을 제시하고 있을 뿐만 아니라, 그 개념 자체를 부정하는 입장도 없지 않기 때문에, 간단하게나마 살펴볼 필요성이 있다 하겠다.

(1) 정보사회의 의의

정보사회의 의미를 파악해 보기 위해서, 정보사회에 관한 기존의 논의들을 정보사회이론을 가장 체계적으로 논의하고 있는 웹스터(Frank Webster)의 견해를 중심으로 살펴보도록 하겠다.[6] 웹스터는 그 동안 진행되어 온 정보사회에 대한 다양한 정의의 시도들을 기술적 정의, 경제적 정의, 직업적 정의, 공간적 정의, 문화적 정의의 다섯 가지로 구분한 바 있다.

먼저 살펴 볼 기술적 정의에 의한 '정보사회'의 개념은 가장 흔한 정의라

(중략) 고도 정보사회라 할 때는 정보통신 인프라가 완전히 정비되는 것이 필요충분조건 … 현재 상황으로는 고도 정보사회의 입구 근처에 와 있다고 볼 수 있기 때문에 오늘날의 사회 형태를 표현할 때 '고도 정보사회' 혹은 '정보사회'라고 하는 것이 적절한 것으로 생각된다"는 주장을 기억해 둘 필요가 있는데, 이는 '정보사회', '정보화사회', '고도 정보화사회' 등의 용어들의 구분에 시사점을 제공한다. Kazufumi Orikasa, 高度情報化社會の諸相－歷史・學問・人間・哲學・文化, 김재홍, 『고도 정보화사회의 여러 모습: 역사, 학문, 인간, 철학, 문화』(커뮤니케이션북스, 2004), 24~25면.

5) 그렇지만 의외로 우리 실정법상 '정보사회'라는 용어는 그다지 많이 등장하지 않는다. 『전기통신기본법』제5조에서 "전기통신이 원활한 발전과 정보사회의 촉진을 위한 전기통신 기본계획"이나, 『정보통신망 이용촉진 및 정보보호 등에 관한 법률』제3조에서 이용자의 '건전한 정보사회 정착을 위한 노력'을 규정하고, 동법 제4조에서 정보통신부장관에게 '정보사회의 기반을 위한 시책'의 마련을 촉구하기 위해, 그리고 『국방정보화 기반조성 및 국방정보자원관리에 관한 법률』제1조에서 "미래 정보사회에 걸맞은 선진정예강군 육성과 국방정보기술의 선진화에 이바지함"의 맥락에서 사용되는 등 일종의 목적조항으로 사용되는 예가 있다. 그 외에는 『국가정보화기본법』제1조에서 "이 법은 국가정보화의 기본 방향과 관련 정책의 수립・추진에 필요한 사항을 규정함으로써 지속가능한 지식정보사회의 실현에 이바지하고 국민의 삶의 질을 높이는 것을 목적으로 한다."라고 하는 등 "지식정보사회"라는 표현을 사용하는 것이 있을 정도이다.

6) Frank Webster, *Theories of the Information Society*, 조동기 역, 『정보사회이론』(사회비평사, 1997), 28~53면.

할 수 있다. 일반적으로 눈부신 정보기술상의 혁신을 강조하며, 그 핵심적인 개념으로는 정보처리, 저장 및 전송의 획기적인 발전으로 인하여 사회의 거의 모든 기술에 정보기술(Information Technology; IT)을 활용하게 되었고 컴퓨터 가격의 엄청난 하락과 처리 능력의 놀라운 향상, 그리고 그에 따른 모든 분야에서의 컴퓨터의 응용이 이루어지게 된 사회가 바로 정보사회라는 개념이다. 이 보다 정교한 견해로는 통신기술과 컴퓨팅의 수렴과 중첩(imbrication)을 통해 정보의 관리 및 분배의 급격한 향상이 이루어진 사회를 정보사회로 지칭하기도 한다. 보통 미래주의(Futurism)로 분류되는 토플러(Alvin Toffler), 마틴(James Martin), 벨(Daniel Bell) 등의 논의가 이에 속한다. 그렇지만 이러한 입장의 가장 큰 문제점으로는 새로운 유형의 사회에 대한 납득할 만한 정의를 내리기 위한 측면에서, 사회의 변화상의 측정의 문제 그리고 그와 밀접하게 관련되어 있는 '정보시대'에 진입하였다고 판단될 수 있는 기술발달의 정도를 결정하는 어려움이 지적될 수 있고, 아울러, 기술확산의 속도를 어떻게 측정하는가를 비롯하여, 한 사회가 '산업사회'의 종말을 고하고 '정보사회'로 진입하게 되는 시기가 언제인가의 문제가 함께 제기될 수 있다.

두 번째로 살펴 볼 정보사회에 대한 경제적 정의는 매크럽(Fritz Machlup)의 지식경제학적 방법 하에서 이루어진 것으로서, 주로 통계적 관점에서 접근을 시도하여, 산업분류에 정보기기, 정보서비스 등의 산업군을 추가하고 이 범주들의 국민경제에서의 지위를 비교하여 '정보경제' 시대의 출현을 측정하고자 하는 것이다. 포랫(Marc Forat)의 정보산업론 역시 같은 맥락의 연구라 할 수 있다. 이러한 방식의 문제점으로는 통계 작성상의 (일정한) 관점의 개재, 집합적인 자료축적에 있어서의 상이한 경제활동의 (부적절한) 동질화가 지적될 수 있고, 아울러 기술적 정의와 마찬가지로 정보사회로의 진입시기 판단의 문제가 제기될 수 있다.

세 번째로, 정보사회에 대한 직업적 정의는 직업의 변화에 초점을 두어, 정보업무와 관련된 직업이 지배적이 될 때 정보사회가 등장한다는 주장이다. 정보업무와 관련된 직업으로는 사무직원, 교사, 법률가, 그리고 연예인 등이 거론되는데, 이러한 직업적 규정은 종종 위에서 살펴 본 경제적 접근과 결합되게 되므로, 이론상의 문제점도 상당부분 공유하게 된다. 즉 모든 직업은 상

당한 정도로 정보의 처리 및 인지와 관련되기 때문에, 정보관련 직업의 범주
화의 문제가 발생하게 될 뿐만 아니라, 정보관련 직종간의 편차에 대해서도
고려하지 못하게 된다.

　네 번째의 정보사회에 대한 공간적 정의는 지역을 연결하고 시간과 공간
의 조직화에 중대한 영향을 미치고 있는 정보통신망(network)을 강조하여, 정
보의 중요성 증대, 컴퓨터와 통신기술에 의한 하부구조의 확충, 정보의 교역
증가, 국민경제와 지역경제의 통합 등을 정보사회의 지표로 거론한다. 이른바
시공축약(time-space compression)[7]으로 대표되는 공간적 변화가 바로 정보사회
의 특징이라는 것이다. 이러한 입장 역시 통신망의 개념을 어떻게 정의하는가
하는 개념규정의 부정확함과 함께 진입시기의 판단 문제가 제기될 수 있다.

　다섯 번째의 문화적 정의는 엄청나게 증가한 정보로 인해 일상생활의 양
식자체가 변화해 버린 사회가 바로 정보사회라는 입장이다. 이러한 주장을 하
는 논자들은 이러한 발전을 양적인 개념으로 측정하려는 시도는 거의 하지
않지만, 그 어느 때보다 더 풍부한 기호의 바다 속에 있는 우리들 삶의 '분명
함(obviousness)'을 강조한다. 아울러, 이러한 주장은 이른바 '기호의 죽음'을
이야기 하는데, 지나치게 많은 정보의 존재로 인해서, 보드리아르(Jean
Baudrillard)가 지적한 '정보가 더 많아질수록 의미는 더 적어지게 된다'는 역설
을 접하게 된다고 한다.[8] 그렇지만 이러한 견해는 우리는 더 많은 상징적 상
호작용이 진행되고 있다는 점 외에는 현대사회의 특징을 파악하는 데 있어
적절한 대답을 제시하지 못하고 있는 것으로 평가된다.

　이처럼 정보사회에 대한 기존의 개념을 검토하면서 분명해지는 것은 그
개념들이 상당한 정도로 부정확하거나 불완전하다는 것이다. 이러한 문제를
인식하는 것은 매우 중요한 것으로 결국 '정보사회'라는 개념이 현대사회의
특징을 탐구하는 데에는 발견적(heuristic) 도구로서의 일정한 가치를 가지고
는 있지만, 규정적인 개념으로 받아들여지기에는 너무 부정확하다는 점을 기
억할 필요가 있다.[9]

---

　7) David Harvey, *The Condition of Postmodernity-an Enquiry into the Origins of
Cultural Change*(Cambridge, Mass: Blackwell, 1989), p. 284.
　8) Frank Webster, 앞의 책, 51면.

(2) 정보사회 이론의 두 조류: 정보사회론 vs. 정보화론

비록 정보사회의 개념에 대한 명확한 합의조차 존재하지 않고 있는 것도 사실이지만, 적지 않은 논자들이 정보사회를 둘러싼 논의를 전개하고 있는 것도 엄연한 사실이기에, 지금까지의 논의들을 정보사회이론이라는 틀 속에서 검토해 보는 것이 어느 정도 의미를 가질 수도 있을 것이다. 이러한 정보사회이론의 시작을 다니엘 벨(Daniel Bell)의 후기산업사회론에서 찾는 이들이 적지 않지만, 벨의 논의에 앞서 일본의 학자들에 의해서 정보사회에 관한 주장이 제기된 사실을 기억해 둘 필요가 있을 것이다. 이에 관한 일본학자의 견해를 소개하면 다음과 같다.

정보사회론은 많은 서양과학을 도입한 일본에서 처음 탄생한 개념이며, 학문이라고 알려져 있다. 이 정보사회론이 일종의 붐을 일으킨 것은 1960년대 후반의 일이다. 당시 일본의 경제가 고도성장을 맞이한 시기이며 이것이 낙관적이고 화려한 장밋빛 미래 사회론과 결합하여 정보화사회론의 전개에 박차를 가하게 되었다.

그러나 1973년 오일쇼크를 계기로 지금까지의 낙관적인 정보화사회론은 자취를 감추게 되었다. 정보화사회를 실현하기 위해서는 고도 경제 성장의 지속과 활성화가 필수 조건이었던 것이다. 이 같은 정보화사회에 관한 논의는 얼마간 모습을 감추었다가 1980년대에 들면서 다시 활성화되기 시작했다. 이전까지의 정보화사회론을 대신하여 기술적 뒷받침을 받은, 보다 고도의 정보화사회론이 논의되게 되었다. 이 단계에서 정보사회라는 개념은 미국에까지도 영향을 미쳐 나이스비트(John Naisbitt)의 '메가트렌드(Megatrend)'에서도 언급되는 바와 같이 현대사회를 분석하는 유력한 어프로치로서 주목받기에 이르렀다. 초기의 정보화사회론이 일본에서 탄생했다고는 하지만 그 뿌리를 거슬러 올라가면 미국의 현대사회론의 영향을 많이 받았다고 할 수 있다.[10]

---

9) Frank Webster, 위의 책, 53면.
10) Kazufumi Orikasa, 앞의 책, 55~56면. 결국 일본의 1960년대 후반의 정보화사회론은 미국의 지식사회(탈산업사회)론을 일본적으로 전개한 것이라고 할 수 있다. 그러나 중요한 것은 이 지식사회론과 일본의 정보화사회론의 다른 점은 지식사회론에서는 '이론적 지식'이 핵심인 반면, 정보화사회에서는 '정보'가 핵심이란 점이다.

그동안 다양한 맥락에서 전개된 정보사회에 관한 논의들을 간략하게나마 개관해 보면, 대체적으로 현대사회에서의 변화를 이해하기 위한 가장 중요한 요인으로서 정보 및 정보와 관련한 여러 가지 사회적 양상들의 발전상에 주목하는 가운데, 이러한 변화에 의해 기존 사회와는 분명하게 구분이 가능한 정보사회 – 이러한 논의들 속에서의 정보사회는 기존 사회에 비해 여러 측면에서 발전적인 속성을 보유하고 있는 것으로 평가 혹은 상정되는 것이 일반적이다 – 의 도래를 예고하면서, 이러한 논의들을 바탕으로 정보사회의 조속한 실현을 위한 각종 정책적 방안들을 검토하는 한편 그 과정에서 노정되기 쉬운 문제점들을 지적하고 그의 해결방안을 모색하는 방향으로 진행되는 것들이 전반적인 추세인 반면, 일부의 견해들은, 역시 정보에 대한 중요성의 인식에서 출발하기는 하지만, 기본적으로는 기존의 사회구조 내에서 현재의 변화를 파악하려는 입장으로서, 특히 현재의 과열된 정보사회 관련 논의들이 가지는 맹점을 지적하는 입장으로 파악될 수 있다. 결국 이러한 논의들은 크게 보면 두 가지로 나누어 볼 수도 있을 것인 바, 바로 정보사회를 이전의 자본주의적 산업사회와는 전혀 다른 새로운 부류의 사회로 보아야 한다는 주장과 자본주의적 산업사회의 연장선 위에서 정보사회를 파악해야 한다는 주장이 그것이다.11) 여기에서는 전자를 '정보사회론' 후자를 '정보화론'이라 지칭하고자 한다.

1) 정보사회론

정보사회를 자본주의적 산업사회와 구별되는 별개의 사회라고 보는 주장들에는 벨을 중심으로 한 탈산업사회론(post-industrialism), 토플러(Alvin Tofler)의 제3물결 문명론(civilization of the third wave), 포스터(Mark Poster)의 포스트모더니즘(postmodernism), 피오르(Michael Piore)와 세이블(Charles Sabel)의 유연전문화론(flexible specialization), 그리고 카스텔(Manuel Castells)의 정보적 발전양식론(informational mode of development) 등이 있다.12) 여기에 속하는 이론들

---

11) 김원동, "정보사회에 관한 이론적 전망." 정보사회학회 편, 『정보사회의 이해』(나남, 1998), 66~67면.
12) Frank Webster, 앞의 책, 25면. 보다 상세히는 같은 책, 제3장, 제7장, 제8장, 제9장을

은 정보사회에 대한 낙관적·비관적 전망의 정도와 연구 초점 등에 따라 좀
더 세분될 수 있음은 물론이다. 하지만 이러한 이론들은 기본적으로 연속성보
다는 '변화'를 우선시하고, 그러한 변화의 결과로 나타나는 산업사회와 정보
사회 간의 '단절성'을 강조한다는 점에서 공통점을 지닌다고 할 수 있다.

2) 정보화론

이에 반해, 정보사회와 자본주의적 산업사회 간의 연속성을 강조하는 대
표적인 논의로는 쉴러(Herbert Schiller)의 네오맑시즘(neo-Marxism), 아글리에타
(Michael Aglietta)의 조절이론(regulation theory), 하비(David Harvey)의 유연적
축적론(flexible accumulation), 그리고 하버마스(Jürgen Habermas)의 공론장(the
public sphere) 이론, 기든스(Anthony Giddens)의 근대사회관(역사사회학) 등을 들
수 있다.[13] 이 밖에도 정보통신기술의 감시적·통제적 측면을 부각시킴으로
써 정보사회의 음지를 집중 조명하고 있는 로빈스(Kebin Robins), 웹스터
(Frank Webster), 갠디(Oscar H. Gandy Jr.), 라이언(David Lyon) 등의 정보사회
관도 모두 연속론을 주장하는 이론들로 범주화할 수 있다.

3) 평 가

적어도 오늘날의 사회에 있어서 '정보'―그것이 어떠한 것을 의미하는가에
대해선 의견이 분분하지만―가 중요한 위치를 차지하고 있음에는 이론(異論)
이 없다. 이러한 맥락에서 정보의 사회적 중요성 및 정보처리와 관련한 새로
운 기술들의 발전에 대한 강조가 충분히 이해될 수 있을 것이다. 그렇지만 현
재의 발전상이 과연 사회의 구조적 차원에서의 변화를 초래하여 기존사회와
의 단절이라고 표현할 수 있을 정도의 평가가 가능한가는 적잖이 의문스럽다.
더욱이 18세기의 '산업화(industrialization)'가 중세 봉건제에서 근대 자본주의
로의 이행에 있어서 수행한 역할과 비교한다면, 여러 가지 측면에서 오늘날의
'정보화'가 미치는 사회적인 영향이란 산업화의 그것에 비견될만한 평가를 내
리기는 곤란하지 않을까 생각된다. 특히 사회에 대한 규범적인 규율을 항상

참조.
  13) Frank Webster, 위의 책. 25~26면. 보다 상세히는 같은 책, 제4장, 제5장, 제6장을 참조.

염두에 두어야 하는 법학적인 관점에서는 사회의 혁명적 변화는 규범부재상황(anomie)의 초래를 최대한 회피해야 한다는 측면에서도 이러한 변화를 좀 더 신중하게 받아들여야 할 필요성이 크다고 할 수 있을 것이다. 따라서, 현시점에 있어서의 '정보'가 갖는 사회적인 중요성에는 충분히 주목하되, 오늘날의 사회를 기존의 사회와 질적으로 구분되는 새로운 형태의 사회인 양, 취급하여, 새로운 기축원리를 모색한다는 등의 논의에 대해서는 좀 더 신중한 취급을 필요로 한다고 하겠다.[14]

(3) 정 리

'정보시대(age of information)'와 관련된 많은 문헌들 가운데는 ─ 최소한 ─ 정보가 현대사회에서 특별한 관련성을 가지게 되었다는 점을 제외하면 정보의 주된 특성이나 의미에 대해서는 거의 의견의 일치를 찾아보기가 힘들다. 일반적인 인식이나 기대와는 달리, 정보사회라는 개념을 현대사회의 분석 도구로 삼고자 하는 시도는 적어도 충분한 의사소통의 장을 열지 못하고 있다고 결론을 지어도 무방할 것이다.[15]

그렇지만 실정법상 이미 수용되어 있고, 판례에서도 흔히 사용하는 '정보사회' 등의 용어를 전적으로 거부하기란 쉽지 않은 일이다. 결국 '정보사회' 등의 의미를 탐구하는 작업을 계속해 나가되, 현재로서는 이러한 '정보사회' 등의 용어에 현대사회를 지칭하는 수사학적(rhetoric)인 의미 이상을 부여하는

---

14) 이에 덧붙이고 싶은 것은 커뮤니케이션 미디어 발전에 있어서의 특성에 관한 한 우리 획지의 언급이다. 즉,

커뮤니케이션의 형태가 비끼고 혹은 효율러으로 영위되는 '발견'이 거듭되어 왔음에도 원시적 커뮤니케이션의 형태가 현대적인 그것에 의해 대체되거나 소멸되는 것이 아니라 공존하면서 인간의 커뮤니케이션 생활을 더 풍요하게 함으로 서로 보완한다는 성격을 가진다는 사실이다. …… 그런 의미에서 정보사회라고 해서 이전의 사회를 완전히 대체하여 등장하는 새로운 사회로는 볼 수 없다. 공업적 산업사회의 연장이지 결코 그것이 산업사회와의 단절 속에서 새로 태어난 사회는 아니라는 것이다.

방정배, "정보화사회와 이데올로기", 성균관대학교 사회과학연구소 편, 이데올로기와 정보화사회, 서울: 성균관대학교출판부, 1990, 17~18면.

15) 다니엘 벨의 탈산업사회론을 중심으로 정보사회이론을 철학적으로 비판하고 있는 견해로는 Mark Poster, *The Mode of Information Poststructuralism and Social Context*, 김성기 역, 『뉴미디어의 철학』(민음사, 1994), 48~65면.

것에는 신중을 기할 필요성이 있다고 하겠다. 결국 진정한 문제는 이들의 논의에서 지난날과 다른 오늘의 모습을 찾아 그로부터 어떠한 패러다임을 구축하고 현상을 분석, 평가할 것인가이다.16) 즉, 현대 사회를 정보사회로 규정짓는 것만으로는 이전 사회와는 다른 사회적 상황에 대한 논의의 출발점으로 충분하다고 하기 어렵기 때문에, 그 실질적인 사회적 상황에 대한 고찰이 수반될 것이 필요하다 하겠다. 이러한 문제의식 하에, 이하에서는 현대 사회의 변화의 원동력의 하나로 평가되는 정보 및 정보기술의 실질적인 모습을 탐구하고자 한다. 특히 입법에 있어서의 수용가능성을 전제로 하여, 정보의 의미를 검토해 보고, 이어서 정보기술의 의미와 그 핵심적인 사항들에 대하여 간단히 살펴보기로 한다.

2. 정 보

현대 사회에서 가장 중요한 의미를 가지고 등장하게 된 개념 가운데 하나라 할 수 있는 '정보(information)'에 대한 개념 정의는 일의적이지 않다. 정보는 그 용어가 쓰이는 상황에 따라 각기 다른 의미로 해석될 수 있기 때문이다. 결과적으로 정보라는 개념은 논자에 따라 매우 다양하게 사용되어17) "최근에 들어와서는 그 개념의 범위가 너무 넓어서 세상의 모든 것이 정보라는 식"18)이라는 지적이 나올 정도이다. 여기에서는 먼저 기존의 논의를 간략히 검토해 보고, 관련 개념들 간의 고찰을 통해 정보에 대한 적극적인 정의를 시도해 보려 한다.

(1) 정보의 개념에 대한 일반적 논의

우리나라에서는 아직까지는 '정보'라는 용어에 대한 본격적인 연구는 수행

---

16) 한상희, "정보화와 헌법," 『법학논문집』 제26집 제2호(중앙대학교 법학연구소, 2002. 11.) 139면.
17) 정보가 무엇인가에 대해서는 이론가의 수만큼 다른 대답이 있다고 할 정도로 그 정의가 다양하다는 지적도 있다. 임현진·서이종, " 21세기 한국사회: 지식사회냐 정보사회냐," 『사회와 문학』제12권 제1호 (2000.12).
18) 한복희·기민호 편저, 『정보사회론』(대전: 충남대학교 출판부, 1993), 17면.

되지 않은 것으로 보인다. '정보'라는 용어의 우리나라로의 도입史에 관한 연구도 존재하지 않으며, 영어권의 'information'[19]의 의미와,[20] 일본에서 전개된 '정보'의 도입과 관련한 논의를 소개하는 선에서 그치고 있다.[21] 일반적으로 '정보'라는 용어는 영어의 'information'의 번역어로 일본의 학자들이 택한 단어로 알려져 있지만, 1870년대 후반부터 일본에 도입된 '정보'라는 용어는, 초창기에는 주로 군사적인 분야에 한정되는 뜻으로 사용되어,[22] 'information' 보다는 오히려 'intelligence'[23]의 번역어로 등장하였다고 할 수 있다.[24] 한편

---

19) 영어의 'information'의 어원은 라틴어의 informatio로, in은 영어의 into(~에)에 해당하고 forma는 '외견상의 형태,' tio는 '행위 내지 과정'을 의미하여, 당시의 의미는 주어진 어떤 '형상,' '구성' 또는 '교시' 등을 뜻했다고 한다. 또한 프랑스에서는 주로 법적인 차원에서 '어떤 진상에 대한 수집 및 처리'의 의미로 사용되었다고 한다. C. J. Fox, *Information and Misinformation*(Westport: Greenwood Press, 1983) pp. 4~6; 전석호, 『정보사회론: 커뮤니케이션 혁명과 뉴미디어(개정4판)』(서울: 나남, 2004), 35면 주1)에서 재인용. 한편 『옥스퍼드 영어사전(Oxford English Dictionary: 이하 OED)』에 따르면 information의 라틴어는 informationem으로 '개요, 개념, 생각(outline, concept, idea)' 등의 의미를 가진 것으로 소개하고 있다. "information, n.". OED Online. September 2011. Oxford University Press. http://www.oed.com/view/Entry/95568? redirectedFrom=information (accessed October 18, 2011). OED의 내용은 Oxford English Dictionary Online ⟨http://dictionary.oed.com⟩의 내용을 참조한 것으로 OED Online은 The Oxford English Dictionary(2nd ed.) (Oxford University Press, 1989)의 내용 및 이후의 추가분이 반영되어 있다.

20) OED에 따르면, information의 의미는 크게 두 가지로 구분될 수 있는데, 바로 '전달되는 것'과 '전달되는 행위'의 부류가 그것이다. 보다 자세한 내용은 "information", OED.

21) 예를 들면, 이희수, "정보사회에서의 정보의 의미," 『한국교육』, 제25권 제2호(1998), 148~9면 등. 아울러, '정보'라는 단어의 유래에 대해서 국립국어원이 제공하는 '단어별 어원 정보'에서는 정보는 '일본에서 만들어지고 한국과 중국에서 통용되고 있는 어휘'라는 강신항 교수의 설명을 추가하고 있다. 강신항, "일본 한자어," 『새국어생활』, 제5권 제2호(1995), 30면.

22) 일본에서의 '정보'라는 말의 기원에 대한 자세한 논의에 대해서는 Kazufumi Orikasa, 앞의 책, 4~5면; 上田修一・倉田敬子, 情報の 發生と傳達, 남태우・최희곤 공역, 『정보의 발생과 전달론』(서울: 경인문화사, 1998), 2면; 小野厚夫, "明治九年、「情報」は産声 ―フランス兵書の翻訳に語源―." 日本経済新聞 (朝刊), 1990年 9月15日字.

23) intelligence는 원래 지력, 이해력(the faculty of understanding)을 의미하는 용어였으나, 점차 그 의미가 확대되면서 '알아냄 혹은 알아내는 사람'의 의미를 포함하게 되었고, '지식' 혹은 '정보'의 의미도 포함하게 되었다. intelligence가 information과 거의 같은 의미를 가지고 사용되기도 하지만, 경우에 따라서는 '비밀이나 군사적인 가치를 가지는 정보'라는 다소 특화된 의미를 가지기도 하며, 본 논문에서의 intelligence의미는 바로 이것을 의미하는 것이다. intelligence의 의미에 관한 자세한 내용은 "intelligence, n.". OED Online. September 2011. Oxford University Press. http://www.oed.com/view/Entry/97396?rskey=

현재와 같은 '알림'이라는 의미, 즉 영어의 'information'에 해당하는 개념으로서의 정보라는 용어를 최초로 사용한 일본인은 후쿠자와 유키지(福澤諭吉)로 알려져 있다.[25]

이러한 논의들을 종합하면, 현재 활발하게 사용되고 있는 '정보'라는 용어는 자생적인 개념이 아닌 서구의 개념을 도입한 것으로, 이 과정에서 'information'과 'intelligence' 등의 개념상의 차이를 그다지 고려하지 않은 채, 모두 정보라는 용어를 사용해 왔다는 사실을 확인 할 수 있었다. 그렇지만 보다 본질적인 문제는 'information'이라는 용어 자체가 이미 매우 다양한 의미를 포함하고 있을 뿐만 아니라, 또한 계속해서 그 의미를 확장해 가고 있다는 점에서 우리의 '정보'라는 용어가 과연 'information'이라는 용어의 모든 의미들을 완전하게 포함하고 있는가라는 점에 대해서는 다소간의 의문을 제기할 수밖에 없다.

---

qfABQf&result=1&isAdvanced=false(accessed October 18, 2011).

24) information은 1862년 간행된 『英和對譯袖珍辭典』에서는 '가르침, 고지, 수술, 양해, 송사' 등으로, 또한 1873년의 『附音揷圖英和字彙』에는 '소식, 교유, 보고, 소송, 지식' 등으로 번역하고 있는 등, 현재 사용되고 있는 '정보'라는 용어가 처음부터 information의 역어로서 나타난 것은 아니라는 것을 알 수 있다. 영일사전에서 처음으로 '정보'가 나타난 것은 1915년 『熟語本位英和辭典』에 'intelligence'의 역어로서 사용된 것이 처음이고, 이어서 1921년의 『大英日辭典』에 'information'의 역어로서 '정보'가 등장하게 되었지만 그것이 곧 일반화되었다고 볼 수도 없다고 한다. 이는 1964년의 『겐큐샤 발행 새 영어사전(Kenkyusha's New Dictionary of English Collection)』에서도 information이 '통보, 고지, 음신, 소식, 지식, 견문, 고발' 등으로, 정보라는 말은 나오지 않는 데서 확인할 수 있을 것이다. 上田修一·倉田敬子, 주 31)의 책, 3~4면; 折笠和文, 주 31)의 책, 6면.

25) 후쿠자와는 『民情一新』에서 "'지식'이란 것이 반드시 '사물의 이치를 생각하고 궁리한다'는 뜻만 있는 것이 아니라 '견문을 넓히고 사물의 근본원리를 안다'는 의미로도 생각할 수 있으며, 영어에 의하면 인포메이션의 뜻으로 풀이할 수 있다"라고 언급한 바 있다. 折笠和文, 주 31)의 책, 5면. 民情一新의 原出版년도는 明治12년(1879년)이다. 한편 스기야마 교수는, 다른 곳에서의 후쿠자와 언급을 검토해보면 후쿠자와는 'information'을 당시의 '新聞'과 유사한 의미(영어의 'intelligence'에 해당)로 사용한 것으로 해석해 볼 여지도 있어, 이러한 견해를 재검토해 볼 필요성이 있음을 지적하고 있다. 杉山伸也, "いつでもどこでも福沢諭吉 — 『民情一新』と「文明の利器」—," 『福沢諭吉 書簡集』第8卷月報, 岩波書店 (2002年6月) http://www.econ.keio.ac.jp/staff/sugiyama/fys8-geppo.html(accessed October 18, 2011).

(2) 정보의 재개념화(再槪念化)

결국, 본격적인 논의의 진행을 위해서는 정보의 개념에 대한 '재개념화 (reconceptualization)'[26] 작업이 필요하다 할 것인바, 이를 위해서는 몇 가지 사항이 고려되어야 한다고 본다. 일단, 정보가 다양한 분야에서 논제설정양식 (論題設定樣式)으로 비교적 새롭게 등장한 사실에 주목하면서 특히 커뮤니케이션 과정에 있어서 정보가 중심적으로 등장하게 된다는 점을 강조해야 할 것이다. 루만(N. Luhmann)에 의하면 사회에는 고유의 세계의 복잡성을 감소시키는 역할을 수행하는 '체계가 존재'하며 사회의 존속과정에서 다양한 기능체계들이 탈분화(dedifferentiation)한다. 그 중에서도 중요한 것은 정치, 경제, 법, 학문, 종교와 예술이다.[27] 이 모든 것은 전체 사회체계가 이미 구성되어 있다는 것을 전제로 한다. 전체 사회체계는 루만이 커뮤니케이션이라고 지칭한 말, 글, 전자 매체와 도덕과 같은 상징적으로 일반화된 매체를 통해 수행되는 핵심적 조작에 기초하고 있다. 즉 전체 사회는 커뮤니케이션으로 이루어진다. 전체 사회는 커뮤니케이션 행위를 통해서만 성립되며, 또한 이를 통해서만 지속된다. 다른 한편 사회가 없는 커뮤니케이션은 생각할 수 없다. 루만에게 있어서 커뮤니케이션과 사회의 관계는 순환적이다. 커뮤니케이션과 사회는 서로를 전제한다. 그러므로 우리는 루만이 어떤 출발점에서 연역적으로 무언가를 도출하는 것이 아니라 처음에 순환을 설정하는 이론적 모델을 생각하고 있다는 것을 알 수 있다.[28] 전체 사회는 고유한 자기기술을 지니고 있으며, 스

---

26) '재개념화(reconceptualization)'란 '모호한 개념을 보다 명확히 규정하는 과정'을 뜻하는 것으로 연구를 시작할 때 무엇이 문제인가를 알고, 그것을 풀어 나가기 위하여는 그 문제를 구성하고 있는 기초개념을 바르게 '규정'하는 것이 중요하게 된다. 김광웅, 『방법론강의-기초 · 원리 · 응용-』(서울: 박영사, 1996), 202면. 이러한 '재개념화'는 과학적 연구에 있어서의 개념의 조작적 정의(operational definition)의 방식과 크게 다르지 않다. 개념의 조작적 정의에 관한 보다 자세한 설명은 Wesley C. Salmon, *Logic* (3rd ed.), 곽강제 역, 『논리학』(서울: 박영사, 2004) 304~307면; 정병기, 『사회과학 글쓰기: 대학생을 위한 논문작성법』(서울: 서울대학교출판부, 2005), 130면 등을 참조.

27) 자세한 내용은 Niklas Luhmann, *Soziologische Aufklärung: Aufsätze zur Theorie der Gesellschaft*, translated by Stephen Holmes and Charles Larmore, 『The Differentiation of Society』(New York: Columbia University Press, 1982), pp. 229~254를 참조.

28) Walter Reese-Schäfer, *Niklas Luhmann zur Einführung*[4. Aufl.], 이남복 역, 『니클라스 루만의 사회사상』(서울: 백의, 2002), 13~14면.

스로 기술하는 체계이다.[29] 아울러 '정보화'로 상징되는 사회전반적인 변화상의 주역으로서의 '정보'의 위상도 염두에 두면서, 정보이론적·경제적·문화적 접근방식의 결과물들도 일정부분 수용할 수 있는가에 대해서도 고려해야 할 것이다.[30]

결국 이러한 다양한 논의를 수용해내기 위해서는 '정보' 자체의 개념을 가능한 한 포괄적으로 구성할 필요성이 크다 하겠다. 이를 위해서는 '내포(內包; intension)'를 최소화하여 가능한 한 넓은 범위의 '외연(外延; extension)'을 가지는 정보의 개념을 구축하는 작업이 필요하다. 여기에서 정보에 대한 완전한 정의를 제시한다는 것은 불가능한 일이겠지만, 필자가 생각하기에, 커뮤니케이션 과정 속에서 그 본래적 가치를 가지는 정보가 가져야 할 필수적인 속성으로는 '전달가능성'과 '의미'의 두 가지를 들 수 있겠기에, 정보의 개념을 일응 '전달 가능(傳達 可能)한 의미(意味) 있는 관념'으로 정의해 보려 한다.[31]

이를 좀 더 구체적으로 살펴보자면, 먼저 정보의 개념규정에 있어 가장 어려운 부분이, 정보의 최근류(最近類; genus proximum)로 무엇을 제시할 것인가라고 생각되는데, 기존의 정보에 대한 개념규정들이 자료나 지식 등과의 관련 속에서 혼란을 빚은 가장 큰 이유가 바로 적절한 정보의 최근류를 제시하는데 실패했기 때문이라고도 할 수 있기 때문이다. 더구나 이후에 살펴볼 정보의 각종 특성들이 온전하게 적용될 수 있어야 하기 때문에 더욱 최근류의 확정이 쉽지 않은 작업일 수밖에 없다고 하겠다. 여기에서는 '관념'을 정보의 최근류로 제시하면서,[32] 일단 '인간 및 환경에 대한 인간의 정신적 활동의 총체'

---

29) Niklas Luhmann, *Essays on Self-reference*(New York: Columbia University Press, 1990), p. 100. 루만의 커뮤니케이션에 관한 자세한 논의는 김성재, 『체계이론과 커뮤니케이션 – 루만의 커뮤니케이션이론(개정판)』(서울: 커뮤니케이션북스, 2005), 26면 이하 참조. 커뮤니케이션과 관련한 일반적인 논의에 대해서는 John Fiske, Introduction to Communication Studies(2nd ed.), 강태완·김선남 공역, 『커뮤니케이션학이란 무엇인가』(서울: 커뮤니케이션북스, 2001)을 참조.

30) 특히 헌법학적으로는 헌법 제127조 제1항의 '정보 및 인력의 개발'이라는 문언에 적합한 정보의 개념이어야 함은 당연한 요청인 셈이다.

31) 장훈, "정보 민주주의론", 전석호 外 10인, 『정보정책론』(서울: 나남출판, 1997), 183면은 '범주와 분류체계, 또는 그 밖의 양식들에 맞게 **특정 목적을 위해서** 정리된 자료'라고 정보를 정의하고 있고, 구연상, 『매체 정보란 무엇인가』(서울: 살림출판사, 2004), 11면은 '정보는 아날로그나 디지털방식으로 **전달될 수 있는 모든 것**'으로 정의하고 있다(강조는 필자).

를 관념으로 규정하고자 한다.[33] 이는 매우 포괄적인 개념이기는 하지만, 정보가 관념의 일부임을 명시함으로써, 정보의 '무형성(無形性)'을 비롯한 제반 특성을 올바로 귀속시킬 수 있으며, 지적재산권법제가 다루는 '지적재산'을 포함한,[34] 각종의 다양한 내용과 속성의 정보들을 포괄할 수 있게 될 것이다.

　한편 '전달가능성(傳達可能性)'은 전달을 위한 '변형가능성(變形可能性)' 내지는 '조작가능성(造作可能性)'을 포함하는 것으로 볼 수 있다. 이 전달가능성을

---

32) '관념'의 사전적 의미는 ① 어떤 일에 대한 견해나 생각 ② 현실에 의하지 않는 추상적이고 공상적인 생각 ③『불』마음을 가라앉혀 부처나 진리를 관찰하고 생각함 ④『심』사고(思考)의 대상이 되는 의식의 내용. 심적형상(心的形象)을 통틀어 이르는 말 ⑤『철』어떤 대상에 관한 인식이나 의식 내용이다. "관념." 국립국어연구원 편,『표준국어대사전』(서울: 두산동아, 1999).

33) 주지하다시피 인간은 스스로를 반성할 수 있는 존재이기 때문에, '관념'의 대상은 다른 '관념'이 될 수도 있음을 고려하여, '인간'을 '환경'과 분리하여 적시하였다. 인간에게 있어서 반성의 범주를 넘어선 성찰성(reflexivity)의 중요성에 관한 논의는 기든스의 논의, 특히 Anthony Giddens, *The Consequences of Modernity*, 이윤희·이현희 공역,『포스트모더니티』(서울: 민영사, 1991), 49면 이하; Anthony Giddens, *Modernity and Self-Identity - Self and Society in the Late Modern Age*, 권기돈 역,『현대성과 자아정체성-후기 현대의 자아와 사회』(서울: 새물결, 1997[2001 print]); Anthony Giddens, Ulrich Beck, and Scott Lash, *Reflexive Modernization - Politics, Tradition and Aesthetics in the Modern Social Order*, 임현진·정일준 공역,『성찰적 근대화』(서울: 한울, 1998)를 참조.

34) 정상조 교수는 "'정보'라 함은 文字·수치·기호·도형·음성·음향 및 영상 등으로 표현된 저작물, 사실, 사상, 기타 무형의 자료로서 지식을 포함하는 넓은 개념을 말한다"고 정의한 바 있다. 정상조, "정보는 누구의 소유인가," 방석호·정상조 편저,『정보통신과 디지털법제』(서울: 커뮤니케이션북스, 2004), 3면 주2). 한편 박성호 교수는 "정보라는 관점에서 지적재산권을 파악하면, 특허는 기술정보(technical information), 상표는 상징정보(symbolic information), 저작권은 표현정보(expressive information)라 할 수 있다. 이러한 정보는 재산적 가치가 있기 때문에 권리의 대상으로 포섭되는 것이고, 따라서 이것이 바로 지적재산권의 보호대상인 무체물"이다 하면서도, "정보의 함의는 원래 나양한 것이기 때문에 '법의 대상으로서의 정보(Information als Gegenstand des Rechts)'를 개념적으로 분석·정리하는 것은 어려운 과제"임을 고백하면서, "지적재산권의 보호대상인 정보(전자)와 정보공유운동의 관점에서 접근하는 정보(후자)가 과연 개념적으로 동일한 것일까"에 대한 의문을 제기하고 있기도 하다. 즉 "전자의 정보 개념은 '의미론적 차원(semantische Ebene)'에서의 정보로서 정보에 대해 일정한 의미를 부여한 것에 초점을 맞춘 것이고, 따라서 정보가 지닌 특정한 내용(Inhalt)이 중요하므로 그 내용을 해독하는 과정이 필요하게 된다. 이에 반하여 후자의 정보개념은 '화용론적 차원(pragmatische Ebene)'에 중점을 둔 것으로서 정보와 인간행위의 상호관련성에 유의한다. 달리 말해 정보제공자가 그 행위에 의해 추구하는 목적이나 혹은 정보수신자가 정보를 통해 충족시키는 목적 등이 관심사가 된다"는 것이다. 박성호, "지적재산권과 정보공유," 방석호·정상조 편저,『정보통신과 디지털법제』(서울: 커뮤니케이션북스, 2004), 86~87면.

어떻게 보느냐에 따라 '정보'의 구체적인 외연이 결정되게 되는데, 정보의 전달가능성을 아주 높게 볼 경우, 디지털화되어 네트워크를 통해 전달가능한 관념만을 정보로 볼 수도 있을 것이지만, 전달가능성을 낮추어 정보의 외연을 넓힐 수도 있다. 즉 디지털 네트워크 이외의 기존의 전화 등의 아날로그 방식의 텔레커뮤니케이션 매체나 신문, TV등의 올드미디어(Old Media)35) 매체를 통해 전달 가능한 관념까지 포함시킬 수도 있으며, 보다 넓게는, 기존의 편지나 서적 등에 의한 정보의 교환이나, 더 나아가 대면적(對面的) 커뮤니케이션의 경우의 관념의 교환까지도 포함시킬 수 있을 것이고, 극단적으로는 잠재적으로 전달가능성을 보유한, 즉 현재는 전달이 불가능하지만 추후 전달능력의 신장으로 인해 전달될 수 있는 관념들, 예를 들어 '고통'과 같은 '개인적인 감정'도 정보의 개념 내에 포함시킬 수 있을 것이다. 가장 넓은 외연의 정보개념을 추구하는 필자로서는 당연히 잠재적 전달가능성까지 포함시켜야 한다는 입장을 취하고자 한다.36)

---

35) 디지털 방식의 뉴미디어(New Media)에 대응하여, 기존의 미디어를 지칭하는 말이다. 뉴미디어에 관한 논의는 전석호, 앞의 책, 제4, 5장; 최동수, 『정보사회의 이해(제3판)』(서울: 법문사, 2005), 제12장 참조.

36) 이 '전달가능성'을 정보의 속성에 포함시킬 것인가에 대해서는 전달이 불가능한 관념이라는 것이 존재할 수 있는가라는 의문에 답해야만 할 것이다. 만약 모든 관념이 전달이 가능하다면 굳이 '전달가능성'을 언급할 필요성이 없어지기 때문이다. 여기에 답하기 위해서는 우선 '전달'이라는 개념을 분명하게 해야만 한다. '전달'이라는 과정 역시 그 정도가 나누어질 수 있는, 즉 완전한 전달과 불완전한 전달의 구분이 가능하기 때문이다. 여기에서는 정보의 수용자가 정보의 의미를 이해하는 데 성공하는가를 기준으로 한 '완전한' 전달 혹은 '성공적인' 전달만을 전달의 개념으로 보려 하는데, 이러한 수준의 전달개념을 유지할 경우에는 전달불가능한 관념은 분명히 존재한다고 할 수 있을 것이다. 사실 커뮤니케이션에 있어서 완전한 수준의 전달은 근본적으로 불가능하다고도 할 수 있다고 할 것인바, 이는 이른바 '통약불가능성(通約不可能性)불가공약성((不可公約性) incommensurability)'의 존재에 기인한다고 하겠다.

서로 다른 패러다임간에는 같은 용어가 종종 상이한 의미와 혹은 서로 일치하지 않는 외연의 집합과 결부되어 있기 때문에 패러다임간의 의사소통에 있어서의 (적어도 부분적인) 장애를 초래하는 원인이 되는 통약불가능성은 1960년대 쿤(Thomas S. Kuhn), 파이어아벤트(Paul K. Feyerabend) 등에 의해 제기되어, 20세기 철학의 중심적 화두 가운데 하나로 등장하였다. 그로 인해 상대주의적 진리관이 다시 부각되었고, 과학의 합리성을 둘러싼 전통적 견해에 대한 반성이 촉발되었으며, 또 철학 외적으로는 과학에 대한 메타적 탐구에 있어 사회학적 접근이 중요한 항목으로 부상하는 계기가 마련되기도 했다. 한편 법학에서도 통약불가능성의 중요성을 인식하고, 그에 관한 논의들을 진행해 왔는데, 가장 포괄적인 논

한편 '의미(意味)'는 정보의 전달자(提供者)와 수용자(受容者)의 측면에서 각각 평가되어야 할 것이다. 그러므로 양측의 한 측면에 있어서만 '나름의' 의미를 가지는 정보도 있을 수 있으며, 양측 모두 의미를 가지는 정보라 하더라도 그 구체적인 평가에 있어서는 차이가 날 수도 있기 때문에 여러 가지 다양한 정보의 유형이 생겨날 수 있게 된다. 예를 들면 개인정보의 경우, 그 주체에게 있어서는 프라이버시에 직결되는 사적으로 중대한 의미를 가지기 때문에 사회적인 유통을 허용하길 원치 않는데 반해, 특정한 기업에게는 마케팅을 위한 수단으로서의 경제적 가치가 인정되어 수집을 원하는 상황에 놓이는 등의 복잡한 관계를 형성하게 된다.

이러한 정보의 개념과 구분이 필요한 용어들은 여러 가지가 있는데, 우선 정보와 자료(data)의 관계를 구분해 볼 필요가 있다. 이들은 흔히 크게 구분 없이 사용되며, 일반적으로 자료는 단순히 정보를 산출하기 위한 원재료로서, 결국 자료는 정보의 모집단이며, 자료의 일부분이 정보가 되는 것이라고 한다.[37] 그렇지만 엄밀하게 고찰해 보면, 자료는 '관념의 대상이 되는 모든 것'으로, 이러한 '자료'에 대한 '인간의 정신적 활동의 총체'가 바로 '정보'라고 할 수 있겠기에, 이러한 측면에서 정보와 자료는 엄연히 구분이 가능한 개념이라 할 수 있다. 즉 자료가 곧 정보인 것은 아니므로, 양자를 포함관계가 기본적으로는 성립하지 않는다. 그런 까닭에 '자료가 정보의 모집단'이라든가 '자료의 일부분이 정보가 되는 것'이라는 진술은 동의하기 어렵다. 하지만, 특정한 정보가 다른 정보를 위한 대상으로 기능할 수도 있으므로, 자료와 정보의 관계는 상당히 유동적이라 할 수 있다.

아울러, 이러한 관점에서는, 정보를 '지식'과는 '차원'을 달리하는 개념으로 보게 된다. 즉, '정보'가 커뮤니케이션을 전제로 한, '전달'의 차원에서 접근하는 개념인데 반해, '지식'은 개별 주체의 '인식'의 차원에서 접근할 수 있는 개념으로 그 수준의 차이에 따라 '상식' 등과 구분되는 개념이라 할 수 있다.[38]

의로는 1998년 2월 6~7일에 펜실베니아 법과대학(University of Pennsylvania Law School)에서 개최된 "Law and Incommensurability" 심포지엄을 들 수 있겠다. 이 심포지엄의 내용은 『University of Pennsylvania Law Review vol. 146, no. 5(1997-1998)』에 실려있다.

37) 유지성 · 최창곤 · 최동수, 『정보경제』(서울: 박영사, 1999), 3면 등.

38) '지식기반경제론'을 주도하고 있는 OECD 의 논의에 있어서 지식은 크게 4가지로 구

하지만 전달가능한 지식의 경우에는 정보로 파악할 수 있으며, 다양한 정보가 지식의 기반이 되는 경우가 있다. 뿐만 아니라, 지식은 결국 정보의 형태로 다른 이에게 전달되게 되므로, 양자는 매우 밀접한 관계에 있다고 할 수 있을 것이다. 한편, 앎의 대상이 되는 것 역시 '자료'로 표현되는 경우가 많은 것이 언어관용이기 때문에, '자료'는 양자가 공유할 수 있는 개념으로 볼 수 있을 것이다.

오히려 정보에 관한 논의에 있어서 구분의 필요성이 큰 관련개념으로는 '메시지(message)'와 '상징(symbol),' '매체(medium)' 등을 구분할 필요가 있다. '메시지'는 커뮤니케이션 이론에서 주로 사용하는 개념으로 발신자가 수신자에게 '보내는(혹은 보낸)' 정보라 할 수 있다. 즉, '메시지'는 '전달가능성(傳達可能性)이 현실화(現實化)된 정보(情報)'라고 할 수 있을 것이다.[39] 한편, 메시지는 실제적으로는 일정한 '상징'으로서, '약호화(codification)'되어 '매체'를 통해 존재 혹은 전달되기 때문에, '약호(code)'과 '매체'의 구분이 필요하다. '매체'

분된다. 첫째, 어떤 사실에 관한 지식(know-what), 둘째, 기술혁신에 있어 기반이 되는 사물의 이치나 현상의 원인에 대한 과학적 지식(know-why), 셋째, 주어진 일을 효율적으로 처리하는 기능을 의미하는 노하우(know-how), 마지막으로 누가 무엇을 알고 누가 어떤 기술과 능력을 가지고 있는가에 대한 지식을 지칭하는 사람에 관한 지식(know-who)가 그것이다. 특히 사람에 관한 지식은 사람들 간의 능력의 다양한 편차로 인해서, 조직의 운영에 있어서 그 중요성이 크며, 사회변화의 속도가 증대함에 따라 중요성은 점점 증가하고 있다. 아울러 OECD에 따르면, 모든 지식은 코드화되어 정보로 변형될 수 있다고 한다. 즉 정보는 코드화된 지식(codified knowledge)이라고 정의할 수 있고, 이는 기본적으로 '전달가능성'으로 특징지워진다고 할 수 있을 것이다. OECD, The Knowledge-Based Economy (Paris: OECD, 1996), pp. 12~13. 한편 지식과 정보의 차이에 관한 흥미있는 설명으로는 "첫째 지식은 대개 그 인식주체(knower)를 필요로 한다는 것으로 사람들은 정보를 그 소유자와는 별개의 독립적인 대상으로 다루는 반면 지식의 경우는 그 소유자와 연관지어 생각하는 경향이 있다고 한다. 둘째, 지식과 주체가 결합되어 있기 때문에 지식과 그 소유자도 분리해 생각하기는 어렵다. 정보는 그 자체로 하나의 완성품으로 간주되는 반면 지식은 물건처럼 주고받으며 수량화하는 개념과 거리가 멀다. 셋째, 지식의 교환이 어려운 이유는 지식은 단순히 어딘가에서 획득해 움켜쥐고 있는 것이 아니라 소유자 내부에서 직접 소화, 이해 과정을 거쳐야 하기 때문"이라는 견해가 있다. John Seely Brown and Duguid Paul, The Social Life of Information, 이진우 역, 『비트에서 인간으로』(서울: 거름, 2001), 142~3면.

39) John Fiske, 앞의 책, 25면 이하는 커뮤니케이션 연구를 주도해 온 두개의 학파, 즉 '과정학파(process school)'과 '기호학파'의 '메시지'에 대한 이해가 다르다면서, 전자는 '커뮤니케이션에 의해 전달되는 것'을, 후자는 '기호의 구성체(construction of signs)'를 각각 메시지로 본다고 한다.

는 '메시지가 채널(channel)을 통해 전달될 수 있도록 하나의 신호로 전환하는 기술적인 혹은 물리적인 수단'이라고 할 수 있고, '약호'란 '한 문화 또는 하위 문화의 성원에게 공통적인 의미체계'로서, '기호(sign: 자신 외의 어떤 것을 지칭하는 물리적인 신호)'와 이러한 기호가 사용되는 방식이나 상황, 그리고 보다 복잡한 메시지를 형성하기 위한 기호들의 결합방식을 결정짓는 규칙이나 관습들로 구성된다.[40] 이러한 차원에서 '정보'는 '약호화되는 바' 즉, '약호의 의미(意味)'로 기능한다고 할 수 있을 것이다.

3. 정보기술

(1) 정보기술의 의의

일반적인 의미에서 기술(technology)이란 자연현상에 대한 과학적 지식을 응용하여 인간이 자연자원을 활용하고 물리적 환경을 관리하기 위한 수단으로 만들어낸 연모와 그 과업을 수행하는 기법과 그리고 그 결과로 창안해 낸 고안물(devices)을 가리키는 것으로, 인간이 새로 발견한 자연(또는 기타 삶의 환경)의 이치와 그 이론에 기초하여 새로이 생각해 낸 아이디어를 실제생활에 적용하여 구체적인 물리적 소산물로 만들어내는 과정과 결과를 총칭하는 말이다.[41] 이러한 맥락에서 정보기술이란 정보를 생산, 교환, 이용, 보존하는 기술을 가리킨다고 할 수 있다.

이러한 정보기술은 특히 20세기 중반, 컴퓨터 및 통신 분야의 기술혁신이 두드러지면서 비롯된 용어이다. 그러나 엄밀히 추정하면 정보기술의 역사는 인간의 커뮤니케이션 행위가 매개체를 통해 이루어지는 시점으로부터 비롯된다. 다만 그러한 매개체 기술이 과학기술에 근거를 두고 발전된 전자 미디어

---

40) John Fiske, 위의 책, 49, 53면. 한편, '채널'은 단순히 신호가 전달되는 물리적인 수단을 말한다.

41) 김경동, "기술혁신과 사회변동: 정보사회의 생성전개에 대한 이해," 정보사회학회 편, 『정보사회의 이해』(나남, 1998), 29면. '기술'에 대한 보다 깊이 있는 논의는 임홍빈, 『기술문명과 철학』(문예출판사, 1995[1996 print]), 54~90면; Hans Jonas, *Technik, Medizin und Ethik zur Praxis des Prinzips Verantwortung*, 이유택 역, 『기술 의학 윤리 책임 원칙의 실현』(솔, 2005), 17~40면.

와 각종 통신기술, 그리고 컴퓨터 기술의 상호융합이 급속히 확산되면서 정보
기술이라는 포괄적 개념으로 통용되고 있다. 한편, 최근 들어 정보 분야의 기
술이 급속히 발전되어 수없이 많은 기술적 전문용어가 범람하고 있다. 특히
통신 및 컴퓨터 분야의 파생기술이 지속적으로 등장하여 용어상의 혼란을 가
중시킬 정도에 이른다. 각 전문용어에 대한 심도깊은 이해도 바람직하겠지만
무엇보다도 중요한 것은 매체마다 획기적인 계기를 맞아 창출된 기술의 의미
를 습득하고 시대적 환경에 따른 신기술의 등장을 기술적 진화론에 바탕을
두고 그 사회적 의미를 깨닫는 것이 바람직하다.42)

(2) 정보기술의 요소

현대적 의미의 정보기술의 핵심적인 요소로는 정보의 디지털화와 이렇게
디지털화된 정보를 처리하는 컴퓨터, 그리고 컴퓨터 간의 통신을 통한 정보의
이동을 가능하게 하는 네트워크를 들 수 있다.

1) 디지털 · 디지털화

디지털(digital)이라는 용어는, 오늘날 매우 다양한 분야에서 사용되고 있
는 용어로, 디지털 경제43) · 디지털 혁명44) · 디지털 미디어45) · 디지털 시대46)
등 이른바 정보혁명의 핵심으로 거론되는 용어이기는 하지만, 그 의미를 분명
하게 제시하기란 그다지 쉽지 않다.

사전적인 의미에 따른다면, 디지털은 '분명하게 구분가능한 요소들을 이용

---

42) 전석호, 『정보사회론: 커뮤니케이션 혁명과 뉴미디어』(나남, 2004), 39~40면.
43) Lynn Margherio, *The Emerging Digital Economy* (Washington, D.C.: U.S. Depart-ment of Commerce, 1998); Erik Brynjolfsson and Brian Kahin, *Understanding the Digital Economy Data, Tools, and Research*(Cambridge, Mass.: MIT Press, 2000); 김범환, 『(인문사회분야 학생을 위한) 정보통신경제론 디지털 경제론』(청목출판사, 2001); 김민정 · 김성숙, 『디지털 경제와 소비자』(태일사, 2005); 강대오, "디지털경제하 저작권 문제에 대한 경제학적 고찰," 『한국비블리아 발표논집』 제5집(2001.11); 김용규, "디지털경제의 특징과 시사점," 『한양대학교 디지털경제연구』 제6권(2001.12) 등.
44) 경상대학교 사회과학연구소 편, 『디지털 혁명과 자본주의의 전망』(한울아카데미, 2000).
45) 김기태, 『디지털 미디어 시대의 저작권』(이채, 2005).
46) Esther Dyson, *Release 2.0: A Design for Living in the Digital Age*, 남경태 역, 『인터넷, 디지털 문명이 열린다』(경향신문사, 1997).

하는(방식)'이라고 정의해 볼 수 있을 것이다. 여기에서 굳이 '숫자'를 제시하지 않은 이유는, 현재의 디지털의 표현방식이 모두 숫자로 이루어져 있지는 않기 때문이다. 물론 디지털 방식의 가장 대표적인 방식이 숫자를 사용하는 것임은 분명하며, 그 가운데에서도 0과 1만을 사용하는 이진(二進: binary) 체계는 오늘날의 컴퓨터 기술과 직결되는 중요한 의미를 가진다.[47]

결국 현재의 '디지털'이란 용어가 사용되는 맥락은 대부분 '컴퓨터 기술과 관련된' 것이라 할 수 있을 것이다. 이러한 디지털의 의미의 확산에 기여한 네그로폰테(Nicholas Negroponte)는 디지털의 이해를 위해서 '비트(bits)'와 '아톰(atom)'의 차이를 고려할 것을 권한다.[48] 네그로폰테에 따르면 우리가 '原子'로 기억하는 '아톰(atom)'은 바로 아날로그 세계의 기본단위이고, '비트'는 디지털 세계의 기본단위이다. 네그로폰테는 이렇게 언급하고 있다.

> 비트는 색깔도, 무게도 없다. 그것은 정보의 DNA를 구성하는 가장 작은 원자적 요소이다. 비트는 켜진 상태이거나 꺼진 상태, 참이거나 거짓, 위 아니면 아래, 안 아니면 바깥, 흑이거나 백, 이들 둘 가운데 한 가지 상태로 존재한다. 이해를 하기 쉽게 우리는 비트를 1 혹은 0으로 간주한다. 1의 의미 혹은 0의 의미는 별개의 문제이다.[49]

이러한 논의를 이어 받은 강남훈은 디지털이란 "정보를 비트의 묶음으로 표현하는 것"이라 정의하며 아울러 비트는 '0 아니면 1의 값을 갖는 단위'를 말한다고 한다.[50]

생각건대 디지털의 개념정의를 위해서는 무엇보다도 아날로그(analog)의 개념과의 대비를 통해 살펴보는 방식을 검토해 볼만하다. 사견에 따르면 '어떤 수치를 길이라든가 각도 또는 전류라고 하는 연속된 물리량으로 나타내는

---

47) 디지털이 곧 이진체계를 의미하지 않는다는 사실은 디지털 시계와 아날로그 시계를 구분하는 것으로 쉽게 이해할 수 있을 것이다. 디지털 시계는, 아날로그 시계와는 달리, 분명히 구분되는 숫자들로 시간을 표시함으로 인해 '디지털'이라 불릴 뿐 이진체계를 사용하는 것이 아니다.
48) Nicholas Negroponte, *Being Digital*, 백욱인 역, 『디지털이다』(커뮤니케이션북스, 1995[1996 print]), 13면 이하.
49) Nicholas Negroponte, 위의 책, 15면.
50) 강남훈, 『정보혁명의 정치경제학』(문화과학사, 2002), 30면.

일'[51])로 정의되는 아날로그는 보통 디지털과 대비되는 개념으로 사용되기 때문에, 디지털의 개념요소로는 결국 '불연속성'을 강조하는 것이 의미가 있을 것이다.

컴퓨터는 바로 이러한 디지털의 개념 위에 존재한다. 일반적으로 숫자와 계산을 포함한 모든 정보들은 이진수(二進數)의 형식으로 표현될 수 있고, On 이나 Off로 표현될 수도 있으며, 스위치와 같은 전기부품으로도 표현될 수 있다. 다른 부품들과 스위치들을 사용하여 전기장치는 숫자나 다른 모든 형태의 정보들을 표현할 수 있다. 컴퓨터는 이렇게 이진화(二進化) 된, 즉 디지털화된 정보를 처리하게 되는 것이다. 따라서 컴퓨터는 모든 정보를 숫자의 형태로 치환하여 처리하게 되므로, 양과 관련한, 즉 크거나, 일치하거나, 작거나 외의 의미의 측면은 모두 사상한 채, 정보를 처리하게 된다. 따라서 컴퓨터가 보이는 탁월한 검색의 기능은 하드웨어와 소프트웨어의 발전으로 이러한 데이터간의 비교를 빨리 처리할 수 있음에 기인하는 것으로, 숫자적으로 일치하기만 하면, 컴퓨터는 검색의 결과를 산출해 낸다. 따라서 검색결과를 놓고 보았을 때, 전혀 의미의 맥락이 통하지 않는 정보를 산출해 낼 수도 있게 된다.

결국 디지털은 '유한한 자릿수의 숫자'의 체계이기 때문에, 일반적으로는 근사값을 갖는 체계라 할 수 있다.[52] 그렇기 때문에 디지털 정보는 아날로그 정보에 비해서 완전성(perfection)은 다소 떨어질 수도 있기는 하지만 '유한한 자릿수의 숫자'로 구성되는 디지털 정보는 아날로그 정보가 가지지 못하는 강력한 장점들을 보유하고 있기도 하다. 그것은 바로 완벽한 복제·재생산(copy; reproduction)의 가능성과 완전한 전송(transmission)의 가능성이다.[53] 이

---

51) "아날로그," 국립국어연구원편, 『표준국어대사전』(두산동아, 1999)

52) 간단한 예를 들어 설명해 보면, 디지털의 세계에서는 1/3의 값을 정확하게 나타낼 수 없고, 소수점 이하의 어느 곳에선가 반올림 등의 처리를 해서 처리하게 된다는 것이다. 색상의 경우에도 아날로그의 세계인 자연의 세계에는 거의 무한대의 색이 존재하는데 반해서, 현재 컴퓨터의 32비트 색상모드가 '사람이 볼 수 있는 색'이라는 의미에서 트루컬러(true color), 혹은 풀컬러(full color)라 불리긴 하지만, 2의 24제곱인 1677만 7216가지의 '한정된' 색을 구현하는 것에 불과하다. 그렇지만 디지털 정보가 언제나 불완전한 정보이기만 한 것은 아니며, 실제의 정보 자체가 한정적인 문자 등의 표시에 있어서는 완전한 정보일 수 있음을 기억할 필요가 있다.

53) 실제로는 복제 작업의 작동상의 오류나 전송상의 오류가 '발생할 수'도 있기 때문에, 디지털 정보가 '언제나' 완벽한 복제와 전송이 이루어지는 것은 아니지만, 가능성의 차원에

두 가지가 바로 디지털이 가지는 가장 중요한 장점이라 할 것이다.[54] 그 밖에도 한정된 숫자들의 비교로 일치와 불일치를 판단할 수 있기 때문에 검색 등의 조작을 수행할 수 있다는 것도 큰 장점의 하나로 꼽을 수 있을 것이다.

2) 정보처리장치: 컴퓨터

주지하듯이 현재의 정보기술의 핵심을 이루고 있는 기술은 역시 컴퓨터 기술이다. 컴퓨터는 사람의 지시를 받아 디지털 정보를 처리할 수 있는 능력을 갖춘 장치라고 할 수 있는데, 오늘날 컴퓨터와 관련된 기술은 사회 전반에 확산되어 다양하게 사용되고 있어, 컴퓨터의 개념을 파악하는 것을 쉽지 않게 만들고 있다.

컴퓨터의 개념을 보다 명확하게 파악하기 위해서는 우선 세부적인 개념을 좀 더 명확히 해둘 필요가 있겠다. '데이터를 계산, 보존하고 일정한 프로그램에 따라 이를 처리하는 전자기적 장치'류의 정의는 컴퓨터의 자료처리능력에 주안점을 둔 정의로 볼 수 있는데[55] 이는 '컴퓨터 등 정보처리능력을 가진 장치'라는 우리 법제의 규정에도 근접해 있다. 그렇지만 이러한 정의에 의하면 컴퓨터의 개념 안에 너무 많은 전자기기들이 포섭될 우려가 있으며[56] 이는 통상적인 컴퓨터와 다른 기기들 간의 구분과도 일치하지 않는다. 즉 우리는 일반적으로 집적회로(integrated chip: IC)가 내장되었다는 이유만으로 각종 가전기기들을 컴퓨터라 부르지는 않는다.[57] 뿐만 아니라, 단순히 수학적인 계산

서는 디지털 정보는 완전한 복제와 전송의 가능성을 보유할 뿐만 아니라, 실제로도 대부분 완전한 복제와 전송이 이루어진다.

54) 강남훈 교수는 디지털의 장점으로 ① 정보의 저장크기가 줄어든다. ② 저장·전달을 위해 매체를 가리지 않는다. ③ 압축 암호화가 가능하다. ④ 컴퓨터에 의한 처리가 가능하다는 점을 들고 있다. 강남훈, 앞의 책, 32~33면

55) Peter Knight and James Fitzsimons, *The legal environment of computing* (Sydney Reading, Mass: Addison-Wesley Pub. Co., 1990), p. 3에서도 컴퓨터를 '정보를 처리하는 장치(a device which processes information)'로 간략히 규정하고 있다.

56) 이론적으로 가장 넓게 컴퓨터를 정의하려면 '모든 스위치를 갖는 기계'는 컴퓨터라는 극단적인 형태의 의견이 가능할 수 있다. 모든 스위치는 On/Off로서 1bit의 정보를 처리할 수 있기 때문이다.

57) 주지하다시피, 현재는 상당수의 가전제품에 IC가 사용되고 있는 바, IC를 사용하게 되면, 그 전자제품의 물리적인 구조는 컴퓨터에 상당히 유사해진다. 즉 중앙처리장치에 해당하는 IC에 입/출력기구까지 갖추게 되는 것이다. 전자레인지를 예로 들면, 간단한 버튼조

만을 처리하는 전자계산기(calculator)를 가리켜 컴퓨터라고 하지는 않는다. 뿐만 아니라, 작업선택에 따라 수학적인 계산도 가능하고, 수백 명의 전화번호와 주소의 입력·보존·검색도 가능하며, 달력 및 스케줄 관리, 시계, 메모기능까지 갖추고 있는 전자수첩 역시 컴퓨터라고 부르지는 않는다. 반면 전자수첩과 비슷한 크기의 'PDA(Personal Data(Digital) Assistant)'는 보통 컴퓨터의 일종으로 취급한다.[58] 여기서 우리는 선택의 상황에 놓인다. 위의 정의를 관철함으로써 전자계산기와 워드프로세서도 컴퓨터의 개념에 포함시키거나,[59] 위의 기기들을 배제할 수 있는 '종차(種差: differentia specifica)'를 컴퓨터의 내포에 포함시키는 것이다. 여기서는 후자의 방법으로 컴퓨터 개념의 내포를 증가시키는 쪽을 택하고자 한다.

전산학 개론서에도 일반적으로 '컴퓨터'는 계산할 수 있는 모든 장치를 말하므로 주판이나 계산기, 소형계산기가 모두 컴퓨터의 형태라고 할 수 있지만 '현대적 의미의 컴퓨터'는 데이터와 명령어를 입력하고 저장할 수 있으며 빠른 속도로 이를 처리하여 정확하게 출력을 해 낼 수 있는 전자적 데이터 처리장치라고 정의하여 이러한 것들을 제외시키고 있다. 여기에서는 '데이터와 명령어의 입력'이라는 종차를 첨가한 것으로 다른 것들과의 구분을 이끌어내고 있는 셈이다. 사실, 이것이 가장 일반적으로 컴퓨터와 컴퓨터가 아닌 것들을 구분하는 기준으로 생각된다. 즉 고정배선(hard wiring)되어 있어 특정한 임무만 수행하도록 만들어진 기기들과는 달리 컴퓨터는 재(再)프로그램 되어 다양한 작업을 수행할 수 있는 '범용성(汎用性)'을 갖게 된다.

아울러 또 다른 컴퓨터의 특징으로 추가할 수 있는 것은 컴퓨터가 사용하는 데이터는 디지털화된 것이라는 것이다. 컴퓨터의 종류로 아날로그 컴퓨터

작(입력)으로 입력된 정보는 IC의 프로그램(소프트웨어)에 의해 적절한 시간과 온도로 바꾸어(처리) 그에 맞는 마이크로웨이브를 발생시켜(출력) 요리를 가능케 한다.

58) 요사이 큰 인기를 끌고 있는 스마트폰이나 태블릿 역시 PDA와 같은 범주에 속한다고 볼 수 있다.

59) 번사이드(J.W.K. Burnside)는 컴퓨터가 여러 가지 형태를 가질 수 있다고 하면서, 자동차 점화기 같은 '특수한 형태의 기기들'이나 PC와 같은 형태의 일반적인 컴퓨터(generalized machine)'으로 구분하고, 일반적인 컴퓨터에 대한 논의를 진행한다. J.W.K. Burnside, "The Fundamentals of Computer Technology," Gordon Hughes(ed.), *Essays on Computer Law*(Melbourne, Australia: Longman Professional, 1990), p. 25.

와 디지털 컴퓨터를 드는 견해들이 있는데, 이를 추가함으로써 현대적인 의의
를 거의 지니지 못하는 아날로그 컴퓨터들을 컴퓨터 개념의 외연에서 제외시
킬 수 있게 된다. 결론적으로 컴퓨터란 '재(再)프로그램화(化)에 의한 범용성
(汎用性)을 갖는, 디지털화된 자료를 처리하는 전자기기(電子機器)'로 정의할
수 있다.[60]

이러한 컴퓨터에 의해 막대한 양의 다양한 정보의 신속·정확한 처리가
가능하게 되었다는 점에서 컴퓨터는 현대 사회의 제변화에 있어서 중추적인
역할을 수행하고 있다는 사실은 재론의 여지가 없다.

3) 정보이동체제: 네트워크

네트워크(Network)의 개념은 1530년대부터 사용되어 온 개념으로 본래
'그물(net)'과 관련한 작업 혹은 그물 자체를 의미하는 단어였으나, 1650년대
이후 동물이나 식물의 조직을 구성하는 구조를 지칭하는데 사용되기도 하고,
1800년대에는 무형의 상호연관된 사물들의 연쇄 혹은 체제라는 의미가 추가
되었으며, 1800년대 말에는 '사업망,' '조직망,' 1900년대에 들어서면서 '방송
망'의 개념과 1950년대 이후 '통신망'의 개념이 추가되어 현재에 이르게 된 바
있다.[61] 이러한 다양한 이력을 가지고 있는 네트워크의 개념은 결과적으로 학
문분야에 따라 다양하게 사용되고 있다.[62]

정보기술에 있어서의 네트워크는 일반적으로 '데이터 통신 시스템에서 단
말 장치(전화, 컴퓨터 등), 전송장치, 교환장치, 그리고 이들 사이를 연결하는 통
신 선로로 구성된 연결망' 자체를 의미하고, 네트워킹(Networking)은 '분산된
장소에서 통신 설비를 이용하여 데이터를 저리하는 기법'으로 정의된다. 네트

---

60) 이러한 컴퓨터의 가장 중요한 속성으로는 '보편성(범용성; universality)'에 있고, 두
번째 속성은 '속도(speed),' 세번째 속성은 '저장능력(storage capacity),' 네번째 속성은 '신
뢰성(reliability),' 다섯번째 속성은 '연계성'(connectivity)'을 들 수 있다. 박준식, "정보기술
의 발전", 정보사회학회 편, 『정보사회의 이해』(나남, 1998), 121~122면.

61) OED의 'network' 항목 참조.

62) 최영은 사회학, 인류학, 정치학, 수학, 생물학, 화학에서의 네트워크의 개념을 소개하
면서 다양한 네트워크의 개념정의들 간의 공통점으로 네트워크란 '다름 아닌 구성원들 간의
관계를 바탕으로 이루어지는 그 어떤 것'을 의미한다고 결론내리고 있다. 최영, 『뉴미디어시
대의 네트워크 커뮤니케이션』(커뮤니케이션북스, 1998), 11면.

[그림 2-1] 네트워크의 이용

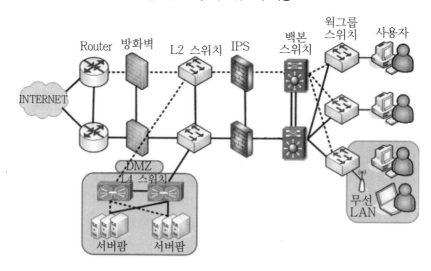

워크와 관련한 핵심적인 사항은 역시, 정보의 '전송'이라는 측면이다. 즉, 네트워크는 곧 정보의 이동과 관련한 개념이라 볼 수 있다.

본서에서는 도구와 기능 자체에 주안점을 두어, '컴퓨터 등의 정보기기 간에 정보를 교환할 수 있게 연결되어 있는 상태'를 '네트워크'로, '네트워크상의 정보의 교환활동'을 '네트워킹'으로 정의한다. 즉, '정보기기 간의' 정보교환이므로 하나의 컴퓨터 내부의 통신은 여기에 포함되지 않게 되고, 정보의 형태는 아날로그이건 디지털이건 묻지 않는다. 한편, 이러한 네트워크내의 정보교환과정을 '네트워크 커뮤니케이션(Network Communication)'으로 규정하여 새로운 유형의 커뮤니케이션으로 취급하는 견해도 있는데, 이에 따르면, 이러한 네트워크를 통한 커뮤니케이션, 즉 네트워크 커뮤니케이션을 가능하게 하는 세 가지 필수요소로 편재성, 통신기술, 그리고 지능을 들고 있다.

한편 네트워크와 관련하여 일상적으로 흔하게 사용되는 인터넷(Internet or internet), 인트라넷(Intranet) 등의 개념을 검토해 볼 필요가 있을 것이다. '인터넷'은 'TCP/IP 프로토콜(protocol)을 이용하여 이루어지는 전 세계적인 범위의 공용네트워크'를 의미하는데, 이는 네트워킹이 세계적인 범위로 이루어지는 것을 가리키는 것으로서 기본적으로는 네트워크의 범위와 관련한 명칭이라 할 수 있겠다. 한편, '인트라넷'이라는 개념 역시, 하나의 회사나 학교 등의 기관의 내부에서 이루어지는 네트워크를 가리키는 명칭으로 볼 수 있을 것이다.

네트워킹의 효용은 여러 가지로 살펴볼 수 있겠으나, 가장 기본적인 장점은 역시, 네트워크에 연결되어 있지 않은 컴퓨터의 능력이 그 컴퓨터가 갖고 있는 자원의 한계에 제한 받게 되는 반면, 네트워크에 연결되어 있는 컴퓨터는 다른 컴퓨터의 자원들도 이용할 수 있게 된다는 것으로 표현할 수 있을 것이다. 여기에서 '다른' 컴퓨터의 범위는 구성되어 있는 네트워크의 종류에 따라 한 사무실 내의 컴퓨터일 수도, 또는 지구 반대편에 있는 컴퓨터일 수도 있다. 뿐만 아니라 네트워크의 구성에 따라 그 이용의 가능성 및 범위도 달라진다. 그렇지만 하나의 컴퓨터의 이용 가능한 자원이 그 컴퓨터의 제한을 벗어나게 됨으로써, 사용자는 보다 많은 결과를 얻어낼 수 있는 상황이 된다는 사실에는 변함이 없다.

이처럼 네트워크라는 개념은 정보기술이전에 이미 존재하던 개념으로 학문분야에 따라 다양하게 사용되고 있기 때문에, 우리 법제에서도 이러한 맥락에서 네트워크의 개념을 정보통신망 이외의 개념으로 사용하고 있음을 확인할 수 있다. 그렇지만, '통신망' 등으로 순화가 가능한[63] 외래어를 굳이 법제에 사용해야 하는가는 의문이라 할 수 있다. 아울러 '정보통신망'과 '전기통신망' 등의 용어가 혼재되어 사용되고 있는 부분도 정리가 필요하다고 할 것인데, 개인적인 의견으로는 굳이 수식어를 붙일 필요 없이 '통신망'이라는 용어로 대체하는 것이 가장 간명하고, 활용폭도 넓어지는 장점이 있지 않을까 생각한다.

4) 정 리

지금까지 정보기술의 개략적인 의미와 그 구성요소라 할 수 있는 디지털

---

63) 국립국어원은 네트워크(network)의 개념으로 ①『언』라디오나 텔레비전의 방송에서, 각 방송국을 연결하여 동시에 같은 프로그램을 방송하는 체제 ②『컴』랜(LAN)이나 모뎀 따위의 통신 설비를 갖춘 컴퓨터를 이용하여 서로 연결시켜 주는 조직이나 체계로 풀이하면서 전자는 '방송망,' '방송 체계,' '통신망'으로, 후자는 '통신망'으로 순화할 것을 권하고 있다.

및 컴퓨터와 네트워크 등의 개념을 살펴보았다. 이들은 비교적 새롭게 등장한 개념들이고 게다가 외래어들이기 때문에 우리 법체계내에 수용하기가 그다지 수월하지 않은 것이 사실이기에, 더더욱 유의해서 접근할 필요성이 큰 개념들이라 할 것이다. 아울러, 법의 해석에 있어서도 논의의 맥락을 잘 살펴 최선의 해석을 얻을 수 있도록 노력해야 할 것이다.

(3) 정보기술의 특징

정보기술은 정보의 전송기능을 통해 직접적인 커뮤니케이션의 수단으로 사용될 수 있을 뿐만 아니라, 정보의 처리 및 저장을 통하여 기존의 '기록매체'가 수행한 기능을 보다 효율적으로 수행해낼 수 있게 해준다. 일반적으로 커뮤니케이션을 위한 정보의 처리와 관련한 전산정보기술의 사용은 이렇게 기본적으로는 대인적(對人的) 기술로서의 성격을 갖게 되지만, 정보의 '상품화'의 진전으로 인해 '정보상품'을 생산하는 측면에서는 자원 및 생산기술로서 사용됨으로써 대물적(對物的) 기술로서의 성격도 가지게 된다. 뿐만 아니라 정보기술은 정보상품 이외의 상품 생산에도 생산기술로 투입되어 생산성 향상에 기여할 수도 있다.

이러한 기본적인 성격을 가지는 정보기술은 그 구성요소인 디지털 및 컴퓨터와 네트워크의 특징을 고스란히 보유하게 된다. 즉 디지털의 장점인 완전한 복제가능성과 전송가능성 및 압축·암호화 처리의 가능성을 보유하여 정보의 처리 자체의 신뢰성과 효율성을 증대시킬 수 있으며, 컴퓨터의 장점인 '범용성(汎用性)'을 기반으로 다양한 분야(실질적으로는 거의 모든 분야)에 이용될 수 있을 뿐만 아니라 컴퓨터 기술의 눈부신 발전에 힘입어 뛰어난 저장 및 처리능력을 발휘할 수 있으며, 네트워크의 장점인 연결성(connectability)에 의해서, 분산 및 원격처리가 가능하게 될 뿐만 아니라, 그 광대역화에 따른 전송능력의 확대로 인한 대용량의 자료전송 역시 가능해지고 있다.

이러한 일반적인 특징을 가지는 정보기술은 다른 기술들에 비해서 문제의 해결에 있어서 다양한 해법이 존재할 수 있다는 특성을 가지고, 기술 간의 격차가 상대적으로 크다는 것과 함께 네트워크 효과(network effect)[64]의 존재로

인해 통신망 건설 등의 사회간접자본의 투자가 크게 요구되는 특성이 있다.[65)

(4) 정보기술의 발전

일반적으로 기술의 혁신은 발명과 발견으로 이루어진다. 발명(invention)은 이미 존재하는 요소(elements)와 소재(materials)를 조합하여 새로운 것을 창출하는 혁신의 과정으로서 여기에는 물질적인 것도 있고 사회문화적인 발명도 있다. 한편, 발견(discovery)은 기존의 현실 또는 실재(reality)를 새로운 관점에서 바라보게 되는 혁신의 형태다. 대체로 기술혁신(technological innovation)은 새로운 과학적 이론의 '발견'에 힘입어 새로운 연모와 과업수행 방법을 고안해 내는 '발명'으로 이루어진다.[66)

---

64) 네트워크 효과(network effect)는 네트워크 외부성(network externalities)이라고도 불리며 특정 상품에 대한 어떤 사람의 수요가 다른 사람들의 수요에 의해 영향을 받을 때 네트워크 효과가 존재한다고 하는데, 그 상품을 쓰는 사람들이 일종의 네트워크를 형성해 다른 사람의 수요에 영향을 준다는 뜻에서 이런 이름이 붙었다고 한다. 이준구, 『미시경제학』(법문사, 2002), 147면. 한편 전력, 통신, 가스, 상하수도와 철도 등의 산업은 방대한 규모의 네트워크를 토대로 활동이 펼쳐진다는 점에서 공통적인데, 이들 산업을 총칭하여 네트워크 산업(Network Industries)이라고 부른다고도 한다. 이승훈, "네트워크 산업의 경쟁정책," 권오승 편, 『공정거래와 법치』(법문사, 2004), 785면.
65) 마뉴엘 카스텔(Manuel Castells)은 '정보기술 패러다임'의 특징으로 정보가 하나의 원료(raw material) 또는 소재가 되고, 새로운 기술의 영향력이 편재(pervasiveness)하며 네트워킹의 논리(networking logic)가 적용되며, 패러다임의 유연성 또는 유통성(flexibility)이 존재하고, 마지막으로 통합성을 보인다는 것을 들고 있다. Manuel Castells, *The Rise of the Network Society(2nd ed.)*, 김묵한 · 박행웅 · 오은주 공역, 『네트워크 사회의 도래』(한울아카데미, 2003 [2005 print]), 106~115면.
66) 김경동, "기술혁신과 사회변농: 정보사회의 생성선개에 대한 이해," 정보사회학회 편, 『정보사회의 이해』(나남, 1998), 29면. 이러한 기술혁신이 사회변동에 어떻게 삭용하는가에 대해서 간단히 살펴보면, 첫째, 기술혁신은 현존하는 기술 자체를 대치하고 변형시켜서 새로운 기술을 창출하는 효과가 있다. 이른바 기술변동의 자가추진력(self-propelling power)의 반영이라 할 수 있다. 둘째, 기술혁신이 사회변동에 가장 직접적으로 작동하는 영역은 역시 인간의 생산활동 혹은 경제부문이다. 셋째, 생산활동의 변화를 가져오는 기술변동은 일과 직업에도 영향을 미친다. 예를 들면 일의 종류의 다양화, 노동과정의 변질, 직무성격 변화 등을 들 수 있다. 넷째, 산업구조와 직업활동이 달라짐으로써 인구의 성장과 구성 및 생태적 분포에 변화가 오고 인간의 사회생활의 공간적 조직인 지역공동체의 모습이 달라진다. 다섯째, 기술변동은 인간의 조직생활의 유형과 특성을 변질시킨다. 여섯째, 사회의 여러 제도들도 변화하고 일곱째, 사회계급구조에도 영향을 미치며, 여덟째, 사회적 상호작용과 사회관계의 성격에도 영향을 주고, 아홉째, 사람들의 인지구조, 상징체계, 세계관, 이데

정보를 생산, 교환, 이용, 보존하는 기술로서의 정보기술은 컴퓨터의 출현 이전에도 분명히 존재하고 있었음에는 이론(異論)이 없다. 즉 정보기술의 역사는 인간의 커뮤니케이션 행위가 매개체를 통해 이루어지는 시점으로부터 비롯된다. 그러한 시점은 손짓이나 음향, 좀 더 발전한 형태로는 그림 등을 통한 커뮤니케이션이 이루어지던 선사시대 이전까지 소급하게 될 것이지만, 일반적으로는 역사시대 이후, 즉 언어의 발전 및 문자의 발명이 이루어진 뒤부터 본격적으로 정보기술의 발전이 진행되었다고 볼 수 있을 것이다.[67]

이 시기의 정보기술의 발전에 있어서 가장 획기적인 사건은 역시 인쇄기술의 발명이라 할 수 있다. 과거에는 필사(筆寫)에 의해 행해지던 복제를 신속하고 다량으로 가능하게 해 준 인쇄기술은 특히 15세기의 금속인쇄술의 발명으로 획기적인 발전을 가져왔다.[68]

올로기 등이 변화하게 되며, 열번째, 결국 기술은 인간의 가치관과 사회적 가치지향에도 영향을 미친다. 같은 책, 33-35면.

67) 단어문자의 최초의 형태인 상형문자의 출현시기는 기원전 3100년경의 메소포타미아의 수메르문자(Sumerian writing), 기원전 3000년경의 이집트의 신성문자(hieroglyphic writing)의 시기까지 소급되며, 음절문자의 경우는 기원전 2세기 후반(셈족의 서셈족음절문자[West Semitic syllabary]), 음소문자는 기원전 850~800년(그리스의 자모(字母)들)까지 소급된다고 한다. "문자," 한국정신문화연구원 편, 『한국민족문화대백과사전』(한국정신문화연구원, 1991). 한편 언어의 기원에 관한 연구는 16세기에 크게 유행했었다고 하는데 그 결과물 중의 하나는 Jean-Jacques Rousseau, *Essai sur l'origine des langues:ou il est parlé de la mélodie et de l'imitation musicale*, 주경복·고봉만 공역, 『언어 기원에 관한 시론』(책세상, 2002). 루소는 당시 가장 일반화되어 있던 신수설(神授說)을 배제하고 발명과 진화에 초점을 맞추고 있다.

68) 맥루언(Marshall McLuhan)은 알파벳 활자와 인쇄술에 의해 발전된 인간들의 선형적 사고구조가 서구문명의 본질적인 개인주의, 표준화, 획일화, 계량화, 과학주의를 낳았다고 진단하면서, 기존이 시대적 환경을 금속인쇄술을 개발한 구텐베르크(Johannes Gutenberg)의 이름을 따서 구텐베르크 은하계(Gutenberg galaxy)로 지칭한다. Marshall McLuhan, *The Gutenberg Galaxy: the making of typographic man*, 임상원 역, 『구텐베르크 은하계: 활자 인간의 형성』(커뮤니케이션북스, 2001). 아울러 이러한 발전은 특히 지적재산권법제의 발전에 커다란 영향을 미쳤는데, 인쇄술이 발명되기 이전에는 하나의 저작물을 다량으로 제작하기가 곤란하여 저작물의 복제는 극히 제한적이어서, 그 저작물의 이용이 저작자의 경제적 이익을 크게 침해하지는 않았다. 물론 모작이나, 표절은 여론에 의한 호된 비난이 가해지기는 했으나, 지적재산권법제에 의한 규제는 없었고, 다만 유체재산법(민법)에 의해 지적인 창작품들이 간접적으로 보호될 뿐이었다. 하지만 활판인쇄술을 발명되면서 서적 제작비용이 감소하였고 책의 보급 확대되면서 인쇄부수가 증가하게 되고, 추가제작도 가능해지면서 민법 등에 의한 간접적인 보호만으로는 충분한 보호가 불가능해지는 상황이 도래하게 된

이 후의 정보기술상의 획기적인 변화로 꼽히는 것은 대인(對人)커뮤니케이션의 획기적인 전환을 가져온 전신(1839년) · 전화(1876년)의 발명과 함께, 이른 바 매스미디어(Mass Media)로 불리는 대중매체들의 출현으로 대중신문[69], 영화(1895년), 방송(TV는 1939년, 라디오는 1910년) 등의 출현 등을 들 수 있으며, 이들은 시간과 공간에 대한 새로운 차원을 열어 주었으며, 대중이 사회의 중심적인 존재로 부상시키는 결과를 가져왔다.

이러한 정보기술은 컴퓨터의 출현 이후 새로운 국면을 맞게 되었다고 평가할 수 있을 것이다.[70] 컴퓨터의 탄생은 어떤 의미에서는 여러 세기 동안의 기술혁신의 절정이라고 할 수 있고, 또 어떤 의미에서는 제2차 세계 대전에서의 기술적인 필요의 결과라고 할 수 있다.[71]

컴퓨터의 발전과 관련된 정보기술의 발전은 특히 20세기 후반 비약적인 발전을 보였는데, 이 시기의 하드웨어적 측면의 정보기술 발전은 크게 극소 전자공학(microelectronics), 컴퓨터(computer), 그리고 정보통신(telecommunication)이라는 세 분야에서 집중적으로 발전되어 온 것을 알 수 있다.[72]

4. 정 리

이미 살펴 본 바와 같이 정보기술은 커뮤니케이션의 수단으로서 기본적으

것이다. 송영식 · 이상정, 『저작권법개설(제3판)』(세창출판사, 2003), 11~12면.

[69] 신문의 기원을 무엇으로 인정하는가는 논란이 없지 않다. 신문의 원시적인 형태는 로마시대의 악타 세나투스(Acta Senatus)와 악타 디우르나 포풀리 로마니(Acta Diurna Populi Romani)에까지 거슬러 올라가기 때문이다. 일반적으로 세계 최초의 일간신문은 독일의 라이프치히에서 1660년에 창간된 '라이프치거 자이퉁(Leipziger Zeitung)'으로 알려져 있다. 그 뒤 구미를 비롯한 세계 각국에서 질적 · 양적인 면에서 비약적으로 변모, 발전하여 오늘에 이르고 있다. 최정호 · 강현두 · 오택섭, 『매스미디어와 사회』(나남출판, 1995), 218면.

[70] 카스텔(Manuel Castells)은 이러한 국면을 '인터넷 은하계(Internet Galaxy)로 명명한 바 있다. Manuel Castells, *The Internet Galaxy: Reflection on the Internet, Business, and Society*, 박행웅 역, 『인터넷 갤럭시: 인터넷, 비즈니스, 사회적 성찰』(한울, 2004).

[71] Nathan Weinberg, *Computers in Information Society*, 통신개발연구원, 『정보사회와 컴퓨터』(통신개발연구원, 1992), 33면.

[72] 이 부분은 박준식, "정보기술의 발전", 정보사회학회 편, 『정보사회의 이해』(나남, 1998), 109~111면을 주로 참고하였다.

로는 대인적 기술로서의 성격을 갖게 되지만, '정보상품'의 생산 측면에서는 자원 및 생산기술로서 대물적 기술로서의 성격도 가지게 될 뿐만 아니라 정보기술은 정보상품 이외의 상품 생산에도 생산기술로 투입되어 생산성 향상에 기여할 수도 있다.

이러한 기본적인 성격을 가지는 정보기술은 그 구성요소인 디지털 및 컴퓨터와 네트워크의 특징을 고스란히 보유하여, 즉 디지털의 장점인 완전한 복제가능성과 전송가능성 및 압축·암호화 처리의 가능성을 보유하여 정보의 처리 자체의 신뢰성과 효율성을 증대시킬 수 있으며, 컴퓨터의 장점인 '범용성(汎用性)'에 기반하여 다양한 분야(실질적으로는 거의 모든 분야)에 이용될 수 있게 되며 컴퓨터 기술의 눈부신 발전에 힘입어 뛰어난 저장 및 처리능력을 발휘할 수 있으며, 네트워크의 장점인 연결성(connectability)에 의해서, 분산 및 원격처리가 가능하게 될 뿐만 아니라, 그 광대역화에 따른 전송능력의 확대로 인한 대용량의 자료전송 역시 가능해지고 있다.

이러한 현대 정보기술의 특징이 오늘날의 각종 사회현상과 관련하여 다양한 긍정적·부정적인 결과를 초래하는 원인으로 거론될 수 있는 바, 정보기술에 대한 정확한 이해가 사회현상에 관련한 논의의 출발점이 될 수 있음을 인식할 필요가 있다고 하겠다.

II. 이론적 배경

원래 입법이란 종래에는 '일반적·추상적인 법규범의 정립'으로 정의된 것으로부터도 추론할 수 있는 것처럼 사회의 모든 자 또는 대상에 적용될 수 있는 법규범으로서 파악되고 있으므로, 입법시에는 입법자는 사회사상을 파악하고 있을 필요가 있고 그러한 사회사상에는 다양한 이익이 내재되고 있다. 그렇다면 사회의 이익조정이야말로 입법작용의 본질의 하나로 인정된다면 그러한 이익조정의 성부가 입법작용의 귀추를 결정하는 것으로서 파악된다.

그러한 사회의 이익조정이라는 작업은 현실로 입안하는 정책, 법률의 영향을 예측하고 그것을 감안하면서 입법자가 입법을 하는 것을 지칭한다. 즉 그러한 영향을 명확히 한 뒤에야 비로소 입법자, 법률의 수범인 등 법률과 관련한 이해관계자는 스스로의 이익을 입법에 반영시키는 단서를 파악할 수 있으며 이익조정이 가능하게 된다.[73] 이러한 맥락에서 개인정보 보호논의의 배경이 되는 사회이론에 대한 고찰의 필요성이 인정된다.

그렇지만 모든 사회이론에 대한 고찰을 수행하기란 현실적으로 곤란한 문제이기 때문에, 법의 실효성의 관점을 중시하는 법사회학, 비용과 효용의 관점을 중시하는 법경제학의 기법을 입법에 포섭하여 입법행위의 실시, 효과에 관한 과학적 분석을 행하는 입법평가제도의 특성을[74] 고려하여, 논의의 범위를 법학과 사회학, 그리고 법경제학 상의 논의들로 한정하고자 한다.

1. 법학적 접근

법학 내에서 지금까지 진행되어 온 개인정보에 관한 논의들은 기본적으로 기존의 프라이버시(privacy) 논의의 맥락에서 진행되어 온 바, 이러한 논의들은 개인정보의 보호를 인격권의 범주 하에서 프라이버시 보호론의 일환으로 진행해 온 전통적인 입장과, 재산권적인 차원에서 개념화하는 최근의 입장으로 구분해 볼 수 있다. 이하에서는 프라이버시의 개념 및 형성과정과 그 본질과 관련된 논의를 간단히 정리한다.

(1) 프라이버시 개관

우리나라 헌법 제17조는 "사생활의 비밀과 자유"로 프라이버시권을 보호

---

73) 박영도, 『입법평가의 이론과 실제』(한국법제연구원, 2007), 31면.
74) 박영도, 위의 책. 입법평가는 입법에 대한 비평과는 다르며 단순한 통계와도 다르다. 또한 판결에 대한 효과를 연구의 대상으로 할 수도 있으나 입법평가는 그 대상을 입법에 한정한다는 점에 특징이 있다. 또한 입법평가는 시간의 차원을 내포하는 것으로서, 과거와 미래를 동시에 직시한다. 특히, 오늘날 다원적인 사회질서, 점증하는 문제의 복잡성 및 탈산업화적 사회로 이행하는 발전경향을 배경으로 할 때 입법은 사회적 과정, 즉 극히 다양한 기관들과 정치적 세력들이 공식적 또는 비공식적 권한을 통해 참여하는 권력분립적 절차로 이해되고 있다. 따라서 입법평가는 다차원적으로 행해진다. 입법평가는 법률에 대한 사전적 평가와 사후적 평가를 지속적으로 교환함으로써, 또한 시간의 흐름에 따른 지속적인 모니터링을 수행함으로써 오류의 반복을 피하고 법률의 질적 개선을 도모하는 것을 가능하게 하는 경험과 지식이 축적되리라는 기대가 깔려 있다.

하고 있으나 이렇게 명문으로 헌법에 규정한 나라는 아주 드물다고 할 수 있다. 사실 프라이버시 연구의 선진국인 미국에서 조차도 프라이버시라는 말은 사람을 오도하는 수사에 불과하고 "프라이버시 권리"에 관한 판례라고 하는 것도 정작 알고 보면 각각 별개의 이익에 관한 판결일 뿐이며 법적 권리로서의 "프라이버시의 권리" 주장은 무익할 뿐 아니라 오히려 유해하기조차 하다는 논의가 끊이지 않는다. 우리나라 헌법은 규정을 두고 있으나 우리나라의 헌법학자들은 비록 규정이 없다고 하더라도 현대헌법이 보장하는 인간의 존엄과 가치, 행복추구권의 한 내용으로 프라이버시권이 당연히 보장되어 있다고 주장한다.

1) 프라이버시권의 개념

프라이버시의 개념은 대체적으로 개인의 공적 생활과 대조되는 것으로서 사적이면서 비밀스러운 어떤 사생활을 지칭하는 것으로 인식되고 있지만, 보다 엄밀한 정의는 이루어지지 않은 채 일반적으로 사용되어 왔다고 할 수 있다. 우리에게 어떤 면에서 프라이버시는 개인주의가 정착된 서구적 분위기를 많이 갖고 있는 것으로 생각되기도 한다. 사회적 관계가 상대적으로 강조되어 왔던 우리 문화권에서는 중요한 것으로 간주되지 않았던 것 같다. 더구나 프라이버시라는 용어를 통해서 궁극적으로 획득하려고 하는 것이 일종의 '생활의 질' 혹은 '안정' 등과 같은 매우 심리적이라고 할 수 있는 것이 되고 보니, 이 용어가 담고 있는 의미를 정의하기는 더욱 어려운 것 같다.

비록 프라이버시가 시대적·사회적·문화적으로 통일된 의미를 가지고 있는 것은 아니지만 우리는 서구에서 개념화되어 왔던 내용을 살펴봄으로써 정보사회의 프라이버시권의 개념을 파악할 수 있을 것이다. 후에 좀 더 자세히 살펴보겠지만 프라이버시는 쿨리(T. M. Cooley)의 "인간의 신체에 대한 권리는 완전한 불가침의 권리, 즉 혼자 있을 수 있는 권리(the right to be let alone)이다"라는 정의가 워렌·브랜다이즈에 의해 수용된 것으로 우선적으로 개념규정해 볼 수 있을 것이다.

즉, 미국에서 프라이버시라는 개념은 '타인의 방해를 받지 않고 개인의 사적인 영역(personal space)을 유지하고자 하는 이익 또는 권리'를 통칭하는 개념으로서, 이것은 단일의 이익이 아니고 여러 차원의 이익을 나타내는 개념이다. 사실 미국에서도 이 개념의 다의성으로 인하여 많은 학자들이 그 개념규정을 시도하여 왔음에도 불구하고, 아직까지는 완전한 성공을 거두지 못하고 있는 것으로 보인다.[75]

미연방대법원은 헌법상의 프라이버시권이 두 가지 중요한 내용의 보호법익을 가지고 있는 것으로 판시하고 있다. 그 하나가 '사적인 사항이 공개되는 것을 원치 않는 이익'(interest in avoiding disclosure of personal matters)이며, 또 다른 하나는 "자신의 중요한 문제에 대해 자율적이고 독자적으로 결정을 내리고자 하는 이익"(interest in independence in making certain kinds of important decisions)[76]이 그것이다.[77]

한편, 1980년대 이후 컴퓨터의 발달에 따라 개인정보가 타인에 의해 전자적 형태로 무한히 축적·처리되기 시작함에 따라 타인의 수중에 있는 개인정보에 대한 정보주체의 통제권을 나타내기 위해 '정보프라이버시'(information or informational privacy)라는 개념을 사용하기 시작하였다.[78] 이처럼 미국 내에서

---

75) Colin J. Bennett, *Regulating Privacy: Data Protection and Public Policy in Europe and the United States*(Ithaca: Cornell University Press, 1992), p. 25.

76) Griswold v. Connecticut, 381 U.S. 479 (1965)

77) Whalen v. Roe, 429 U.S. 589, 599-600(1977). 미연방대법원이 인정하는 이러한 두 가지 보호법익은·우리 헌법상의 "사생활의 비밀과 자유"(제17조)에 의해 직접 보호되고 있다고 할 수 있다. 헌법학자들은 대체로 헌법 제17조를 이렇게 이해하고 있는 것으로 보인다. 예컨대, 성낙인, 『헌법학』(법문사, 2001), 435~439면("사생활의 평온을 침해받지 아니하고 사생활의 비밀을 함부로 공개당하지 아니할 권리", "사유로이 사생활을 형성·영위하는 권리"); 권영성, 『헌법학원론』(법문사, 2010), 451~452면("사생활의 내용을 공개당하지 아니할 권리", "사생활의 자유로운 형성과 전개를 방해받지 아니할 권리"); 허영, 『한국헌법론』(박영사, 2001), 367면("사생활의 내용과 양상이 나의 뜻에 따라 정해지고, '나만의 영역'이 나에게만 간직될 수 있는 것을 사생활의 자유와 비밀이라고 말한다.") 반면에, 우리 헌법 제17조와 같은 규정을 가지고 있지 않은 독일은 기본법 제2조 제1항의 일반적 인격권의 한 내용으로서 보호되고 있다. 그런데 우리 헌법재판소는 사생활자유권을 헌법 제17조에서 근거를 찾지 않고, 독일의 예에 따라 헌법 제10조 행복추구권의 한 내용으로 이해하고 있다.

78) 한편, 미국의 로젠바움(J. I. Rosenbaum)은 프라이버시 개념의 이 같은 다의성을 세 가지 범주, 즉 공간적 프라이버시(Territorial Privacy), 개인적 프라이버시(Personal Privacy), 그리고 정보프라이버시(Information Privacy)로 나누어 파악하고 있다. 상세는, Joseph I. Rosenbaum, "Privacy on the Internet: Whose Information is it Anyway?", 38 Jurimetrics 565(1998) pp. 566~567 참조.

의 프라이버시 개념은 매우 다양한 의미를 가지고 있기 때문에, 우리나라에서 프라이버시 개념을 사용할 때 주의를 요한다. 이처럼 다양한 의미를 내포하고 있는 미국의 프라이버시권(right of privacy)이라는 용어에 대한 우리의 번역술어로는 "사생활권"이라는 표현이 그 다의성을 함께 나타내는 가장 적절한 것으로 판단되지만, 여기에서는 그대로 프라이버시라는 용어를 사용하기로 한다.

요컨대, 서구의 프라이버시(privacy)라는 말은 사생활적 이익을 총칭하는 개념이다. 따라서 가장 넓은 개념이다. 우리 헌법이 상정하고 있는 주거의 자유(제16조), 사생활의 비밀과 자유(제17조), 통신의 비밀(제18조)은 모두 프라이버시의 개념에 포섭된다.

2) 프라이버시권의 형성

프라이버시라는 말은 생겨난 지 오래지만 이것이 권리로 인식된 것은 얼마 되지 않았다. 19세기말 미국은 급속히 도시화·산업화되어 생활환경이 급변했다. 자본주의가 그 심각한 모순을 드러내자 당황한 국가권력은 국민의 실질적 평등을 위해 그 통치영역을 확대하기 시작했고 자연히 국민 개개인의 사적 영역은 축소되어 갔다. 정부는 국민의 신상정보를 적극 수집하고 사적 영역을 침식했다. 한편 대중 저널리즘이 창궐하여 선정주의(sensationalism) 보도가 판을 쳤으며 타인의 사생활을 대중의 흥미유발과 자기의 영리를 위한 미끼로 삼아 마구잡이로 침해했다. 19세기말의 미국은 이른바 "황색 저널리즘"이 휩쓸어 기업화한 신문들은 대중의 천박한 호기심을 만족시켜 돈을 벌려고 무책임한 보도로 경쟁을 벌였다. 특히 유명인, 유력자, 연예계 인물, 화제의 인물들을 대상으로 "타당과 분별의 분명한 한계를 벗어나" 그 사생활을 탐색, 폭로함으로써 개인의 프라이버시를 심각하게 침해한 것이다. 또한 전문 조사기관이 생겨나서 민간 기업들까지도 활발한 조사활동을 벌였는데 특히 정부 측 조사기관은 정밀하고도 은밀한 수단방법을 개발하여 개인의 신상이나 사생활 정보를 수집하였다. 19세기 말에는 무정부주의, 공산주의 등 좌익 사상이 침투하여 정부나 민간은 이를 조사하느라고 부득이 개인의 프라이버시를 침해했다.[79]

이러한 여건 아래서 1890년 보스턴(Boston) 시내에 살고 있던 워렌(Samuel

D. Warren)씨의 부인은 자기 딸의 결혼을 축하하는 축하연을 자기 저택에서 많은 인사들을 초청하여 아주 정성스럽게 열었다. 그런데 보스턴에서 발간되는 신문들 가운데 특히 『the Saturday Evening Gazett』는 그 신문의 "Blue Blood"라는 칼럼에서 그 날 축하연의 주최자인 워렌부인에 관하여 그 연회장에서의 아주 사사롭고 당혹스럽게 만드는(highly personal and embarrassing) 처신들을 자세하게 다룬 것을 비롯하여 초청된 인사들의 명단까지 공개하였다고 한다. 이에 워렌은 그 축하연이 조용히 치러지길 바라고 있었으므로 매우 불쾌해 했으며, 그의 부인도 아주 당혹스럽게 생각하며 괴로워하였다.[80)

워렌은 그의 사회적 지위에 비추어 부인의 축하연에서의 사사로운 행적이 자세히 보도된 데 대해 매우 불쾌하게 생각하면서, 변호사 출신답게 이에 대한 법적 대응을 하려고 전년까지 같은 법률사무소의 동료였던 브랜다이즈(Louis D. Brandeis) 변호사를 찾아가 논의하였고 이 두 젊은 변호사들은 언론에 의해 개인의 사생활이 폭로되어 피해를 입은 사생활의 침해에 대한 법적 구제방법을 검토하였으나, 기존의 법리에 따르면 구제받기 어려운 피해, 즉 정신적 고통을 받는 피해에 대한 구제가 문제되게 되었다. 이에 사생활 침해에서 오는 정신적 고통에 대한 구제를 가능하도록 하기 위해 새로운 권리의 필요성을 강조하려고 두 사람이 협력하여 하나의 논문을 작성하였다.[81) 이 논

---

79) 이관기, 『알권리와 프라이버시 - 전통적 대립과 정보사회의 갈등』(한국교육문화원, 1993), 62~63면.

80) 프로서(W. L. Prosser) 교수의 논문에 따르면, 보스턴(Boston)은 미국의 어느 도시보다 개인의 이름이나 사사로운 일들이 신문에 니기를 끼리는 곳이었다. 그런데 신문은 결혼식과 같은 것이 있는 신나는 행사가 있는 날에는 그 문제가 으레 크게 다루어졌다. 그러니까 워렌(S. Warren)씨의 딸의 결혼 축하연도 당연히 크게 다루게 되었다는 것이다. 워렌 부부가 당하는 곤욕(annoyance)에 대해 프로서 교수는 미국의 신문, 광고업자, 흥행업자들이 그 후 오늘에 이르기까지 값비싸게 지불해 온 곤욕이었다고 한다. William L. Prosser, "Privacy", California Law Review, 48(1960), p. 383. 하지만 조금 더 흥미로운 사실은, 워렌 씨는 1883년에 결혼을 하였다는 증명이다. 즉 딸의 결혼식에 대한 기사가 엘로저너리즘의 문제가 되려면 Samuel D. Warren and Louis D. Brandeis가 저술한 논문 "The Right to Privacy"의 출간연도인 1890년보다 빨라도 10여년은 후가 되어야 한다는 것이다. Thomas Mason, Brandeis - a Free man's Life, THE VIKING PRESS(1956)、at 70; 孫亨燮, 『プライバシー権と個人情報保護の憲法理論』, 東京大学大学院 法学政治学研究科, 博士学位論文(2008), 13면 참조.

81) Samuel D. Warren and Louis D. Brandeis, "The Right to Privacy", 4 Harv. L. Rev.

문은 현실적으로 언론에 의해 침해된 사생활의 보호, 사생활의 침해로 인한 정신적 고통이란 침해에 대한 구제를 위하여 기존 법리로는 해결하기 어려운 문제를 적극적으로 새로운 권리-the right to be let alone-를 이론적으로 정립하여 보호하려는 목적에서 쓰여진 점에서 특징적이라 할 수 있다.[82]

이를 위하여 워렌·브랜다이즈는 개인의 신체·재산에 대하여 충분한 보장을 한다는 것은 아주 오래된 보통법(Common Law)상의 원칙이라는 것을 대전제로 하고, 시대의 변천에 따라 정치·사회·제 영역에 있어서 여러 가지 변화가 생기므로 보통법상의 권리보장도 그 성질이나 범위 등을 필연적으로 재규정하지 않을 수 없고, 또한 거기에 상응한 새로운 권리도 인정해야 한다는 견해를 피력하면서, 프라이버시의 권리를 정립하기 위한 구체적인 논리를 전개하면서, 우선 보통법상의 명예훼손과 제정법인 저작권법상의 저작권을 검토하였다.

그들은 먼저 보통법상의 명예훼손에서 다루는 권리침해(wrongs)와 프라이버시 침해의 경우의 침해행위(injury)는 외견상 유사성이 있는 것 같으나, 실제에 있어서는 서로 다르다는 점에서 프라이버시의 보통법상에서의 독자적인 위치를 찾으려고 시도하였는바, 권리를 침해하는 수단의 성격의 측면에서 침해행위(injury)에 대한 법적 구제는 소송의 실질적인 원인을 제공한 '단적으로 손상된 감정의 치유'를 의미하는 것 반면, 명예훼손의 법리는 아주 근본적으로 성격이 다른 취지에 입각하고 있고, 그러한 권리침해는 동료 간에 그에 대한 평가가 격하되어서 그가 속한 사회 속의 외부적 관계에서 권리침해로 입은 그 명예에 대한 피해만을 다루는데 그친다는 것을 주장하여, 명예훼손에 관한 보통법상 인정되고 있는 권리침해와 명예훼손과 관련 있는 권리는 "그 성질상 '정신적이라기보다 오히려 물질적인 것'이어서 명예훼손과 관련 있는 성격의 법리는 그 보장대상을 단지 물질적 재산의 주변에까지 확장시킬 수 있는데 그치게 된다고 한다. 그래서 그들은 보통법에는 감정에 대한 침해행위에 대해서만 배상해 주는 법리는 전혀 인정되어 있지 않다"고 단언하고 있다.

---

193 (1890).

82) 서주실, "Warren·Brandeis의 'The Right to Privacy'," 『미국헌법연구』 제6호(1995.7), 48~51면.

그래서 사생활에 침해되어 아무리 정신적 고통을 받는다 하더라도 그 침해로 인한 정신적 고통은 손해배상청구가 인정되지 않는 손해에 지나지 않는다는 것이다. 한편 저작권법과 같은 제정법상의 권리는 공간(公刊)을 하지 않으면 아무런 가치가 없는 권리인 데 반하여, 보통법상의 상술한 권리는 공간해 버리면 바로 그 권리를 상실하게 된다는 점이 다르다는 점을 밝혔다.

이와 같이 워렌・브랜다이즈는 프라이버시권의 정립을 위하여 명예훼손의 법리, 저작권법상의 권리의 법리와 관련하여 검토하고서, 보통법 위에 본 양자와는 다른 영역의 보호를 인정하고 있다는 데까지 논리를 적용하고 있다. 그러면서 저작권과는 달리 아무런 경제적 이득이 없는 것마저 보통법상 보호를 하고 있다는 데까지 이론을 진전시키고 있으나, 거기에는 역시 재산권과의 관계에서 그 보호대상의 속성을 어느 정도 인정하지 않을 수 없다는 문제에 봉착하게 되어, 그들은 개인이 갖고 있는 것이 비록 문학적・예술적・학술적 가치가 없는 것일지라도 그의 공간 또는 공표로부터 보호해주려는 그 실체를 구명하기 위하여 영국의 판례를 검토하여, 그들은 특히 '개인의 것'을 불법적으로 공개하여 그에게 정신적 고통을 주는 침해행위와 관련된 사건들을 다루었다.[83]

그리하여 워렌・브랜다이즈는 '개인의 것'의 불법적 공개에 의한 침해구제가 저작권 등의 재산권의 침해 외에 계약위반, 신탁・신뢰위반 등을 이유로 하여 금지명령이 내려졌다는 것과, 불법침해적인 공개로부터 보호하려는 것은 재산적 이익과는 전혀 관련이 없는 개인・가정생활에서 일어나는 일, 즉 사실 그 자체라는 것을 알게 되었고, 그것이 보통법상 새로이 등장시키려는 영역에 대한 기존의 보호였다고 볼 수 있다.

이와 같은 '자기의 것'에 대한 공개를 방지할 수 있는 권리는 우선 재산적 가치를 목적으로 하는 권리가 아니라는 점에서 그 성질상 재산권의 일종으로 보기 어렵고, 또한 이 권리로서 보호하려는 것은 지적 재산권이 아니라 가정에서 일어나는 일, 즉 사실 그 자체에 그 기초를 두고 있다는 점에서 보통법

---

83) 서주실, 앞의 글, 56∼62면. 이들 사건의 판결은 대체로 기존 법에 다른 재산권의 침해, 명예훼손에 관한 법의 위반, 계약위반 또는 신조의 위반 등을 이유로 침해에 대한 구제가 주어진 사건들이었다.

상 보호되고 있는 새로운 영역이 부각되고 있다.

그리하여 워렌·브랜다이즈는 종합적인 숙고 끝에 우선 다음과 같이 결론을 내리고 있다. 즉 명예훼손이나 저작권 또는 재산권과 구별되는 보통법상의 보호영역으로서 저작 또는 회화·조형 등을 통하여 생각·감정 그리고 정서 등에 대한 보호는, 그것의 공개방지가 문제되는 한, 개인의 혼자 있게 하는 보다 구체적인 권리(the more general right of the individual to be let alone)의 실현의 하나의 실례에 지나지 않는다는 것이다. 여기서 워렌·브랜다이즈는 쿨리(T. M. Cooley)판사가 1888년 사용한 "the right to be let alone"이라는 표현을 원용하여 보통법상 전술한 보호를 받는 권리에 대해 처음으로 사용하면서, 이 권리라는 것을 폭행 또는 구타를 당하지 않을 권리, 구금되지 않을 권리, 자의적으로 소추되지 않을 권리, 비방을 받지 않을 권리와 같은 것이라고 한다. 이들 여러 권리들은 법상 보장된 다른 권리처럼 본질적으로 소유하고 있다는 성질이 있고, 또한 그것은 재산권의 특징적인 속성이므로 역시 이들 권리도 재산권에 속한다고 말할 수 있을지 모른다. 그러나 이들 권리는 일반적으로 말하는 재산권과는 전혀 그 유사성이 없다고 그들은 분명하게 강조하고 있다.

그러면서 그들은 사적 표현물 또는 개인적 작품을 절도나 도용이 아니라 어떤 형태든 공개되는 것으로부터 보호하려는 법리는 본질적으로 재산권의 원리가 아니라 그것은 불가침의 인격권의 원리에 입각하고 있다고 한다. 워렌·브랜다이즈는 그들이 사적 표현물을 공개로부터 보호하려는 법리를 불가침의 인격권에서 찾으려고 한 그러한 결론이 정당하다면, 당시의 법은 개인의 프라이버시를 상업주의적인 언론을 비롯한 외부의 침입으로부터 보호받을 수 있는 권리를 제공한 것으로 생각했다. 여기서 보호받는 대상에는 표현하는 수단이나 형태를 불문하고, 의식적인 노력의 소산이어야 한다는 것도 아니며, 따라서 문학작품이든 아니든 상관이 없다는 것이다.

그리하여 이른바 문학적·예술적 작품에 대한 출간·복제를 막을 수 있는 권리가 의존하는 기초에는 오로지 인간의 보다 총체적인 면책권, 즉 인간의 인격권의 한 부분으로서의 프라이버시의 권리만이 있다는 것이다. 워렌·브랜다이즈는 이와 같이 개인의 작품이나 표현물의 공개·출간을 본인의 뜻에 반하여 못하도록 보호할 수 있는 근거 내지 권리는 오로지 프라이버시의 권리이며 그것은 보다 총체적인 인격권의 한 부분이라고 규정하고 있다.

그들은 이러한 불법침해적인 공개 내지 공간에 대한 보호가 판례상 재산권을 근거로 하지 않고, 묵시적인 계약위반, 신탁·신뢰의 위반으로 다루어지고 있다는 영국판례도 검토하였다. 영국의 법원에서 계약·신뢰 등의 용어를 사용하고 있는 과정을 보고서, 그들이 판단하기를 그것은 공공의 도덕성, 개인간의 정의, 보편적인 편의 등이 그러한 규칙(rule)의 승인을 요청하게 되고, 또한 그러한 여건 하에서의 공개 내지 공간을 받아들일 수 없는 남용으로 판단한 법원의 선언이라고 받아들이고 있다.

그러나 법원이 그러한 선에서 머물러 있다는 것은 어려운 일일 것이라고 봤다. 왜냐하면, 보다 협의적인 법리는 거기서 벗어나는 남용으로 인하여 계약, 신뢰 등을 위반하지 아니하고는 거의 발생하지 않을 때에만 그 사회의 요청을 충족시켜 줄 수 있기 때문이라 한다. 그렇기 때문에 워렌·브랜다이즈는 보다 더 광의적 기초에 근거를 두어야 한다고 주장한다. 왜냐하면 당대의 침해수법을 보면 가해자가 직접 관계하지 아니하여도 그러한 침해를 할 수 있는 기회가 너무나 많으므로, 법에 의한 침해에 대한 보호는 보다 넓은 기반에 근거를 두지 않으면 안 되기 때문이라 한다. 그러니 계약이나 신뢰 등의 협의적인 규칙보다도 보다 넓은 불법행위법상의 규칙에 의존하지 않으면 안 된다는 것을 강조하고 있다.

그런 뜻에서 워렌·브랜다이즈는 개개인이 요청하는 보호에 넓은 기반을 제공할 수 있는 것은 오로지 최광의의 재산권뿐이라고 한다. 이러한 재산권에는 모든 소유와 권리, 특권이 포함될 뿐만 아니라 불가침의 인격권까지도 포함될 수 있다는 것이다. 또 그들은 불법침해적인 공개 내지 공간을 금지하는 규칙과 비슷한 것으로서 기업비밀에 관한 법을 검토하고 있다. 여기서도 금지명령은 신뢰의 남용, 계약위반의 법리에 따라 내려지고 있다. 그러니 이 규칙은 제3자가 불법적으로 침해하게 되면 역시 그 근거가 약해진다는 것이다.

이와 같이 불법침해적인 공개문제를 다각도로 검토하고서, 워렌·브랜다이즈는 다음과 같이 종합적으로 결론을 내리고 있다. 즉 앞에서 본 바와 같이 "그렇게 보장되는 권리들은, 어떠한 성격의 것일지라도 계약 또는 특별한 신탁으로 생기는 것이 아니라 바로 대세적인 권리라는 것이다. 그리고 이러한 권리들을 보호하기 위하여 적용되어 온 법리는 본질적으로 개인의 재산권, 그 말이 확장된 비정상적인 의미로 사용되지 않는 한, 그것은 아니다. 그래서 사적 표현물과 지적·감성적 소산을 보호하는 법리는 바로 프라이버시의 권리를 의미하며 거기에 따른 보호를 사람의 외양, 말하는 것, 행동, 가정적 인간관계 등에까지 미치게 하는 경우에도 이를 정형화하는 새로운 법리를 만들 필요는 전혀 없다."고 한다.

끝으로 워렌·브랜다이즈는 이제 프라이버시의 침해가 법적인 권리침해로 인정되게 되면, 거기에 따른 구제를 청구하는 요건도 엄연히 존재하게 된다고 하고, 그것은 이미 불법침해적 행위로 말미암아 입게 된 정신적 고통의 배상액의 총액을 산정하는데 가장 본질적인 요소로서 인정받게 될 것이라고 했다.[84]

그러나 초기에는 이러한 권리의 규정에 대한 반대 또한 없지 않았다. 예를 들어 가비손(Gavison)은 프라이버시라는 사실상 재산, 명예, 정신적 고통으로부터의 자유라고 하는 각각의 개별적 법으로도 보호될 수 있는 것으로 보았다. 1960년에 프로서(W.L. Prosser)는 프라이버시권의 침해를 사적인 것에 침입, 사적인 것의 공개, 공중의 오해를 받을 수 있는 것의 공표, 그리고 사적인 것을 영리의 목적으로 사용하는 것 등의 네 가지로 분류하여 설명하면서, 이들은 사실상 이미 규정되어 있던 불법행위에 관한 법으로도 다룰 수 있는 것이라고 하였다. 그러나 이러한 지적은 재산침해 등과는 다른 '인격적 존엄성'을 다룰 수 없는 한계가 있다.

그렇지만 이상과 같은 개념은 공통적으로 프라이버시의 대상이 재산권이든 인격권이든 타인으로부터 '~를 당하지 않을 권리'라는 의미로 사용되었기 때문에 소극적이고 수동적인 성격으로서 정의된 것이라는 점에서 한계가 있다는 비판을 받는다. 그리고 일생을 대부분 타인과의 관계 속에서 살아가는 현대인들의 권리로서 규정하기에는 불합리하다는 지적도 받게 된다.

이러한 상황에서 1970년대 들어서 프라이버시에 관련된 구체적인 대책들이 각국에서 모색되어 스웨덴이 1973년에 세계 최초로 데이터보호법을 제정

---

84) 서주실, 위의 글, 69~77면.

한 뒤, 각국에서 프라이버시에 관련된 입법이 경쟁적으로 형성된다. 미국은 1984년에 프라이버시법을 제정하였고, 프랑스는 1978년에 정보처리·축적 및 자유에 관한 법률을 제정하였다. 1978년에는 영국의 데이터보호위원회인 린도프(Lindop)위원회에서 권고안을 만들었는데, 이는 이후 유럽공동체 국가들이 따라야 할 원칙으로 간주되었다.

　이와 같은 법들은 초기의 프라이버시에 관한 권리 규정과 비교할 때 훨씬 더 적극적인 내용을 가지고 있다. 이것은 다음과 같이 시대적 상황이 변화되었기 때문이다. 첫째, 현대사회는 고도로 분화되어 있기 때문에 조직 간에 의존성이 높고 타인과의 접촉이 너무나도 빈번하다. 따라서 '혼자 있을 수 있는 권리'라는 것은 사실상 불가능하다. 둘째, 정보기술이 확산됨으로써 개인에 관한 각종 데이터들이 당사자의 의도와 무관하게 생산·유통·이용될 수 있다. 더구나 개인의 재산 정도 등도 전자미디어를 통하여 신속하게 대량 처리될 수 있기 때문에 개인들은 조직이나 국가로부터 자신을 지켜야 한다. 이때 개인은 자신의 '개인정보에 대한 부당한 접근을 통제할 것과 자신의 정확한 정보가 자신의 동의하에서 유통될 것을 가능하게 할 권리'를 가질 필요가 있게 되었다.

　프라이버시 개념이 초기와 같이 소극적 자기보호에서 나아가 자기정보에 대한 통제권 등에 초점을 맞추는 것에서 알 수 있듯이 프라이버시 개념은 시대적·문화적 상황에 따라 가변적인 속성을 가지고 있는 것임을 기억할 필요가 있겠다.[85]

3) 프라이버시권의 보호범위

　프라이버시의 권리는 사생활의 보호를 위하여 중요한 권리이나, 이 권리는 다른 보호법익과 상충될 여지가 없지 않다. 특히 표현의 자유와의 관계에 있어서 더욱 그러하다. 워렌·브랜다이즈는 실제적인 검토에 앞서서 개인의 존엄과 편의가 공공복리 또는 개인 간의 정의의 요청에 어느 정도 양보를 해야 되는가를 정확하게 선을 긋는다는 것은 매우 어려운 과제이지만, 보다 일

---

85) 고영삼, 『전자감시사회와 프라이버시』(도서출판 한울, 1998), 26~27면.

반적인 원칙은 기존의 명예훼손법과 문학적 예술적 재산권에 관한 법에서 성장해 온 법적 유추를 통해서 도출할 수 있다고 한다.

그리하여 그들은 프라이버시의 권리의 범위 내지 한계로서 여섯 가지를 제시하고 있다. 이를 보면, ① 프라이버시의 권리는 공적 또는 일반적 이익이 되는 사항에 관한 어떠한 공개도 금지하지 않는다. ② 프라이버시의 권리는 명예훼손법에 따라 면책특권이 인정된 의사전달이라 할 수 있는 상황에서 행하여진 공개는 비록 그 성질이 사적인 것일지라도 어떠한 사항이든 금지되지 않는다. ③ 구두를 통한 공개로 인하여 생긴 프라이버시의 침해에 대하여는 특별한 피해가 없는 한, 법은 아마도 어떠한 구제도 해주지 않을 것이다. ④ 프라이버시의 권리는 스스로 또는 그의 동의를 얻어 사실을 공개하면 상실된다. ⑤ 공개된 사항의 진실성은 항변의 사유가 될 수 없다. ⑥ 공개한 자에게 악의가 없다는 것은 항변의 사유가 될 수 없다.[86]

한편 프라이버시는 분석적으로 영역 프라이버시, 신체 프라이버시, 그리고 정보 프라이버시 등 세 가지 차원으로 유형화할 수 있는 것으로 보는 시각도 있다. 영역 프라이버시(territorial privacy)는 개인과 조직의 사적인 영역에 관련된 프라이버시를 말한다. 신체 프라이버시(physical privacy)는 개인의 신체에 대한 타의 침해에 관련된 프라이버시를 말한다. 그리고 마지막으로 정보 프라이버시(information privacy)는 개인의 정보를 스스로 통제할 수 있을 권리와 관련된 것을 말한다. 이러한 시각은 추상적으로 정의되어 온 프라이버시권을 영역, 신체, 그리고 정보 등을 구체적으로 규정하고 있는 데, 이 중 정보 프라이버시와 같은 개념은 앞서 다루었던 개인정보를 가리키는 바, 이러한 정의는 개인정보의 개념이 프라이버시에 포함되는 것으로 보고 있는 시각이다.

미국 IITF(Information Infrastructure Task Force)에서는 개인정보 보호방안을 설계하면서 전자시대의 정보 프라이버시의 영역을 연방 정부기록, 통신기록, 그리고 시장에서의 프라이버시 등 네 가지로 분류하고 있다. 이 중 시장에서의 프라이버시는 세금기록, 은행기록, 신용정보 등의 개인금융기록과 비디오 대여기록, 케이블 영화기록 등의 영화기록, 그리고 우편직접판매 등의 것으로

---

86) 서주실, 앞의 글, 79~80면.

구성되어 있다. IITF의 분류는 미국과 같은 사회적 상황에 맞추어서 잘 설계
되어 있는 것으로 보인다.[87]

4) 프라이버시와 개인정보

일반적으로 개인정보 보호의 문제가 프라이버시에 관한 논의의 맥락에서
진행되어 오기는 했지만, 프라이버시와 '개인정보 보호'(data protection)는 완
전히 동일한 개념은 아니다. 양자는 각각 그 외연을 달리하는 개념으로서 서
로 구별되어야 하며, 일반적으로는 개인정보 보호는 프라이버시의 한 내용으
로 이해될 필요가 있다. 즉 '개인정보 보호'는 프라이버시의 한 내용으로서,
'타인에 의한 개인정보의 수집·처리와 관련해서' 당해 개인정보의 주체가 가
지는 이익을 나타내는 개념이다. 바로 이 이익을 담고 있는 권리를 '개인정보
자기결정권' 또는 '자기정보통제권'이라고 한다.[88] 이와는 달리 통신내용을 감
청하거나 개인의 사적 비밀을 들추어내어 이를 공표하는 행위는 개인정보 보
호의 문제와는 구별되는 별개의 프라이버시침해행위이다.

그렇기 때문에 개인정보 일반에 대해 이 같은 사생활비밀보호의 법리가
그대로 타당할 수는 없다. 왜냐하면 사회조직이 유지되고 기능하기 위해서는
개인정보의 유통과 이용이 필수적이기 때문이다. 따라서 개인정보 보호법제
에 있어서는 개인정보의 '유통'과 '보호'를 적절히 조화하는 선에서 그 보호의
법적 기준이 마련되어야 한다. 개인정보 보호법제에 있어서는 정보주체의 동
의가 없더라도 개인정보가 '합법적으로' 수집되고 유통될 수 있는 경우가 충
분히 인정될 수 있다. 사생활비밀의 경우에는 정보주체의 동의 없는 수집과
유통이 원칙적으로 금지되는 것이지만, 개인정보 일반의 경우에는 그렇지 아
니하다. 개인정보 보호법제에 있어서 개인정보 자체를 마치 사생활비밀로 취
급하는 태도나 접근방식은 바람직하지 않을 뿐만 아니라 자칫 개인정보 보호
를 절대화함으로써 사회 내에 필요한 개인정보의 수집과 유통을 부당하게 막
는 우를 범하게 될 것이다. 최근에 개인정보 보호법제와 관련한 우리의 규범

---

87) 고영삼, 앞의 책, 31면.
88) 자기정보통제권 등에 관한 포괄적인 논의는 권건보, 『개인정보보호와 자기정보통제
권』(서울: 경인문화사, 2005)를 참조.

적 언어생활 속에 만연히 자리를 잡아가고 있는 '개인정보 침해'라는 언명은 개인정보 보호를 절대시하는 태도를 반영하는 것이면서, 동시에 그러한 태도를 강화하고 있는 것으로 보인다.

그러나 '개인정보' 그 자체가 '침해'되는 것이 아니라, 타자에 의한 개인정보의 수집·이용·제공 등의 처리와 관련해서 당해 정보주체의 사생활적 이익 내지 권리(개인정보 자기결정권)가 '침해'되는 것이다. 그리고 이 개인정보 자기결정권의 내용은 사회 내 개인정보의 유통의 필요성과 보호의 필요성을 합리적으로 조화시키는 선에서 개인정보 보호법에 의하여 구체화되는 것이다.[89]

(2) 프라이버시의 본질론

1) 인격권론

개인정보의 보호를 헌법 제17조에서 규정하고 있는 "모든 국민은 사생활의 비밀과 자유를 침해받지 아니한다"는 내용을 사생활의 비밀과 자유의 불가침을 보장하기 위한 것으로 이해하는 견해이다. 즉, 프라이버시를 헌법상의 권리로 보고 개인정보의 성격을 프라이버시의 일종으로 보아 양도할 수 없는 것이라고 한다.[90]

헌법 제17조는 "모든 국민은 사생활의 비밀과 자유를 침해받지 아니한다"고 규정하여 외부의 침해로부터 개인의 사적 영역을 보호하고 사생활의 자유로운 형성을 보장하고 있는데, 이러한 사생활에 관한 권리는 전통적으로 개인

---

89) 한편 고영삼은 '개인정보'와 '프라이버시'의 개념의 차이를 설명하면서 "첫째, 프라이버시는 예를 들어 '숙녀의 연령,' '부모의 직업' 등과 같이 사람에 따라 민감한 것일 수도 있고 대수롭지 않게 여길 수도 있는 심리적인 성질의 것이다. 즉 정보 주체에 따라 다소 주관적인 성격의 것이기에 개인정보가 가리키는 내용보다 추상적이고 광범하다. 그에 비하여 개인정보는 비교적 객관적이고 명확한 지시대상이 있는 점이 다르다. 둘째, 개인정보의 개념은 프라이버시의 개념보다 사회적 관계의 형성에 있어서 더 심각하게 간주되기도 한다. 예를 들어 정보사회에서는 사회적 관계 속에서 개인정보가 때로는 개인정보의 주체보다도 더 신뢰할 수 있는 것으로 간주되기도 하는데, 이러한 부분은 자아정체성 등에 관련하여 사회학적·철학적으로 심각한 문제를 야기하기도 하는 문제"라고 지적하고 있다. 고영삼, 앞의 책, 30~1면.

90) 김연수, 『개인정보 보호: 고도 지식정보 사회의 개인정보와 Cyberlaw』(사이버출판사, 2001), 41면.

이 외부의 간섭을 받지 않고 혼자 그대로 있을 수 있는 권리(right to be let alone)를 중심적인 내용으로 하고 있지만, 현대 과학기술의 발달과 함께 도래한 정보화 사회에서는 컴퓨터, 원격사진촬영기기 등을 이용한 개인정보의 수집 처리·관리가 대량·집단화됨에 따라 개인의 사생활의 비밀과 자유가 침해될 가능성이 현저하게 증대하였고, 이에 따라 사생활의 비밀과 자유의 보장이 그 어느 때보다 중요하게 되었고, 개인의 자기정보관리권이 중요한 내용으로 추가되기에 이른 것으로 인정되고 있다.[91]

　이러한 사생활의 비밀·자유의 법적 성격에 대하여는, 우리 헌법은 사생활의 비밀·자유를 자유권 조항에서 규정하고 있고 정보화 사회에서 개인의 존엄을 보장하기 위한 정보에 대한 자기결정권은 헌법 제10조에서 보장된다고 볼 것이므로 사생활의 비밀·자유는 소극적인 권리라고 이해하는 견해[92]가 있는 반면, 사생활의 비밀과 자유는 인간의 존엄과 가치에 기초한 인격권적 성격과, 자유권적 성격 및 이의 보호를 위한 청구권적 성격을 동시에 내포하고 있는 권리로서의 성격을 갖는다고 보는 견해[93]가 있다.

2) 재산권론[94]

　오늘날 개인정보는 개인이 사적 생활을 하는데 필요한 것이라기보다는 단지 국가나 민간사업자 등이 업무나 영업활동을 수행하기 위하여 그 수행목적에 합치되는 대상자를 선별하기 위해 이용하는 것이 대부분이며, 이 경우 이용되는 개인정보는 정보 전부가 아니라 업무나 사업의 관점에서 다양한 정보군 가운데 필요한 정보를 분석하고 추출하여 재구성한 정보라는 점에 있다. 따라서 선별된 개인정보 취급자는 개인정보를 기준으로 특정한 정보나 서비스를 제공하거나 또는 금전을 지급하고 징수하는 것이고, 그러므로 개인정보는 경제적 측면에서 대중을 통제하는 방법으로 활용되고 있는 것이며, 정보주

---

91) 정종섭, 『헌법학원론』(박영사, 2007), 522~3면.
92) 김철수, 『헌법학개론』(박영사, 2006), 620면.
93) 권영성, 『헌법학원론』(법문사, 2010), 453면; 성낙인, 『헌법학』(법문사, 2007), 489면; 정종섭, 『헌법학원론』(박영사, 2007), 524면.
94) 이 부분의 논의는 기본적으로 이민영, 『개인정보 법제론』(진한M&B, 2005), 27~30면에 의존하고 있다.

체인 개인은 평등한 서비스를 향유한다는 측면에서 이익을 얻는 것임이 간과 되어서는 아니 된다. 그러기에 개인정보의 보호 문제를 프라이버시권의 개념 으로부터 도출하는 체계에서 벗어나 새로이 개인정보에 관한 권리의 개념을 재정립할 필요가 대두된다. 그 권리의 객체가 되는 개인정보를 범주화하고 이 에 대응하는 권능을 세분화·체계화함으로써 보호와 이용의 조화로운 법률관 계를 형성하도록 하는 적극적 의미로 해석될 수 있기 때문에, 우선 국가 또는 민간사업자 등 개인정보 관리주체에 대한 부정과 불신의 관념에서 벗어나 정 당한 권리·의무의 법률관계로 형성할 수 있도록 하는 것이 중요한 것이다. 결과적으로 보호할 것은 두텁게 보호하고, 이용할 것은 합리적으로 보호할 수 있는 제도적 체계의 확립을 위해서 개인정보에 관한 권리의 재정립이 요구된 다 할 것이다.

이러한 시각은 프라이버시에 관한 종래의 논의가 인격권에 국한되었던 한 계를 벗어나 재산권적 측면을 도외시하지 않았음에서도 읽을 수 있는 대목이 다. 즉 기업의 입장에서 보면 개인정보가 중요한 경영자원으로 등장하고 있지 만 소비자 입장에서 보면 개인정보의 주체인 개인의 프라이버시를 심각하게 침해할 수 있다는 점에서 프라이버시 보호에 대한 적절한 대책이 요구되는 바, 경제적 효율성의 관점에서 정책채택의 문제는 어떻게 하면 개인적 측면이 나 기업 측면 그리고 사회적 측면에서 보호정책을 유지하는데 드는 비용이 거래비용 감소에 따르는 편익보다 적게 들게 할 수 있느냐에 달려 있다. 이러 한 관점에서 제기되는 접근방법 중의 하나는 개인정보에 대해 재산권을 부여 하는 것이다. 일반적으로 재산권은 재산을 소유자가 원하는 방식으로 이용하 거나 처분할 수 있는 권리, 재산권의 전부 또는 일부를 타인에게 교환을 통해 양도하거나 증여할 수 있는 권리, 재산을 이용해 소득을 전유할 수 있는 권리 등으로 구성된다. 개인정보에 재산권을 부여하게 되면 개인정보를 본인의 명 시적 혹은 묵시적 동의 없이 제3자에게 판매하는 것은 불법적인 것이 되며, 승낙이 이루어진 경우에도 판매대금의 지분에 해당하는 권리는 개인에게 귀 속될 것이다. 재산권 부여방식은 프라이버시 침해에 대한 적절한 보상청구권 을 보장해주며, 적정 수준의 개인정보 유통을 유지시켜 줄 것이다.

일신존속권적 성격의 인격권으로서의 프라이버시가 아니라, 계약자유의 원칙에 따른 거래의 대상으로 보면서도 그 활용이 갖는 경제적 효용을 고려하면서 합리적인 개인정보의 유통에 최저기준으로서 권리의 객체를 보호하려는 재산권적 접근은 정책논리의 내재적 결함에도 불구하고 정보환경에 대한 균형감각을 가진 시야를 가져다주는 계기를 마련했다고 평가할 수 있다.

이는 정보자체가 재산적 가치가 있거나 또는 정보의 이용을 통하여 재산적 가치를 획득할 수 있다는 것을 전제로 하여 정보의 귀속관계를 살펴보아 개인정보 침해의 경우 사법상 구제수단을 확보할 것을 예정한 법률관계를 물권법적 측면에서 접근하여 기존의 지적재산권과 같은 배타적인 권리를 인정하여야 한다는 전제에서 출발한 것이다. 하지만 개인정보 보호를 위하여 거기에 특별법적 보호방안을 마련하여 배타적인 권리로 승격할만한 특성을 지니고 있지 아니하다.

왜냐하면 동산소유자는 자신의 물건을 자유롭게 처분할 수 있는 권능을 가지고 처분할 때 물건을 인도하여 점유를 잃게 되지만, 정보주체는 개인정보를 처분할 수 없을 뿐만 아니라 일응 처분과 같은 법적 효과를 낳는 법률관계를 맺는 것으로 볼 수도 없기 때문이다. 결국 정보주체는 자신의 개인정보를 타인에게 이용케 하는 것과 함께 계속적으로 이용할 수 있으므로 타인의 이용에 따른 일정한 제한을 받지 않으며 이 점에서 개인정보는 물권법상 동산의 물권변동에 관한 법리로써 규율될 수 없는 대상이라 할 것이다.

한편, 기존의 프라이버시 논의가 정보주체인 개인에 관한 인격적 가치에 중점을 두어 헌법학적 혹은 불법행위법적 논의로 제기되어온 반면, 재산권적 논의는 개인정보에 있어서도 그 정부가 경제적 가치를 띠고 있어 거래의 대상이 되고 있다는 거래계의 현실을 간과하지 않고 개인정보를 제공히는 자에 의한 권리보호수단의 확보가 가능하다는 점을 반영하여 거래법 법리 속에서 해결책을 찾아내는 데 의미를 가진다. 이러한 관점을 유지하면서 물권변동법리의 적용이 곤란한 한계성을 극복하여 개인정보에 관한 거래실제를 반영하여 고찰하는 것이 요구되는 바, 이것이 바로 계약법적 접근이라 할 것이다.

온라인상 영업주체가 타인의 개인정보를 정보주체로부터 직접 수집하는 경우를 예로 들자면, 영업주체가 정보주체로부터 개인정보에 대한 물권을 취득하지 못하므로 현실적으로는 개인정보를 이용하는 이용계약(license)을 체결하여 정보주체로부터 얻어진 개인정보를 활용한다. 영업주체는 정보주체의 개인정보를 직접적으로 지배하는 법적 지위를 가지지 못하므로 정보제공자와의 계약내용에 따라 일정한 범위에 한정하여 이용권을 행사할 수 있을 뿐이다. 이 때 수집된 정보는 민법상의 물건과 구별되며, 여기서의 이용권은 물건에 대해 논의되는 소유권과 유사한 속성을 가지고 있지도 않다. 그리고 정보통신서비스이용계약의 체결에 있어 정보주체의 동의는 이용계약체결에 관한 정보통신서비스제공자의 청약에 대한 승낙의 의사표시라 할 것이며, 개인정보의 수집·이용에 관한 동의의 철회는 정보주체의 일방적인 의사표시로 인한 계약해지로 판단할 수 있는 것이다.[95] 이렇게 개인정보에 관한 계약법적 논리구성은 정보주체가 개인정보에 관한 자기결정 혹은 자기통제를 통하여 스스로 정보제공 여부를 선택할 수 있도록 한다는 점에서 매우 중요한 논의 가치를 가진다.

결국 거래법적 관점에서 개인정보에 접근하게 되면 그것이 개인을 식별하는 신원사항일 뿐만 아니라 재산상태와 인격적인 가치도 함께 가지고 있는 것으로 파악하게 되므로 경제적 가치만을 중시하는 지적재산권의 일반적 성질과 구별되지만, 인간의 신체·자유·명예·초상·정조 등과는 구별되는 것으로 그 보호대상이 순수하게 인격적인 이익만은 아니라는 것을 알 수 있다. 그리고 이러한 개인정보의 법적 성질은 실제로 개인정보가 이용되는 거래계의 현실을 돌아 볼 때, 개인정보의 이용으로 빚어지는 문제가 재산적 불이익과 매우 밀접히 연관되어 있음에서도 읽을 수 있는 것이다.

2. 사회학적 접근

사회학적 차원에서 개인정보에 관한 논의는 점증하는 정보의 중요성에 발맞추어 지속적으로 증대되어 왔는데, 크게 보아 사회 내에서의 정보의 긍정적인 측면을 강조하는 견해들과 부정적인 측면을 강조하는 견해들로 구분해 볼 수 있다.

---

95) 배대헌, "정보의 귀속, 유통에 관한 민사법적 접근: On-Line상 개인정보의 보호를 중심으로,"『비교사법』제8권 제2호(통권 제15권)(2001.12.), 274~276면.

(1) 정보와 근대국가: 정보의 긍정적 측면

1) 근대국가의 형성과 정보[96]

"우리가 20세기 말에 와서 정보시대로 진입하고 있다고 일반적으로 가정하고 있지만, 근대사회는 그 시작부터 '정보사회'였다"[97]라는 주장에서 단적으로 드러나듯, 기든스(Anthony Giddens)는 정보에 대한 중요성의 부각은 아주 깊은 역사적 뿌리를 가지고 있기 때문에 오늘날 정보가 특별한 중요성을 가지고 있는 것은 사실이지만, 기존체제와의 연속선상에서 충분히 파악할 수 있는 것으로 본다.

우선 기든스는 우리가 살고 있는 세계가 과거 어느 때보다 훨씬 더 많이 조직화되고 있다는 것에 주목하는데, 사람들의 일상생활이 제도에 의해 전례를 찾아볼 수 없는 방식으로 계획되고 조정된다는 것은 단순히 개인의 자유가 냉혹하게 감소한다는 것을 암시하는 것만은 아니다. 과거의 환경 속에서는 사람들이 기근, 자연의 불확실성, 여성에 대한 다산의 강요 등과 같은 엄청난 제약을 받았다는 것을 부인할 수 없으며 무엇보다도 일상적인 생계의 유지라는 지루한 압박으로 인하여 사람들은 엄청난 제약을 받았는데, 현대적으로 이러한 제약은, 적어도 일부의 선진사회에서는, 과거만큼 중요한 것이 아니다. 이처럼 오늘날의 생활이 이전에 비해 일상적으로 그리고 체계적으로 관리되고 있다는 전제가, 오늘날 우리가 일종의 감옥 속에 살고 있다는 것을 의미하는 것은 아니며, 오히려 사람들의 자유의 증가는 조직화의 증가와 밀접하게 연관되어 있다고 할 수 있다.

즉 오늘날 생활은 과거 어느 때보다 훨씬 더 질서 있게 조절되고 있는데, 이것은 특히 전통적인 자연의 제약을 극복할 수 있는 현대의 능력 때문에 가능하게 되었다. 사람들을 위한 선택의 여지가 증가함에 따라 조직적인 구조가 발달하였고 이러한 조직적 발달이 선택적 여지의 증가에 대한 전제가 되기도 한 것이다. 이러한 조직화가 일반적으로 매우 복잡하다는 것을 강조할 필요가

---

96) 이하의 논의는 기본적으로 Frank Webster, 앞의 책, 99~128면의 논의에 기반하고 있다.

97) Anthony. Giddens, *Social Theory and Modern Sociology*(Cambridge, UK: Polity Press, 1987), p. 27.

있다. 한편 이러한 조정을 이루어내는 '추상적'인 전문가 체제에 대하여 사람들은 거의 생각하지 않는다거나, 또는 대부분의 경우 사람들이 그 신뢰성에 대하여 믿음을 가지고 있다거나 하는 것은 문제가 되지 않는다. 중요한 사실은 현대 생활이 과거에는 찾아볼 수 없을 정도로 사회적으로 조직화되어 있다는 것이다.

이렇게 생활을 조직화하기 위해서는 사람들과 그들의 활동에 관한 정보가 체계적으로 수집되어야 한다. 사회생활을 조정하려면 사람들에 대하여 알아야만 하기 때문이다. 간단히 말해서 일상적인 감시는 효과적인 사회적 조직화를 위한 전제요건인 것이다. 사람들을 정찰하는 방식(센서스에서 의료기록, 전화계정, 은행통장, 학생기록 등에 이르기까지)의 확대를 추적하는 것은 어려운 일이 아닌데 그것은 오늘날의 삶의 중요한 특징인 조직화의 증가와 동시에 진행되어 왔다. 조직화와 감시는 샴쌍둥이(siameses twins)로서 근대 세계의 발전과 함께 성장하여 왔다고 할 수 있다.

결국 근본적인 의미에서 모든 '국가'가 '정보사회'에 해당된다고 지적할 수 있다. 왜냐하면 국가권력의 생성은 행정목적을 추구하기 위하여 규칙적으로 정보를 수집·보관·통제하는 자체 감사의 감시체계를 재생산할 수밖에 없기 때문이다. 그러나 민족국가에서는 고도의 특징적인 행정통합성으로 그 어느 시기보다도 이러한 활동이 최고 절정에 이르게 되었다.[98]

이러한 추상적인 수준의 논의를 보다 구체화하기 위해 민족국가의 주요 특징을 더욱 면밀하게 검토해 보면, 우선 근대세계를 구성하는 민족국가는 상대적으로 새로운 개념이라 할 수 있는 바, 이전 사회와 다른 사회경제적 조직과 정체성을 보유하고 있다고 할 수 있다. 아울러 민족국가의 절대 다수가 전쟁이라는 조건 속에서 형성되었고 튼튼한 방위력을 보유함으로써 존속한다는 점이 지적될 수 있는데, 전쟁과 그에 대한 대비는 민족국가에 대한 근본적인 기여요인이 되었다. 즉 민족국가를 주어진 영토에 대한 주권의 소재로 정의하는 것으로부터 도출되는 것은 정부의 최소한의 책임은 영토의 완전성을 보존하는 것이라는 점으로 전쟁에 대한 대비는 모든 민족국가의 전제조건이며 근

---

98) Anthony Giddens, *Nation-state and Violence*, 진덕규 역, 『민족국가와 폭력』(삼지원, 1991), 211~212면.

대역사에 걸쳐 반복적으로 시험되고 있는 원칙이다. 또한 근대적 전쟁/방위가 사회 전체와 훨씬 더 결정적으로 관련성을 가지게 되었다는 사실도 중요한데, 이는 단순하게는 보다 많은 인구가 근대적 전쟁에 휩싸이게 된다는 것을 의미한다. 이러한 의미에서 국가들 간의 현대적 전쟁은 그 폭력성이 증가되었다고 한다면, 이와 관련된 것으로서, 전쟁이 사회적 영역으로 더 깊숙이 확장되는 다른 하나의 방식이 존재한다. 현대의 전쟁에서는 사회 전체가 전쟁 지원을 위해 동원되기 때문에, 국가의 경제적 힘과 군사적 효율성 사이에는 긍정적인 상관이 존재한다는 주장이 설득력을 가진다. 결국, 정보, 정보기술, 그리고 국가/군사/산업 연합 간의 연관성을 주목하지 않을 수 없는데 총력전의 시기에는 산업과 방위가 밀접하게 연관되어 있기 때문에, 정보와 정보기술이 전쟁의 발발 및 대비와 특히 밀접한 관계를 가지고 있다는 것을 밝히기는 어렵지 않다. 현대적 전쟁/방위는 최대한으로 신뢰가 있어야 하며 그러한 목적을 위하여 전쟁은 선도적인 기술에 의지해야 한다. 현대적 전쟁/방위는 본질적으로 정보에 관한 것으로, 정보는 현대 전쟁활동의 중심에 있다.

한편 냉전의 종식을 염두에 두면서 방위/전쟁 제도를 운영할 필요성이 사라졌다고 믿는 사람들이 있을 수 있는데, 여전히 "영구적인 정부기능으로서의 첩보활동에 대한 전제조건은 근대 국가체계에 놓여 있다"는 것을 깨닫는 것이 중요하다. 오히려 전 세계에 걸쳐 사건과 활동 군사적 및 민간을 일상적으로 그리고 지속적으로 감찰·감시하는 기술이 상호연결된 거대한 체계가 등장하게 되었다. 아울러 감시기계가 외부의 적에 대해서만 작동하는 것은 아니다. 내적인 공격에 대한 민족국가의 취약성은 고려할 때, '전복자'를 탐색하려는 강력한 요구가 있게 마련이다. 요컨대, 우리가 목석하는 것은 국성을 보호하려는 민족국가의 의무에서 비롯된 감시체계의 성장을 강요하는 강력한 힘이다. 국경에 의해 분리된 세계에서는 불가피하게 효과적인 방위/전쟁 기계의 건설에 대한 내적인 압력이 있을 수밖에 없다. 그리고 국가들이 갈등이나 잠재적 갈등의 상황에 처하기 때문에 '효과적'인 것이 무엇인가는 항상 변하기 마련이다. 그러나 변하지 않는 것은 체제 내외부의 실제적 및 잠재적인 적에 대한 최상의 정보를 수집하고 그에 대하여 대응하는 요구이다. 한 수준에서는 이것은 점점 더 정교화되고 있는 '스마트' 무기기술의 설계와 발달에서 나타나고 있다 다른 수준에서는 그것은 엄청나게 복잡한 통신망의 형성을 가져왔다. 나아가서 또 다른 수준에서는, 앞의 두 가지와 교차되기는 하지만, 국가안보에 대한 위협으로 간주되는 모든 것에 대한 감시와 추적을 향한 지속적인 압력이 존재하고 있다.

　민족국가의 기초 즉, 전쟁의 와중에서 형성되어 주어진 영토를 지배하려는 모든 통치권력의 우선순위는 기든스가 '내적 평화(Internal pacification)'라고 하는 것이었다. 간단히 말해서 외적인 경계를 지키기 위해서는 내적으로 질서와 안정이 이루어져야만 했던 것이다. 의심할 여지없이 초기에는 '내적 평화'가 군대의 무력에 의한 강요라는 형태를 띠었지만 장기적인 존속을 추구하는 국가에 대해서는 훨씬 더 많은 것이 요구되었다. 최소한 국가는 그 국민에 대하여 알아야 했는데 그 이유는 특히 외세의 공격에 맞서 싸울 수 있는 인원을 징집해야 할 필요성 때문이었다. 나아가서 민족국가는 그 국민에 대한 지식을 가지고 있어야 세금을 효과적으로 징수할 수 있다. 그리고 이러한 필요는 일정 유형의 센서스가 모든 민족국가의 필수요건이라는 것을 의미하며, 이에 따라 감시는 그 초기부터 우선순위가 되었다. 그 후로 역사적으로 변화가 많았지만, 내부 국민을 감시하는 방식의 확산은 쉽게 확인된다.

2) 현대국가의 전개와 정보

　오늘날 민족국가에서 살고 있는 사람들은 시민으로서의 권리와 의무를 많이 가지고 있다. 즉 민족국가와 그 구성원 간의 '계약'에 따라 시민적 권리와 의무가 출현하게 되었다는 것이다. 감시와 관련되는 주된 고리는 이것들이 어떻게 전달되고 수집되는가와 관계가 있다. 민족국가는 그 보호 아래에서 시민권이 행사되기 때문에 이러한 추가적인 책임을 이행할 수 있는 행정적 수단을 개발해야 한다. 그리고 감시에 대한 특히 강력한 힘은 이러한 근대 사회민주주의 국가의 성장이다.

　그 이유는 시민의 권리의 의무에 대한 관리는 국가 성원에 대한 세심한 개체화를 필요로 하기 때문이다. 선거 명부는 전체 인구에 대하여 연령과 주거지를 기록하는 데이터베이스의 개발을 요구한다. 사회적 서비스는 주거조건이나 병력에서부터 부양가족에 대한 정보까지 사람들의 환경에 대한 자세한 기록을 필요로 한다. 국세청은 나라 안의 모든 사람들의 경제적 상황을 자세히 기록하고 있는 엄청난 파일을 만들어낸다. 학교를 다니는 동안에도 성취도, 발달성, 연속성과 변화성 등을 기술하는 기록들이 만들어진다. 빈곤의 최악의 결과를 약화시키려는 프로그램은 불행한 사람들에 대한 많은 정보를 필요로 한다. 즉 "복지 혜택과 서비스의 공여는 대중감시체계의 핵심이다. 그 이유는 바로 이 영역에서 분류, 정보수집 그리고 기록과정이 지속적으로 확대되고 있기 때문이다."[99]

(2) 정보와 감시사회: 정보의 부정적 측면

1) 감시사회이론 일반

감시는 정보사회의 형성원리이며 문화적 기반이 되는 가장 특징적인 것이다. 상식적으로 감시는 "단속을 하기 위하여 혹은 나쁜 의도를 지니고 은밀하게 숨어서 관찰한다."라고 하는 이미지를 가지고 있다. 이 같은 정의에서 물론 '단속'이 반드시 나쁜 의미를 가진 것은 아니지만, 우리들은 감시자가 되건 피감시자가 되건 간에 감시에 연루되는 자체에 대하여 좋은 느낌을 가지지는 않는다. 심지어 독재국가에서는 정치적 감시의 이미지도 은연중에 느끼게 되어 이래저래 재미있는 단어인 것은 아니다.

이러한 이미지의 극단적인 예로 오웰(George Orwell)의 『1984년(Nineteen Eighty-Four)』에 나오는 빅브라더(Big Brother)를 들 수 있다.[100] 이 책에서 그는 모든 사람의 일거수일투족이 전체주의 권력에 의해 감시당하는 상황을 섬뜩하게 묘사하였다. 빅브라더는 시민들에게 완전한 순송을 요구하며, 그 삶의 모든 측면을 통제한다. 빅브라더는 끊임없이 감시하고 정탐하며, 통일적인 순찰대가 거리의 구석을 서성대고, 헬리콥터가 하늘에 맴돌며, 창문을 들여다볼 자세를 취하고 있다. 감시의 주요수단은 '텔레스크린(telescreen)'이라 불리는 장치로서 모든 주택과 아파트의 내부에 설치되어 있다. 그 텔레스크린은 쌍방향의 텔레비전이라 할 수 있는데, 각자가 그것을 관찰할 수 있으나 또한

---

99) Frank Webster, 앞의 책, 120~121면.
100) George Orwell, *Nineteen Eighty Four*, 김병익 역, 『1984년』(문예출판사, 1999).

빅브라더도 그들을 감시할 수 있다. 시민들은 그들이 감시되고 있는지, 그 때는 언제인지를 알 길이 전혀 없다. 이러한 빅브라더의 이미지는 이후 많은 논자들에게 감시의 부정적인 측면을 각인시키는 결과를 가져왔다고 해도 지나치지 않을 것이다.

그러나 이러한 행위 자체가, 비록 현대사회의 고유한 것은 아니지만, 언젠가부터 사회적 삶 속에서 하나의 필연적인 삶의 양식으로 되고 있는 것을 부정할 수는 없다. 즉 현대사회에서 사람들의 관심은 예전과 같이 물리적 근접거리에만 제한되지 않는다. 인식의 관점이 전 지구적으로 확장되어 간다. 이런 가운데 예를 들어 조직의 다분화, 이해관심의 다양화, 익명적 대상과의 빈번한 접촉, 중요하지만 일시적인 거래의 보편화, 그리고 "추상체계에 대한 신뢰의 요구" 등이 늘고 있다. 이러한 상황에서 사람들은 사회적 관계의 형성에서 신뢰를 확인할 수 있는 정보의 수집을 요구하게 되는데, 그것은 대상과 대상의 정보에 대한 감시로 연결된다. 그런데 감시는 시민들이 권리를 획득하는 수단이 되기도 하면서 동시에 자율성을 침해받는 경로가 되기도 하기 때문에, 향후 시민사회의 개념화에서 반드시 정치하게 분석되어야 하는 부분이기도 하다.

결국, 감시에 대한 개념을 새롭게 조명할 필요가 있게 되는데 현대사회의 감시를 만약 은밀하게 숨어서 엿보거나 남을 이용하기 위해 비밀리에 활동하는 전통사회의 상식적인 이미지로 생각한다면, 감시를 제대로 이해할 수 없다. 현대의 감시는 그러한 상식적 개념에서의 감시의 이미지를 포함하고 있지만, 공개적인 것도 있고 긍정적인 효과를 수반하는 것도 있다. 피동적이기만 한 것이 아니라, 혜택을 얻기 위한 목적으로 피감시자가 자발적으로 참여하는 경우도 있다. 또 대상을 통제·제약·구속하겠다는 의도가 있기도 하지만, 그보다는 사회관계의 강도를 조절하기 위한 방편으로 의식·무의식적으로 행사되는 것이기도 하다. 때문에 현대의 전자감시를 기능적인 면에서 볼 때, 반드시 은밀하고 부정적인 것으로 간주할 필요는 없다. 단지 감시는 어떤 주체가 "어떤 특정한 의도를 지니고 대중을 관찰·감독하는 것"을 말한다. 이러한 맥락에서의 감시개념을 파악하기 위해 〈표 2-1〉과 같이 감시개념에 대한 지도를 만들 수 있다.[101]

〈표 2-1〉 정보사회 감시의 개념지도

구분		감시의 의도	
		악의적인 것	선의적인 것
감시의 방식	은밀	감시 I	감시 III
	공개	감시 II	감시 IV
감시의 기능		역기능	순기능

〈표 2-1〉에서는 감시를 감시 주체의 의도와 감시의 방식에 따라 네 가지로 구분하였다. 전통적으로 감시는 감시I의 의미(은밀+악의)로만 파악되어 왔다. 그러나 광의의 의미에서는 감시는 위의 네 가지 모두를 포함하는 것이다. 일종의 '예의 주시함'과 비슷한 개념으로 간주할 수 있다. 이러한 감시의 여러 가지 유형에 따른 사례를 살펴보면 다음과 같다.

① 감시I(은밀+악의) : 상식적인 감시의 개념, 뒷조사, 음해, 개인정보 침해
② 감시II(공개+악의) : 흑색선전
③ 감시III(은밀+선의) : 사적배려, 보살핌
④ 감시IV(공개+선의) : 신용정보조사, 업무감사, 정보공개요구

감시를 이렇게 4차원으로 보는 것은 상식적 이미지를 넘어서 감시를 일종의 '사회관계적 속성'으로 보는 것과 맥을 같이 한다. 이러한 관점은 감시란 은밀하게 숨어서 보는 차원보다는 광의의 것임을 뜻한다. 즉 만남의 과정에 수반되는 얼굴표정, 언어, 제스처 등에 개입되어 있는 말하자면 만남에서 발생하는 약간의 긴장의 징후에 대한 관찰과 상호간의사교환에 있어 예의 주시하는 것을 감시의 근간이라고 본다. 말하자면 관계의 유지나 단절을 결정하기 위하여 혹은 신뢰형성의 가능성을 탐색하기 위하여 상대에 대해 알아보는 것을 감시라고 규정할 수 있다. 이러한 정의는 조직간 관계에서도 동일하게 적용될 수 있을 것이다.

그런데 정보사회는 감시환경에 다음과 같은 변화를 가져왔다. 첫째, 디지

---

101) 이 부분의 내용은 고영삼, 앞의 책, 19~25면을 바탕으로 쓰여진 것이다.

털 기술이 감시능력을 엄청나게 확장시켰다. 둘째, 현대국가는 그 존속을 위하여 데이터를 지속적으로 수집하는 등 각종 통계기관을 통하여 정보수집에 상당한 노력을 경주한다. 셋째, 감시의 새로운 대상으로 소비 일상영역이 형성·팽창되고 있다. 이렇게 볼 때, 우리는 감시를 일단 위와 같이 네 가지 차원의 넓은 폭으로 이해한다고 할지라도, 정보사회에서의 감시를 본 연구과제에 맞게 재조정하여 이해할 필요가 있다. 정보 프라이버시와 관련시켜 볼 때, 여기서 사용하고자 하는 감시의 개념은 위의 감시I(은밀+악의)과 감시IV(공개+선의)의 것이다. 그 이유는 다음과 같다.

① 감시 I (은밀+악의)은 뒷조사를 하거나 개인정보를 불법적으로 수집·유출하는 등의 것을 말한다. 이것들은 불법적으로 설립된 사설 개인정보 조사기관, 비민주적 공안기관 등이 행하는 것과 같으며, 개인정보 침해의 한 방식이 되기 때문에 부정적으로 기능한다.

② 감시 II (공개+부정)는 갈등관계에 있는 두 당사자 간에 발생할 수 있는 것으로 상대를 저해하기 위한 목적으로 감시하는 행위를 가리킨다. 역시 부정적으로 기능한다. 이 경우는 본 연구와 무관한 부분이다.

③ 감시 III (은밀+선의)은 배려, 보살핌 등 지극히 사적이고도 애정이 있는 사람들 간의 관계에서 발생하는 방식으로 순기능적 역할을 한다. 이 경우도 본 연구와는 무관하다.

④ 감시 IV (공개+선의)는 시장에서 개인·신용정보를 조사하는 것, 업무감사, 국가나 기업에서 복지조장을 위한 공적인 조사, 그리고 공공기관에서 보유한 개인정보를 개인이 요구하여 조회하는 것 등이 해당된다. 2차적 사회 내에서 구성된 계모임 등과 같이 상호부조의 것도 포함된다. 이 방식은 공개적이고도 긍정적인 결과를 초래하기 때문에 개인들이 자발적으로 감시의 대상이 되고자 하기도 한다.

이러한 도식에서 보듯이 정보사회에서 감시를 반드시 은밀·공개 혹은 부정적·긍정적 혹은 강제수집·자발적 제공 등의 일면성으로만 해석하고자 한다면 무리가 따른다. 일종의 양면성을 가지고 있다는 것이다. 즉 정보사회에서 감시는 개인의 행동을 구속하고 제한할 뿐만 아니라 행동을 가능케 하고 권한을 부여하는 것이다. 때문에 감시는 사회통제의 수단인 동시에 시민의 권리를 존중하는 수단이 될 수 있는 것이다.

한편 어떤 경우는 현실적으로 위의 네 가지가 혼재하여 일어나는 감시가 있을 수도 있다. 가령, 위의 은밀·공개, 긍정·부정, 선의·악의, 명확한 의도·불명확한 의도의 여러 차원들이 혼합된 상태로 발생하는 경우도 있을 수 있는 것이다.

2) 감시사회이론의 전개

기든스가 근대 국가의 형성에 있어서 정보의 중요성을 논함에 있어서 기본 전제로 삼았던 사람들이 점점 더 조직화된 생활을 영위해 가고 있다는 주장은 사회과학에서 전혀 새로운 것이 아니다. 그런 주장은 '관리사회'에 대한 테오도르 아도르노(T. Adorno)의 생각, 미셸 푸코(M. Foucault)의 현대생활의 특징인 '감옥망(carcéral networks)'에 대한 기록에서도 분명하게 드러나며, 근대세계의 '관료제화'에 대한 막스 베버(Max Weber)의 묘사에서도 등장하고 있다.[102] 그렇지만, 대부분의 논자들이 근대성(modernity)에 대하여 결정적으로 비관적인 견해를 가지고 있다는 것은 잘 알려져 있고 그 중에서도 아도르노의 비관주의는 유명하다. 푸코의 경우, 그가 부인했음에도 불구하고, "처벌과 감시가 점점 … 더 구체화되고, 더 복잡하고, 더 효과적이고, 더 결정적으로 되었다"는 결론을 피하기가 어렵다. 그리고 베버의 경우 그가 관료제를 피할 수 없는 것으로 체념하고 받아들였다고 할지라도, 그렇다고 '영웅'의 소멸에 대한 그이 침울함이나, '완전하고 아름다운 인간성의 시대로부터의 괴리'에 대한 그의 애도, '정신을 결여한 전문가와 감정을 결여한 관능주의자'로 가득찬 세계에 대한 그의 니체적 공포, 그리고 합리적-법적 조직체라는 '철창(iron cage)'을 동반하는 '기계화된 석화(petrification)'에 대한 그의 심한 거부감이 줄어들지는 않았다. 특히 개인정보 보호의 문제에 관한 논자들에게는 이러한 견해가 널리 수용되고 있다는 사실을 쉽게 확인할 수 있다.

두 가지 관련된 쟁점이 특히 절박한 관심사이다. 하나는 기관들이 다른 목적으로 수집된 정보에 접근할 수도 있다는 두려움인데, 예로서 경찰이 고용이

---

102) Frank Webster, 앞의 책, 99~101면.

나 의료 또는 은행기록에 접근할 수도 있다는 것이다. 다른 하나의 관심사는 보다 일반적인 쟁점으로서 독립된 데이터베이스를 통합하는 것이다. 대부분의 국가(그리고 매우 많은 다른 종류의) 감시정보가 디지털화됨으로써 과거에는 분리되었던 정보가 통합될 수 있는 가능성이 생겨나게 되었다. 이러한 통합에 대해서 상당한 제약이 부과되고 있지만 그 잠재적 가능성은, 개인의 국민보험번호를 기초로 하여 특정한 개인에 대한 '전체적 초상화'를 구성할 수 있는 '전자주민카드'에서 분명히 드러난다. 예를 들어 기관이 의료, 교육, 납세, 고용, 은행, 범죄 등의 기록에 접근할 수 있다면 상당히 복잡하고 상세한 개인 정보가 구성될 수 있다는 것은 분명하다. 이러한 과정은 호환성 있는 컴퓨터 통신망을 도입하려는 정부부서의 결정에 의해 촉진될 수 있는데, 이 작업은 1980년대 중반에 시작되어 그 후로 지속적으로 추진되고 있다. 그러한 발달은 효율성과 더 많은 통제를 추구하는 정부 공무원들에게는 분명 매력적인 것이 지만, 이미 수행되고 있는 감시를 엄청나게 확장시키게 된다.[103]

3) 푸코의 일망감시장치(panopticon) 논의

이러한 감시의 확장경향에 일망감시장치(panopticon)라는 은유를 가지고 근대성을 이해하는 시도가 자리잡게 된다.[104] 이 개념은 감옥, 병원, 수용소의 설계에 대한 제레미 벤담(Jeremy Bentham)의 독창적인 생각으로부터 푸코가 따온 것이다. 이러한 논의는 푸코의 『감시와 처벌』[105]을 중심으로 전개되었는데, 그 동안의 우리 학계의 적지 않은 논의가 특히 이러한 일망감시장치의 이미지에 기댄 논지의 전개를 수행하고 있기에 좀 더 구체적으로 살펴볼 필요가 있다.

기본적으로 『감시와 처벌』은 형벌제도에 대한 계보학적 기술이라 할 수

---

103) 최근의 전자주민증 도입 관련 논의로는 김주영, "전자주민증 도입방안에 대한 비판적 검토 - 2010년의 『주민등록법』 개정안을 중심으로" 『공법연구』 제39집 제3호(2011.2.)을 참고.

104) 벤담의 일망감시장치에 관한 자세한 설명은 홍성욱, "벤담의 파놉티콘(Panopticon) 에서 전자 시놉티콘(Synopticon)까지," 『한국과학사학회지』 제23권 제1호(2001) 참조.

105) Michel Foucault, *Surveiller et punir: nuissance de la prison*, 오생근 역, 『감시와 처벌: 감옥의 역사』(나남출판, 1994[1996 print]).

있는데, 푸코는 이를 통해 각 시대의 권력이 어떻게 개인을 특정한 방식으로 통제·관리하는지를 살핀다. 그에 따르면 절대군주제 하에서 형벌은 육체에 고통을 주고 그것을 공개함으로써 군주의 절대권력을 과시하는 화려한 피의 의식이었다.

푸코는 이러한 처벌제도의 변화가 처벌에 대한 개선으로 이해되기 보다는 더 잘 처벌하기 위한 것이며, 육체에 대한 가혹하고 직접적인 처벌이 '사법적 감금'으로 그 형태가 바뀐 것으로 본다. 그리하여 푸코는 18세기 후반에 감옥제도가 만들어지고 그것이 일반화되면서 보다 조직적이고 체계적으로 규율된 사회가 만들어지는 과정에 주목한다. 그는 감옥제도를 규율적 권력이 행사되는 전형적인 예로 보면서 이런 권력이 사회 전체에 침투해서 현대 사회를 규율적 권력이 편재하는 '유폐적' 사회로 만들어간다고 본다.

푸코는 이러한 권력의 메커니즘이 인간의 육체에도 작용한다고 본다. 그리고 권력이 육체를 억압하는 것이 아니라 육체를 특정한 목적에 맞도록 만들어내는 점에 주목한다. 즉 권력은 육체를 길들인다. 그는 이것을 육체에 대한 미시권력(micro-pouvoir)이라고 부른다. 규율은 육체에 작용하고 그것을 통해 규율은 개인들을 '만든다'. 이것은 개인들을 그 작용 대상으로서 뿐만 아니라 수단으로 간주하는 권력의 특수한 기술이다. 이때 개인들은 권력의 매개자일 뿐 그 주체가 아니다. 권력은 개인들을 억누르거나 금지하지 않고 훈련과 배분의 절차에 의해 그렇게 한다.

푸코는 이러한 육체에 대한 권력의 작용을 통해 사회의 다양한 영역들 작업장, 군대, 감옥, 병원, 학교 등에서 규율이 생산, 수행되는 일정한 방식들에 주목한다. 규율은 개인들을 통제하고, 훈련시키며, 조직하는 기술을 통해 작용한다. 이때 개체의 육체는 경제적으로는 노동력을 지닌 대상이며 정치적으로는 복종할 수 있도록 훈련받는다. 이러한 규율은 개체들을 통제가능한 공간에 배치하고, 활동을 통제하고, 훈련시키며, 개체들을 조직하는 기술을 통해 작용한다.

규율장치는 구속하고 억압하며 대량적 방식으로 피라미드적 권력에 복종시키는 것이 아니라, 갖가지 다양한 기술 세부적 규제, 연습, 훈련, 시간 사용, 평가, 시험, 기록 등 들을 사용한다. 그것은 육체의 미세한 부분에 까지 작용해 육체를 길들여서 가능한 효율을 최대화하기 위해 육체의 동작을 통제한다.

규율적 권력은 강제적 탈취 대신에 육체를 훈련시키는 데 주목한다. 이 권력은 사람들의 힘을 감소시키기 위해서 힘을 묶어 두지는 않는다. 그 힘들을 전반적으로 증가시키고 활용할 수 있도록 한다. 이런 권력은 그 대상을 획일적·대량적으로 예속시키는 것이 아니라 분리하고 분석하고 구분하여 체계화한다. 유동적이고 혼란스럽고 무익한 수많은 육체와 대량적 힘을 개별적 요소들의 다양성으로 만들도록 훈련을 시킨다. 규율은 개인들을 제조한다. 규율적 권력은 과도한 힘을 행사하는 방식이 아니라 계획적이고 영구적인 관리방식으로, 미시적인 방식으로 작동한다.[106]

이러한 전략의 완성을 위한 전략으로 제시된 것이 바로 일망 감시장치라 할 수 있다. 다소 길지만 푸코 자신의 설명을 소개하면 다음과 같다.

> 벤담의 '일망(一望) 감시시설(panopticon)'은 이러한 조합의 건축적 형태이다. 그 원리는 잘 알려져 있다. 주위는 원형의 건물이 에워싸여 있고, 그 중심에는 탑이 하나 있다. 탑에는 원형건물의 안쪽으로 향해 있는 여러 개의 큰 창문들이 뚫려있다. 주위의 건물은 독방들로 나뉘어져 있고, 독방 하나하나에는 건물의 앞면에서부터 뒷면까지 내부의 공간을 모두 차지한다. 독방에는 두 개의 창문이 있는데, 하나는 안쪽을 향하여 탑의 창문에 대응하는 위치에 나 있고, 다른 하나는 바깥쪽에 면해 있어서 이를 통하여 빛이 독방을 구석구석 스며들어 갈 수 있다. 따라서 중앙의 탑 속에는 감시인을 한명 배치하고, 각 독방 안에는 광인이나 병자, 죄수, 노동자, 학생 등 누구든지 한 사람씩 감금할 수 있게 되어 있다. 역광선의 효과를 이용하여 주위 건물의 독방 안에 감금된 사람의 윤곽이 정확하게 빛 속에 떠오르는 모습을 탑에서 파악할 수 있는 것이다. 그것은 바로 개체화되고, 항상 밖의 시선에 노출되어 있는 한 사람의 배우가 연기하고 있는 수많은 무대이자 수 많은 감방이다. 일망 원형감시의 이 장치는 끊임없이 대상을 바라볼 수 있고, 즉각적으로 판별할 수 있는, 그러한 공간적 단위들을 구획 정리한다. 요컨대 이곳에서는 지하 감옥의 원리가 전도되어 있다. 아니 오히려 지하 감옥의 세 가지 기능 감금하고, 빛을 차단하고, 숨겨두는 중에서 첫 번째 것만 남겨놓고

---

106) 김호기 편, 『현대 비판사회이론의 흐름』(도서출판 한울, 2001[2002print]), 227~230면.

뒤의 두 가지를 없애버린 형태이다. 충분한 빛과 감시자의 시선이, 결국 보호의 구실을 하던 어둠의 상태보다 훨씬 수월하게 상대를 포착할 수 있다. 가시성의 상태가 바로 함정인 것이다.

　이러한 형태는 무엇보다 소극적인 효과이긴 하지만 … 저 감금시설 속에 밀집해 있으면서 들끓고 소란스러운 대중의 모습을 보지 않게 해 준다. 사람들은 저마다 감시인이 정면으로 바라볼 수 있는 독방 안에 감금된 채 자기 자리를 지키고 있다. 그러나 양쪽의 벽은 그가 동료들과 접촉하는 것을 차단시킨다. 그는 보여지기 해도 볼 수는 없다. 그는 정보의 대상이 된 해도, 정보소통의 주체가 되지는 못한다. 중앙 탑과 마주하도록 방을 배치함으로써 일종의 축을 형성하는 가시성이 강요되는 반면, 원형건물의 분할된 부분들과 완전히 분리된 독방들은 측면에서의 불가시성을 의미하게 된다. 이러한 불가시성은 질서를 보장해 준다. 감금된 자가 죄인인 경우 음모나, 집단 탈옥의 시도, 출감 후의 새로운 범죄 계획 등 상호간의 나쁜 영향의 염려가 없다. 병자라면 전염의 위험이 없고, 광인이라면 상호 폭력을 행사할 위험도 없으며, 어린이일 경우, 남이 한 숙제를 베끼거나 시끄럽게 굴고, 수다를 떨며, 주의를 산만하게 하는 짓을 방지할 수 있는 것이다. 노동자일 경우에도 구타, 절도, 공모의 위험을 막아주고, 작업의 지연이나 불완전한 마감질, 우발적 사고가 발생할 부주의한 일도 일어나지 않게 한다. 밀집한 군중들, 다양한 교환이 이루어지는 장소, 집단적 효과로서 혼합되는 개인들, 이러한 군중형태가 소멸되고 대신 분리된 개인들의 집합이 들어선다. 간수의 입장에서는 군중 대신에 숫자를 헤아릴 수 있고, 통제가 가능한 다수로 바뀐 것이고, 죄수의 입장에서는 격리되고 주시되는 고립된 상태로 대체된 것이다.

　이로부터 일망 감시장치의 주요한 효과가 생겨난다. 감금된 자는 권력의 자동적인 기능을 보장해수는 가시성의 시속적이고 의식직 상태로 이끌려 들어간다. 감시작용에 중단이 있더라도 그 효과는 계속되도록 하며, 또한 권력의 완성이 그 행사의 현실성을 점차 약화시켜 가도록 한다. 이러한 건축적 장치는 권력이 행사하는 사람과 상관없는 어떤 권력관계를 창출하고 유지하는 기계 장치가 되도록 해 준다. 요컨대 감금된 자가 그 스스로 그 유지자가 되는 어떤 권력적 상황 속으로 편입되는 것이다. 그러기 위해서는, 갇힌 자가 감시자에 의해서 끊임없이 감시되는 것으로 아주 충분하기도 하지만, 동시에 아주 불충분하기도 하다. 아주 불충분하다는 것은 중요한 점이 죄수가 감시당하고 있다는 것을 자각해야 하는 사실 때문이고, 아주 충분하다는 것은 죄수가 실제로 감시될 필요가 없기 때문이다. 그 때문에 벤덤은 권력이 가시적이고 확인할 수 없는 것이 되어야 한다는 원칙을 내세웠다. 가시적이란, 감금된 자가 자신을 살펴보고 있는 중앙탑의 높은 형체가 항상 눈앞에 어른거린다는 뜻이다. 또한 확인할 수 없다는 것은 감금된 자가 자신이 현재 주시받고 있는지 어떤지를 결코 알아서는 안 되지만, 자신이 항상 주목될 수 있다는 것을 확신하고 있어야 한다는 뜻이다. 벤덤은 감시자가 탑에 있는지 어떤지를 판단할 수 없도록 하기 위해서 또한 감금자들이 독방에서 어떤 사람의 그림자를 인지하거나, 어떤 역광이라도 포착할 수 없도록 다음과 같은 시설을 설계했다. 즉, 감시하는 중앙홀의 창문에 덧문을 씌울 뿐만 아니라, 내부에는 직각으로 구획되는 몇 개의 칸막이벽을 설치하고, 한 구역에서 다른 구역으로 통과하기 위해서는 출입문이 아니라, 지그재그형 통로를 설치하는 것이다. 왜냐하면 아무리 사소한 소리거나, 어렴풋한 불빛이라도, 혹은 조금 열린 문틈에 스며드는 빛이라도 간수의 존재를 드러낼 수 있기 때문이다. '일망 감시장치'는 '봄-보임'의 결합을 분리시키는 장치이다. 즉, 주위를 둘러싼 원형의 건물 안에서는 아무것도 보지 못한 채 완전히 보이기만 하고, 중앙부의 탑 속에서는 모든 것을 볼 수 있지만 결코 보이지는 않는다.

이것은 권력을 자동적인 것이며, 또한 비개성적인 것으로 만들기 때문에 중요한 장치이다. 그 권력의 근원은 어떤 인격 속에 있는 것이 아니라 신체, 표면, 빛, 시선 등의 신중한 구분 속에, 그리고 내적인 메커니즘이 만들어내는 관계 속에, 개개인들이 포착되는 그러한 장치 속에 존재한다. 그것에 의해 군주가 보다 큰 권력을 부여받게 되는 예식이나 의식, 표지 등은 쓸모없는 것으로 된다. 비대칭과 불균형, 그리고 차이를 보장해 주는 장치가 있을 뿐이다. 따라서 누가 권력을 행사하느냐는 별로 중요하지 않다. 우연히 걸려든 그 누구라도 이 기계장치를 작동시킬 수 있는 것이다. 따라서 그 관리책임자가 부재중이라면 그의 가족이나 측근, 친구, 내방객, 그리고 하인조차도 그 일을 대신할 수 있다. 마찬가지로 이 장치를 움직이는 동기가 무엇이건 상관이 없다. … 이러한 익명적이고 일시적인 관찰자가 많으면 많을수록 감금자는 더욱 간파될 위험과 관찰된다는 불안한 의식이 더욱 증가되게 된다. '일망 감시장치'는 아주 다양한 욕망으로부터 권력의 동질적인 효과를 만들어내는 경이로운 기계장치이다.

현실적인 예속화는 허구적인 관계로부터 기계적으로 생겨난다. 따라서 죄인에게는 선행을 광인에게는 안정을, 노동자에게는 노동을, 학생에게는 열성을, 병자에게는 처방의 엄수를 강요하기 위해서 폭력적 수단에 의존할 필요는 없다. 벤담은 일망 감시시설이 그렇게 섬세한 것일 수 있다는 사실에 경탄했다. 쇠창살이나 쇠사슬, 그리고 묵직한 자물쇠도 필요 없는 것이다. 단지 구분을 명확히 하고, 출입구를 잘 배치만 하면 되는 것이다. … 가시성의 영역에 예속되어 있고 또한 그 사실을 알고 있는 자는 스스로 권력의 강제력을 떠맡아서 자발적으로 자기 자신에게 작용시키도록 한다. 그는 권력관계를 내면화하여 일인이역을 하는 셈이다. 그는 스스로 예속화의 원칙이 된다. 바로 이런 사실 때문에 외부의 권력은 물리적인 무게를 경감할 수 있게 되고 점차 무형적인 것으로 된다. 권력이 한계 지점에 가까워질수록 그 효과는 더 지속적이고 심원해지며, 단 한 번에 획득되고, 끊임없이 갱신될 수 있다. 즉 모든 물리적인 충돌을 피하고, 늘 앞서서 결정되는 영원한 승리인 것이다.[107]

푸코에 의하면 페스트 등의 질병에 대응하는 감금시설과는 반대로 일망 감시시설은 그 기능이 일반화할 수 있는 모델로 당연히 이해되며 그것은 인간의 일상생활과 권력과의 관계를 규정하는 하나의 방식과 같다고 한다. 벤담은 이 시설을 그 자체로 자족적인 특수한 기구로서 제시하고 있는 듯 하고 사람들은 종종 이 시설을 완벽한 감금의 유토피아적 형태로 생각해 왔지만, 푸코는 이 시설이 일종의 몽상적인 건물로 이해되어서는 안 된다고 한다. 즉 그것은 이상적인 형태로 압축된 어떤 권력 메커니즘의 도식이고 저항이나 충돌 등의 모든 장애를 떠나서 행해지는 그 기능이야말로 단순화된 건축적이고 시각적인 체계를 표현될 수 있기에 사실 그것은 모든 특별한 용도로부터 분리시켜 가동할 수 있고, 또한 그렇게 해야 하는 정치기술의 형태라는 것이다.

푸코에 따르면 그 시설의 적용은 다방면에서 이루어질 수 있는 바, 실제적으로는 어떤 기능에서나(교육, 치료, 생산, 징벌 등) 통합될 수 있다.[108] 뿐만 아니라 이 장치는 구조적으로 민주적인 성격을 지니게 된다. 다시 푸코의 설명을 직접 살펴본다.

더욱이 이 기계의 설비는 그 자체로 폐쇄되어 있더라도 외부의 요소가 항상 개입할 수 있도록 조립된다. 그 누구든지 중앙탑에 와서 감시기능을 수행할 수

---

107) Michel Foucault, 앞의 책, 295~299면.
108) Michel Foucault, 위의 책, 302~304면.

있으며, 그렇게 함으로써 그는 감시가 행해지는 방식을 간파할 수 있음을 우리는 알 수 있었다. 실제로 모든 일망 감시기구는 그것이 형무소처럼 아무리 조심스럽게 폐쇄된 경우라 할지라도, 어렵지 않게 임의적인 동시에 끊임없는 감독의 대상이 될 수 있을 것이다. 더구나 그러한 감독은 지정된 통제자들 뿐만 아니라 일반인의 입장에서도 행해질 수 있다. 사회의 어떤 구성원이라도 직접 방문해서 학교나 병원, 공장이나 감옥이 어떻게 돌아가고 있는지 자기 눈으로 확인할 권리를 갖는 것이다. 따라서 일망감시장치에 의한 권력의 강화는 폭정의 상태로 변질될 위험이 없다. 규율의 장치는 민주적으로 통제될 수 있다. 왜냐하면, 그 장치는 '세상에서 가장 큰 재판위원회'로 계속 회부될 것이기 때문이다. 한 명의 감시인이 그저 단 한 번의 눈길로 그렇게 많은 서로 다른 개인들을 관찰할 수 있도록 교묘하게 만들어진 이 일망감시장치는 또한 누구라도 찾아와 최소한의 인원으로 된 감시인을 감시할 수도 있게 되어 있다. 눈으로 보는 그러한 장치가 이전에는 사람들을 몰래 감시하는 일종의 암실 같은 것이었지만, 이제는 권력의 행사가 사회 전체에 의해서 통제될 수 있는 투명한 건물로 된 것이다.

　일망 감시의 도식은 지워지거나 혹은 그 특징 중 어느 것도 잃지 않은 채, 사회 전체로 확산될 수밖에 없도록 되어 있다. 그것의 임무는 바로 전체화의 기능을 수행하는 일이다. … 권력을 계속 정비하고, 그것을 한층 더 경제적이고, 효율적으로 만들고자 하는 것은 권력 자체를 위한 것도 아니고, 위기에 처한 사회의 즉각적인 구원을 위한 것도 아니다. 중요한 것은 사회의 여러 역량을 강화시키는 일이다. 생산을 증대시키고 경제를 발전시키며, 교육의 기회를 넓히고 공중도덕의 수준을 높이는 등 말하자면 증가와 다양함을 가져오는 일이다.[109]

　요컨대, 이런 장치는 감옥의 체계에 한정되지 않고 일반적인 감시장치로 다양한 대상에 대해 이용될 수 있으며 그것에 어떠한 내용을 담더라도 같은 효과를 얻을 수 있다. 푸코는 일망 감시장치가 권력을 자동적인 것으로 만들고, 비인격적인 것으로 만드는 점에 주목한다. 이러한 권력은 비주체적이다. 이 권력의 근원은 특정한 인물에 있는 것이 아니라 일정한 권력효과를 낳는 장치의 보편적 기능에 있다. 여기에서 누가 권력을 행사하는가는 중요하지 않다. 누구라도 이 장치를 작동시킬 수 있다. 그것은 일정한 목표에 따라서 기

---

109) Michel Foucault, 위의 책, 305~306면.

능하지만 주체와 무관하게 작용한다. 따라서 권력이나 그 효과가 개별적 주체의 선택이나 결정에서 나온다고 볼 필요는 없다. 그리고 이 장치를 작동시키는 의도나 동기도 이런 기능에 영향을 미치지 않는다. 즉 이 장치의 효과는 권력 주체의 의도와 무관하다.

푸코는 이것을 일종의 권력 실험실로 이해한다. 이것은 일정한 개인들에게 실험을 하고 행동을 변화시키며, 개인을 훈육하는 기계로 이용할 수 있다. 노동자에게 각종 기술을 가르치고 교육적인 실험도 할 수 있다. 이 장치는 인간에 관한 다양한 실험을 할 수 있다. 만약 이것을 통제장치로 이용한다면 관리 책임자는 모든 고용인을 감시하여 바라는 효과를 얻을 수 있을 것이다. 여기에서 개인들은 아무것도 숨길 수 없다.

이것은 모든 것이 투명하게 보이는 끔찍한 세계, 어두움의 보호가 사라진 공간, 이성의 명료함만이 어떠한 그늘도 없이 세계를 밝게 비추는 세계이다. 보이지 않고, 알 수 없는 것의 신비가 완전하게 제거된 세계, 탈주술화 되고 합리화된 세계와 같다. 이런 점에서 이 장치는 이성적 권력, 모든 것을 투명하게 인식하려고 하는 계몽주의적 이상을 구체화한 것으로 볼 수 있다. 즉 이 장치에서 놀라운 점은 그것이 권력의 테크놀로지가 보여주는 감시의 극단적 형태이기 때문이라기보다는 그것이 '이성적' 장치라는 점이다. 이성의 빛이 구체화하는 이 장치는 이성이 해방의 선구자이면서도 예속과 지배의 훌륭한 수단이 될 수 있음을 보여준다. 모든 것을 '이성'의 시선 아래 두려는 이 장치는 다른 이성적 보충물에 의해서 더욱 이성적인 사회를 만들 수 있다.

이러한 일망 감시장치의 함의를 살펴보면, 이성이 비판적 능력을 지닌다고 전제할 때, 이 장치는 역설적으로 가장 이성적으로 사회를 관리하고 효율성을 증대시킨다고 할 수 있다. 이것을 도구적 이성이라고 폄하하고 비판적 이성을 강조할 여지는 의외로 크지 않다. 전면 감시장치와 그것을 이용하는 측은 나쁜 의도를 지닌 것도 아니고, 나쁜 목표를 지향하는 것도 아니다. 어떤 더 나은 의도와 보다 훌륭한 목표를 내세워 그 작용을 저지할 것인가? 일단 이 장치가 사회적 기계에서 그 유용성을 인정받는다면 더 적은 효율을 추구하는 것을 '인간적'이라고 하면서 이런 '비인간적' 장치를 제거할 수 있을까? 그 '밝은' 눈을 버리고 불투명함, 어둠 속을 헤맬 것인가? 이성의 태양을

본 자는 동굴 속의 그림자 세계를 물리칠 것이다.[110)

4) 일망 감시장치와 전자감시

이런 일망 감시장치가 현대 기술의 도움으로 전자감시사회라는 형태로 나타난다고 보는 견해들이 적지 않다. 이런 관점이 푸코가 다룬 일망 감시장치와 어떤 점에서 연결되고 어떤 점에서 다른가는 살펴볼 필요가 있을 것이다.

통합된 전자망 형태를 갖춘 현대의 커뮤니케이션과 정보 테크놀로지는 이러한 권력의 동원체계를 변형, 확장시킬 수 있다. 이른바 전자망사회, 전자망 도시의 루프 안테나와 회로, 전자망을 염두에 둔다면 사회전체에서 일어나는 행동들을 '중앙집중적'이고 은밀하게 조사, 관찰, 감시, 기록할 수 있는 테크놀로지가 구축될 수 있다. 개인들은 (개별적으로) 전산화된 감시자들에게 보이고 인식될 수 있는 존재가 된다. 개인은 전면 감시장치에서처럼 '감시대상일 뿐 커뮤니케이션의 주체가 아니고' 그들은 '보여질 뿐 볼 수 없다.'

또한 전자망 사회는 개별화되고 영구적인 문서를 이용하는 체계이다. 관찰되고 조사받는 개인에 관한 정보가 계속 기록되고 파일에 저장된다. 개인들은 이런 기술들에 의해 보여 지고 알려진다. 전자망은 원형감옥 같은 건축물의 공간적이고 시간적인 제약을 극복하여, 미세한 거미줄과 같은 전면 감시장치의 꿈을 보다 쉽고 더 효과적으로 실현시킬 수 있다. 주체에 대한 일방적이고 전면적인 감시라는 원리는 서류철로 구체화된다. 개인에 관한 꼼꼼한 기록이 담긴 서류철에서 개인들은 전면적인 기록대상으로 바뀐다. 통신망과 그것이 산출하는 데이터베이스는 벽과 창문, 망루나 감시자가 없는 전면 감시장치를 이룬다. 개인들은 사회보장카드, 운전면허증, 신용카드, 도서관 출입증 등을 언제나 소지하고 다니면서 지속적으로 사용한다. 모든 거래는 데이터베이스에 기록되고 부호화되고 저장된다. 개인들 스스로가 데이터베이스의 내용을 메운다. 그들은 정보의 원천이자 정보의 기록자이다. 그렇지만 전자망 사회에서 모든 것을 알고 모든 것을 볼 수 있는 유일한 감시자가 있거나 있을 수 있다고 주장할 필요는 없다.

---

110) 김호기 편, 『현대 비판사회이론의 흐름』(도서출판 한울, 2001[2002print]), 242~243, 247면.

이런 전자감시 사회가 과연 푸코의 전면 감시장치의 발전된 형태라고 할 수 있는가? 가장 문제가 되는 점은 이런 논의가 푸코의 전면 감시장치의 '완벽한' 감시와 '부드러운' 작용을 받아들이면서도 근대 권력의 주요한 특징인 중심 없는 권력, 주체의 의지로부터 독립된 작용 등을 무시한 채 전통적인 권력관을 그대로 이어받고 있다는 점이다. 전통적 관점을 권력을 그것을 소유한 자가 권력 대상의 의지에 반하여 자기의 강제력을 행사한다고 보면서, 권력을 그것을 지닌 자가 소유한 실체로 보고 그의 의도에 따라 행사되는 힘으로 본다. 이것을 거의 그대로 이어받은 채 현대적 장치를 덧붙인 틀은 현대 사회의 권력작동방식을 어느 정도 보여주지만, 이는 푸코가 논의한 미시권력들의 작용과는 다른 것이다. 즉 이런 전자감시방식은 전통적인 권력자나 권력의 중앙집중체가 단지 새로운 기술로 보다 쉽고 효과적으로 권력을 장악하고 행사한다고 보므로, 종래의 권력관을 조금도 바꾸지 않고서도 얼마든지 그 작용을 설명할 수 있고, 그 모든 작용을 최고 권력자나 권력 중심의 보다 간교하고 은밀한 의도를 실현하는 것으로 볼 수 있다.

결국 이런 지적은 전자감시사회가 푸코의 전면 감시장치와 무관하다고 보는 것이 아니라, 그것을 이해하는 방식이 너무 기계적이어서 푸코의 새로운 권력 분석틀 없이도 충분히 설명될 수 있는 점에서 낡은 관점과 새로운 기법의 절충적인 틀에 머물러 있음을 보여주려는 것이다. 결국 푸코의 분석틀은 근대 권력의 성격을 주체 중심의 틀이나 주체가 소유하거나 양도하거나 빼앗기는 어떤 실체가 아니며, 그 작용하는 방식이 금지와 억압에 중점을 둔 부정적인 것이 아니라고 본다. 이러한 푸코의 분석틀에 주목함으로써, 전통적인 관점이 은폐하는 근대 권력의 작용을 설명할 수 있을 것이다.[111]

3. 경제학적 접근

경제학에 있어서 정보는 원론적인 중요성을 가진다. 즉 완전경쟁시장의 성립요건 가운데 "시장에 참여하는 모든 경제주체가 완전한 정보를 갖고 있

---

111) 김호기 편, 위의 책, 248~250면.

어야 한다"[112]는 요건이 포함되어 있다는 점에서 이러한 측면을 확인할 수 있고, 정보의 비대칭 상황에서 경제주체의 의사결정에 관한 논의에서도 정보의 중요성에 대한 경제학적 인식을 확인할 수 있다. 여기에서는 보다 구체적인 차원에서 기업운영상에 있어서의 정보의 의미와 프라이버시에 대한 법경제학적 분석을 간단히 살펴보기로 한다.

(1) 정보의 기업운영상의 의의

기든스는 자본주의적 이윤추구가 담당하는 역할에 주목하면서 "자본주의 기업에서 감시가 관리에 대한 열쇠"라고 지적하고 있다. 한편 쉴즈(Edward Shills)는 사생활 침해자 명단 속에 자본주의 기업을 포함시키면서, 사실 감시의 발달과정에서 근대적 관리의 역할에 주목한 사람은 바로 기업이 사람들의 생활에 대한 주요한 침입자였다고 주장한다.

기본적으로 20세기에 들어와서 나타난 현상이라고 할 수 있는 관리는 본질적으로 정보노동이라는 견해를 입증해 주는 많은 증거가 있다. 이러한 노동은 자본의 회수율을 최대화하는 전략의 수립과 이행 업무를 더 잘 수행하기 위하여 기업의 활동영역을 철저하게 감시하는 것을 주요 목적으로 한다. 여기서 주목해야 할 것은 생산과정에 대한 감시는 초기 대인 감독시대 이래 광범하게 확장되어 왔다는 점이다. 감시에서 이루어진 최근의 혁신으로는 컴퓨터 수치제어(Computerized Numerical Control; CNC), 로봇 그리고 무엇보다 시작시간, 생산율, 출석여부, 질적 관리 등을 자동적으로 개별화시켜 기록할 수 있는 컴퓨터 단말기를 들 수 있다.

근대적 관리는 다른 대부분의 활동의 전제가 되는 생산에 대하여 매우 자세한 감시를 하지만 오늘날의 관리의 대상은 노동과정보다 훨씬 더 포괄적이다. 이것을 이해하는 데 중심적인 것은 기업 자본주의(corporate capitalism)가 20세기에 세 가지 주요한 방식으로 확장되어 왔다는 점이다. 첫째는 기업이 공간적으로 확장되어 전형적인 선도적 기업은 적어도 전국적으로 그리고 대개는 초국가적으로 확산되어 있다. 둘째, 기업은 적은 수의 더 큰 기업으로

---

112) 이준구·이창용, 『경제학원론』(법문사, 2005), 162면.

통합된다. 셋째, 흔히 간과되는 것이지만, 기업은 사회의 영역으로 더 깊이 파고들고 있다는 것인데, 이것은 거의 모든 지역에서 쉽게 눈에 띌 수 있는 판매망을 개발하고 예전에는 자신 또는 이웃사람들이 생산하였던 재화와 용역을 구매할 수 있는 것으로 대체시키는 것을 통해 진행된다.

물론 이러한 모든 것에는 나쁜 측면이 있지만, 이러한 감시가 현대 기업에 가지고 있는 실제적인 유용성 역시 언급될 필요가 있다. 즉 소비자의 소비성향, 의류 및 식품에 대한 기호, 선호하는 구매위치 등에 대한 개별적인 정보들은 기업의 판매전략을 매우 향상시켜 줄 수 있는 감시의 유형이다.[113]

(2) 프라이버시의 경제적 분석[114]

미국의 연방헌법 증보 제4조는 개인, 가정, 문서의 안전에 대한 인간의 권리를 보장하고 있다. 그리고 불합리한 수색들과 압수를 금지하고 포괄적인 영장(즉, 수색 및 압수 대상인 사람과 사물을 특정하지 아니한 영장)발급을 금하고 있다.

가장 좁은 의미로 보면 연방헌법 증보 제4조는 단지 연방관리들이 개인과 재산의 불법 침입을 하지 못하도록 보호하는 것으로 생각될 수 있다(그리고 이 조항은 연방헌법 증보 제14조의 적법절차의 조항을 따라야 하는 주 정부에도 적용될 수 있다고 판결이 이루어진 이후에도 주 정부의 관리에게도 해당된다). 이것은 비록 제한적이지만 매우 중요한 사생활의 보호가 될 수 있다. 만약 경찰이 당신의 집에 와서 수색하면서 당신이 하고 있는 것을 방해한다면 경찰이 당신에 대해 어떠한 정보를 얻지 못하더라도 그것은 사생활 침해라고 할 수 있다. 이는 원하지 않은 전화 판매 권유가 사생활의 침해인 것과 동일한 의미를 갖는다. 하지만 경찰이 당신의 전화를 도청한다면 이는 다른 의미의 사생활 침해가 된다. 이로 인하여 당신의 고요함이나 정신집중이 깨뜨려지지 않아서 전화도청은 사생활의 방해라고 할 수 없지만 은밀함에 대한 사생활 침해가 된다. 거래의 비밀이 없다면 이러한 의미의 사생활 이 보호받을 가치가 있는지에 대한 의문이 없지는 않지만, 전화통화에서 최소한의 은밀함이 보장되어야 한다는 주장

---

113) Frank Webster, 앞의 책, 124~127면.
114) Richard A. Posner, *Economic Analysis of Law Part 2*, 정기화 역, 『법경제학(하)』(자유기업원, 2004), 449~451면.

이 있는데, 은밀함이 보장되지 않으면 사람들은 의사소통방법을 효율성은 떨어지지만 보다 안전한 수단으로 바꾸게 되어 비용이 발생한다는 것이다. 불법인 의사소통이 이루어지고 있었다면 전화 도청은 손실을 초래하는 것이 아니라 이익을 가져다 줄 수 있다. 그러나 의사소통이 합법적이었다면 손실이 발생하며, 이것은 카츠(Katz) 소송[115]의 판결에 대한 경제학적 타당성을 제공한다. 판결에 따르면 도청은 압수의 한 형태로 연방헌법 증보 제4조의 적용범위에 있으며 따라서 도청이 비합리적이라면(이것은 다음에 논의하듯이 비용이 이익을 초과하는 경우이다) 불법이다.

수색과 압수(체포를 포함)로 사회적 비용이 발생한다고 해서 그것을 금지하는 것이 타당하다는 것은 물론 아니다. 사회적 비용이 사회적 이익을 초과하면 경찰이 수색을 하지 못하도록 규제하자는 것이다. 일반적으로는 핸드공식(Hand's rule or Hand's formula)을 이용하여 이 문제를 구성해 볼 수 있다.[116] 수색에 따른 사생활 손실비용(B)이 수색하지 않았을 때, 수색 대상의 유죄를 입증하지 못할 확률(P)에 이로 인한 사회적 비용(L)을 곱한 것보다 적다면 수색(압수)은 합리적이다. P는 두 가지로 구성되어 있다. 하나는 수색으로 경찰에게 가치 있는 어떤 것(아마 소송근거)이 드러날 가능성이며, 다른 하나는 드러난 그 어떤 것이 유죄 입증에 필수 불가결한 것일 가능성이다. 그러므로 수색을 하지 않았더라도 동일한 증거를 얻을 수 있다면 (그리고 더 낮은 B에서 그럴 수 있다면) 수색의 가치는 적을 것이다. 수색으로 인한 침해의 정도가 커서 B가 커질수록, 찾고자 하는 증거의 필수 불가결함(P)이 더 크거나 수사대상 범죄의 중함(L)이 커야 B를 상쇄할 수 있다.[117]

---

115) Katz vs. United States, 389 U.S. 347(1967). http://laws.findlaw.com/us/389/347.html

116) 핸드 공식은 과실판단을 위해 핸드(Learned Hand)에 의해 정립된 공식으로, 사고 확률을 P, 손해를 L, 부담을 B라고 하면 과실인정은 $B < P*L$일 때 성립한다.

117) Robert D. Cooter, *Law and Economics(2nd Ed.)*, 이종인 역, 『법경제학』(비봉출판사, 2000), 131~132면.

Ⅲ. 소 결

　지금까지 개인정보 보호에 관련된 법학계의 기존 논의들의 이론적 배경들을 살펴본 후, 법제의 적용범위의 확정을 위한 기본적인 개념들에 대한 분석을 시도해 보았다.

　재차 강조하지만, 입법평가의 지표로서의 체계성 및 이해가능성을 염두에 두는 가운데 이러한 문제의 해결을 위해선 기본적인 개념들이 사용되는 맥락의 분석을 통한 개념의 외연을 확정하는 작업이 수행될 필요성이 크다고 할 것이며, 개인정보의 범위에 대한 면밀한 분석을 통해서, 보호가치 혹은 경제적 가치에 따라 유형별로 분류하고 인격적 속성과의 연관성에 비추어 개인정보를 개별적으로 논의하려는 시도는 전통적 의미에서 제기되어 온 프라이버시와의 관련에만 경도되지 아니하고 경제적 보호가치가 있는 정보의 유통을 규범적으로 정립하려는 노력을 수행해야 할 것이다. 이는 최적의 개인정보 보호를 통한 자유로운 정보유통으로 계약자유와 계약정의를 실현하려는 실천적 이념인 것이다. 그리고 이러한 논의는 '고객에 관한 개인정보, 즉 고객정보가 기업경영의 핵심적인 수단의 하나로 떠오르고 나아가 그 자체가 기업의 가치를 평가하는 중요한 자산의 하나로 평가되고 있는 디지털 경제시대에 있어서는 개인정보를 효과적으로 보호하는 것 못지않게 기업들이 인터넷 이용자들의 개인정보를 일정한 조건 하에서 자유롭게 수집하고 이를 가공하여 활용할 수 있도록 부장하는 것도 국가전체적인 산업발전이라는 측면에서 어느 정도 필요한 것'이라는 현실적 관점에 대해 개인정보에 관한 구조적 조망을 가능케 하는 법리적 논거를 제시할 뿐만 아니라 적정수준의 개인정보 유통을 유지할 수 있는 정책적 유인으로 작용한다는 점에서 커다란 함의를 발견할 수 있을 것이다.

03
CHAPTER

외국의 개인정보 보호체계

미국은 1974년 '프라이버시법'을, 독일은 1977년 '연방정보보호법'을, 프랑스는 1978년 '정보처리·축적·자유에 관한 법률'을 각각 입법하였으며, 유엔경제개발협력기구(OECD)는 1980년 '개인정보의 국제적 유통과 프라이버시 보호에 관한 가이드라인'을 작성, 공포하였다.

I. OECD 가이드라인

국제사회에서 개인정보 보호에 대하여 초기의 대응으로는, 가이드라인으로서 지금까지 영향을 미치고 있는 경제협력개발기구(OECD)가 1980년 9월 23일에 채택한 '개인정보 보호와 개인 데이터 국제유통에 대한 가이드라인에 관한 이사회권고'[1]가 있다. OECD가이드라인과 같은 국제적인 개인정보 보호를 위한 가이드라인이 요구된 배경에는 컴퓨터에 의한 대량 개인정보의 처리가 가능하게 되어, 개인정보의 자유로운 유통의 확보를 하면서 적절한 보호가 필요하게 되었다는 것과 각국의 법제도의 적합성이 요구되었다는 것을 들고 있다.

이러한 배경에는 컴퓨터를 이용한 정보처리에 대응하고, 개인정보의 보호를 도모할 필요성이 높아짐에 따라 각국은 개인정보 보호를 목적으로 하는 법률을 정비하게 되었다. 예를 들어 미국은 1970년 공정신용보고법을 시작으로, 1974년 프라이버시법, 1978년 금융프라이버시권법 등을 제정하였다. 유럽에서는 1973년 스웨덴이 데이터법을 제정한 것을 시작으로, 1977년부터 1979년간 독일, 프랑스, 오스트리아, 덴마크, 노르웨이, 룩셈부르크가 개인정보의 보호를 목적으로 한 법률을 제정하였다.

OECD 가이드라인에서는 가맹국가는 국내법 및 국내 정책의 차이에 관계없이 개인과 개인의 자유를 보호하고 개인 정보와 정보의 자유로운 유통이라는 기본이지만 경쟁 가치를 조화시키는 다음과 같은 일반적인 이해가 있었다.[2]

　• 개인 데이터의 자동 처리 및 국제 유통은 국가 간의 관계에 새로운 모

---

1) Guidelines on the Protection of Privacy and Transborder Flows of Personal Data, O.E.C.D. Dos.C 58 final(September23, 1980)

2) 堀部政男, 『インターネット社会と法』, 世社(2006.5.), 108頁.

양을 만들어내는 동시에, 서로 일치하지 않는 규칙 및 운영에 대해서는 개발(開發)을 요청한다.

- 개인 데이터의 국제 유통은 경제 및 사회 발전에 공헌한다.
- 프라이버시 보호와 개인 데이터의 국제 유통에 관한 국내법은 이러한 국제 유통을 방해할 우려가 있다.

OECD이사회는 이러한 인식을 바탕으로 "회원국 간의 정보의 자유로운 유통의 촉진 및 회원국 간의 경제사회 관계의 발전에 대한 부당한 장애를 해결하는 결의"를 권고했다.

1. 회원국은 이 권고의 주요 부분에 지침으로 내걸고 있는 개인과 개인의 자유의 보호에 관한 원칙을 그 국내법에서 고려한다.

2. 회원국은 개인 정보 보호명목으로 개인 데이터의 국제유통에 대한 부당한 장애를 창설하는 것을 제거 또는 회피하게 노력한다.

3. 회원국은 권고부속문서에 게재하고 있는 지침의 이행에 협력한다.

4. 회원국은 이 지침을 적용하기 위해 특별한 협의 협력절차에 대해 가능한 한 신속하게 동의한다.

그리고 기본권 보호에 관한 8개 원칙을 규정하였다. 이것은 다음과 같다.

① 수집 제한의 원칙(Collection Limitation Principle)

개인 정보의 수집에는 제한을 마련하여야 하며, 적법하고 공정한 수단에 의해, 그리고 적절한 경우는 데이터 주체에 알리고 또는 동의를 얻어 수집되어야한다.

② 데이터 내용의 정확성 원칙(Data Quality Principle)

개인 정보는 이용 목적에 따라 필요한 범위 내에서 안전하고 정확하게 최신 상태로 유지하여야한다.

③ 목적 명확화의 원칙(Purpose Quality Principle)

개인 정보 수집 목적은 명확히 해야 한다. 목적의 변경마다 명확화된 다른 목적 달성에 한정되어야한다.

④ 이용 제한의 원칙(Use Limitation Principle)

개인 데이터는 명확한 목적 이외의 목적으로 이용되어서는 안 된다. 다음의 경우는 제외. ⓐ 데이터 주체의 동의가 있는 경우. ⓑ 법률의 규정에 의한 경우.

⑤ 안전 보호의 원칙(Security Safeguards Principle)

개인 정보는 분실 또는 무단 액세스 파괴 사용 수정 개시 등의 위험에 대해 합리적인 안전 보호 조치가 취해 져야한다.

⑥ 공개의 원칙(Openness Principle)

개인 데이터에 대한 개발 운영 및 정책에 대해서는 공개되어야만 한다. 개인 데이터의 존재, 성질 및 그 주요 이용 목적과 함께 데이터 관리자가 식별되고 그의 주소를 명확하게 하는 수단이 있어야한다.

⑦ 개인 참가의 원칙(Individual Participation Principle)

개인은 다음의 권리를 가진다.

ⓐ 데이터 주체가 자기에 관한 자료가 있는지 여부에 대한 문서 관리자 또는 다른 사람에게서 확인을 받아야한다.

ⓑ 개인에 관한 자료를 합리적인 기간 내에 만일 필요하다면 과도하지 않은 비용으로 합리적인 방법으로 하고 각자에게 알기 쉬운 형태로 각자에게 알린다.

ⓒ 상기 ⓐ 및 ⓑ요청이 거부된 경우에는 그 이유를 알려주고, 그러한 거부에 대해서는 이의를 제기할 수 있다.

ⓓ 자기에 관한 자료에 대해 이의를 제기할 수 있고, 그 이의가 인정 되는 경우에는 그 자료를 삭제, 수정, 보정할 수 있을 것.

⑧ 책임의 원칙 (Accountability Principle)

데이터 관리자는 이상에 관하여 책임을 다하지 않으면 안 된다.[3]

OECD 가이드라인의 특징으로는 제3조에서 회원국이 법제정시 가이드라인의 적용을 "자동화된 정보처리에 한정"하고 있다는 것을 들 수 있다.

이와 같이 자기정보통제권을 구체화하는 내용을 원칙화 하고 개인정보 관리자에게 안전보장 의무를 부과하는 등 엄격한 책임을 요구하고 있다. 이런 OECD원칙은 개인정보 보호의 국제 기준으로서 각국의 개인정보 보호법제에

---

3) 榎原 猛, 『プライバシー権の総合的研究』, 法律文化社(1991), 235頁.

많은 영향을 미쳤다. 그리고 1980년에 EU에 의해 확립된 데이터보호에 관한 협정에 의해서 개인정보 보호는 확립된다.

OECD 가이드라인 채택이후 1981. 1. 28. 유럽위원회는 '개인정보의 자동 처리와 관련한 개인의 보호를 위한 협약(Convetion for the protection of individuals with regard to Automatic Processing of Personal Data)'을 체결한다. 그리고 10년 후에 유럽 프라이버시 보호법의 중심에 EU 개인정보 보호지침이 등장한다.

Ⅱ. EU 개인정보 보호지침

EU에서 1995년 EU회원국을 위한 개인정보 보호법의 기본 원리를 설립하는 "데이터보호지침"을 배포했다.

1995년 OECD 8원칙에 입각한 "개인데이터처리에 관한 개인의 보호 및 해당 데이터의 자유로운 이동에 관한 1995년 10월 24일 유럽 의회 및 이사회의 95/46/EC 지침(Directive 95/46/EC of the European Parliament and of the Council of 24 October 1995 on the protection of individuals with regard to the processing of personal data and on the free movement of such data)"(이하 "EU개인정보 보호지침"이라한다)이 채택되었다.

EU 개인정보 보호지침은 제1조 제1항에 따라 회원국은 개인정보 처리의 경우 개인의 사행활 보호를 보장하여야 한다고 하면서, 한편으로는 제2항에서 개인정보의 자유로운 전송의 경우에 발생하는 문제점을 제거해야 한다고 규정하였다. 이 지침 제26조는 개인정보 전송에 있어 개인의 '동의'와 해당 개인과 개인정보 처리자의 '계약'에 따라 적절한 보장이 없는 제3국으로의 개인정보 전송을 할 수 있다고 규정하였다. 여기서 '동의'는 원칙적으로 사전 동의를 의미한다. '계약'의 경우 근로자 개인정보와 고객의 개인정보의 전송은 고용계약이나 상품구입시의 계약관계 외의 또 다른 개인정보의 사용으로 보아야 하기 때문에 원칙적으로 본래 계약 목적에서 다른 계약 목적으로 이용될 수는 없다.[4]

---

4) 이규철, 『개인정보 보호법제』, 푸른세상(2004), 99~100면 참조.

EU 개인정보 보호지침의 기본적인 철학은 미국의 그것과 중요한 부분에서 다르다. 미국은 민주적인 합의에 의해 개인정보에 관하여 개인정보 보호법보다 오히려 시장에 맡기고 있다. 반면, 유럽은 기본적인 인권에 주목한 정치의 중요한 과제로 개인 정보를 취급한다. 유럽의 민주주의는 개인 정보를 사회적 보호가 있다는 견해에서 접근한다.

유럽 민주주의는 공공의 자유가 개인의 공동체에 유래하고 법은 사회적, 시민보호의 표준을 추구하는 기본적인 기초이다. 일반적으로 지배적인 정부의 비전은 정보관행이 개인에 봉사해야 하며, 개인의 발전하는 사회공동체를 형성하는 데 필요한 작용을 해야 한다. 이 시점에서 사실상 시민의 자립성은 법적 권리를 배경으로 가정에 의존한다. 따라서 유럽은 포괄적인 권리 책임을 통해 예방적인 보호를 요구하고 시민은 개인 정보에 관해서 민간보다 정부의 보호를 신뢰한다.

미국의 학자 로텐베르그(Rotenberg)의 설명에 따르면, EU 개인정보 보호지령의 배경 및 근본적인 철학은 전술한바와 같이 미국이 개인정보 보호법이 아닌 시장에 맡기는 것과 달리 광범위한 권리에 의하여 개인정보를 포괄적으로 보호하도록 한다. 이 방법은 미국의 그것과는 대조적이다.[5]

이 지침은 각 회원국에 대해서는 3년 뒤인 1998년10월 23일까지 개인정보 보호에 관한 국내법을 이 지침에 적합하도록 개정하거나 새로운 법제도를 정비하도록 요구하고 있다. 유럽정부가 1998년까지 새로운 유럽 기준법을 도출해야만 하고, 그것은 데이터보호입법이 가장 조화적으로 입법을 촉진하는 것을 의미했다. 그러나 EU개인정보 보호지침의 특징은 계속 정책을 수렴하는 과정을 제안하고 있다는 것이다. 이에 따라서 유럽 각국은 국내법을 입법화하게 된다.

유럽 및 주요국가에서 개인정보 보호에 관한 기본법과 개별법령을 정리하면 다음과 같다.

---

5) Daniel J. Solove, The Origins and Growth of Information Privacy Law, 828 PLI/Pat 23(May-June2005), at 64.

〈표 3-1〉 기본법외 개별법을 규정한 해외사례[6]

국가	기본법	개별 법령
영국	정보보호법(Data Protection Act, 1998)	프라이버시와 전기통신 규칙(Privacy and Electronic Communications (EC Directive) Regulations 2003)
독일	연방데이터법 (Bundesdatenschutsges etz, 2001)	전기통신법 제7장 (Telekommunikationsgesetz TKG PART 7)
		전기통신소비자보호규칙(Telekommunikations-Kundenschutzverordnung (TKV))
프랑스	정보처리 파일 및 자유에 관한 법률, 2004(Loi n°2004-801 du 6 août 2004 relative à la protection des personnes physiques à l'égard des traitements de données à caractère personnel et modifiant la loi n°78-17 du 6 janvier 1978 relative à l'informatique, aux fichiers et aux libertés)	
이탈리아	개인정보 보호법(Legislative Decree no. 196 of 30 Jun 2003)	
스페인	개인정보 보호통합법 (Organic Law on the Protection of Personal Data, 1999)	연방 전기통신법 (Act 32/2003 of 3 November (State Telecommunications Act))
뉴질랜드	프라이버시법 (Privacy Act 1993)	전기통신 정보 프라이버시 실행규약 (TELECOMMUNICATIONS INFORMATION PRIVACY CODE 2003)
호주	프라이버시법 (Privacy Act 1988)	전기통신법 제13장(TELECOMMUNICATIONS ACT 1997 PART 13)
핀란드	개인정보법(Personal Data Act, 1999)	전기통신에서 프라이버시보호에 관한 법률(Act on the Protection of Privacy in Electronic Communications)

Ⅲ. 미 국

전통적으로 미국에서의 개인정보 보호의 문제는 프라이버시 보호의 맥락에서 논의되어 왔다고 할 수 있다. 특히 웨스틴(Alan F. Westin),[7] 밀러(Arthur

---

6) 성낙인 외 9명, 『개인정보 보호법제에 관한 입법평가』, 한국법제연구원(2008).
7) Alan F. Westin, Privacy and Freedom(New York: Atheneum, 1967).

R. Miller)[8] 등이 프라이버시에 적극적 성격을 부여하는 이른바 현대적 프라이버시권으로서 자기정보통제권을 주창한 이래로 개인정보는 프라이버시의 한 내용으로서 이해되기 시작하였다. 이러한 논의들은 비록 연방대법원에 의해 수용되지는 않았지만, 의회의 입법에는 상당한 영향을 끼친 것으로 평가된다. 1970년의 공정신용조사법(Fair Credit Reporting Act)은 현대적 프라이버시권에 관한 최초의 입법이라고 할 수 있는데, 이는 소비자의 신용정보를 수집·축적·제공하는 기관들에게 비밀보호와 정확성의 담보 등에 관한 의무를 부과하고 소비자의 정보열람권을 보장하는 것을 내용으로 하고 있다. 한편, 1974년 12월 31일에 공포된 프라이버시법(Privacy Act)은 그 명칭에서 프라이버시라는 용어를 사용하고 있지만 사실상 개인정보를 보호의 대상으로 하는 것이라고 할 수 있다. 이 법은 공공기관이 보유하는 개인에 대한 기록에 관하여 규율하는데, 세계적으로 공공부문에 있어서 개인정보자기결정권을 법제화한 선구적 입법례로 인정받고 있다.[9]

그러나 미국은 공공부문과 민간부문을 아우르는 종합적이고 포괄적인 입법의 방식을 채택하지 않고, 민간부문에 있어서는 개별적인 단행법에 의해서 개인정보를 보호하는 부문별 접근방법(sectoral approach)을 취하고 있다. 그리고 전자상거래에 관련되는 개인정보 보호의 문제에 대해서는 법적 규제가 자칫 정보의 자유로운 유통을 저해하고 인터넷 상거래시장을 위축시킬 수 있다는 지적에 따라 민간과 시장기능에 위임하는 자율규제의 방식을 채택하고 있다. 이 점은 EU의 입장과 구별되는 주요한 특징이라 할 수 있다.[10] 이는 탈중심적 권위에 대한 선호, 사적 부문의 월권보다 정부의 월권에 관한 보다 큰 우려 등 미국의 법적 전통에서 기인하는 것이라 할 수 있다.[11]

현재 연방 차원의 개인정보 보호는 1970년의 공정신용조사법(Fair Credit

---

8) Arthur R. Miller, The Assault on Privacy: Computers, Data Banks, and Dossiers (Ann Aror: University of Michigan Press, 1971).

9) 성낙인 외 9명, 앞의 책, 461면.

10) 성낙인 외 4명, 『개인정보 보호를 위한 정책방안 연구』(정보통신부, 1999), 45면.

11) Barbara S. Wellsberry, "Bridging the Difference: The Safe Harbor and Information Privacy in the United States and the European Union," Privacy and Information Law Report(1 NO. 6 Privacy Info. L. Rep. 13), 2001.

Reporting Act), 1974년의 프라이버시법(Privacy Act), 1978년의 금융프라이버시권법(Right to Financial Privacy Act), 1986년의 전자통신프라이버시법(Electronic Communication Privacy Act), 2002년의 전자정부법에서 도입한 프라이버시 영향평가제도 등을 규정하여 실시하고 있다.

　미국은 법률과 판례 외에도 2000. 7. 21. 미 상무성은 세이프하버 프라이버시 원칙(SAFE HARBOR PRIVACY PRINCIPLES)을 발표하였다. 이 원칙을 준수하는 기업들은 EU 개인정보 보호지침과 같은 개인정보 보호의 적절한 조치를 취할 것으로 간주되어, EU로부터 미국으로 전송되는 개인정보 보호를

〈표 3-2〉 미국의 개인정보관련 법제 현황[12]

연도	입법안	목적 및 내용
1968	집단범죄 규제 및 가두안전법	대통령이 특권을 행사하는 경우와 범죄의 경우에 한하여 법관의 영장을 발급받아 도청을 할 수 있도록 프라이버시 침해를 제한
1970	공정신용 보고법	자동 정보 처리시스템의 발전단계에 대응하여 개인정보의 당사자에게 자기에 관한 정보를 통제할 수 있는 권리를 보장
1974	프라이버시법	행정기관에 의해 침해받을 수 있는 프라이버시권을 보호
1986	전자통신 프라이버시법	전자통신의 무단도청을 방지하고 새로운 컴퓨터와 전자통신기술의 급격한 변화를 감안하여 새롭고 명확한 연방프라이버시 보호기준을 규정
1988	컴퓨터연결과 프라이버시법	연방기관이 예외규정에 근거하여 연방 데이터베이스간에 광범위한 전자적 비교를 정당화하고 있다는 우려에 따라 프라이버시법을 개정
1996	전기통신법	통신사업자가 사용자 정보를 이용, 공개 또는 접근하는데 새로운 제한을 부과하여 개인정보를 보호
1998	사유와 사생활 회복에 관한 법안	연방정부기관에 대한 개인 신상관계 확인 등의 목적으로 신상관련 서류의 중복접수 금지
1998	아동 온라인 프라이버시 보호법	13세 이하의 어린이에 대한 정보의 온라인 수집을 금지와 연방거래위원회에서 부모에 대한 고지와 동의 방법 등을 규정하도록 함
2003	의료프라이버시법(HIPPA)	연방정부에 대한 국가의료 증명서 발급, 건강정보의 목적외 사용금지, 그리고 의료에서 프라이버시 절차 준수를 규정하고 프라이버시 관리인 지정하도록 함

---

12) 한국통신정보호호학회, 『주요국가의 개인정보 보호기관 운영상황 연구』(한국정보보호센터, 1998), 163면.

취급할 수 있도록 하였다.

이 원칙에는 개인정보의 수집 고지(Notice), 개인의 개인정보 제공·공유의 선택(Choice), 정보 이전(Oward transfer)시 세이프하버 원칙의 준수, 개인정보에 접근(Access)하는 방법 제공, 개인정보 안전(Security) 보호, 이용 목적에 부합한 정보만 수집 보장하는 데이터 무결성(Data integration), 원칙의 준수와 분쟁해결·구제절차의 집행(Enforcement)이 있다.

Ⅳ. 유럽 국가들의 개인정보 보호법

1. 독일의 '연방 데이터법'

1983년의 독일연방헌법재판소의 "인구조사"판결에서 인정된 '개인정보 자기결정권'은 수많은 개별적 고유영역에서 제정된 개인정보 보호를 위한 법률과 시심들의 변화된 법 감정의 결과였다.[13]

독일 헌법은 사생활의 비밀과 자유조항을 규정하고 있지 않다. 그러나 사행활의 인격적 측변에 주목하여 헌법 제2조 제1항의 일반적 인격권에서 사행활의 보호영역을 판례를 통하여 일찍부터 보호해 왔다.[14] 독일에서도 개인 데이터의 보호를 요구할 권리를 정보자기결정권(Informationelle Selbstbestim-mung)로 정의[15]하고 거의 같은 이론 구성을 하고 있다. 이 정보 자기 결정권의 개념에 따르면, "법에 따라 자신의 데이터에 대한 물적 지배, 즉 어느 정도 구체화된 데이터는 처분 권한(Verfügungsrecht)이 보장된다." 이렇게 프라이버시권을 소극적 권리뿐만 아니라 적극적으로 자기 정보를 컨트롤하는 권리로, 현실적인 사안에 대처하고 있다.[16]

독일에서 개인정보 자기결정권은 기본권으로서 개인정보가 사행활의 보

---

13) 이규철, 『개인정보 보호법제』, 푸른세상(2004), 18면.

14) 이규철, 위의 책, 85면.

15) 독일 연방헌법재판소는 제2조 제1항으로부터 개인정보 자기결정권을 독자적인 기본권으로 인정한다.

16) 孫亨燮, 『プライバシー権と個人情報保護の憲法理論』, 東京大学大学院 法学政治学研究科, 博士学位論文(2008), 135면.

호범위에 포함될 수도 있지만 재산적 측면도 고려해야 한다는 이유로 인하여 독일은 EU '개인정보 보호지침'에서 규정한 기한을 넘기고(1998.10.24.까지), 2001. 5.1. EU '개인정보 보호지침'에 따른 '독일 연방 정보보호법'(Bundesdaten-- schutzgesetz 2001) 제정되었다. 이 법률은 유럽연합의 개인정보 보호정책을 따를 뿐만 아니라 개인정보 보호법의 현대화를 동시에 추구하는 것이었다.[17] 이 법은 공공부문은 물론 민간부분에서 "비자동화된 전송 목적이 아닌 저장" 까지 개인정보의 개념을 확대하였다.[18] 이법 제1조 제1항은 이 법의 목적을 "개인정보의 처리에 의해 발생할 수 있는 프라이버시권의 침해로부터 개인들을 보호하려하는 것"으로 정하고, 제2항에서 이 법은 ① '정보처리시스템'을 통한 수집, 처리 및 이용 또는 ② '자동화되지 않은 파일링시스템'을 통한 수집 처리 및 이용에만 적용된다고 하고 있다.[19]

또한 개인정보의 수집이나 생산지가 아닌 개인정보 처리자의 정주지에 따라 법률이 적용되게 되어, 유럽연합의 근로자가 독일에 소재하는 개인정보 처리자에 의하여 개인정보가 처리되면 독일법에 따르도록 하고 있다.[20]

정보주체는 '동의'를 통하여 개인정보 자기결정권을 행사할 수 있다. 즉 사전에 동의 설명서와 함께 그의 개인정보의 사용을 허락할 수 있다. 동의는 원칙적으로 서면동의에 의한다.[21] 또한 '자기목적을 위한 생산의 허락'에 있어서, 개인정보 처리자와 정보주체와의 관계에 '계약관계'나 '계약과 유사한 신탁관계' 존재여부를 고려하도록 한다. 따라서 근로자의 개인정보 생산은 일반적으로 개인정보의 획득이나 공표가 된 개인정보로서 개인정보의 사용이 허락된다[22]

이 법을 통하여 민간부문을 통제하고 상담할 수 있는 감독관청의 권한을 규정하고 감독관청의 조직구성에 관한 권한을 연방의 각 주에 부여하고 있다.

---

17) 이규철, 앞의 책, 20면.
18) 즉, 개인정보의 수집·생산·이용이 순수하게 경영내부의 효율성의 목적에 이바지 아는 경우도 포함되게 되었다.
19) 박경신, "사생활의 비밀의 절차적 보호규범으로서의 개인정보 보호법리", 공법연구 제40집 제1호(2011.10). 139면.
20) 이규철, 앞의 책, 20~22면.
21) 이규철, 위의 책, 45면.
22) 이규철, 위의 책, 47면.

연방개인정보 보호관과 개인정보 보호관을 두어 연방의 공공부문과 민간부분에서의 개인정보 보호법률 준수 여부를 통제한다.

2. 영국의 개인정보 보호

EU회원국 중 영국에서는 원래 개인정보를 법적 권리로서 명문으로 보호하고 있지는 않았다. 즉, 영국 불법행위법상 개인정보는 그 자체로 보호되어야할 법익은 아니라 사생활 침해가 불법 행위에 다른 책임 항목에 해당하는 경우에 비로소 구제가 가능하였다.

이 간접적인 보호를 제공 책임 항목으로 예를 들어, 불법침해(Trespass), 안거(安居)방해(Nuisance), 명예훼손(Defamation), 저작권(Copyright), 위장(Passing-off), 계약(Contract), 신뢰위반(Breach of confidence) 등이 있다. 이들은 모든 사생활 침해를 포섭하지 않았다.

그러나 영국은 유럽인권보호조약의 초안 작성에 있어서 중요한 역할을 하고, 1951년 3월 8일 이것을 비준 첫 번째 회원국이 되었다. 1966년 이후 영국에서는 개인 소송 담당자가 유럽인권재판소에 소(訴)를 제기할 권리가 승인되었다. 이 조약에 의해 보장되고 많은 인권 중 제10조는 표현의 자유, 제8조 개인 정보 관련 규정이다.

그리고 영국은 1998년 인권법(Human Rights Act 1998)이 제정되어 유럽 인권 협약에 따라 보장되는 권리와 자유를 유럽인권재판소에 소송을 제기하는 대신 국내 법원에서 유럽인권협약에 의해 규정된 있는 기본적인 시민적 정치적 권리 보호를 국가에 대해 요구하는 수단을 보장할 수 있게 되었다. 영국 법원은 프라이버시에 관한 위법을 하는 공공기관이 행한 행위에 대하여 그 권한 내에서 구제방법을 부여하거나 명령을 내릴 수 있다(제8조 제1항). 이러한 구제 방법은 프라이버시 침해 사건에서 유효한 금지 명령 등이 포함된다.[23] 그리고 같은 해에 영국 정보 보호법(Data Protection Act 1998 in the U.K.)을 제정하여 정보보호위원회[24]를 설치하여 그 업무를 관할하게 하고 있다.

---

23) 孫亨燮, 前揭論文, 134~135면.

3. 프랑스의 '정보처리 파일 및 자유에 관한 법률'

프랑스는 헌법상 독립한 권리로서 규정되지는 않았지만, 1950년 11월 4일 로마에서 채택되어, 프랑스에서 1973.12.31. 법률 및 1974년 시행령으로 비준된 유럽인권보호조약 8조에서 "누구라도 사생활 및 가족생활, 주거 및 통신을 존중할 권리를 가진다."라고 규정하고 있다.

그리고 시민 개인적 자유의 보장을 강화하기 위하여 1970. 7.17. 인권보장 강화법을 제정하였다. 이 법 제3장의 "사생활 보호"에 대하여 법률은 두 방향으로 제기되어 '사생활존중권'은 권리로서 민법에 명문화되어 있다. 또 공공기관과 사인에게 '사생활침해죄'와 '주거침해죄'를 적용하고 나아가 '우편통신침해죄', '전기통신침해죄'를 형법에 규정하여 처벌하게 되었다.[25]

1978년에는 전자데이터 보호법인 '정보처리 파일 및 자유에 관한 법률'[26] (1978)이 제정되었다. 이 법은 1996년 'EU 개인정보 보호지침'을 반영하기 위하여 2004년 다시 개정[27]되어, 원칙과 세밀한 예외규정이 많아지게 된다.[28]

이 법 제1장은 "원칙과 정의"에 관하여 규정을 하였고, 제1조는 "정보처리는 모든 시민에게 봉사하는 것이어야 하고, 그 추진은 국제협력의 구조 내에서만 해야 한다. 이것은 인간의 존엄, 인권, 사생활, 개인적 및 공적 자유를 침해하는 것이 되어서는 안 된다."라고 규정하고 인권 존중 및 그 논리를 주지하고 이의 신청 권리를 규정하였다.

제2장에서는 "국가정보처리자유위원회(CNIL)[29]"의 조직·권한을 정하고, 제3장에서는 '전산처리의 시행 전의 형식'에 관한 규정을 두었다. 특히 당 위

---

24) 영국 개인정보 보호위원회 http://www.ico.gov.uk/

25) 皆川治廣, 『プライバシー権の保護と限界論—フランス法研究—』, 北樹出版(2000), 20頁—21頁.

26) Loi du 6 janvier 1978 relative á l'informatique, aux fichiers et aux libertés.

27) Loi n°2004-801 du 6 août 2004 relative à la protection des personnes physiques à l'égard des traitements de données à caractère personnel et modifiant la loi n°78-17 du 6 janvier 1978 relative à l'informatique, aux fichiers et aux libertés.

28) 이러한 세밀한 예외규정 등은 개인정보에 관한 기술적 발달에 법이 적용하기 위한 결과이다. 구체적인 내용은, 정재황, "프랑스법에서의 개인정보의 보호에 관한 연구", 공법연구 제34집 제1권(2006.6), 254면 참조.

29) Commission nationale de l'informatique et des libertés.

원회는 이 법의 규정의 준수를 감시하는 독립행정위원회이다. 공공기관과 민간기관에서 전산처리에 관하여는 당해 위원회에 사전 신청·허락이 필요하고, 나아가 당해 위원회는 전산처리를 하는 부국·기관명 등이 기제 된 리스트를 작성하고, 이것을 공표해야하는 의무 등을 정하고 있다.

제4장에서는 "기명정보의 수집, 기록 및 보존"에 관한 장으로, 특히 제25조는 "사기·부정 또는 위법한 수단에 의해 데이터를 수집하는 것을 금지"하고 있다. 그리고 제27조는 기명정보의 수집에 관하여 "답변이 의무적인가 임의적인가, 답변을 하지 않은 경우의 결과, 정보의 수취인이 자연인인가 법인인가, 접근권 및 수정권 등"이 상대방에 고지되어야하는 것을 정하고 있다. 나아가 제31조는 교회, 종교단체 정치단체 등이 전산처리를 하는 경우, 혹은 공공의 이익을 이유로 하는 경우에는 일부 예외가 있는 것으로 "관계인의 명시적 동의가 있는 경우를 제외하고, 인종, 정치상 사상 및 종교상의 신념 혹은 노동조합에의 소속, 개인의 품위를 간접 및 직접 나타내는 기명정보를 전산처리의 기록에 기재 혹은 보존해서는 안 된다."고 규정하고 있다.

그런데, 제5장에서는 "접근권의 행사"가 규정되고 있다. 즉 제34조는 "누구나 본인이라는 것을 증명한 이상, 전산처리를 행한 부국 또는 기관에 대하여 자기에 관한 기명정보를 처리하는지 여부를 조회, 필요하면 당해정보의 개시를 청구할 권리를 갖는다."라고 규정하고 있다. 구체적으로는 제34조에서 "접근권을 갖은 자는 자기에 관한 정보에 관하여 연람을 받을 권리를 갖는다.", 제36조에서 "자기에 관한 정보가 부정확, 불완전, 애매하거나 혹은 과거의 것인 경우 혹은 수집, 이용, 개시 혹은 보존이 금지된 경우에는 당해 정보를 개정, 보완, 명확화, 최신화 및 삭제하도록 청구할 수 있다."라고 규정하고 제37조 이하에서는 이들에 대한 정보보유기관의 보정, 수정 등의 의무를 규정하고 있다.

끝으로 제6장에서는 "처벌규정"이 제7장에서는 잡칙 규정을 두고 있다. 이러한 규정에 의하여 프랑스는 컴퓨터 등을 이용한 각종 정보시스템의 남용으로부터 인권을 보호하기 위한 조치를 하고 있다.

국가정보처리자유위원회(CNIL)는 이 법에 근거하여 프랑스법상의 개인정보 보호 수준에 미달하는 이탈리아에 프랑스 피아트사 간부들의 개인정보를 전송하는 경우, 이탈리아의 피아트사는 유럽위원회협약 및 프랑스법상의 개인정보 보호를 위한 사항에 대한 준수를 명시적으로 밝힌 계약을 체결해야만 한다고 결정한 바 있다.30)

V. 일본의 개인정보 보호법

1. 성립경위

일본도 정보화 사회로 진입하여, 공공영역과 민간영역에서 보유하는 개인정보의 처리가 용이하게 되어 프라이버시권의 침해, 위험성이 높아지면서 사회적인 문제가 되었다. 1980년 OECD이사회에서 「프라이버시보호와 개인데이터의 국제유통에 대하여 가이드라인에 관한 권고」가 채택되는 등, 국제적인 개인정보의 취급과 프라이버시권의 보호가 이슈화 되었다.

일본에서는 1998년 공공부분을 규율하는 「행정기관이 보유하는 전자계산처리에 관한 개인정보의 보호에 관한 법률」이 공포되고, 1989년 민간부분에 대하여 당시 통산성에 의하여 '민간부분에 관한 전자계산기처리에 관한 개인정보 보호에 관한 가이드라인'이 책정되었다. 그러나 '행정기관이 보유하는 전자계산처리에 관한 개인정보 보호에 관한 법률'에는 벌칙규정이 없고, 민간부분을 대상으로 하는 가이드라인은 법적구속력이 없는 등 개인정보 보호에는 부족한 상황이었다.

일본에서 NTT 등의 고객정보와 경찰의 범죄이력정보 등이 유실되는 사건이 일어나고 주민기본내장법의 개정에 따라 주민기본대장네트위크의 발족으로 개인정보 보호에 대한 불안이 늘어나게 되었다. 이러한 상황은 일본에서도 개인정보 보호법의 제정을 가속화하게 하였다.31) 일본의 개인정보 보호법

---

30) 프랑스 CNIL 1989.7.11. 결정 89-79.
http://privacy.kisa.or.kr/kor/notice/dataView.jsp?b__No=45&cPage=10&cgubun=&d__No=46&p__No=82&searchKeyword=&searchType=ALL(2003.11.12.)
31) 田島泰彦(編), 解説&批判 個人情報保護法, 明石書店(2003), 15면 참조. 미국의 프라이버시관련 법제 등의 논의에 관해서는 2006년까지는 United States Federal Laws Regarding Privacy and personal Data and Applications to Biometrics(March 2006) http://

은 2003년 5월에 제정되었으며, 이때 관련 4개의 법도 개정되어, 이른바 개인
정보 관련법 5개의 제·개정이 이루어진다.

　일본의 2003. 5. 13. 법률 제57호 개인정보 보호법은 제3조(기본이념)에서
"개인정보는 개인의 인격존중의 이념 아래 신중하게 취급되어야 하며, 그의
적정한 취급을 도모하여야 한다."고 규정하며 민간부문과 공공부문을 총괄하
는 개인정보 보호법으로서 제정되었다. 이 법은 2005. 4. 1. 전면 시행되어 기
본법으로 민간과 공공부문을 총괄하지만, 공공부문의 경우 「행정기관이 보유
하는 개인정보의 보호에 관한 법률」이 별도로 개정되어 기능하고, 민간부문
의 경우 이 개인정보 보호법이 일반법의 기능을 담당하고 있다.

2. 구 성

　동법은 제1장 총칙(제1조 내지 제3조), 제2장 국가와 지방공공단체의 책무
(제4조 내지 제6조), 제3장 개인정보 보호에 관한 시책 등(제7조 내지 제14조), 제4
장 개인정보 취급사업자의 의무 등(제15조 내지 제49조), 제5장 잡칙(제50조 내지
제55조), 제6장 벌칙(제56조 내지 제59조)으로 구성되어 있다.

(1) 개인정보

　이 법에서 개인정보는 생존하는 개인의 정보로, 특정 개인을 식별할 수 있
는 정보(성명, 생년월일)를 말한다. 여기서 다른 정보와 용이하게 조합되어 특
정 개인을 식별할 수 있는 정보(학생명부 등과 조회하여 개인을 특정할 수 있는 학생
번호 등)도 포함된다(동법 제2조 제1항).

(2) 국가의 책무

　법 제2장과 제3장은 국가와 지방자치단체의 책무에 대해 규율하고 있다.
우선 국가 및 지방자치단체는 개인정보의 적정한 취급을 위해 필요한 시책을
책정하고 실시해야 한다(제4조, 제5조). 또한 행정기관이나 독립행정법인 등이

---

www.nationalbiometric.org/publications/US_FederalPrivacyReport0306.pdf 참조.

보유하고 있는 개인정보가 그 성질이나 보유목적, 업무내용 등 특성에 따라 적정히 취급될 수 있도록 법제상의 조치를 포함한 모든 필요한 조치를 취해야 한다(제6조).

국가 및 지방자치단체의 개인정보 보호에 관한 기본방침으로써 정부는 개인정보 보호를 위한 기본방침을 제정하여야 하고, 지방공공단체의 시책을 지원하기 위해 필요한 정보를 제공하고 지침을 마련하여 고시해야 하며, 사업자와 개인과의 사이에서 개인정보 취급과 관련한 문제가 발생한 경우 이를 적절하고 신속하게 해결해 줄 수 있는 고충처리조치를 마련해야 한다고 규정하고 있다(제7조 내지 제9조). 이를 위해 법은 제32조 내지 제36조에서 주무부서의 개인정보 침해에 대한 구제에 관한 사항을 규율하고 있다.

(3) 개인정보 취급 사업자의 의무

개인정보 데이터를 사업용에 제공하는 자로, 국가, 자치단체, 독립행정법인 등, 지방독립행정법인과 취급 개인정보가 과거 6개월 이내의 어느 시점에도 5000명을 넘지 않는 사업자를 제외한 자를 개인정보 취급사업자로 보고(제2조 제3항) 이 법의 규제 대상으로 정하고 있다. 따라서 사업자에는 영리법인뿐만 아니라 비영리법인도 해당하지만, 일반 개인에 대하여는 원칙적으로 대상이 되지 않는다(단, 개인사업주 등으로 이 정의에 해당하는 자는 당연히 본법의 대상이 된다). 이 개인정보 취급사업자는 다음과 같은 주요한 의무를 준수해야 한다.

1) 이용목적의 특정, 이용목적에 의한 제한(제15조 및 제16조)
개인정보를 취급함에 있어서 그 이용목적을 가능한 한 특정할 것을 규정하고, 특정된 이용목적 달성에 필요한 범위를 넘은 개인정보 취급은 원칙적으로 금지하고 있다.

2) 적정한 취득, 취득시 이용목적의 통지 등(제17조 및 제18조)
허위 기타 부정한 수단에 의한 개인정보의 취득 금지를 규정하고, 개인정보를 취득할 때 이용목적의 통지 또는 공표, 본인으로부터 직접 개인정보를 취득하는 경우 이용목적의 명시를 규정하였다.

3) 정보내용의 정확성 확보(제19조)

이용목적의 달성에 필요한 범위내에서 개인정보의 정확성, 최신의 내용을 확보하도록 규정하였다.

4) 안전관리조치, 종업원·위탁처의 감독(제20조 내지 제22조)

개인정보의 안전관리를 위해 필요하고 적절한 조치, 종업원·위탁처에 대한 필요하고 적절한 감독을 규정하였다.

5) 제3자 제공의 제한(제23조)

본인의 동의를 얻지 않은 개인정보의 제3자 제공은 원칙적으로 금지한다. 본인 요구에 따라 제3자 제공을 정지하는 것으로 하고 있어, 그 취지에 따라 기타 일정한 사항에 대하여 통지, 용의한 지득 상태에 두고 있을 때는 제3자 제공이 가능하도록 하였다.

위탁의 경우, 합병 등의 경우, 특정인과의 공동이용의 경우(공동 이용하는 취지 기타 일정한 사항의 통지 등을 하고 있는 경우)는 제3자 제공으로 간주하지 않는다.

6) 공표 등, 개시, 정정 등, 이용정지 등(제24조 내지 제27조)

보유 개인정보의 이용목적, 개시 등에 필요한 절차 등에 대한 공표 등을 규정하고 있다. 보유 개인정보의 본인으로부터의 요구에 따라 개시, 정정 등, 이용정지 등이 가능하다.

7) 불평의 처리(제31조)

개인정보 취급에 관한 고충의 적절하고 신속한 처리에 힘쓸 것을 규정하고 있다.

8) 주무 대신의 관여(제32조 내지 제35조)

이 절의 규정의 시행에 필요한 한도에 있어서의 보고의 징수, 필요한 조언을 할 수 있도록 하였다. 개인정보 취급 사업자가 의무규정(노력의무를 제외)에 위반해, 개인의 권리이익 보호를 위해 필요가 있는 경우에 있어서의 권고, 권고에 따르지 않는 일정한 경우의 명령 등을 할 수 있다.

다만, 주무 대신의 권한의 행사에 있어서 표현, 학문, 종교, 정치 활동의 자유를 방해해서는 안 된다.

9) 주무 대신(제36조)

개인정보 취급 사업자가 실시하는 사업 등의 소관 대신에 대하여, 규정의 원활한 실시를 위해서 필요가 있을 때는 내각총리대신이 지정할 수 있도록 규정하고 있다.

(4) 민간단체에 의한 개인정보 보호의 추진

1) 단체의 인정(제37조), 대상 사업자(제41조)

개인정보 취급 사업자의 개인정보의 적정한 취급 확보를 목적으로하고, 불평의 처리 등을 실시하려고 하는 단체를 인정개인정보 보호단체가 될 수 있도록 한다(제37조). 인정 단체에 의한 대상 사업자(단체의 구성원 등)의 이름 또는 명칭을 공표해야 한다.

2) 개인정보 보호지침(제43조)

인정개인정보 보호단체는 개인정보 보호지침을 작성·공표해야 한다.

3) 주무 대신의 관여(제46조 내지 제48조)

주무 대신은 이 절의 규정의 시행에 필요한 한도에 있어서의 인정개인정보 보호단체의 보고를 수령할 수 있다. 또한 업무 실시의 방법의 개선, 개인정보 보호지침의 변경 등에 대한 명령을 할 수 있다. 주무 대신은 인정개인정보 보호단체가 인정 기준에 적합하지 않게 되었을 경우, 명령에 따르지 않는 경우 등에는 그 인정을 취소할 수 있다.

4) 주무 대신(제49조)

대상 사업자가 실시하는 사업 등의 소관 대신에 대하여 규정의 원활한 실시를 위해서 필요가 있을 때는 내각총리대신이 지정할 수 있다.

(5) 잡 칙

보도, 저술, 학술연구, 종교활동, 정치활동 등으로 제공할 목적으로 개인정보를 개인정보를 취급하는 보도기관, 저술업자, 학술연구기관, 종교단체, 정치단체 등에 대해서는 제4장의 적용을 제외(제50조 제1항)한다.

이들 주체는 안전관리, 고충처리 등을 위해서 필요한 조치를 스스로 강구해 그 내용을 공표하도록 노력(제50조 제3항)해야 한다.

※ 기타 권한 또는 사무의 위임, 시행의 상황의 공표 등에 대해 규정

(6) 벌 칙

개인정보 취급 사업자가 주무 대신의 명령에 위반한 자에 대하여 징역 또는 벌금 등(제56조 내지 제59조)[32]을 두고 있다.

〈표 3-3〉 일본의 개인정보 보호 법률체계[33]

구분	공공부문			민간부문
대상	국가행정기관	독립행정기관, 특수법인, 행정기관에 준하는 기관	지방 공공단체	민간부문
기본법	'개인정보의 보호에 관한 법률'[기본이념 등 기본법 부분] - 개인정보의 적정한 취급에 관한 기본원칙 - 국가, 지방자치단체의 책무 - 민간 개인정보 취급사업자의 의무 - 사업자 및 인정개인정보 보호단체에 의한 자율적인 피해구제제도			
일반법	'행정기관이 보유하는 개인정보의 보호에 관한 법률' - 일반행정기관 보유 개인	'독립행정법인등이 보유하는 개인정보의 보호에 관한 법	개인정보 보호조례	'개인정보 보호에 관한 법률'에서 규율 [개인정보 취급사업

---

32) 岡村久道, 新法解說 個人情報保護法入門, 商事法務, 2003, 241-253頁 참조.
33) 성낙인 외 9명, 앞의 책, 447면.

정보의 적정한 취급원칙
- 이용목적 내의 정보보유
- 목적외 이용·제공금지
- 정보주체의 열람, 정정,
  이용정지청구권 인정
	률'
	
	- 일반행정기관과
	  동일하게 취급됨
			자의 의무 등 일반
			법 부분]

개별법			전기통신사업법, 대 금업법, 노동자파견 법 등
유전자기술규제법(クローン기술규제법), 직업안정법 등			

 2003년 5월 23일 개인정보 보호 관련 5개 법률의 제정 이후 일본은 공공부문과 민간부문을 포괄하는 기본법의 지위와 민간부문의 일반법의 지위를 가진 「개인정보의 보호에 관한 법률」을 두게 되었다. 그리고 공공부문을 규율하는 일반법으로 「행정기관이 보유하는 개인정보의 보호에 관한 법률」과 「독립행정법인등이 보유하는 개인정보의 보호에 관한 법률」 등이 존재한다. 이 밖에 개별분야의 개인정보 보호에 대하여서는 기본법에 정하여 두고 있지 않고, 개별법에 산재하여 개인정보를 보호하고 있다.[34]

 일본의 경우 통합형 기본법에 속하는 개인정보 보호법, 공공부문의 일반법에 속하는 행정기관개인정보 보호법, 민간부문의 일반법에 속하는 개인정보 보호법, 기타 전기통신사업법, 대금업법, 노동자파견법, 유전자기술규제법, 직업안정법 등의 개별입법이 존재하므로, 이는 통합형 기본법, 부문별 일반법, 개별법의 체계, 즉 '일원적 기본법주의'로 분류할 수 있다.[35]

3. 일본 개인정보 보호법의 특징

 일본의 개인정보 보호법은 다음과 같은 특징을 갖고 있다.
 1) 관민(官民) 양부분에서 개인정보의 적정한 취급이 확보되도록, 제4장의 민간사업자에 대하여 규제조치뿐만 아니라, 제2장 및 제3장에서 국가와 지방공공단체의 책임, 기본방침의 작성 기타의 시책의 기본적인 사항 등을 명확히

---
34) 성낙인 외 9명, 앞의 책, 458면.
35) 성낙인 외 9명, 위의 책, 462면.

하고 있다.

2) 개인정보 취급사업자에 관한 업무를 규정하고 있지만, 유럽 여러 나라의 법률과 같은 사전 등록·신청 등에 의하여 사업자를 행정기관에 의한 강력한 감독 하에 두지 않고, 사업자의 자율적인 취급을 존중하는 구조를 하고 있음. 게다가, 주무 대신의 보고징수(報告徵收), 조언, 권고, 명령의 사후적인 관여를 통하여 사업자의 의무 이행을 확보하는 구조를 취하고 있다.

3) 국가의 행정기관, 독립행정법인 등, 지방공공단체라는 공공부분과 특히 엄격한 개인정보의 취급을 필요로 하는 개인분야에 대하여, 각각 그 분야에 어울리는 법적조치를 강구하는 구조를 갖고 있는 것 등을 들 수 있다.

4) 본 법은 민간분야에 관해서도 법률의 대상으로 하는 점에서 유럽형이지만, 유연한 유도책과 사후조치 등 사업자의 자동성을 중요시하고 있는 점에서는 미국형의 사고에 가까우며, 일본의 사회 실정과 제도적인 기반을 토대로 하여 과도한 규제를 피하면서 기술적인 제도가 정비되었다고 평가되고 있다.

5) 독립된 감독기관을 두지 않고 소관 주무 대신이 개인정보 취급자에 대하여 보고의 징수, 조언, 권고 또는 명령을 발할 수 있다(법제35조). 개인정보 취급사업자가 행한 개인정보의 취급 속에 고용관리에 관한 것에 대하여 후생노동대신 및 당해개인정보 취급사업자가 행한 사업의 소관 대신(법제36조)이 본법의 사무를 추진하도록 되어 있다. 주로, 「개인정보 보호에 관한 법률」은 내각부가 소관하고, 「행정기관이 보유하는 개인정보에 관한법률」, 「독립행정법인 등의 개인정보 보호에 관한 법률」은 총무성관할로 하고 있다.[36] 특히 인정개인정보 보호단체에 의한 불만처리제도는 참조할 필요가 있는 것으로 보인다. 그리고 행정청에 의한 집행도 우선적으로 시정권고를 하고 2차적으로 시정명령을 내리며, 그 위반에 대해 최종적으로 형사처벌로써 집행을 담보하고 있다. 강력한 행정규제만을 능사로 삼고 있지 않다는 점은 유의할 필요가 있다.

종래 일본에서 민간부문에서의 개인정보 보호는 주로 사업자단체 등이 가이드라인을 책정하고 그 구성원인 개별 사업자가 가이드라인을 준수하도록

---

36) 성낙인 외 9명, 앞의 책, 746면.

하는 자율규제에 의존하여 왔었다. 개인정보 보호법은 이러한 종래의 민간단체에 의한 자율규제를 존중하고 이를 정부가 지원하는 것을 개인정보의 공정한 처리를 위한 또 하나의 집행방안으로 설정해 놓고 있다.

　개인정보 취급사업자를 구성원으로 하는 법인(대표자 있는 단체를 포함)이 주무대신으로부터 인정을 받으면, 그 '인정개인정보 보호단체'는 다음의 개인정보 보호업무를 수행하게 된다(제37조·제41조). 첫째, 단체의 구성인인 대상사업자가 행하는 개인정보의 취급과 관련해서 정보주체의 불만을 처리한다. 즉 정보주체로부터 불만신청이 있으면 단체는 그 상담에 응하고 신청인에게 필요한 조언을 하며 그 불만과 관련한 사정을 조사한다. 동시에 대상사업자에게 불만의 내용을 통지하고 그 신속한 해결을 요구한다. 또한 단체는 필요한 경우 당해 대상사업자에게 문서 또는 구두에 의한 설명을 요구하거나 자료의 제출을 요구할 수 있고, 대상사업자는 정당한 이유 없이 그 요구를 거부하여서는 안 된다(제42조). 둘째, 단체는 구성원인 대상사업자가 개인정보를 적정하게 취급하는지에 관한 정보를 제공한다. 셋째, 그 밖에 대상사업자의 적정한 취급을 확보하기 위하여 필요한 업무를 행한다.

4. 자율적 규제모델

　일본 개인정보 보호법제의 사전적 입법평가는 내각책임제의 특성과 맞물려 내각에 관련부서를 두어 검토하고, 의회에서도 관련 사전적 입법평가를 통한 입법 파징을 쥐히고 있다. 사후적 입법평가는 현재 규정의 개정필요성 및 개정범위의 논의 보다는 구체적인 현황과 과세를 섬토하여 앞으로 행정부기 추진해야할 사업을 정비하는 측면이 강하다고 생각된다.

　내각부 국민생활심의회의 개인정보 보호부회와 같은 심의기관을 두고, 개인정보 보호법의 사후평가를 위한 추행조사를 하며 관련사업 추진을 하고 있다. 꾸준히 문제점과 향후과제를 제시하고 있고, 일부 시행령의 개정작업도 하고 있다.

　즉, 개인정보 보호법은 그 시행령, 동법 제7조 제1항의 규정에 근거한 "개인정보 보호에 관한 기본방침", 소관부처별 가이드라인 그리고 사업자의 개인정보 보호 정책(policy)까지 이르러 개인정보 보호를 위한 구체적인 집행을 하게 된다. 또한 정부가 규제일변도가 아니라 사업자를 권고하거나 보고하게 하고 사업자는 정부와 함께 개인정보 보호 사업을 추진하는 방향을 지향하고 있다. 이런 면은 우리에게도 좋은 자율규제의 모델로 모범이 될 수 있다.

이러한 사전적 사후적 입법평가와 법제정추진 과정의 모습은 향후 우리 개인정보 보호법 제정에도 시사하는 바가 크다고 생각한다. 일본의 개인정보 보호법은 입법을 위한 사전적 입법평가 행위에 그친 것이 아니라, 이후에 꾸준히 법 시행을 위한 추진사업을 검토·시행하고 사후적 입법평가를 계속하여 실질적인 법의 규범력을 재고하고 높이는 데 기여하고 있다.

또한 개인정보 규제를 위하여 독립된 행정기관에 의한 것인지, 각 행정부에 소관 사업에 맞는 개인정보 보호사업을 추진하게 할 것인지의 논의도, 결국 이러한 자율규제 사업을 원활히 할 수 있는 행정시스템을 구축한다는 목적 하에 결정해야 할 것이다.[37]

일본의 민간부문 일반법인 개인정보 보호법은 유럽의 경우보다 민간기관이 정보주체의 동의 없이도 개인정보를 합법적으로 처리할 수 있는 경우를 더욱 폭넓게 인정하고 있는 것으로 분석된다.[38] 일본은 아예 합법성 판단을 위한 목적과 상황에 관한 구체적인 요건을 설정하지 않고 있다. 따라서 개인정보의 '수집' 및 '이용'은 정보주체의 동의 없이 개인정보 처리기관이 자신의 임의의 목적을 위해 할 수 있도록 허용하고 있다. 다만, 수집에 있어서 '이용목적'을 특정하도록 하고 그 목적에 필요한 한도 내에서만 이용하도록 하는 요건이 있고, 그러한 요건을 충족하지 못한 경우에는 그 측면에서 불법성이 인정될 수 있을 뿐이다. 사실 '이용목적의 특정' 요건은 유럽의 경우에 당연히 요구되는 요건이다.

한편 이와는 달리, '제3자 제공'의 경우에는 합법성의 요건을 구체적으로

---

37) 성낙인 외 9명, 앞의 책, 826면.
38) 예컨대, 위에서 본 바와 같이 유럽연합, 영국, 독일은 정보처리가 합법적인 것이 되기 위한 요건으로서, 정보주체의 동의 외에 여러 가지 정당한 목적과 상황에 관한 요건들을 구체적으로 열거해 놓고 있다. 물론 이들 요건이 대단히 폭 넓은 것이긴 하지만, 적어도 이들 요건이 충족되지 않는다고 판단되는 경우에 그것은 불법적인 정보처리가 될 것이다.

정해 놓고 있다. 그러니까 '수집'과 '내부적인 이용'은 정보주체의 동의 없이도 그 이용목적만 특정하면 할 수 있으나, '제3자 제공'은 법률이 정하는 경우에 한하여 가능하도록 하고 있다. 그러나 제3자 제공의 경우에도 정보주체의 동의 없이 할 수 있는 경우를 광범위하게 허용하고 있다.

5. 개인정보 보호법 시행이후의 과잉반응 문제

위와 같은 일본의 개인정보 보호법은 비교적 다른 나라의 입법례를 잘 검토하고 개인정보를 취급하는 업계의 의견도 잘 반영한 편이었으나, 일본은 개인정보 보호법 시행 후의 변화에 대한 질문으로 "사회전체로 개인정보에 관한 취급이 너무 신중해져서 불편해 졌다."는 응답이 4,822명(68.0%)으로 가장 많았고, 사회전체가 개인정보의 취급에 관하여 신중하게 되었다고 느끼는 사람이 많았다. 이는 개인정보 보호의 의식이 높아진 것을 의미하나 일본의 여러 분석에서 이미 지적 한 바와 같이 일본 국민이 정확한 개인정보의 개념과 본법의 규정을 이해하지 못하는 현실에도 원인이 있다.

따라서 일본 정부는 상당한 노력을 들여 개인정보 보호를 위한 광고·계발(啓發) 사업에 힘쓰며 개인정보의 적절한 취급이 정착화 되도록 힘쓰고 있음은 본문에서 서술한 바와 같다. 국내 개인정보 보호법 입법평가에서도 그러한 과잉반응을 고려한 명확한 입법과 국민 홍보가 중요하리라 생각한다.

또한 일본에서 개인정보 보호법의 입법 이후에도 권유전화와 스팸메일 등이 줄어들지 않고 있다는 보고도 고려하여 국내 개인정보 보호법의 운용에도 참고 해야 할 것이다.

6. 공공기관과 사업자의 개인정보 침해

조사에 의하면 일본은 2007년에 사업자가 공표한 개인정보 유출사안은 총 848건이다(2005년에는 1,556건, 2006년에는 893건).

한편, 개인정보 누설, 멸실, 손상이 발생한 것으로 인정된 사건이 2007년

행정기관에서는 약 75%가 오송부, 오교부, 오송신에 의한 것이다. 행정기관 320건, 독립법인 855건이 있었다.

단순히 숫자로는 공공기관과 사업자 중 어느 쪽이 개인정보를 더 침해 하였는지를 알 수는 없다. 그러나 사업자의 경우 오류가 아닌, 법외의 개인정보 매매, 정보보안 문제 등의 이유로 인한 침해 등이 가능함으로 국내 입법 평가 시 공공기관과 사업자 양자를 어떻게 고려할지도 검토해야할 문제이다.

개인정보 보호법을 형식적으로 이용하여 법적으로 성명책임을 피하는 수법이 많이 사용되고 악영향이 있다. 개인정보 보호법의 보호법익은 어디까지나 생존한 개인에 관한 정보이고, '기업에 의한 헌금액', '기업내의 정보', '단순한 숫자' 등의 개인정보는 해당하지 않는다고 하면서 개인정보를 취득하는 행위도 빈발하고 있다. 이에 대하여 개인식별정보는 본래 사회적으로 공유되는 것이고, 비닉을 해야 할 대상은 아니고, 예를 들어 성명, 주소를 감추면 우편은 도착하지 않게 된다고 한다. 다른 한편으로 현행법에서 개인정보를 악용하고 명예훼손으로부터 충분히 보호할 수 없고, 능동적으로 보호가 필요하다는 견해도 있다.[39] 하지만 다른 정보의 조합에 의하여 개인식별정보가 되는 경우에도 개인정보로 보호해야할 의무가 있을 것이다.

하지만 일본에서 개인정보 보호법의 시행과 국민의 의식의 고양에도 불구하고 개인정보의 침해와 유출의 사례는 계속되고 있다. 한편으로는 약한 처벌 규정과 업계의 자율적인 조치를 강구하였으나 일정한 한계도 있어 보인다. 지금은 업계를 중심으로 하여 개인정보 보호법의 약화움직임도 계속되는 형편이다.

7. 기타 과제

이 법은 사업자에 의한 개인정보 누설에 대하여 직접적인 처벌규정을 두고 있지 않다. 개인정보 취급사업자에 대하여 주무관청의 중지 시정 권고에 따르지 않는 경우에 한하여 벌칙이 부과된다. 따라서 이러한 개인정보 누설을

---

39) 青柳 武彦, 『情報化時代のプライバシー研究』, エヌティティ出版(2008).

이유로 민사상의 배상문제가 발생하여 민법에 의한 해결방법이 사용되고 있다.

예를 들어 2002년에는 개인정보를 누설한 자에게 정신적 고통을 이유로 위자료를 청구하는 소송을 제기하기도 하여, 피해자가 승소하는 판례도 나오고 있다. 예를 들어 교토부 우지시(宇治市)의 주민기본대장 데이터가 불법 유출된 사건에서 오사카고등재판소가 시를 상대로 주민 일인당 1만 5천엔(위자료 1만엔, 변호사비 5천엔)을 손해배상으로 명하였다. 또 최고재판소는 본건에 대하여 시의 상고를 기각하여 항소심결정을 확정하였다.

이 점은 이 법이 개인정보 보호에 대한 책임 있는 해결방법을 제시하지 않고 기본적으로 가이드라인과 같은 자율적인 원칙을 규정한 법이라는 특징을 보여주는 것으로 이러한 입법태도에 대하여 앞으로 그 타당성에 대하여 검토를 계속 해야 할 것으로 본다. 특히 스팸메일과 그에 의한 사기, 인터넷에 의한 개인정보 무단공개, 신용카드 정보의 유출 등에 대하여 책임 있는 대책이 필요하지 않을까 하는 우려가 있다.

그리고 개인정보 데이터 등의 취급 개인 총수가 5000인 이하의 사업자에 대하여 적용제외로 하고 있는 것도 추후에 타당한지 여부를 검토할 문제이다.

04
CHAPTER

「개인정보 보호법」 개관

I. 「개인정보 보호법」의 연혁

1. 「개인정보 보호법」 제정 이전

우리나라에서 개인정보의 처리에 관하여 규율한 최초의 입법은 1980년 12월 18일 제정 공포된 「형의 실효 등에 관한 법률」(1980. 12. 18 시행)이라고 할 수 있다. 이 법률은 범죄기록의 작성 및 관리에 관한 사항을 정한 것으로서, 다른 국가기관이 개인의 범죄기록을 조회할 수 있는 경우를 제한적으로 정하고 그 이상의 제3자 제공을 금지하며, 형의 실효 등 일정한 사유가 있는 때에는 해당 기록을 삭제하도록 하고 있다. 그러나 이 법률은 엄밀히 말하면 개인정보 보호법이라기보다는 비밀보호법이라고 할 수 있다.[1] '개인정보'와 '비밀'의 차이는 '비밀'이 그 자체로 보호되어야 할 대상인 반면, '개인정보'는 그것이 공포되거나 누설·유출되었을 경우 정보주체의 프라이버시가 침해될 수 있는 민감한 정보가 포함되기는 하지만, 기본적으로는 그 자체로 보호되어야만 하는 것은 아니라는 점을 들 수 있다. 따라서 전통적인 비밀보호법이 개인의 사적 영역을 외부의 침입이나 개입으로부터 소극적으로 보존하고자 하는데에 초점이 맞추어져 있다면, 개인정보 보호법은 개인정보의 수집·이용·제공을 원칙적으로 허용하면서 그에 따른 오·남용을 막기 위한 안전장치로서 정보주체에게 정보처리과정에 일정하게 참여할 수 있는 권리(소재확인권, 열람권, 이의청구권, 처리정보변경권, 사후거부권)를 부여하고자 하는 법이라 할 수 있다.[2]

이러한 맥락에서 우리나라에서 본격적인 의미의 개인정보 보호법은 1994년 1월 7일 공포되어 1995년 1월 8일부터 시행된 「공공기관의 개인정보 보호에 관한 법률」이 최초라고 할 수 있을 것이다.[3] 이후에 좀 더 자세히 살펴보

---

1) 성낙인 외 9명, 『개인정보보호법제에 관한 입법평가』, 한국법제연구원(2008), 3면.

2) 성낙인 외 9명, 위의 책, 44~45면.

3) 한편 정부는 이미 1991년 6월부터 행정기관들이 컴퓨터에 수록한 개개인에 대한 각종 자료가 자신들의 의사와는 달리 외부로 유출되는 것을 막는 것을 주 내용으로 하는 개인정보보호제도를 시행한 바 있다. 국무총리훈령으로 마련된 『전산처리 되는 개인정보보호를

겠지만 이 법률은 공공기관이 개인정보를 취급함에 있어서 필요한 사항들을 규정하여, 공공업무의 적정한 수행을 도모함과 아울러 개인의 권리와 이익을 보호하고자 시도한 바 있다. 그렇지만 이 법 역시 공공부문만을 주된 규율대상으로 삼았기 때문에[4] 민간부문의 개인정보 보호를 위해서는 1995년 1월 5일 공포된 「신용정보의 이용 및 보호에 관한 법률」(1995년 7월 6일 시행)을 위시한 다수의 법률의 제정이 필요했다. 특히 온라인상의 개인정보 보호는 1999년 7월 1일, 기존의 「전산망 보급 확장과 이용촉진에 관한 법률」을 개정하여 2000년 1월 1일부터 시행된 「정보통신망 이용촉진 및 정보보호에 관한 법률」에 의해 이루어지게 되었다.

결국 현행 「개인정보 보호법」이 제정되지 전까지는, 개인정보를 수집하거나 이용하는 모든 영역의 조직이나 개인에게 적용되는 개인정보 보호에 관한 일반 법률은 없었고, 공공부문은 「공공기관의 개인정보 보호에 관한 법률」을 통해, 민간부문은 「정보통신망 이용촉진 및 정보보호에 관한 법률」과 「신용정보의 이용 및 보호에 관한 법률」 및 「의료법」 등의 다수의 법률을 통해 규율해 왔다고 할 수 있다.

(1) 공공부문의 개인정보 보호

1) 정보의 보호: 「공공기관의 개인정보 보호에 관한 법률」

『공공기관의 개인정보 보호에 관한 법률』은 국가주요업무에 대한 전산화

위한 관리지침』(국무총리훈령 제250호, 1991년 5월 15일 제정, 1991년 6월 5일 시행)은 ① 행정기관이 전산망에 입력키 위해 수집하는 개인정보는 정보 수집을 힐 때 본인에게 '사전 통지하거나 직접 수집하는 것을 원칙으로 하고 ② 국민들은 자신에 관한 행정기관의 정보를 열람하고 사실과 다를 경우 고쳐주도록 요구할 수 있으며 ③ 이들 정보가 공공목적 외에 상업적인 목적 등으로 오용되지 않도록 외부유출을 사전에 규제·관리토록 되어 있었다. 그렇지만 이 지침은 행정규칙으로서 행정부 내부의 개인정보 관리지침을 규율하는 것이었기에 본격적인 개인정보보호법제로 보기에는 다소 무리가 있다고 하겠다.

4) 「공공기관의 개인정보보호에 관한 법률」이 민간부문에 대한 규율을 전혀 마련하고 있지 않았던 것은 아니다. 이후에 좀 더 살펴보겠지만 동법 제22조는 공공기간외의 개인 또는 단체의 개인정보보호에 관한 규정을 두어 공공기관외의 개인 또는 단체가 컴퓨터를 사용하여 개인정보를 처리할 경우 공공기관의 예에 준하여 개인정보보호조치를 강구하도록 규정하고, 관계중앙행정기관의 장은 필요한 경우 의견제시나 권고를 할 수 있도록 규정하고 있었다.

의 확대추진과 전국적 행정전산망의 구축 등으로 개인정보의 부당사용 또는 무단유출로 인한 개인사생활의 침해 등 각종 부작용이 우려됨에 따라, 공공기관이 컴퓨터에 의하여 개인정보를 취급함에 있어서 필요한 사항을 정함으로써 공공업무의 적정한 수행을 도모함과 아울러 개인의 권리와 이익을 보호하기 위해 1994년 1월 7일 제정되었다(법률 제4734호, 시행일은 1995년 1월 8일).

이 법은 공공부문의 개인정보 관리를 총무처장관(현재의 행정안전부의 전신)을 중심으로 이루어지도록 규정하였고(제6조), 국무총리소속하의 '개인정보심의위원회'를 두어 개인정보 보호에 관한 정책 및 제도 개선에 관한 사항, 처리정보의 이용 및 제공에 대한 공공기관간의 의견조정 등을 처리하도록 하였다(제20조). 한편 수집가능한 개인정보의 범위에 관하여서는 공공기관은 사상·신조 등 개인의 기본적 인권을 현저하게 침해할 우려가 있는 개인정보는 정보주체의 동의가 있거나 다른 법률에 수집대상 개인정보가 명시되어 있지 않는 한 수집할 수 없도록 규정하고(제4조), 공공기관의 개인정보의 보유범위를 소관업무 수행에 필요한 범위로 제한하였다(제5조).

공공기관의 구체적인 개인정보의 관리의 측면에서 총무처장관은 개인정보 파일에 관한 사항을 년 1회이상 관보에 게재하여 공고하도록 하고(제7조), 개인정보 파일을 보유하고 있는 기관의 장은 개인정보 파일별로 개인정보 파일대장을 작성하여 일반인이 열람할 수 있도록 하였으며(제8조), 개인정보 파일을 보유하고 있는 기관의 장은 개인정보 파일의 보유목적외의 목적으로 처리정보를 이용하거나 다른 기관에 제공할 수 없도록 하되, 정보주체의 동의가 있거나 정보주체외의 자에게 제공하는 것이 정보주체에게 명백히 이익이 되는 경우와, 통계작성·학술연구 등 특정목적을 위한 경우로서 특정개인을 식별할 수 없는 형태로 제공하는 등의 경우에는 예외를 인정할 수 있도록 하였다(제10조). 반면 개인정보의 정보주체에게는 개인정보 파일에 게재된 범위안에서 본인에 관한 처리정보의 열람을 청구할 수 있고(제12조), 당해 처리정보의 내용 중 정정을 요하는 사항이 있는 때에는 그 정정을 청구할 수 있도록 하여(제14조) 개인정보 열람청구권과 정정요구권을 보장하였다.

이러한 공공기관의 개인정보 처리업무를 방해할 목적으로 공공기관에서 처리하고 있는 개인정보를 변경 또는 말소한 자는 10년 이하의 징역에 처하도록 하며, 개인정보를 누설 또는 권한없이 처리하거나 개인의 이용에 제공하는 등 부당한 목적으로 사용한 자는 3년 이하의 징역 또는 1천만원이하의 벌금, 사위(詐僞) 기타 부정한 방법으로 공공기관으로부터 처리정보를 열람 또는 제공받은 자는 2년 이하의 징역 또는 700만원 이하의 벌금에 처하도록 규정하였고(제23조), 법인 및 종업원의 양벌규정(제24조) 및 개인정보 보유기관 및 위탁처리기관의 종사자의 공무원의제(제25조) 규정을 두어 개인정보 보호의 침해에 대비하였다.

특기할만한 사항으로 이 법은 공공부문의 개인정보 보호와 관련한 규율을 주된 내용으로 하고 있었지만, 민간기관의 컴퓨터에 의하여 처리되는 개인정보의 보호를 위하여 컴퓨터를 사용하여 개인정보를 처리하는 개인 또는 단체에 대하여는 공공기관의 예에 준하여 개인정보의 보호를 위한 조치를 강구하도록 하고, 관계중앙행정기관의 장은 필요한 경우 개인정보의 보호에 관하여 의견을 제시하거나 권고할 수 있도록 하였다(제22조). 비록 이와 관련한 처벌규정을 두지 않은 권고적 성격의 조항이긴 하지만 개인정보와 관련한 행정지도 혹은 권고의 단초를 열었다는 측면에서 적지 않은 중요성을 가지는 조항으로 평가해 볼 수 있을 것이다.

이 법은 개인정보의 이용 및 제공요건을 강화하는 한편, 본인의 열람제한 사유를 완화하는 등 규제를 완화하고 기타 현행제도의 운영상 나타난 일부 미비점을 개선·보완하기 위해 시행 4년만에 첫 번째 개정을 겪게 되는데(법률 제5715호, 1999년 1월 29일 일부개정·시행), 주요한 개정내용으로는 개인정보를 제공할 수 있는 경우를 본인이 의사표시등을 하지 못하는 경우로서 정보주체 외의 자에게 제공하는 것이 명백히 정보주체에게 이익이 되는 경우로 한정하도록 하여(법 제10조제2항제5호) 개인정보의 제공요건을 보다 엄격하게 하고, 개인정보 열람청구에 대한 처리기간을 30일 이내에서 15일이내로 단축하였으며(법 제12조제2항), 개인정보의 열람제한사유 중 병원 등 의료기관의 진료에 관한 업무 등을 삭제하여 본인에 관한 정보를 보다 쉽게 열람할 수 있도록 하였다(법 제13조제1호 '마'목 및 동조 제3호 삭제).

그 이후의 주요한 개정으로는 기존의 컴퓨터를 중심으로 한 정보처리과정에서의 개인정보 보호의 규율에 CCTV를 중심으로 하는 화상정보처리상의 개인정보 보호 규정을 추가한 2007년 5월 17일의 개정을 들 수 있다(법률 제 8448호, 시행일은 2007년 11월 18일). 즉, 이는 공공기관이 범죄예방·교통단속 등 의 필요에 따라 설치·운영하고 있는 폐쇄회로 텔레비전5)의 설치 및 화상정 보보호 등에 관한 법적 근거를 마련함으로써, 공공업무의 적정한 수행을 도모 함과 아울러 사생활의 비밀과 자유 등 국민의 기본권을 보호하고, 공공기관이 보유하고 있는 개인정보의 안전성 확보에 대한 필요성이 증대됨에 따라 처리 정보 보유기관의 안전성 확보조치 의무를 규정하며, 공공기관에 의한 개인정 보의 수집·처리 등에 관한 정보를 공개하는 등 공공기관에서 처리되는 개인 정보의 보호제도를 개선·보완하려는 것을 목적으로 한 것이었다.

특히 이 개정을 통해 공공부문의 개인정보 보호의 원칙이 명확하게 선언 된 바 있는데(제3조의 2), 공공기관의 장은 개인정보를 수집하는 경우 그 목적 을 명확히 하여야 하고, 목적에 필요한 최소한의 범위 안에서 적법하고 정당 하게 수집하여야 하며, 목적 외의 용도로 활용하여서는 안 되고, 아울러 처리 정보의 정확성 및 최신성을 보장하고, 그 보호의 안전성을 확보하여야 하며, 개인정보 관리의 책임관계를 명확히 하여야 할 뿐만 아니라, 개인정보의 수 집·활용 등 개인정보의 취급에 관한 사항을 공개하여야 하며, 개인정보 처리 에 있어서 처리정보의 열람청구권 등 정보주체의 권리를 보장하여야 한다고 규정하여 공공부문의 정보처리과정에 있어서의 개인정보 수집의 정당성, 처 리정보의 정확성 및 최신성, 처리정보보호의 안전성, 개인정보 관리의 책임 성·공개성을 선언하고 개인정보 정보주체에 대한 정보기본권 보장을 선언하 였다.

공공기관의 구체적인 개인정보의 관리의 측면에서 공공기관의 장은 개인 정보를 수집하는 경우 개인정보 수집의 법적 근거, 목적 및 이용범위, 정보주 체의 권리 등에 관하여 문서(「전자정부법」 제2조 제5호에 따른 전자문서를 포함한다. 이하 같다) 또는 인터넷 홈페이지 등을 통하여 정보주체가 그 내용을 쉽게 확 인할 수 있도록 안내하여야 한다(제4조 제2항). 이러한 사항은 폐쇄회로텔레비 전의 설치에도 적용되어(제4조의2 제3항) 공공기관의 장은 폐쇄회로 텔레비전

5) "폐쇄회로 텔레비전"이라 함은 정지 또는 이동하는 사물의 순간적 영상 및 이에 따르 는 음성·음향 등을 특정인이 수신할 수 있는 장치를 말한다(동법 제1조 5의2).

을 설치하는 경우 정보주체가 이를 쉽게 인식할 수 있도록 설치목적 및 장소, 촬영범위 및 시간, 관리책임자 및 연락처를 기재한 안내판을 설치하는 등 필요한 조치를 취하도록 하였다. 아울러 개인정보 보유기관의 장은 개인정보 보유파일의 모든 사항과 개인정보 관리책임관의 성명·소속 부서·직위 및 전화번호 그 밖의 연락처, 그리고 인터넷 홈페이지 접속정보파일 등 인터넷 홈페이지를 통하여 수집되는 개인정보의 보호에 관한 사항 등의 내용이 포함된 개인정보 보호방침을 정하여 그 내용을 관보 또는 인터넷 홈페이지 등에 게재하도록 하였다(제7조의2). 이에 더하여 개인정보 보유기관의 장은 다른 법률에 따른 보존의무가 없는 한, 개인정보 파일의 보유목적 달성 등 당해 개인정보 파일의 보유가 불필요하게 된 경우에는 당해 개인정보 파일을 지체없이 파기하고, 이렇게 개인정보 파일을 파기한 경우 보유기관의 장은 개인정보 파일을 파기한 사실을 관보 또는 인터넷 홈페이지 등에 공고하도록 새로이 규정하였다(제10조의2).

개인정보 정보주체의 경우, 기존의 본인의 처리정보 열람·정정청구권에 더하여 삭제청구권이 추가되었으며(제14조), 공공기관의 장이 개인정보를 수집·처리하거나 개인정보 파일을 보유함에 있어서 개인정보에 관한 권리 또는 이익의 침해를 받은 자는 행정자치부장관에게 그 침해사실을 신고할 수 있도록 규정하고, 행정자치부장관은 그 신고에 대한 처리결과를 신고인에게 통지하도록 규정하였다(제18조의2).

그 밖에도 기존의 '개인정보 보호심의위원회'는 '공공기관개인정보 보호심의위인회'로 변경되고, 업무범위가 확대되었으며, 그 구성의 대강 및 위원의 임기가 보다 구체적으로 규율되었다(제20조). 「공공기관의 개인정보 보호에 관한 법률」은 이후 2010년 양벌규정에 관한 헌법재판소의 결정 이후, 책임주의의 원칙의 관철을 위한 양벌규정의 개정을 겪은 바 있으며, 2011년 3월 「개인정보 보호법」의 제정에 따라서 2011년 9월 30일 폐지되었다.

2) 정보의 공개: 「공공기관의 정보공개에 관한 법률」

위에서 소개한 「공공기관의 개인정보 보호에 관한 법률」에 이어서 공공부문이 관리하는 정보에 대한 정보주체의 접근·관리권을 보장하기 위해 1996

년 12월 31일 「공공기관의 정보공개에 관한 법률」(법률 제5242호, 시행일 1998년 1월 1일)이 제정되었다. 이는 공공기관이 보유·관리하는 정보의 공개의무 및 국민의 정보공개청구에 관하여 필요한 사항을 정함으로써 국민의 알권리를 보장함과 아울러 국정에 대한 국민의 참여와 국정운영의 투명성을 확보하려는 것을 목적으로 하고 있었으며(제1조), 기본적으로 공개대상정보는 공공기관이 직무상 작성 또는 취득하여 관리하고 있는 문서·도면·사진·필름·테이프·슬라이드 및 컴퓨터에 의하여 처리되는 매체 등에 기록된 사항으로 하였고, 정보공개대상기관은 국가, 지방자치단체, 정부투자기관 기타 대통령령으로 정하는 기관으로 하였으며(제2조), 이러한 공공기관이 보유·관리하는 정보는 공개를 원칙으로 하되(제3조), 국가안보나 외교관계 등 국익관련 정보(제4조)와 국민의 생명·신체보호 등 공익관련 정보, 개인의 사생활에 관한 정보 등은 공개하지 아니할 수 있도록 하였다(제7조). 구체적인 공개절차로는 공공기관은 정보공개청구를 받은 날부터 15일 이내에 공개여부를 결정하여 청구인에게 지체없이 서면으로 통지하도록 하고, 공개대상정보가 제3자와 관련이 있는 때에는 공개청구된 사실을 제3자에게 지체 없이 통지하여 그 의견을 청취할 수 있도록 하였으며, 공개대상정보는 청구인에게 통지한 일시·장소에서 공개하되, 공개정보와 비공개정보가 혼합되어 있는 경우에도 분리될 수 있는 때에는 부분공개도 할 수 있도록 하였다(제9조).

이 법은 이후, 수차례의 개정을 겪게 되는데 주요한 개정으로는 행정환경 변화와 급증하는 국민의 정보공개 요구에 능동적으로 대응하여 국민의 알권리를 신장하고 국정운영의 투명성을 강화하기 위해 2004년 1월 29일 이루어진 것(법률 제7127호, 시행 2004년 7월 30일)으로서, 그 주요 내용으로는 공공기관이 정보통신망을 통한 정보공개시스템을 구축하고 전자적 형태로 정보를 공개할 수 있도록 하는 등 전자적 정보공개의 근거를 새로이 마련한 것(법 제6조 제2항 및 제15조)과 공공기관에게 국민생활에 큰 영향을 미치는 정책정보 등에 대하여 공개의 청구가 없더라도 공개의 범위·주기·시기·방법 등을 미리 정하여 공표하고 이에 따라 정기적으로 공개하도록 하고(법 제7조), 공공기관은 당해 기관이 보유·관리하는 정보의 목록을 작성·비치하고, 그 목록을 정보통신망을 활용한 정보공개시스템을 통하여 제공하도록 하여 국민이 정보공

개청구에 필요한 정보의 소재를 쉽게 알 수 있도록 한 것을 들 수 있다(법 제8조 제1항).[6]

(2) 민간부문의 개인정보 보호법

1) 신용정보: 「신용정보의 이용 및 보호에 관한 법률」

이미 언급한 바와 같이 개인정보의 이용과 보호를 조화시키고자 하는 개인정보 보호법으로서, 민간부문에서 처음으로 입법화된 것은 1995년 1월 5일 공포된 「신용정보의 이용 및 보호에 관한 법률」(법률 제4866호, 시행일은 1995년 7월 6일)이다. 이 법률은 신용조사사업제도의 개선이 주요한 행정쇄신과제의 하나로 대두됨에 따라서 신용정보업을 건전하게 육성하고 신용정보의 효율적 이용과 체계적 관리를 기하는 한편, 신용정보의 오용·남용으로부터 개인의 사생활의 비밀 등을 적절히 보호함으로써 건전한 신용질서를 확립하기 위하여 기존의 「신용조사업법」을 폐지하고 그 내용을 보완하여 제정되었다. 비록 '개인정보'라는 용어를 직접적으로 사용한 것은 아니지만, 주요한 개인정보가운데 하나인 신용정보[7]의 신용정보업상의 이용과 정보주체의 권리를 보호하는 것을 목적으로 하고 있었기에 개인정보 보호법제로 보기에 부족함이 없다고 평가할 수 있을 것이다.

즉, 신용정보의 수집·조사의 기본원칙으로, 신용정보업자 등의 신용정보 수집·조사에 있어서는 동법 또는 정관에서 정한 업무범위 안에서 수집·조사의 목적을 명확히 하고, 그 목적의 달성에 필요한 범위 안에서의 합리적이고 공정한 수단에 의할 것을 내세우고(제13조), 특히 국가의 안보 및 기밀에 관한 정보, 기업의 경영비밀, 개인의 성직적 사상이나 종교적 신념 기타 신용정보와 무관한 사생활에 관한 정보 등의 수집·조사를 명시적으로 제한하였다(제15조).

---

6) 현행 법률은 2010년 2월 4일 개정된 법률 제10012호(시행일은 2010년 5월 5일)이다.
7) "신용정보"란 금융거래등 상거래에 있어서 거래상대방에 대한 식별·신용도·신용거래능력 등의 판단을 위하여 필요로 하는 정보로서 대통령령이 정하는 정보를 말한다(법 제2조 제1호). 이들 정보는 신용정보주체의 식별정보, 신용불량정보, 신용거래정보, 신용능력정보, 그리고 공공기록정보로 분류된다.

한편 신용정보 이용주체인 신용정보업자 또는 신용정보집중기관은 공공기관에 대하여 관계 법령의 규정에 의하여 공개가 허용되는 신용정보의 열람 또는 제공을 요청할 수 있도록 하였고(제15조), 신용정보의 관리에 있어서는 그 정확성과 최신성이 유지될 수 있도록 하며, 신용정보주체에 대한 불이익을 초래할 수 있는 오래된 신용정보는 일정한 절차에 따라 삭제하도록 하고(제18조), 신용정보전산시스템의 안전보호(제19조) 및 신용정보관리책임의 명확화 및 업무처리기록의 보존(제20조)을 규정하였다.

아울러 신용정보의 보유주체의 보호에 있어서는 신용정보활용체제의 공시제도를 규정하였고(제22조), 금융기관·백화점·할부판매회사 등 신용정보 제공·이용자가 비밀보장의 대상이 되는 금융거래정보·개인질병정보 등을 신용정보업자 등에게 제공하고자 하는 경우에는 당사자인 개인으로부터 사전에 서면에 의한 동의를 얻도록 하였으며(제23조), 신용정보주체에게 신용정보업자 등에게 본인의 신용정보에 대한 열람을 청구 및 본인의 신용정보가 사실과 다른 경우에는 정정을 청구할 수 있도록 규정하였다(제25조).

이러한 「신용정보의 이용 및 보호에 관한 법률」은 이후 수차례의 크고 작은 개정을 겪게 되는데, 개인정보 보호법제상의 큰 변화를 초래한 것은 자신에 관한 신용정보의 확인에 컴퓨터통신 등을 통한 정보열람을 가능케 한(제25조) 2000년 1월 21일의 개정(법률 제6172호, 2000년 4월 22일 시행)과 개인신용정보 제공·이용 동의에 대한 철회권이 규정된(제37조) 2009년 4월 1일의 개정(법률 제9617호, 2009년 10월 2일 시행) 정도를 들 수 있겠다.

2) 온라인상의 개인정보 보호: 「정보통신망 이용촉진 및 정보보호 등에 관한 법률」

한편 민간부문의 온라인상의 개인정보 보호를 최초로 법제화한 것은 1999년 2월 8일 기존의 「전산망보급확장과 이용 촉진에 관한 법률」을 개정한 「정보통신망 이용 촉진 등에 관한 법률」(법률 제5835호, 1999년 7월 1일 시행)이라 할 수 있다. 본래 「전산망보급확장과 이용 촉진에 관한 법률」은 전기통신과 전자계산조직의 균형적인 발전 및 효율적인 이용을 촉진하여 정보화 사회의 기반 조성과 고도화에 필요한 사항을 규정함으로써 국가경쟁력우위확보는 물론 다가온 정보화 사회의 물결을 능동적으로 수용함으로써 국가선진화의 목표를 달성하고 국민생활의 향상과 공공복리의 증진에 기여하기 위해 1986년 제정된 법으로서 개인정보 보호법으로서의 성격은 거의 갖지 않고 있었지만,[8] 1999년 「정보통신망이용촉진등에관한법률」로 명칭을 변경하면서 정보통신망을 통하여 수집・처리・보관・유통되는 개인정보의 오・남용에 대비하여 개인정보에 대한 보호규정을 신설하면서[9] 개인정보 보호법으로서의 성격도 보유하게 된 것이다.

이후 이 법은 다시 2001년 1월 16일 「정보통신망 이용촉진 및 정보보호 등에 관한 법률」(법률 제6360호, 2001년 7월 1일 시행)로 명칭을 변경하면서 − 변화된 명칭에서도 알 수 있듯이 − 보다 본격적인 개인정보 보호법으로 자리매김하게 되었다. 특히 기존 제도의 운용상의 미비점을 보완하는 측면에서 정보통신서비스이용자의 개인정보를 보호하기 위하여 정보통신서비스제공자에 대한 규제를 강화하는 규정들을 마련하였다. 개인정보 보유주체의 측면에서는 14세 미만의 아동으로부터 개인정보를 수집하는 경우 법정대리인의 동의를 받도록 하고, 법정대리인에게 아동의 개인정보에 대한 열람 및 정정요구권을 부여하였고(법 제31조), 개인정보 이용자의 측면에서는 정보통신서비스제공자가 개인정보의 수집・처리・관리 등을 타인에게 위탁하는 경우에는 그 타인의 개인정보 보호위반행위에 대하여 책임을 지도록 하고, 정보통신서비스제공자외의 자가 정보통신망을 이용하여 개인정보를 수집・저장・처리하는 경우에도 이 법에 의한 개인정보 보호관련 의무를 부과하였으며(법 제25조 및 제58조), 타인의 정보통신서비스제공을 위히어 짐저된 정부통시시설을 운영・관리하는 사업자에게 정보통신시설의 안정적 운녕을 위한 보호그치 등을 마련하도록 하였다(법 제46조). 아울러 컴퓨터바이러스를 전달・유포하거나 타인

---

8) 동법은 국내의 산업・경제・과학기술등에 관한 중요정보의 전산망을 통한 국외유출을 제한하고(제24조), 전산망에 의하여 처리되는 개인의 비밀을 침해 또는 누설하지 못하도록 함(제25조)으로써 비밀보호법으로서의 성격은 갖고 있었다 하겠다.

9) 동법은 정보통신서비스제공자가 정보통신서비스이용자의 개인정보를 수집하는 경우에는 그 이용자의 동의를 받도록 하고, 수집된 개인정보의 목적외 이용 및 제3자에의 제공을 제한하며, 정보통신서비스이용자에게 자신의 개인정보에 대한 열람 및 오류 정정권을 부여함으로써 개인의 사생활을 보호하도록 하였다(법 제16조 내지 제18조).

의 정보통신망의 안정적 운영을 방해할 목적으로 대량의 정보를 전송하는 등
의 행위에 대한 처벌근거를 마련하였다(법 제48조 및 제62조). 특히 개인정보와
관련된 분쟁을 간편·신속하게 조정하기 위하여 개인정보 분쟁조정위원회를
설립하고, 동위원회의 구성·운영 및 조정절차 등에 관한 사항을 정함으로써
(법 제33조 내지 제40조), 이후의 개인정보 보호제도의 운영을 위한 출발점을 마
련하였다고 할 수 있다.

　　이후에도 이 법은 수차례의 개정을 거치게 되는데 그 가운데 주요한 것들
로는 급증하고 있는 스팸메일 등 악성 광고성 정보 전송행위와 개인정보 침
해행위에 적절히 대응하기 위하여, 전화·모사전송 등에 의한 영리성 광고행
위에 대한 규제 강화, 수신 거부를 고의로 회피하는 행위 금지, 연락처 자동
생성을 통한 광고 전송행위 금지, 전자우편주소 추출행위 금지, 청소년 유해
매체물 광고 금지 등 악성 광고성 정보 전송행위에 대한 규제를 강화하고, 불
법하게 개인정보를 제공받은 자를 처벌함으로써 국민의 사생활을 보호하는
조치를 강구하는 차원에서 이루어진 2002년 12월 18일의 개정(법률 제6797호,
시행일은 2003년 1월 19일),[10] 무단으로 수집되거나 유출 또는 남용될 위험이 있
는 이용자의 개인정보를 보호하기 위하여 정보통신서비스제공자의 의무를 강
화하고, 다양해지고 있는 인터넷 침해사고에 효과적으로 대응하기 위하여 인
터넷에 대한 침해사고 대응체계를 강화하며, 정보통신서비스제공에 관한 사
업을 하는 자에 대하여 당해 서비스의 정보보호에 필요한 조치를 하도록 하
는 2004년 1월 29일의 개정(법률 제7139호, 시행일 2004년 1월 29일)[11]을 비롯하여,
사이버 공간에서의 불법·유해정보의 확산과, 정보통신망을 통한 불법적인
개인정보 침해 및 무차별적인 광고성 정보전송으로 인한 이용자 불편을 해소

---

　　10) 동법은 개인정보침해 및 불법 스팸메일에 관한 민원을 효과적으로 처리하기 위하여
한국정보보호진흥원에서 민원처리를 위한 자료제출 및 검사에 관한 업무를 처리할 수 있도
록 위탁 근거를 마련한 바 있다(법 제56조 제3항 신설).
　　11) 동법은 분쟁조정업무를 효율적으로 수행하기 위하여 분쟁조정위원회에 5인 이하의
위원으로 구성되는 조정부를 두도록 하고, 필요한 경우 일부 분쟁에 대해서는 조정부에 일
임하여 조정할 수 있도록 하였고(법 제33조의2 신설), 정당한 권한 없이 또는 허용된 접근
권한을 초과하여 부정한 목적으로 타인의 정보통신망에 침입을 시도한 자도 처벌할 수 있
도록 하는 등 벌칙을 강화함으로써(법 제63조 제2항 신설) 이른바 크래킹에 대한 법적 처
벌을 할 수 있는 근거를 강화하였다.

하기 위한 대책마련이 시급하다는 국민적 공감대가 형성됨에 따라, 정부가 마련해야 할 시책에 개인정보 보호 기술의 개발·보급을 명시하고, 청소년 유해매체물에 대한 광고 및 전시행위 금지 대상을 확대하며 전화·모사전송을 이용한 광고전송행위는 수신자의 사전 동의를 얻도록 하여 국민의 사생활을 보호하기 위한 2004년 12월 30일의 개정(법률 제7262호, 시행일 2005년 3월 31일)을 한 바 있다.[12]

2005년 말에는 정보통신망을 통하여 기망의 방법으로 타인의 정보를 수집하는 행위를 금지하고, 이를 위반하였을 때에는 3년 이하의 징역 또는 3천만원 이하의 벌금을 부과하도록 하여 피싱 등의 수법을 이용한 금융사기 피해 등을 원천적으로 방지하고, 스팸 발송행위에 대한 처벌을 강화하여 불법 스팸발송행위에 대한 경각심을 제고함으로써 스팸으로 인한 국민의 피해를 최소화하며, 현행법상 불명확한 스팸 발송자 신원정보 요청권을 명문화함으로써 실질적으로 불법스팸을 단속할 수 있는 근거를 마련하고, 정보통신서비스제공자들이 스팸 발송자의 서비스를 제한할 수 있는 근거조항을 마련하는 한편, 정보통신서비스제공자 등의 법 위반 여부에 대한 검사시 검사일시 및 검사내용 등에 대한 검사계획을 정보통신서비스제공자 등에게 사전통지 하도록 하는 법적근거를 마련함으로써 행정조사의 투명성 및 예측가능성을 제고하기 위한 개정을(법률 제7812호, 시행일 2006년 3월 31일), 2006년에는 청소년유해매체물로부터 청소년을 보호하기 위하여 청소년 접근을 제한하는 조치 등이 없이 인터넷 홈페이지 게시판에 게재된 청소년유해매체물을 정보통신서비스제공자로 하여금 삭제하게 하고, 안전진단 수행기관을 15인 이상의 정보보호기술인력을 보유하고 최근 3년 이내에 정보보호컨설팅을 수행한 실적이 있는 법인으로 확대하여 정보통신서비스제공자 등 안전진단 수행기관의 선택권을 확

---

12) 동법은 정보통신부장관이 마련하는 정보통신망이용촉진 및 정보보호 등에 관한 시책 중에 개인정보 보호기술의 개발·보급에 관한 사항을 추가함으로써 개인정보 보호기술의 개발·보급에 관한 시책 마련에 힘썼고(법 제4조 제2항 제6호), 정보통신서비스제공자의 자율규제를 도모하고, 청소년유해정보의 확산을 방지하기 위하여 정보통신서비스제공자중 일일평균이용자수·매출액 등이 대통령령이 정하는 기준에 해당하는 자는 청소년보호책임자를 두도록 함으로써 이른바, 청소년보호책임자 지정제도를 도입하였다(법 제42조의3 신설).

대하는 내용의 개정(법률 제7917호, 시행 2006년 6월 25일), 2006년 10월에는 종업원 수·정보통신서비스 이용자 수 등이 정보통신부령으로 정하는 기준 이하인 정보통신서비스제공자 등은 개인정보 관리책임자를 지정하지 아니할 수 있도록 하고, 정보통신서비스제공자 등이 해당이용자로부터 개인정보에 대한 오류의 정정 요구를 받은 경우 그 오류를 정정할 때까지 해당개인정보를 제공 또는 이용하여서는 아니 된다는 현행 규정은 수용하기 어려운 부당한 정정요구에도 요구받은 대로 정정하지 아니하면 해당개인정보를 제공 또는 이용하지 못하게 되는 모순이 있으므로 오류를 정정하지 아니하더라도 정정하지 못하는 사유를 이용자에게 통지하는 등 필요한 조치를 취한 경우에는 해당개인정보를 제공 또는 이용할 수 있도록 하기 위한 개정(법률 제8030호, 시행 2007년 1월 5일)을 한 바 있다.

2007년 1월에는 특히 정보통신망을 이용한 신규서비스의 보급 및 이용 확산 등 정보통신환경의 변화에 따라 새롭게 등장하는 개인정보 침해 문제에 적극 대처하기 위하여 개인정보의 수집·이용·제공 등에 관한 절차를 강화하고, 정보통신망의 특성상 익명성 등에 따라 발생하는 역기능 현상에 대한 예방책으로 사회적 영향력이 큰 정보통신서비스제공자와 공공기관의 책임성을 확보·강화하기 위하여 이른바 "제한적인 본인확인제도"를 도입하며,[13] 권리를 침해받은 자의 삭제 요청이 있는 경우 그 피해확산을 방지하기 위하여 이용자의 접근을 정보통신서비스제공자가 임시적으로 차단할 수 있도록 하는 임시조치제도를 도입하기로 하고, 친북게시물과 같은 불법통신이 정보통신망에서 유통되었을 때 사회적 영향력이 크다는 점 등을 고려하여 불법통신과 관련된 이행명령 대상을 확대하고 불법통신물의 삭제 절차 등을 보완하

---

13) 동법이 규정한 제한적인 본인확인제도의 대강은 다음과 같다(법 제44조의5 및 제67조 제1항 제1호 신설).

(1) 국가기관, 지방자치단체, 정부투자기관 등 공공기관 등과 정보통신서비스 유형별 일일평균 이용자수 10만명 이상으로서 대통령령으로 정하는 일정 기준에 해당하는 정보통신서비스제공자가 게시판을 설치·운영하는 경우에는 게시판 이용자에 대한 본인확인을 위하여 필요한 조치를 취하도록 함.

(2) 정보통신서비스제공자가 본인확인을 위하여 필요한 조치를 취하지 않은 경우 정보통신부장관이 시정명령을 하도록 하고 정보통신서비스제공자가 이를 이행하지 않은 경우에는 과태료를 부과하도록 함.

기로 하며, 자료제출요구권 등의 행사요건을 명확히 하며 행사방법 및 절차 등 적법절차 규정을 신설하여 관련 공무원에 의한 불합리하고 과도한 업무개입을 차단함으로써 규제의 투명성과 예측가능성을 확보하기 위한 개정(법률 제8289호, 시행 2007. 7.27)이 이루어진 바 있다. 2008년에는 앞서의 제한적 본인확인제도의 실시에 따른 정보통신망이용자의 회원가입시의 본인확인수단으로 주민등록번호가 주로 활용되는 현실에서 개인정보 침해의 위험성이 대두됨에 따라 주민등록번호 외의 회원 가입방법에 대한 규정이 신설되었고(법 제23조의2 신설), 동의를 받지 아니한 개인정보의 수집 등 일부 개인정보 보호의무 위반행위는 현행 형사처벌 대상과 위법성이 비슷함에도 불구하고 과태료 부과대상으로 규정되어 있어 제재효과가 미흡한 문제가 있어 과태료 부과대상 개인정보 보호의무 위반행위 중 이용자의 동의를 받지 아니하고 개인정보를 수립한 자 등 위법성이 큰 일부 행위자를 형사처벌 대상으로 상향 조정(법 제71조 및 제73조)(법률 제9119호, 시행 2008년 12월 14일)한 바 있다.

3) 그 밖의 민간부문의 개인정보 보호법제

2004년에는 민간부문에서의 유전정보(유전자검사의 결과로 얻어진 정보)의 이용과 보호를 특별히 규율하기 위한 「생명윤리 및 안전에 관한 법률」(2005. 1. 1. 시행)이 제정되었으며, 또한 2005년에는 이동통신기술의 급속한 발달로 물류, 보안, 상거래 등의 영역에서 위치정보를 이용하는 다양한 서비스가 등장함에 따라 위치정보의 유출 및 오·남용으로부터 개인의 프라이버시 등을 보호하고 위치정보의 안전한 이용환경을 조성하기 위하여 「위치정보의 보호 및 이용 등에 관한 법률」(2005. 7. 28. 시행)이 제정되었다.

한편, 이상의 개인정보 보호법 외에도 현재 상당히 많은 비밀보호규정들이 여러 법률에 산재해 있다. 「형법」상의 비밀침해죄(제316조)와 업무상비밀누설죄(제317조), 「통신비밀보호법」, 「의료법」, 「국민건강보험법」, 「국세기본법」, 「공직자윤리법」, 「전염병예방법」, 「후천성면역결핍증 예방법」, 「금융실명거래 및 비밀보장에 관한 법률」, 「공증인법」, 「변호사법」 등이 그것이다.[14]

---

14) 성낙인 외 9명, 앞의 책, 339면.

(3) 개인정보 침해에 관한 주요 판결

① 국군보안사 민간인 사찰사건(大判 1998. 7. 24. 96다42789)

대법원은 국군보안사 민간인사찰사건에서, 헌법 제10조는 "모든 국민은 인간으로서의 존엄과 가치를 가지며, 행복을 추구할 권리를 가진다. 국가는 개인이 가지는 불가침의 기본적 인권을 확인하고 이를 보장할 의무를 진다." 고 규정하고, 헌법 제17조는 "모든 국민은 사생활의 비밀과 자유를 침해받지 아니한다."라고 규정하고 있는바, 이들 헌법 규정은 개인의 사생활 활동이 타인으로부터 침해되거나 사생활이 함부로 공개되지 아니할 소극적인 권리는 물론, 오늘날 고도로 정보화된 현대사회에서 자신에 대한 정보를 자율적으로 통제할 수 있는 적극적인 권리까지도 보장하려는 데에 그 취지가 있는 것으로 해석된다고 하였다.[15]

이 사건에서, "구 국군보안사령부가 군과 관련된 첩보 수집, 특정한 군사법원 관할 범죄의 수사 등 법령에 규정된 직무범위를 벗어나 민간인들을 대상으로 평소의 동향을 감시·파악할 목적으로 지속적으로 개인의 집회·결사에 관한 활동이나 사생활에 관한 정보를 미행, 망원 활용, 탐문채집 등의 방법으로 비밀리에 수집·관리한 경우, 이는 헌법에 의하여 보장된 기본권을 침해한 것으로서 불법행위를 구성한다고 판시한다.

나아가 이 판결은, 공적 인물에 대하여는 사생활의 비밀과 자유가 일정한 범위 내에서 제한되어 그 사생활의 공개가 면책되는 경우도 있을 수 있으나, 이는 공적 인물은 통상인에 비하여 일반 국민의 알 권리의 대상이 되고 그 공개가 공공의 이익이 된다는 데 근거한 것이므로, 일반 국민의 알 권리와는 무관하게 국가기관이 평소의 동향을 감시할 목적으로 개인의 정보를 비밀리에 수집한 경우에는 그 대상자가 공적 인물이라는 이유만으로 면책될 수 없다고 하였다.[16]

② 지문날인 사건(헌재 2005. 5. 26. 99헌마513)

주민등록법시행령 제33조 제2항에 의한 별지 제30호 서식 중 열 손가락의

---

15) 대법원 1998. 7. 24. 선고 96다42789 판결.
16) 대법원 1998. 7. 24. 선고 96다42789 판결.

회전지문과 평면지문을 날인하도록 한 부분(이하 '이 사건 시행령조항'이라 한다)과 경찰청장이 청구인들의 주민등록증발급신청서에 날인되어 있는 지문정보를 보관·전산화하고 이를 범죄수사목적에 이용하는 행위(이하 '경찰청장의 보관 등 행위'라 한다), 즉 개인정보의 하나인 지문정보의 수집·보관·전산화·이용이라는 일련의 과정에서 적용되고 행해진 규범 및 행위가 헌법에 위반되는지 여부에 대한 결정에서, 헌법재판소는 개인정보 자기결정권을 인정한다.

"개인정보 자기결정권은 자신에 관한 정보가 언제 누구에게 어느 범위까지 알려지고 또 이용되도록 할 것인지를 그 정보주체가 스스로 결정할 수 있는 권리, 즉 정보주체가 개인정보의 공개와 이용에 관하여 스스로 결정할 권리를 말하는바, 개인의 고유성, 동일성을 나타내는 지문은 그 정보주체를 타인으로부터 식별가능하게 하는 개인정보이므로, 시장·군수 또는 구청장이 개인의 지문정보를 수집하고, 경찰청장이 이를 보관·전산화하여 범죄수사목적에 이용하는 것은 모두 개인정보 자기결정권을 제한하는 것이다."[17]

그러나 헌법재판소는 위헌여부의 판단에서, "범죄자 등 특정인의 지문정보만 보관해서는 17세 이상 모든 국민의 지문정보를 보관하는 경우와 같은 수준의 신원확인기능을 도저히 수행할 수 없는 점, 개인별로 한 손가락만의 지문정보를 수집하는 경우 그 손가락 자체 또는 지문의 손상 등으로 인하여 신원확인이 불가능하게 되는 경우가 발생할 수 있고, 그 정확성 면에 있어서도 열 손가락 모두의 지문을 대조하는 것과 비교하기 어려운 점, 다른 여러 신원확인수단 중에서 정확성·간편성·효율성 등의 종합적인 측면에서 현재까지 지문정보와 비견할만한 것은 찾아보기 어려운 점 등을 고려해 볼 때, 이 사건 지문날인제도는 피해 최소성의 원칙에 어긋나지 않는다." "지문날인제도로 인하여 정보주체가 현실적으로 입게 되는 불이익에 비하여 경찰청장이 보관·전산화하고 있는 지문정보를 범죄수사활동, 대형사건사고나 변사자가 발생한 경우의 신원확인, 타인의 인적사항 도용 방지 등 각종 신원확인의 목적을 위하여 이용함으로써 달성할 수 있게 되는 공익이 더 크다고 보아야 할 것이므로, 이 사건 지문날인제도는 법익의 균형성의 원칙에 위배되지 아니한

---

17) 헌법재판소 2005. 5. 26. 99헌마513 결정.

다."18)라고 하여 합헌 판단을 하였다.

③ NEIS 사건(헌재 2005. 7. 21. 2003헌마282, 425(병합))

헌법재판소는, 개인정보 자기결정권을 제한함에 있어서는 개인정보의 수집·보관·이용 등의 주체, 목적, 대상 및 범위 등을 법률에 구체적으로 규정함으로써 그 법률적 근거를 보다 명확히 하는 것이 바람직하나, 개인정보의 종류와 성격, 정보처리의 방식과 내용 등에 따라 수권 법률의 명확성 요구의 정도는 달라진다고 결정하였다.

헌법재판소는 "피청구인 서울특별시 교육감과 교육인적자원부장관이 졸업생 관련 제 증명의 발급이라는 소관 민원업무를 효율적으로 수행함에 필요하다고 보아 개인의 인격에 밀접히 연관된 민감한 정보라고 보기 어려운 졸업생의 성명, 생년월일 및 졸업일자만을 교육정보시스템(NEIS)에 보유하는 행위에 대하여는 그 보유정보의 성격과 양(量), 정보보유 목적의 비침해성 등을 종합할 때 수권 법률의 명확성이 특별히 강하게 요구된다고는 할 수 없으며, 따라서 "공공기관은 소관업무를 수행하기 위하여 필요한 범위 안에서 개인정보 파일을 보유할 수 있다."고 규정하고 있는 「공공기관의 개인정보 보호에 관한 법률」제5조와 같은 일반적 수권조항에 근거하여 "피청구인들의 보유행위가 이루어졌다하더라도 법률유보원칙에 위배된다고 단정하기 어렵다."라고 판단하였다.

2. 개인정보 보호를 위한 일반법의 제정: 「개인정보 보호법」

(1) 개인정보 범람의 시대

정보화 사회에 따라 개인정보는 그 이용가치가 높아지는 한편, 정보통신망을 이용한 빠른 전파성으로 큰 피해를 발생시키기도 한다. 즉 정보화 사회의 대표적인 부정적인 측면이 개인정보 침해 문제이다.

또한, 우리 사회의 각종 공적·사적 서비스 중에는 문제가 발생한 경우 그 책임을 일반 국민에게 전가하려는 것들이 적지 않다. 읽는 이가 거의 없는 개

---

18) 헌법재판소 2005. 5. 26. 99헌마513 결정.

인정보 취급 동의서를 남발하는 것이 그 한 예다. 그러니 기업들은 법적 보호
막 마련에 치중하기보다 그런 법이 제정될 만큼 중요해진 개인정보의 가치와
시대정신에 대해 고민해야 한다.[19] 또 20세기 후반부터 사회생활의 안전이 중
요시되어, 이를 보장하기 위하여 이른바 '감시사회'라는 말로 징표되는, 프라
이버시 침해가 증대되는 사회가 등장하게 된다.[20]

특히 2008년 이후부터 개인정보의 대형 유출 사례를 증가하여 사회문제가
되어 왔다.

〈표 4-1〉 최근 대형 개인정보 유출 사건들[21]

일 시	위치(기업)	유출 건수	비 고
2008년 1월	옥 션	1,836만 명	해 킹
2008년 9월	GS 칼텍스	1,125만 명	내부 직원이 판매
2009년 4월	네이버	9만 명	유 출
2010년 3월	인천(조선족 해커)	2,000만 명	해커가 개인정보 판매
2010년 3월	대전(중국 해커)	650만 명	해커가 개인정보 판매
2010년 4월	부산(중국 해커)	1,300만 명	해커가 개인정보 판매
2011년 4월	현대 캐피탈	175만 명	해 킹
2011년 7월	SK 컴즈, 네이트	3,500만 명	해 킹
2011년 8월	한국 앱손	35만 명	해 킹
총 개인정보 유출 건수		1억 657만명	

이러한 개인정보에 대한 각종 유출/침해사례의 경세적 가치를 2011년 매
일경제신문에서 다음과 같이 평가하였다.[22]

---

19) [경제 view &] 읽는 이 없는 '개인정보 취급 동의서' 2011.3.21.
http://article.joinsmsn.com/news/article/article.asp?total__id=5220970&ctg=1100
20) 小山剛, 「監視社會」 の基本權問題, 新たな監視社會と市民的自由の現在, 日本評論社
(2006), 7頁.
21) 2008년부터 2011년 10월까지 http://2proo.net/1622.
22) '개인정보의 경제적 가치 얼마나 될까' 매일경제 2011. 8.12.

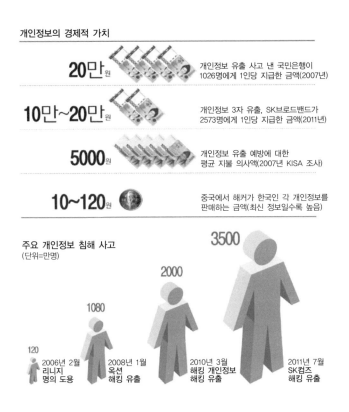

[그림 4-1] 개인정보의 확대

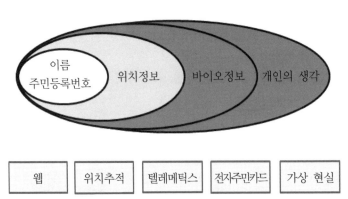

또한 개인정보는 위의 그림과 같이 다양하게 확대되어 그 보호 필요성이 강화되고 있다.

(2) 개인정보 보호법의 제정

그동안 개인정보 보호법 제정에 대한 목소리가 각계각층에서 있어왔고, 관련 입법안 등이 국회에서 제출되는 등 다양한 노력이 있었다. 2004년 7월 행정자치부는 「공공기관 개인정보법」의 개정안을 마련하여 국회에 제출하였으며, 정보통신부는 정보통신망법상의 개인정보 보호조항을 민간 일반에 적용되는 개인정보 보호법을 제정한다는 정책을 2004년부터 추진해 왔다. 그러던 중, 최근 백화점이나 주유소나 은행이나, 2010년 GS칼텍스에서 한 1000만 건의 개인정보가 그냥 멋대로 돌아다닌 사건의 발생 등으로 개인정보 보호법이 하루라도 빨리 만들어져야만 이러한 침해사례를 막을 수 있다는 입장에서 개인정보 보호법이 추진력을 얻어 2011년 3월 국회를 통과하게 된다. 한편 이와는 별도로 대통령 자문기구인 정부혁신지방분권위원회가 공공과 민간을 아우르는 개인정보 보호기본법을 2004년 한 해 동안 추진하여 그 결과물의 수정안이 여당의 주도로 2005년 2월에 국회에 발의되었다(이하 "이은영 기본법안"이라고 한다).[23] 또한 그 전에 7개 시민단체로 구성된 「프라이버시법 제정을 위한 연석회의」가 마련한 개인정보 보호기본법(안)이 민주노동당의 발의로 국회 행정자치위원회에 회부되기도 했다(이하 "노회찬 기본법안"이라고 한다).[24] 그러나 이들 법률안은 제대로 상정되지 못하였다.

2010년 12월 7일 국회는 그동안 개인정보 보호법에 대하여 검토한 결과를 국회 법사위원회에 다음과 같은 수정안을 보고하였다.

그 내용은 첫째로 안 제23조 제3호 및 제24조 제3호는 개인정보 처리자가 사생활을 현저히 침해할 수 있는 민감정보와 개인에 대한 고유식별정보에 대해 예외적으로 처리할 수 있는 경우의 하나로서 '공공기관이 법률에서 정하는 소관 업무를 수행하기 위하여 불가피한 경우로서 대통령령으로 위임하는 경우'라고 규정하고 있는데 대통령령에 위임하는 것은 체계상 타당하지 않다고 보아 행정안전부와 협의하여 각각 3호를 삭제하는 안을 검토하였다.

둘째로 안 제32조 제2항 제5호 개인정보 파일의 등록 및 공개의 예외 사

---

23) 이은영 의원이 대표발의하고 그 밖에 26인의 열린우리당 의원들이 서명한 「개인정보 보호기본법안」이 2005년 2월 2일 의안번호 1334호로 발의되었다.

24) 노회찬 의원의 대표발의로 2004년 11월 24일 행정자치위원회에 회부되었다.

유와 관련하여 대통령령에 위임할 수 있도록 규정하고 있는데 이는 포괄위임 금지 원칙에 반할 소지가 있어 법률에 직접 규정하는 수정안을 마련했다.

셋째로 안 제35조 제3항 제3호 마목은 정보 주체의 개인정보 열람을 제한 또는 거절할 수 있는 사유로서 그 밖의 대통령령으로 정하는 업무를 들고 있으나 개인정보 자기결정권에 대한 침해 소지를 방지하고 헌법상 비례의 원칙 위반 소지를 없애기 위해 대통령령 위임 규정을 삭제하고 그 내용을 법률에 직접 규정하는 수정안을 마련했다.[25]

이것이 수정되어, 제정 2011.3.29. 법률 제10465호 개인정보 보호법(이하 이 법이라 한다)이 되었고, 개인정보의 수집단계부터 이용, 제공, 파기 등 단계별 보호기준을 마련하고, 주민등록번호 등 고유식별정보 처리의 제한 강화 등 개인정보 보호를 강화하는 내용이 있다. 그리고 개인정보의 열람청구권, 정정·삭제 청구권, 처리정지요구권 등 정보주체의 권리를 보장하고 있다. 개인정보 분쟁조정위원회 설치 및 집단분쟁조정제도를 도입하고 있다. 단체소송을 도입하되, 지금 소비자보호법에 있는 규정과 같이 단체소송의 대상은 권리침해 행위의 중단·정지청구소송으로 제한했다. 그리고 개인정보 침해사실을 행정안전부장관에게 신고할 수 있도록 개인정보 침해신고센터를 설치·운영하는 내용을 담고 있다.[26]

2011년 9월 30일부터 시행된 이 법은 그 적용 대상을 공공부문뿐만 아니라 민간부문의 모든 개인정보 취급자로 확대하고 개인정보 수집·제공·파기 등 단계별로 개인정보의 처리 원칙을 정립하며 개인정보 보호정책의 심의·의결 기구로서 개인정보 보호위원회를 설치하는 내용 등을 담고 있다.

이 개인정보 보호법은 개인정보에 관한 통일된 단일법으로서 그동안 정보통신망법 등 산발적으로 개인정보를 보호하던 우리 개인정보 보호법 체계에 큰 변화를 가져올 것이다. 우선 그동안 공공부분의 개인정보 보호 역할을 하였던 「공공기관의 개인정보 보호에 관한 법률」이 폐지되었다.

---

25) 이금로 전문위원 발언, 법제사법위원회 제16차(2010년12월7일) 회의록, 52면.
26) 이금로 전문위원 발언, 제298회-법제사법소위제1차(2011년3월9일) 회의록, 42면.

(3) 개인보호의 인식 고양

일본의 경우 개인정보 보호법의 제정과정은 사회적인 큰 이슈였고 그 과정에 사회적 논의가 개인정보 보호에 대한 깊은 관심과 이해도를 높이게 되었다. 반면 우리나라에서의 개인정보법 제정은 2003년 전자정부 30대 과제 중 하나로 선정되어 정부에서 입법논의를 시작하였다. 2003년 교육행정정보시스템(NEIS) 도입을 놓고 인권침해 논란이 사회적 쟁점으로 떠오른 뒤, 정부는 개인정보 보호정책토론회를 개회하여, 개인정보 보호법 제정을 위한 논의를 시작하였다. 그 후 8년이 소요되었기 때문에 현행 개인정보 보호법을 졸속 입법이라고 평가하기는 어렵지만, 개인정보 자기결정권과 충돌되는 다른 헌법적 가치와의 비교형량이 충분히 이루어졌는지는 의문이 제기되고 있다.[27]

정보화사회에서 꾸준히 개인정보에 대한 의식은 높아져 왔으나 정작 우리 개인정보 보호법(제정 2011.3.29. 법률 제10465호)은 그 입법에 대하여 사회적인 관심[28]을 받지 못하고, 다른 정치적 사회적 이슈 속에서 묻혀서 그 입법이 추진되었다. 이 법은 기존 「공공기관의 개인정보 보호에 관한 법률」의 관할 부서인 행정자치부의 적극적인 노력으로 입법안이 만들어지게 되었다. 따라서 방송통신위원회의 소관 법률인 「정보통신망 이용촉진 및 정보보호에 관한 법률」은 아직도 남아 있는 상태로, 이 새로운 「개인정보 보호법」은 공공기관을 규율하고, 정보통신분야에서는 위 정보통신망법에 대한 일반법으로서 기능하게 되었다.

사회적으로 개인정보 보호에 대한 관심은 계속되는 포털사이트들의 주민등록번호 등의 유출 등의 사회문제를 통하여 높아지고 있는 실정이다. 여기에 보안업계[29]에서 발 빠르게 개인정보 보호 시장에 대처하고 있는 실정이다.

문재완 교수는 이 개인정보 보호법에서 개인정보의 삭제요구권이 포함된

---

27) 문재완, "프라이버시 보호를 목적으로 하는 인터넷 규제의 의의와 한계 : '잊힐 권리' 논의를 중심으로", 인터넷상의 표현의 자유와 한계, 언론법학회 발표집(2011.9.20.), 123면.
28) 언론에서도 그 입법과정과 내용에 대하여 크게 관심을 두지 못하는 과정에 입법이 되었다.
29) 닉스테크(대표 박동훈)의 경우 개인정보 보호 솔루션 '세이프프라이버시'와 보안 USB 관리 솔루션 '세이프USB+'와 연동 구축하면, 하나의 통합콘솔을 통해 고객의 편의성을 제공할 수 있다는 점을 부각해 시너지를 창출도 꾀하고 있다.

것은 정보주체의 개인정보자기결정권을 두텁게 보호한다는 면에서 바람직하지만, 그로 인하여 정보처리자의 영업의 자유 등 다른 헌법적 가치가 훼손될 수 있기 때문에 신중하게 접근하였어야 했다고 한다.[30] 그러나 다른 한편으로 보면 영업적 자유 등을 위하여 개인정보 보호가 침해되는 경우도 상정할 수 있으므로 이러한 가치들 사이의 비교형량이 충분히 이루어질 수 있도록 시행 이후에도 계속 검토하고 판단되어야 할 것이다.

이러한 비판에도, 개인정보 보호법의 시행에 따라 공공기관은 물론 민간 개인정보취급업체도 개인정보 관리에 많은 변화가 요구된다.

정부가 밝힌 개인정보 보호법의 입법 이유와 주요 내용은 다음과 같다.

정보사회의 고도화와 개인정보의 경제적 가치 증대로 사회 모든 영역에 걸쳐 개인정보의 수집과 이용이 보편화되고 있으나, 국가사회 전반을 규율하는 개인정보 보호원칙과 개인정보 처리기준이 마련되지 못해 개인정보 보호의 사각지대가 발생할 뿐만 아니라, 최근 개인정보의 유출·오용·남용 등 개인정보 침해 사례가 지속적으로 발생함에 따라 국민의 프라이버시 침해는 물론 명의도용, 전화사기 등 정신적·금전적 피해를 초래하고 있는 바, 공공부문과 민간부문을 망라하여 국제 수준에 부합하는 개인정보 처리원칙 등을 규정하고, 개인정보 침해로 인한 국민의 피해 구제를 강화하여 국민의 사생활의 비밀을 보호하며, 개인정보에 대한 권리와 이익을 보장하려는 것임.

◇ 주요내용
가. 개인정보 보호의 범위(안 제2조)
1) 공공기관뿐만 아니라 비영리단체 등 업무상 개인정보 파일을 운용하기 위하여 개인정보를 처리하는 자는 모두 이 법에 따른 개인정보 보호규정을 준수하도록 하고, 전자적으로 처리되는 개인정보 외에 수기(手記) 문서까지 개인정보의 보호범위에 포함함.
2) 그동안 개인정보 보호 관련 법률 적용을 받지 않았던 사각지대를 해소함으로써 국가사회 전반의 개인정보 보호수준이 제고될 것으로 기대됨.

30) 문재완, 위 발표문, 124면.

나. 개인정보 보호위원회 설치(안 제7조 및 제8조)

1) 개인정보 보호 기본계획, 법령 및 제도 개선 등 개인정보에 관한 주요 사항을 심의·의결하기 위하여 대통령 소속으로 위원장 1명, 상임위원 1명을 포함한 15명 이내의 위원으로 구성하는 개인정보 보호위원회를 두고, 개인정보 보호위원회에 사무국을 설치함.

2) 개인정보 보호와 관련한 중요 사항에 대하여 의사결정의 신중성·전문성·객관성을 확보할 것으로 기대됨.

다. 개인정보의 수집, 이용, 제공 등 단계별 보호기준 마련(안 제15조부터 제22조까지)

1) 개인정보를 수집, 이용하거나 제3자에게 제공할 경우에는 정보주체의 동의 등을 얻도록 하고, 개인정보의 수집·이용 목적의 달성 등으로 불필요하게 된 때에는 지체 없이 개인정보를 파기하도록 함.

2) 개인정보의 수집, 이용, 제공, 파기에 이르는 각 단계별로 개인정보 처리자가 준수하여야 할 처리기준을 구체적으로 규정함으로써 법규의 실효성이 높아지고 개인정보의 안전한 처리가 가능해질 것으로 기대됨.

라. 고유식별정보의 처리제한 강화(안 제24조)

1) 주민등록번호 등 법령에 따라 개인을 고유하게 구별하기 위해 부여된 고유식별정보는 원칙적으로 처리를 금지하고, 별도의 동의를 얻거나 법령에 의한 경우 등에 한하여 제한적으로 예외를 인정하는 한편, 대통령령으로 정하는 개인정보 처리자는 홈페이지 회원가입 등 일정한 경우 주민등록번호 외의 방법을 반드시 제공하도록 의무화함.

2) 주민등록번호의 광범위한 사용 관행을 제한함으로써 주민등록번호 오·남용을 방지하는 한편, 고유식별정보에 대한 보호가 한층 강화될 것으로 기대됨.

마. 영상정보처리기기의 설치제한 근거마련(안 제25조)

1) 영상정보처리기기 운영자는 일반적으로 공개된 장소에 범죄예방 등 특정 목적으로만 영상정보처리기기를 설치할 수 있도록 함.

2) 영상정보처리기기의 설치·운영 근거를 구체화함으로써, 폐쇄회로텔레비전 등 영상정보처리기기의 무분별한 설치를 방지하여 개인영상정보

보호를 강화할 수 있을 것으로 기대됨.

바. 개인정보 영향평가제도 도입(안 제33조)

1) 개인정보 처리자는 개인정보 파일의 구축·확대 등이 개인정보 보호에 영향을 미칠 우려가 크다고 판단될 경우 자율적으로 영향평가를 수행할 수 있도록 하되, 공공기관은 정보주체의 권리침해 우려가 큰 일정한 사유에 해당될 때에는 영향평가 수행을 의무화함.

2) 개인정보 침해로 인한 피해는 원상회복 등 사후 권리구제가 어려우므로 영향평가의 실시로 미리 위험요인을 분석하고 이를 조기에 제거하여 개인정보 유출 및 오·남용 등의 피해를 효과적으로 예방할 수 있을 것으로 기대됨.

사. 개인정보 유출사실의 통지·신고제도 도입(안 제34조)

1) 개인정보 처리자는 개인정보 유출 사실을 인지하였을 경우 지체 없이 해당 정보주체에게 관련 사실을 통지하고, 일정 규모 이상의 개인정보가 유출된 때에는 전문기관에 신고하도록 하는 한편, 피해의 최소화를 위해 필요한 조치를 하도록 함.

2) 개인정보 유출로 인한 피해의 확산 방지를 위한 신속한 조치 및 정보주체의 효과적 권리 구제 등에 기여할 수 있을 것으로 기대됨.

아. 정보주체의 권리 보장(안 제35조부터 제39조까지)

1) 정보주체에게 개인정보의 열람청구권, 정정·삭제 청구권, 처리정지 요구권 등을 부여하고, 그 권리행사 방법 등을 규정함.

2) 정보주체의 권리를 명확히 규정함으로써 정보주체가 훨씬 용이하게 개인정보에 대한 자기통제권을 실현할 것으로 기대됨.

자. 개인정보 분쟁조정위원회 설치 및 집단분쟁조정제도의 도입(안 제40조부터 제50조까지)

1) 개인정보에 관한 분쟁조정 업무를 신속하고 공정하게 처리하기 위하여 개인정보 분쟁조정위원회를 두고, 개인정보 분쟁조정위원회의 조정결정에 대해 수락한 경우 재판상 화해의 효력을 부여하며, 개인정보 피해가 대부분 대량·소액 사건인 점을 고려하여 집단분쟁조정제도를 도입함.

2) 개인정보 관련 분쟁의 공정하고 조속한 해결 및 개인정보 처리자의

불법, 오·남용으로 인한 피해의 신속한 구제를 통해 정보주체의 권익 보호에 기여할 것으로 기대됨.

　차. 단체소송의 도입(안 제51조부터 제57조까지)

　1) 개인정보 처리자로 하여금 개인정보의 수집·이용·제공 등에 대한 준법정신과 경각심을 높이고, 동일·유사 개인정보 소송에 따른 사회적 비용을 절감하기 위해 개인정보 단체소송제도를 도입함.

　2) 다만, 단체소송이 남발되는 것을 막기 위해 단체소송 전에 반드시 집단분쟁조정제도를 거치도록 하고 단체소송의 대상을 권리침해행위의 중단·정지 청구소송으로 제한함.

　카. 개인정보 침해사실의 신고(안 제62조)

　1) 개인정보 처리자로부터 권리 또는 이익을 침해받은 자는 행정안전부장관에게 그 침해사실을 신고할 수 있으며, 행정안전부장관은 신고 접수 및 업무처리 지원을 위해 개인정보 침해신고센터를 설치·운영함.

　2) 개인정보 침해사실을 신고하고 상담할 수 있는 창구를 마련하여 정보주체의 신속한 권리구제와 고충처리에 기여할 것으로 기대됨.

II. 「개인정보 보호법」의 구조

1. 개인정보 보호 체계

　국내의 개인정보 보호 법제는 과거에는 공공부문은 「공공기관의 개인정보 보호에 관한 법률」을 통해 규율해 왔고, 민간부문은 「정보통신망 이용촉진 및 정보보호 등에 관한 법률」을 중심으로, 「신용정보의 이용 및 보호에 관한 법률」, 「의료법」 등을 통해 규율해 왔다.

　이제 기본적으로는 「공공기관의 개인정보 보호에 관한 법률」을 대체하면서, 아울러 민간부문까지 망라하는 명실상부한 개인정보 보호의 기본법인 「개인정보 보호법」이 제정 시행됨에 따라, 기존의 개인정보 보호체계는 개인정보 보호에 관한 일반법인 「개인정보 보호법」을 중심으로 여러 특별 법률이

[그림 4-2] 2011.9.30. 이전의 개인정보 보호법제의 체계

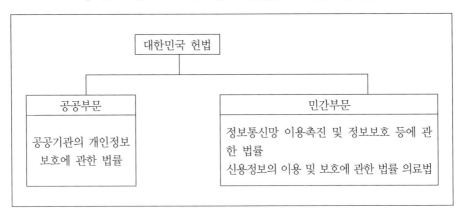

존재하는 것으로 재편되게 되었다. 따라서 '특별법 우선의 원칙'에 의해서 일부 영역에서 특수하게 특별 법률이 우선적으로 적용되는 경우를 제외하면, 「개인정보 보호법」이 개인정보 보호에 관련한 기본적인 사항들을 규율하게 된 것이다.

[그림 4-3] 2011년 9월 30일 이후의 개인정보 보호법제의 체계

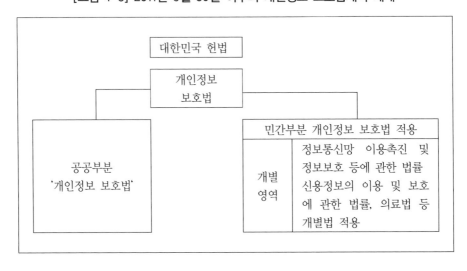

2. 「개인정보 보호법」의 구조

현행 개인정보 보호법은 총 9개 장, 75개조와 부칙 7개조로 구성된다.

제 1 장 총칙

- 목적, 정의, 개인정보 보호원칙, 다른 법률과의 관계 등

⇒개인정보 보호법안의 적용대상을 공공·민간부문의 모든 개인정보 처리자로 함(제2조)

제 2 장 개인정보 보호정책의 수립 등

- 개인정보 보호위원회, 기본계획·시행계획 수립, 개인정보 보호지침, 자율규제촉진 등

제 3 장 개인정보의 처리

- 수집·이용·제공 등 처리기준, 민감정보·고유식별정보 제한, 영상정보 처리기기 제한 등

제 4 장 개인정보의 완전한 관리

- 안전 조치 의무, 개인정보 파일 등록·공개, 개인정보 영향평가, 유출통지제도 등

제 5 장 정보주체의 안전한 관리

- 열람요구권, 정정·삭제 요구권, 처리정지요구권, 권리행사방법 및 절차, 손해배상책임 등

제 6 장 개인정보 분쟁조정위원회

- 분쟁조정위원회 설치·구성, 분쟁조정의 신청방법·절차, 효력, 집단분쟁조정제도 등

제 7 장 개인정보 단체소송

- 단체소송 대상, 소송허가요건, 확정판결의 효력 등

제 8 장 보칙

- 적용제외, 금지행위, 침해사실신고, 시정조치 등

제 9 장 벌칙

- 벌칙, 과태료 및 양벌규정 등

부칙: 시행일, 경과조치, 다른 법률의 개정 등

Ⅲ. 「개인정보 보호법」의 운용

「대한민국헌법」상의 개인정보 보호 근거규정

① 건국헌법 제11조 모든 국민은 법률에 의하지 아니하고는 통신의 비밀을 침해받지 아니한다.

② **현행 헌법에서 보장된 프라이버시**

• 대한민국 헌법 제10조(인간의 존엄, 행복추구권), 제16조(주거의 자유), 제17조(사생활의 비밀과 자유), 제18조(통신의 비밀) 등을 통해 사생활보호권을 기본권으로 선언하여 보호하고 있는 것으로 해석함.

③ **헌법에서 보장된 국민의 알 권리**

• 국민의 알권리에 대해서는 헌법 제21조(언론출판의 자유)에 비슷한 내용이 있다.

• 알권리는 프라이버시와 다르게 직접적으로 알권리에 대한 헌법이나 실정법이 없다. 위의 헌법 제21조에서 보듯이 추상적인 내용만 존재한다.

• 정보공개에 대한 법률은 공공기관과 교육기관에 대한 법률만 지정되어 있다.

1. 개인정보 보호위원회

이 법은 개인정보 보호 관련 국가기관으로서 개인정보 보호위원회와 개인정보 분쟁조정위원회 등의 기관을 규정하고 있다.

이 법을 통하여, 대통령 소속의 '개인정보 보호위원회'를 설치하여 개인정보 보호에 관한 주요 정책 등을 심의·의결하도록 하고 행정안전부에 개인정보 보호업무의 총괄·조정권한을 부여함으로써 보다 책임 있는 개인정보 보호정책의 수립·추진이 가능하게 되었다.[31] 개인정보 보호위원회를 통하여 개인정보 보호를 위한 전담 추진체계를 마련한 점에서 이 법은 상당히 진일

---

31) 이규정, 개인정보보호법 제정의 의의와 과제, 2011-06-24 http://www.tocsg.co.kr/tt/site/ttboard.cgi? act=read&db =5_2_news&page=1&idx=38

보하였다.

영국의 경우 데이터 프라이버시 보호를 위한 독립적 기관인 정보감독위원회(Office of the Information Commissioner)을 설립하고 있다. 정보보호청은 공공부문과 민간부문을 통합해서 감독하는 독립된 감독기구이다. 이 정보보호청은 「2000년 정보공개법」(Freedom of Information Act 2000)도 함께 관장하고 있다. 이 영국 정보감독위원회(ICO)가 있어 개인정보 자료에 대한 불법거래 등을 조사하고 경찰과 업무협조를 하고 있다.[32]

미국은 독립적인 개인정보 보호기관이 존재하지 않는다. 다만 공공부문에서는 예산관리처(OMB)가, 민간부문에서는 연방통상위원회(FTC, Federal Trade Commission)가 각각 간접적인 개인정보 보호로서의 역할을 담당하고 있다.

독일의 연방개인정보 보호법은 연방의 공공부문과 민간부문에서 행해지는 모든 개인정보 처리에 대하여 포괄적으로 규율하고 있지만,[33] 그 집행체계는 다소 복잡한 구조를 가지고 있다. 즉, 동법에 의해서 설립되는 '연방개인정보 보호청'(Bundesbeauftragter für den Datenschutz)은 연방의 모든 공공기관에서의 개인정보 처리와, 본래 연방관할에 속하는 통신서비스 및 우편서비스 부문에서의 개인정보 처리에 대하여 집행책임을 지고 있다.

한편, 통신과 우편을 제외한 민간부문의 개인정보 처리에 대해서는 동법 제38조에 의하여 각 주가 지정하는 이른바 '정보감독청'(Aufsichtsbehörde)이 집행책임을 지고 있다. 이 정보감독청은 각 주의 행정기관으로서, 주에 따라서는 주의 공공부문과 민간부문을 통합하여 집행책임을 지는 경우도 있고, 양부문을 분리하고 있는 경우도 있다.

일찍부터 독립된 감독기관의 필요성이 다양하게 제기 되었는데, 이러한

---

32) 애플이 아이폰 사용자들을 대상, 구글도 안드로이드폰을 통해 고객의 스마트폰에서 확보 된 고객의 위치데이터를 사용해 왔는데, 구글은 스트리트뷰카에서 몰래 고객들의 와이파이 접속포인트정보는 물론 이들 라우터에서 보내진 데이터들을 수집해 온 것이 드러나 영국정보위원회가 징벌을 내린 적도 있다. 같은 사건에서 영국 프라이버시 감시당국은 거의 솜방망이 수준의 검열만 하고 있지만, 프랑스 당국은 이 회사에 10만파운드(1억7천만원)의 벌금을 매겼다. 구글은 데이터 수집에 대해 항상 사고였다고 말해 오고 있다.

33) 주의 공공부문(지방자치단체 포함)에서의 개인정보보호는 당해 주의 법률에 의하여 규율되고 있다. 현재 16개의 모든 주가 공공부문을 규율하는 자신의 보호입법을 가지고 있다. ⟨http://europa.eu.int/comm/internal_market/privacy/law/implementationen.htm#germany⟩

의견 중에 시행예정인 개인정보 보호법은 개인정보감독기구를 대통령 직속의 기구로 만들되 그 독립성을 보장해 주는 방안을 채택한 것이다.

대통령 소속이라 함은 기관장 및 위원의 임명권자가 대통령으로, 위원의 신분은 보장되며, 위원회는 대통령에 대해 직접 보고하는 것을 의미한다. 또한 기관의 운영상 독립성이 확보되어 인사상·재정상의 독립성이 확보된 경우를 독립위원회라고 할 수 있다. 이러한 감독기구는 프랑스 등 외국의 입법례에서도 찾아 볼 수 있다.[34] 2011년 9월 20일 이 법에서 위임된 사항을 정한 개인정보 보호법 시행령 및 개인정보 보호위원회 규정이 국무회의를 통과하였다.

개인정보 보호위원회는 위원장 1명, 상임위원 1명을 포함한 15명 이내의

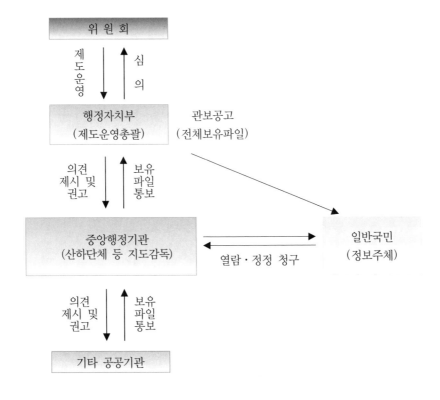

---

34) 성낙인 외 9인, 앞의 책, 722면 이하 참조.

위원으로 구성하되, 상임위원은 정무직 공무원으로 임명한다(법 제7조 제2항).
위원은 대통령이 임명하거나 위촉한다. 이 경우 위원 중 5명은 국회가 선출하
는 자를, 5명은 대법원장이 지명하는 자를 각각 임명하거나 위촉한다(법 제7조
제4항).35)

상임위원(차관급) 1국과 3과 30명으로 구성되며, 개인정보 보호에 관한 제
도, 기본계획 등 주요사항의 심의, 의결과 중앙행정기관, 헌법기관 등의 개인
정보 보호법 위반의 경우에 그 침해행위 중지 등을 직접 권고할 수 있다.36)

2. 개인정보 보호위원회의 기능

개인정보 보호위원회는 개인정보 보호법 제7조에 따라서 다음 사항의 업
무를 추진한다.

① 행정안전부장관의 기본계획(제9조)에 따른 기본계획 및 중앙행정기관
의 장의 시행계획(제10조)에 따른 시행계획,

② 개인정보 보호와 관련된 정책, 제도 및 법령의 개선에 관한 사항,

③ 개인정보의 처리에 관한 공공기관 간의 의견조정에 관한 사항,

④ 개인정보 보호에 관한 법령의 해석·운용에 관한 사항,

⑤ 개인정보를 목적 외의 용도로 이용하거나 이를 제3자에게 제공하지 아
니하면 다른 법률에서 정하는 소관 업무를 수행할 수 없는 경우로서 보호위
원회의 심의·의결을 거친 경우(제18조 제2항 제5호)에 따른 개인정보의 이용·
제공에 관한 사항,

⑥ 행정안전부장관은 '개인정보 영향평가'(제33조 제1항)에 따라 제출받은
영향평가 결과에 대하여 보호위원회의 심의·의결을 거친 그 영향평가 결과
에 관한 사항,

---

35) 위원은 다음에 해당하는 사람이어야 한다(법 제7조 제4항).
　　1. 개인정보 보호와 관련된 시민사회단체 또는 소비자단체로부터 추천을 받은 사람
　　2. 개인정보처리자로 구성된 사업자단체로부터 추천을 받은 사람
　　3. 그 밖에 개인정보에 관한 학식과 경험이 풍부한 사람
36) http://www.datanet.co.kr/news/articleView.html?idxno=57017

⑦ 제61조제1항에 따른 의견제시에 관한 사항,

⑧ '중앙행정기관, 지방자치단체, 국회, 법원, 헌법재판소, 중앙선거관리위원회의 그 소속 기관 및 소관 공공기관에 대하여 개인정보 보호에 관한 의견을 제시하거나 지도·점검을 한 것'(제64조 제4항)에 따른 조치의 권고에 관한 사항,

⑨ '행정안전부장관과 중앙행정기관의 장은 제61조에 따른 개선권고, 제64조에 따른 시정조치 명령, 제65조에 따른 고발 또는 징계권고 및 제75조에 따른 과태료 부과의 내용 및 결과에 대하여 보호위원회의 심의·의결을 거친'(제66조) 그 처리 결과의 공표에 관한 사항,

⑩ 보호위원회는 관계 기관 등으로부터 필요한 자료를 제출받아 매년 개인정보 보호시책의 수립 및 시행에 관한 보고서를 작성하여 정기국회 개회 전까지 국회에 제출(정보통신망에 의한 제출을 포함한다)하여야 하는데(제67조 제1항), 이 연차보고서에 따른 연차보고서의 작성·제출에 관한 사항,

⑪ 개인정보 보호와 관련하여 대통령, 보호위원회의 위원장 또는 위원 2명 이상이 회의에 부치는 사항,

⑫ 그밖에 이 법 또는 다른 법령에 따라 보호위원회가 심의·의결하는 사항을 심의 의결 한다(제8조 보호위원회의 기능 등).

보호위원회는 위의 사항을 심의·의결하기 위하여 필요하면 관계 공무원, 개인정보 보호에 관한 전문 지식이 있는 사람이나 시민사회단체 및 관련 사업자로부터 의견을 들을 수 있고, 관계 기관 등에 대하여 자료 등의 제출을 요구할 수 있다(제8조 제2항).

그리고 개인정보 보호법 시행령(대통령령 제23169호 신규제정 2011. 09. 29., 이하 시행령이라 한다.) 제5조에서 개인정보 보호위원회의 심의·의결 사항에 대하여 사전에 전문적으로 검토하기 위하여 보호위원회에 분야별 전문위원회를 둘 수 있도록 하고 있다. 각 전문위원회는 위원장 1명을 포함한 5명 이내의 위원으로 구성하되, 전문위원회 위원은 다음 각 호의 사람 중[37]에서 보호위원회의

---

37) 제5조 제2항 각호 1. 보호위원회 위원, 2. 개인정보 보호 관련 업무를 담당하는 중앙행정기관의 관계 공무원, 3. 개인정보 보호에 관한 전문지식과 경험이 풍부한 사람, 4. 개인정보 보호와 관련된 단체 또는 사업자단체에 속하거나 그 단체의 추천을 받은 사람.

동의를 받아 보호위원회 위원장이 임명하거나 위촉하고, 전문위원회 위원장은 보호위원회 위원장이 전문위원회 위원 중에서 지명한다(시행령 제5조).

전문위원회의 회의는 재적위원 과반수의 출석으로 개의(開議)하고, 출석위원 과반수의 찬성으로 의결한다.

그리고 보호위원회의 의사(議事)는 공개한다. 다만, 보호위원회 위원장이 필요하다고 인정하는 경우에는 공개하지 아니할 수 있다(시행령 제6조).

결국, 개인정보 보호법의 시행으로 설립된 개인정보 보호위원회는 개인정보 보호에 관하여는 마치 국가인권위원회와 같은 의견제시, 조치 권고 등의 권한을 갖는 기관이 된다.

[그림 4-4] 개인정보 보호법의 집행체계

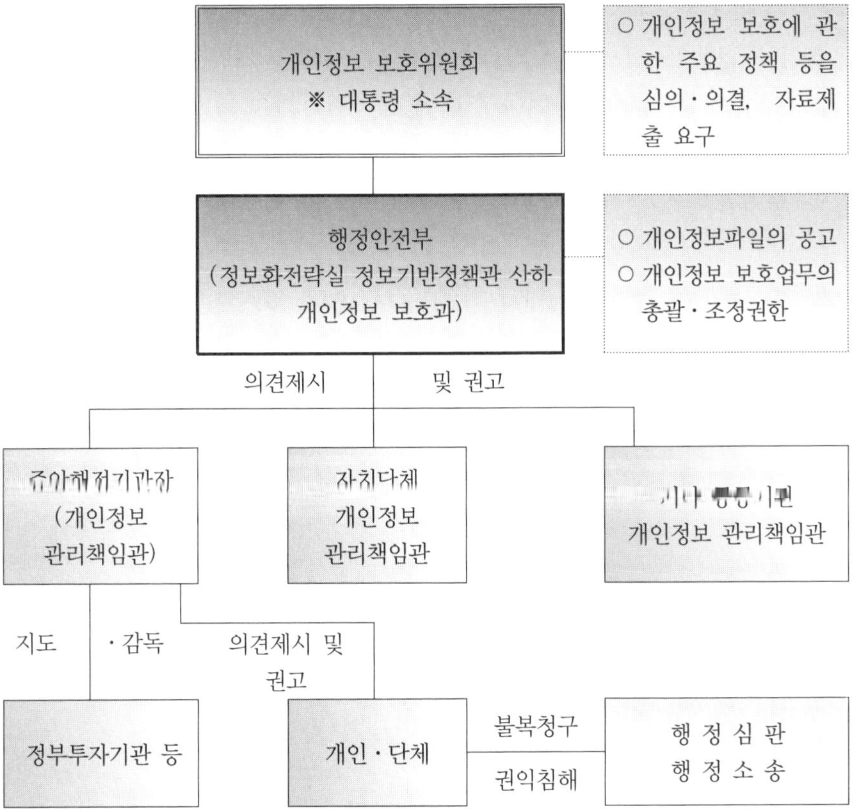

3. 행정안전부장관과 중앙행정기관의 장

행정안전부장관은 3년마다 "개인정보의 보호와 정보주체의 권익 보장을 위하여 개인정보 보호 기본계획"(이하 "기본계획"이라 한다)을 관계 중앙행정기관의 장과 협의 하에 작성하여 보호위원회에 제출하고, 보호위원회의 심의·의결을 거쳐 시행하여야 한다(제9조 제1항).

특히, 행정안전부장관은 개인정보의 처리에 관한 기준, 개인정보 침해의 유형 및 예방조치 등에 관한 표준 개인정보 보호지침(이하 "표준지침"이라 한다)을 정하여 개인정보 처리자에게 그 준수를 권장할 수 있다(제12조 제1항).

이 법에서는 방송통신위원회에 대하여, 행정안전부가 공공부문에 있어서 우선적인 역할을 하도록 규정하고 있다. 예를 들어 행정안전부장관에게 다른 부서보다 우월한 의견제시 및 개선권고 권한을 부여하고 있다.

제61조(의견제시 및 개선권고) ① 행정안전부장관은 개인정보 보호에 영향을 미치는 내용이 포함된 법령이나 조례에 대하여 필요하다고 인정하면 보호위원회의 심의·의결을 거쳐 관계 기관에 의견을 제시할 수 있다.

② 행정안전부장관은 개인정보 보호를 위하여 필요하다고 인정하면 개인정보 처리자에게 개인정보 처리 실태의 개선을 권고할 수 있다. 이 경우 권고를 받은 개인정보 처리자는 이를 이행하기 위하여 성실하게 노력하여야 하며, 그 조치 결과를 행정안전부장관에게 알려야 한다.

③ 관계 중앙행정기관의 장은 개인정보 보호를 위하여 필요하다고 인정하면 소관 법률에 따라 개인정보 처리자에게 개인정보 처리 실태의 개선을 권고할 수 있다. 이 경우 권고를 받은 개인정보 처리자는 이를 이행하기 위하여 성실하게 노력하여야 하며, 그 조치 결과를 관계 중앙행정기관의 장에게 알려야 한다.

④ 중앙행정기관, 지방자치단체, 국회, 법원, 헌법재판소, 중앙선거관리위원회는 그 소속 기관 및 소관 공공기관에 대하여 개인정보 보호에 관한 의견을 제시하거나 지도·점검을 할 수 있다.

중앙행정기관의 장은 표준지침에 따라 소관 분야의 개인정보 처리와 관련한 개인정보 보호지침을 정하여 개인정보 처리자에게 그 준수를 권장할 수 있다(제12조 제2항). 국회, 법원, 헌법재판소 및 중앙선거관리위원회는 해당 기관(그 소속 기관을 포함한다)의 개인정보 보호지침을 정하여 시행할 수 있다(제12조 제3항).

행정안전부장관에게는 그 밖의 다른 우월한 권한을 부여하고 있다.

제62조(침해 사실의 신고 등) ① 개인정보 처리자가 개인정보를 처리할 때 개인정보에 관한 권리 또는 이익을 침해받은 사람은 행정안전부장관에게 그 침해 사실을 신고할 수 있다.

② 행정안전부장관은 제1항에 따른 신고의 접수·처리 등에 관한 업무를 효율적으로 수행하기 위하여 대통령령으로 정하는 바에 따라 전문기관을 지정할 수 있다. 이 경우 전문기관은 개인정보 침해 신고센터(이하 "신고센터"라 한다)를 설치·운영하여야 한다.

③ 신고센터는 다음 각 호의 업무를 수행한다.

1. 개인정보 처리와 관련한 신고의 접수·상담

2. 사실의 조사·확인 및 관계자의 의견 청취

3. 제1호 및 제2호에 따른 업무에 딸린 업무

④ 행정안전부장관은 제3항 제2호의 사실 조사·확인 등의 업무를 효율적으로 하기 위하여 필요하면 「국가공무원법」 제32조의4에 따라 소속 공무원을 제2항에 따른 전문기관에 파견할 수 있다.

제63조(자료제출 요구 및 검사) ① 행정안전부장관은 다음 각 호의 어느 하나에 해당하는 경우에는 개인정보 처리자에게 관계 물품·서류 등 자료를 제출하게 할 수 있다.

1. 이 법을 위반하는 사항을 발견하거나 혐의가 있음을 알게 된 경우

2. 이 법 위반에 대한 신고를 받거나 민원이 접수된 경우

3. 그 밖에 정보주체의 개인정보 보호를 위하여 필요한 경우로서 대통령령으로 정하는 경우

제63조 제4항에서는 행정안전부장관과 관계 중앙행정기관의 장이 개인정보 처리자로부터 제출받거나 수집한 서류·자료 등을 이 법에 따른 경우를 제외하고는 제3자에게 제공하거나 일반에게 공개하여서는 아니하도록 하고 있다.

'전국교직원노동조합'에 가입한 교원들의 학교명, 교사명, 담당교과, 교원 단체 및 노동조합 가입현황을 인터넷 홈페이지를 통하여 공개한 행위에 대하여, 법원은 해당 교원들의 개인정보 자기결정권을 침해하는 것으로서 불법행위를 구성한다고 판결하였다(부산지방법원 2011. 2. 17. 선고 2010가합10002 판결).38) 교원의 노동조합 가입 여부에 관한 정보39)를 공개한 행위는 학생의 학습권이나 학부모의 교육권에 기초한 학부모 및 일반 국민의 알권리의 정당한 범위를 초과하여 해당 교원들의 개인정보 자기결정권을 침해하는 것으로 본 것이다.

제64조(시정조치 등) ① 행정안전부장관은 개인정보가 침해되었다고 판단할 상당한 근거가 있고 이를 방치할 경우 회복하기 어려운 피해가 발생할 우려가 있다고 인정되면 이 법을 위반한 자(중앙행정기관, 지방자치단체, 국회, 법원, 헌법재판소, 중앙선거관리위원회는 제외한다)에 대하여 다음 각 호에 해당하는 조치를 명할 수 있다.

1. 개인정보 침해행위의 중지
2. 개인정보 처리의 일시적인 정지
3. 그 밖에 개인정보의 보호 및 침해 방지를 위하여 필요한 조치

② 관계 중앙행정기관의 장은 개인정보가 침해되었다고 판단할 상당한 근거가 있고 이를 방치할 경우 회복하기 어려운 피해가 발생할 우려가 있다고 인정되면 소관 법률에 따라 개인정보 처리자에 대하여 제1항 각 호에 해당하는 조치를 명할 수 있다.

---

38) 학생의 학습권이나 학부모의 교육권에 어떠한 구체적인 침해가 발생하였는지 불분명한 상태에서 교직원의 교원단체 및 노동조합 가입현황 중 인원수만을 공시하도록 한 '교육관련기관의 정보공개에 관한 특례법'의 취지를 넘어서 아무런 기준이나 제한 없이 개별 학부모의 교육권과 관련이 없는 교원들의 정보를 인터넷 홈페이지에 게시하는 방법으로 일반에 공개하는 것은 그 정보 공개에 특별히 긴급한 사정이 있었다고 보기 어렵고, 침해방법 역시 합리적 범위 내라고 보이지 않는다(부산지방법원 2011. 2. 17. 선고 2010가합10002 판결).

39) 법원은 같은 취지의 개인정보를 인터넷 등에 공시하거나 언론기관 등에 공개하는 것은 당해 교원과 노동조합의 위 각 권리를 부당하게 침해할 개연성이 매우 클 뿐만 아니라, 공공기관의 개인정보 보호에 관한 법률 제10조, 교육관련기관의 정보공개에 관한 특례법 제8조의 취지상 개인정보를 제공받은 자가 그 개인정보를 제공된 목적에 따라 사용하여야 할 의무를 위반하는 것이라는 등의 이유로 그 가처분신청을 인용한 바 있다(서울남부지방법원 2010. 4. 15. 자 2010카합211 결정).

③ 지방자치단체, 국회, 법원, 헌법재판소, 중앙선거관리위원회는 그 소속 기관 및 소관 공공기관이 이 법을 위반하였을 때에는 제1항 각 호에 해당하는 조치를 명할 수 있다.

④ 보호위원회는 중앙행정기관, 지방자치단체, 국회, 법원, 헌법재판소, 중앙선거관리위원회가 이 법을 위반하였을 때에는 해당 기관의 장에게 제1항 각 호에 해당하는 조치를 하도록 권고할 수 있다. 이 경우 권고를 받은 기관은 특별한 사유가 없으면 이를 존중하여야 한다.

제65조(고발 및 징계권고) ① 행정안전부장관은 개인정보 처리자에게 이 법 등 개인정보 보호와 관련된 법규의 위반에 따른 범죄혐의가 있다고 인정될 만한 상당한 이유가 있을 때에는 관할 수사기관에 그 내용을 고발할 수 있다.

② 행정안전부장관은 이 법 등 개인정보 보호와 관련된 법규의 위반행위가 있다고 인정될 만한 상당한 이유가 있을 때에는 책임이 있는 자를 징계할 것을 그 소속 기관·단체 등의 장에게 권고할 수 있다. 이 경우 권고를 받은 사람은 이를 존중하여야 하며 그 결과를 행정안전부장관에게 통보하여야 한다.

③ 관계 중앙행정기관의 장은 소관 법률에 따라 개인정보 처리자에 대하여 제1항에 따른 고발을 하거나 소속 기관·단체 등의 장에게 제2항에 따른 징계권고를 할 수 있다. 이 경우 제2항에 따른 권고를 받은 사람은 이를 존중하여야 하며 그 결과를 관계 중앙행정기관의 장에게 통보하여야 한다.

제66조(결과의 공표) ① 행정안전부장관은 제61조에 따른 개선권고, 제64조에 따른 시정조치 명령, 제65조에 따른 고발 또는 징계권고 및 제75조에 따른 과태료 부과의 내용 및 결과에 대하여 보호위원회의 심의·의결을 거쳐 공표할 수 있다.

② 관계 중앙행정기관의 장은 소관 법률에 따라 제1항에 따른 공표를 할 수 있다.

③ 제1항 및 제2항에 따른 공표의 방법, 기준 및 절차 등은 대통령령으로 정한다.

행정안전부장관 등에게 형사 고발권을 부여하고 나아가 징계권고를 하고 그 개선권고, 시정조치 명령 등에 대한 결과를 통보받고, 그 결과를 공표할 수도 있도록 하고 있다.

4. 개인정보분쟁조정위원회

(1) 집단분쟁조정의 필요성

옥션 개인정보 유출사건에서는 인터넷 경매 사이트에 가입한 회원 1,081 만 명의 개인정보를 안전하게 보관할 수 있는 설비를 완비하지 못한 상태에 서 2008년 2월 4일 중국인 해커에게 데이터베이스에 저장된 회원들의 주민등 록 번호 등을 해킹당하는 사고가 발생하여, 그로부터 개인정보가 유출된 소비 자들은 정신적 피해를 입었다.

이 사건에서 소비자분쟁조정위원회는 2008년 9월 22일 하나로 텔레콤(주) 의 서비스 소비자 66명과 (주)옥션의 서비스 소비자 1,133명에 대해 각각 집 단 분쟁조정절차를 개시한다는 결정을 의결하고, 같은 해 9월 25일부터 10월 24일까지 동일한 피해를 입은 소비자들이 한국소비자원 홈페이지를 통해 집 단 분쟁에 참가하도록 했다.

그밖에도 GS칼텍스 고객 개인정보 유출사건 등 오늘날에는 사고발생시 유출되는 정보의 양과 피해의 범위는 날로 확산하고 있다.[40] 이러한 개인정보 침해에 대한 집단적 대응의 필요성이 크므로, 집단분쟁조정제도를 도입하게 되었다. 이것은 국가 및 지방자치단체, 개인정보 보호단체 및 기관, 정보주체, 개인정보 처리자는 정보주체의 피해 또는 권리침해가 다수의 정보주체에게 같거나 비슷한 유형으로 발생하는 경우로서 대통령령으로 정하는 사건에 대 하여는 분쟁조정위원회에 일괄적인 분쟁조정(이하 "집단분쟁조정"이라 한다)을 의뢰 또는 신청할 수 있다는 것이었다.

기존의 피해구제에 관한 기구로서 정보통신망법에 의해 '개인정보 분쟁조 정위원회'에서 민간을 대상으로 분쟁을 조정하였고, 공공부분은 '공공기관개 인정보 보호심의위원회'에서 주요 사안을 심의하고 있었다. 그런데, 이 법의

---

40) 임종인 · 이숙연, 앞의 논문, 215면. 손형섭, "연예인의 프라이버시권 법리", 법조 통권 제635호(2009), 26면.

[그림 4-5] 개인정보 유출 사례

* 인터넷 AUCTION 개인정보 유출

* 특급호텔 투숙객 정보 구글서 무방비 노출

* GS 칼텍스 1100만명 정보 유출

* 국민은행 고객 3만명 정보 유출

* KT 개인정보 190만건 노출

* 전국 초·중고생 636만명 불법유출

* 국민연금공단 10만명 불법유출

* 금융감독원 4300명 정보 노출

시행으로 설치하여 국민들의 혼란 없이 '개인정보 분쟁조정위원회'가 공적부분과 사적부분을 통괄하여 그 피해구제를 담당하게 되었고(제40조), "집단분쟁조정제도"도 도입되었다.

이것은 (1) 개인정보에 관한 분쟁조정 업무를 신속하고 공정하게 처리하기 위하여 개인정보 분쟁조정위원회를 두고, 개인정보 분쟁조정위원회의 조정결정에 대해 수락한 경우 재판상 화해의 효력을 부여하며, 개인정보 피해가 대부분 대량·소액 사건인 점을 고려하여 집단분쟁조정제도를 도입하기 위한 것이다. (2) 개인정보 관련 분쟁의 공정하고 조속한 해결 및 개인정보 처리자의 불법, 오·남용으로 인한 피해의 신속한 구제를 통해 정보주체의 권익 보호에 기여할 것으로 기대된다.

개인정보 분쟁조정위원회는 위원장 1명을 포함한 20명 이내의 위원으로 구성하며, 그 중 1명은 상임위원으로 한다(제40조 제2장). 그 위원은 1. 개인정보 보호업무를 관장하는 중앙행정기관의 고위공무원단에 속하는 공무원 또는 이에 상당하는 공공부문 및 관련 단체의 직에 재직하고 있거나 재직하였던 사람으로서 개인정보 보호업무의 경험이 있는 사람, 2. 대학이나 공인된 연구기관에서 부교수 이상 또는 이에 상당하는 직에 재직하고 있거나 재직하였던 사람, 3. 판사·검사 또는 변호사로 재직하고 있거나 재직하였던 사람, 4. 개인정보 보호와 관련된 시민사회단체 또는 소비자단체로부터 추천을 받은 사람, 5. 개인정보 처리자로 구성된 사업자단체의 임원으로 재직하고 있거나 재직하였던 사람의 어느 하나에 해당하는 사람 중에서 행정안전부장관이 임명하거나 위촉한다(제40조 제3항).

위원장은 위원 중에서 공무원이 아닌 사람으로 행정안전부장관이 임명한다(제40조 제4항). 위원장과 위원의 임기는 2년으로 하되, 1차에 한하여 연임할 수 있다. 다만, 제3항제1호(개인정보 보호업무를 관장하는 중앙행정기관의 고위공무원단에 속하는 공무원 또는 이에 상당하는 공공부문 및 관련 단체의 직에 재직하고 있거나 재직하였던 사람으로서 개인정보 보호업무의 경험이 있는 사람)에 따라 임명된 공무원인 위원은 그 직에 재직하는 동안 재임한다(제40조 제4항).

또한 분쟁조정위원회는 분쟁조정 업무를 효율적으로 수행하기 위하여 필요하면 대통령령으로 정하는 바에 따라 조정사건의 분야별로 5명 이내의 위원으로 구성되는 조정부를 둘 수 있다. 이 경우 조정부가 분쟁조정위원회에서 위임받아 의결한 사항은 분쟁조정위원회에서 의결한 것으로 본다(제40조 제6조). 조정부(이하 "조정부"는 개인정보 분쟁조정위원회 위원장이 지명하는 5명 이내)의 위원으로 구성하되, 그 중 1명은 변호사 자격이 있는 위원으로 한다(시행령 제49조 제1항).

분쟁조정위원회 또는 조정부는 재적위원 과반수의 출석으로 개의하며 출석위원 과반수의 찬성으로 의결한다(법 제40조 제7조). 분쟁조정위원회 사무국은 위원장의 명을 받아 분쟁조정 신청사건에 대한 사실 확인 및 그 밖의 사무를 처리한다(시행령 제50조 제1항). 행정안전부장관은 분쟁조정위원회 사무국 운영 등 업무를 지원하는 전문기관으로 한국인터넷진흥원을 지정한다(시행령 제50조 제2항).

(2) 조정의 신청

개인정보와 관련한 분쟁의 조정을 원하는 자는 분쟁조정위원회에 분쟁조정을 신청할 수 있다(법 제43조). 분쟁조정위원회는 당사자 일방으로부터 분쟁조정 신청을 받았을 때에는 그 신청내용을 상대방에게 알려야 한다.

공공기관이 이와 같은 분쟁조정의 통지를 받은 경우에는 특별한 사유가 없으면 분쟁조정에 응하여야 한다.

그 분쟁조정 절차는 ① 신청사건의 접수 및 통보, ② 사실확인 및 당사자 의견청취, ③ 조정전 합의 권고, ④ 위원회의 조정절차 개시, ⑤ 조정의 성립, ⑥ 효력의 발생이 순으로 진행된다.[41]

분쟁조성위원회는 세43조제1항에 따라 분쟁조정 신청을 받았을 때에는 해당 분쟁의 조정을 위하여 필요한 자료를 분쟁당사자에게 요청할 수 있다. 이 경우 분쟁당사자는 정당한 사유가 없으면 요청에 따라야 한다(제45조 제1항).

분쟁조정위원회는 필요하다고 인정하면 분쟁당사자나 참고인을 위원회에 출석하도록 하여 그 의견을 들을 수 있다(제45조 제2항).

분쟁조정위원회는 위의 분쟁조정 신청을 받았을 때에는 당사자에게 그 내

---

41) http://privacy.kisa.or.kr/kor/committee/committee02.jsp

용을 제시하고 조정 전 합의를 권고할 수 있다(법 제46조).

집단분쟁조정을 의뢰받거나 신청 받은 분쟁조정위원회는 그 의결로써 다음의 규정에 따른 집단분쟁조정의 절차를 개시할 수 있다. 이 경우 분쟁조정위원회는 대통령령으로 정하는 기간 동안 그 절차의 개시를 공고하여야 한다.

제46조 제3항 분쟁조정위원회는 집단분쟁조정의 당사자가 아닌 정보주체 또는 개인정보 처리자로부터 그 분쟁조정의 당사자에 추가로 포함될 수 있도록 하는 신청을 받을 수 있다.

제4항 분쟁조정위원회는 그 의결로써 제1항 및 제3항에 따른 집단분쟁조정의 당사자 중에서 공동의 이익을 대표하기에 가장 적합한 1인 또는 수인을 대표당사자로 선임할 수 있다.

제5항 분쟁조정위원회는 개인정보 처리자가 분쟁조정위원회의 집단분쟁조정의 내용을 수락한 경우에는 집단분쟁조정의 당사자가 아닌 자로서 피해를 입은 정보주체에 대한 보상계획서를 작성하여 분쟁조정위원회에 제출하도록 권고할 수 있다.

제6항 제48조제2항에도 불구하고 분쟁조정위원회는 집단분쟁조정의 당사자인 다수의 정보주체 중 일부의 정보주체가 법원에 소를 제기한 경우에는 그 절차를 중지하지 아니하고, 소를 제기한 일부의 정보주체를 그 절차에서 제외한다.

제7항 집단분쟁조정의 기간은 제2항에 따른 공고가 종료된 날의 다음 날부터 60일 이내로 한다. 다만, 부득이한 사정이 있는 경우에는 분쟁조정위원회의 의결로 처리기간을 연장할 수 있다.

제8항 집단분쟁조정의 절차 등에 관하여 필요한 사항은 대통령령으로 정한다.

5. 단체소송의 도입

이미 하나로텔레콤의 개인정보 무분별 수집에 대한 소비자단체 소송의 시작으로, 옥션의 개인정보 유출사건에 관하여 소비자의 단체소송이 제기된 바

있다. 옥션 사건의 경우 소비자보호원에서 개인정보가 모두 유출된 고객에게
는 1인당 10만원, 일부 유출된 사람에게는 5만원을 배상하라는 조정결정이 내
려진 바 있다. 이렇게 개인정보의 유출 등의 침해에 대하여는 단체소송이 그
유효한 해결방안으로 사용될 수 있었다. 이 개인정보 보호법에서는 이러한 단
체소송의 제도를 도입하여 개인정보 주체자들의 효과적인 권리행사를 돕도록
하고 있다.

우리나라에서 단체소송제도는 2006년 소비자기본법을 개정하여 처음으로
도입되었는데,[42] 개인정보 보호법에서는 개인정보 처리자가 제49조에 따른
집단분쟁조정을 거부하거나 집단분쟁조정의 결과를 수락하지 아니한 경우에
는 법원에 권리침해 행위의 금지·중지를 구하는 소송(이하 "단체소송"이라 한
다)을 제기할 수 있다(법 제51조).[43]

단체소송을 제소를 할 수 있는 단체는 법 제51조에서 다음의 조건을 갖추
도록 요구하고 있다. ① 「소비자기본법」 제29조에 따라 공정거래위원회에 등
록한 소비자단체로서, 가. 정관에 따라 상시적으로 정보주체의 권익증진을 주
된 목적으로 하는 단체일 것, 나. 단체의 정회원수가 1천명 이상일 것, 다. 「소
비자기본법」 제29조에 따른 등록 후 3년이 경과하였을 것, 라. 중앙행정기관
에 등록되어 있을 것.

개인정보 처리자로 하여금 개인정보의 수집·이용·제공 등에 대한 준법

---

42) 고형석, "개인정보침해와 피해구제에 관한 연구", 법조 통권 661권(2011.8.), 284면.
43) 다음 각 호의 어느 하나에 해당하는 단체는 단체소송을 제기할 수 있다(법 제51조).
  1. 「소비자기본법」 제29조에 따라 공정거래위원회에 등록한 소비자단체로서 다음 각 목
    의 요건을 모두 갖춘 단체
    가. 정관에 따라 상시적으로 정보주체의 권익증신을 주된 목적으로 하는 단체일 것
    나. 단체의 정회원수가 1천명 이상일 것
    다. 「소비자기본법」 제29조에 따른 등록 후 3년이 경과하였을 것
  2. 「비영리민간단체 지원법」 제2조에 따른 비영리민간단체로서 다음 각 목의 요건을 모
    두 갖춘 단체
    가. 법률상 또는 사실상 동일한 침해를 입은 100명 이상의 정보주체로부터 단체소송
      의 제기를 요청받을 것
    나. 정관에 개인정보 보호를 단체의 목적으로 명시한 후 최근 3년 이상 이를 위한 활
      동실적이 있을 것
    다. 단체의 상시 구성원수가 5천명 이상일 것
    라. 중앙행정기관에 등록되어 있을 것

정신과 경각심을 높이고, 동일·유사 개인정보 소송에 따른 사회적 비용을 절감하기 위해 개인정보 단체소송제도를 도입하도록 하였다. 다만, 단체소송이 남발되는 것을 막기 위해 단체소송 전에 반드시 집단분쟁조정제도를 거치도록 하고 단체소송의 대상을 권리침해행위의 중단·정지 청구소송으로 제한하도록 하였다. 따라서 단체소송을 통하여 권리침해행위로 인하여 발생한 손해에 대한 배상은 청구할 수 없다. 또한 위법한 행위로 인하여 수집한 개인정보의 삭제 등은 청구할 수 없다.44)

이 단체소송에 관하여 개인정보 단체소송규칙(대법원규칙 제2358호 신규제정 2011. 09. 28.)에 따르도록 하며, 특별한 규정이 없는 때에는 「민사소송규칙」을 적용하도록 하고 있다.45)

제52조(전속관할) ① 단체소송의 소는 피고의 주된 사무소 또는 영업소가 있는 곳, 주된 사무소나 영업소가 없는 경우에는 주된 업무담당자의 주소가 있는 곳의 지방법원 본원 합의부의 관할에 전속한다.

② 제1항을 외국사업자에 적용하는 경우 대한민국에 있는 이들의 주된 사무소·영업소 또는 업무담당자의 주소에 따라 정한다.

제55조(소송허가요건 등) ① 법원은 다음 각 호의 요건을 모두 갖춘 경우에 한하여 결정으로 단체소송을 허가한다.

1. 개인정보 처리자가 분쟁조정위원회의 조정을 거부하거나 조정결과를 수락하지 아니하였을 것
2. 제54조에 따른 소송허가신청서의 기재사항에 흠결이 없을 것

단체소송의 경우 시행규칙 제4조에 따라, 소에는 ① 원고 및 그 소송대리인, ② 피고, ③ 청구의 취지와 원인을 기재해야 한다. 그리고 동 시행규칙 제5조에 따라 소송허가신청서에는 ① 원고 및 그 소송대리인, ② 피고, ③ 허가신청의 취지와 원인, ④ 정보주체의 침해된 권리의 내용을 기재해야 한다.

원고의 청구를 기각하는 판결이 확정된 경우 이와 동일한 사안에 관하여는 제51조에 따른 다른 단체는 단체소송을 제기할 수 없다(법 제56조).46)

---

44) 고형석, "개인정보 침해와 피해구제에 관한 연구", 법조 통권 661권(2011.8.), 287면.
45) 개인정보 단체소송규칙(대법원규칙 제2358호 신규제정 2011. 09. 28.) 제2조.
46) 개인정보 보호법에서의 단체소송은 소비자기본법상 단체소송으로도 수행할 수 있고

6. 개인정보 침해사실의 신고(행정안전부 장관에게)

중앙행정기관의 장은 기본계획에 따라 매년 개인정보 보호를 위한 시행계획을 작성하여 보호위원회에 제출하고, 보호위원회의 심의·의결을 거쳐 시행하여야 한다. 시행계획의 수립·시행에 필요한 사항은 대통령령으로 정한다(법 제10조).[47]

이미 공공기관의 개인정보 보호에 관한 법률에 따라 행정자치부의 개인정보 보호과에서는 공공기관 개인정보 침해 신고 및 상담 사례집을 게시해오고 있었다. 개인정보 처리자로부터 권리 또는 이익을 침해받은 자는 행정안전부장관에게 그 침해사실을 신고할 수 있으며, 행정안전부장관은 신고 접수 및 업무처리 지원을 위해 개인정보 침해신고센터를 설치·운영한다. 이것은 개인정보 침해사실을 신고하고 상담할 수 있는 창구를 마련하여 정보주체의 신속한 권리구제와 고충처리에 기여할 것으로 기대된다.

행정안전부장관은 기본계획을 효율적으로 수립·추진하기 위하여 개인정보 처리자, 관계 중앙행정기관의 장, 지방자치단체의 장 및 관계 단체 등에 개인정보 처리자의 법규 준수 현황과 개인정보 관리 실태 등에 관한 자료의 제출이나 의견의 진술 등을 요구할 수 있다(제11조 제1항 자료제출 요구 등).

7. 개인정보 업무 전문기관 등

개인정보 보호법이 시행으로, 개인정보 보호 전무 기업이 등장하여서 다양할 활동을 할 것으로 모이나. 한국인터넷진흥원(KISA), 한국정보회진흥원(NIA), 한국지역정보개발원(KLID) 3개 기관은 9월 30일부터 개인정보 보호의 유관 전문기관으로서 업무를 수행할 것이다. 이중 공공분야 아이핀(주민번

그 요건도 소비자기본법에 따른 단체소송이 덜 엄격하다는 지적이 있다.(고형석, 앞의 논문, 289~290면 참조.)

47) 시행령 제11조 (기본계획의 수립절차 등) 제1항 행정안전부장관은 3년마다 법 제9조에 따른 개인정보 보호 기본계획(이하 "기본계획"이라 한다)을 작성하여 그 3년이 시작되는 해의 전전년도 12월 31일까지 보호위원회의 심의·의결을 거쳐야 한다.

호대체수단) 운영관리를 해온 KLID의 경우 아이핀 업무를 전담하도록 한다.[48)]
그러나 방통위 소속의 정보보호 전문기관인 KISA와 행안부 산하기관인 NIA
의 역할 분담은 법규를 통하여 명확히 된 것이 없기 때문에 양 기관 사이에서
도 그 역할에 대한 논의가 분분하였다. 지금은 행정안전부장관이 분쟁조정위
원회 사무국 운영 등 업무를 지원하는 전문기관으로 한국인터넷진흥원
(KISA)을 지정(시행령 제50조 제2항)하고 있다.

한편, 기업들 중에는 한국인터넷진흥원에서 인증하는 개인정보 보호관리
체계(Personal Information Management System, 이하 PIMS)의 인증 기업이 받기도
한다. 이를 인증 획득하기 위해서는 ① 개인정보 보호를 체계적이고 주기적으
로 수행하고 있는지 점검하는 관리과정, ② 개인정보를 안전하게 보호하기 위
한 보호대책, ③ 개인정보의 생성에서 파기까지의 법률 준수여부를 점검하는
생명주기에 대한 심사기준 등을 모두 만족해야 한다. 이 제도 시행 이후 인증
을 취득한 회사는 NHN이 최초이다.[49)] NHN은 향후 개인정보 보호법 시행으
로 네이버카페 운영진처럼 네이버 서비스 이용자들도 개인정보 처리자로 지
정되어 법률 적용을 받을 수도 있기 때문에, 이로 인해 이용자들이 불이익을
받지 않도록 하는 방안에 대해서도 현재 고민 중이라고 한다.

참고로, 정보안전취급을 위하여 영국규격협회가 세계에 규격화 하려고 하
는 ISMS(Information Security Management System)라는 것이 있다. 영국은
ISMS적합성평가제도를 만들어서 국제적인 정보보안운영의 적합성에 대한
제3자적합성평가를 하여 각국의 정보보안 전체 수준을 향상시키고 있다.

NHN의 검색 포털싸이트인 네이버(www.naver.com)는 국내 최초로 개인정
보 보호를 주제로 한 공식 블로그(http://privacy.naver.com/)를 오픈하고[50)]있다.

48) KISA와 NIA, 개인정보 보호 역할 놓고 갈등, http://www.itdaily.kr/news/article
View.html?idxno=27547
49) 2011년 05월 24일
50) NHN, 업계 최초 개인정보 보호를 위한 공식 블로그 오픈
http://www.newswire.co.kr/newsRead.php?no=536782&lmv=A03

05
CHAPTER

「개인정보 보호법」 규정의 이해

I. 총 칙

1. 개인정보

(1) 개인정보의 개념

이 법 제2조 제1호에서, "개인정보란 살아 있는 개인에 관한 정보로서 성명, 주민등록번호 및 영상 등을 통하여 개인을 알아볼 수 있는 정보(해당 정보만으로는 특정 개인을 알아볼 수 없더라도 다른 정보와 쉽게 결합하여 알아볼 수 있는 것을 포함한다)를 말한다."고 정의하고 있다.

이러한 개인정보의 개념 요소를 보면, 첫째 생존하는 개인에 관한 정보라는 것을 들 수 있다. 사망자에 대한 정보는 적용대상이 아니다. 사망자의 정보는 그것이 사망자의 정보인 동시에 관련되는 유족의 정보이기도 하여 생존하는 유족의 개인정보가 되는 경우에 한하여 이 법의 적용이 있을 뿐이다. 현대사회에서 인간의 일상적 삶이란 사실 개인정보의 지속적 생산 및 이용 그리고 교환의 과정이라고 할 수 있다. 대개 사람들은 사회인으로서 100~200개 정도의 개인정보를 소유하고 있다고 한다. 아래의 표 에서 보듯이 개인정보는 일반정보, 가족정보 등 14개 정보군의 100개 정도에 이르고 있다.

둘째 성명, 주민등록번호 및 영상 등을 통하여 개인을 알아볼 수 있는 정보, 즉 개인의 식별가능성을 가진 개인정보이어야 한다. 개인을 알아볼 수 있는 정보란 예명, 펜네임 그리고 방범 카메라에 기록되는 영상도 이에 해당된다. 그리고 종업원의 정보도 개인이 식별할 수 있는 정보라면 당연히 개인정보에 해당한다. 법인의 대표자의 성명도 본인을 식별할 수 있는 이상 개인정보에 해당하게 된다.

식별의 상대성은 개인식별의 여부는 당해정보를 취급하는 자마다 다를 수 있는 상대적인 것이다. 메일주소의 정보만으로 일반적으로 개인식별을 할 수는 없다고 해석되지만, 당해 메일주소를 이용하는 자가 소속단체, 당해 메일주소를 조합하여 당해 본인을 식별하기 쉽게 되면 이러한 메일 주소도 개인정보에 해당하게 된다.[1]

〈표 5-1〉 개인정보의 유형과 종류[2]

구분	개인정보의 종류
일반정보	이름, 주민등록번호, 운전면허번호, 주소, 전화번호, 생년월일, 출생지, 본적지, 성별, 국적
가족정보	부모・배우자・부양가족의 이름 및 직업, 가족구성원의 출생지 및 생년월일, 주민등록번호, 직업
교육 및 훈련정보	학교 출석사항, 최종학력, 학교성적, 기술자격증 및 전문면허증, 이수한 훈련 프로그램, 서클활동, 상벌사항, 성격 및 형태 보고
병역정보	군번 및 계급, 제대유형, 주특기, 근무부대
부동산정보	소유주택, 토지, 자동차, 기타 소유차량, 상점 및 건물 등
동산정보	보유 현금, 저축현황, 현금카드, 주식・채권 및 기타 유가증권, 수집품, 고가의 예술품, 보석
소득정보	현재 봉급액, 봉급경력, 보너스 및 수수료, 기타 소득의 원천, 이자소득, 사업 소득
기타수익정보	보험(건강・생명 등) 가입현황, 수익자, 회사차・회사의 판공비, 투자프로그램, 퇴직 프로그램, 휴가・병가
신용정보	대부 잔액 및 지불상황, 저당, 신용카드, 지불연기 및 미납의 수, 임금압류 통보에 대한 기록
고용정보	현재의 고용주, 회사주소, 상관의 이름, 직무수행 평가기록, 훈련기록, 출석기록, 상벌기록, 성격 테스트 결과, 직무태도
법적정보	전과기록, 자동차 교통위반기록, 파산 및 담보기록, 구속기록, 이혼기록, 납세기록
의료정보	가족병력기록, 과거의 의료기록, 정신질환기록, 신체장애, 혈액형 등
조직정보	노조 가입, 종교단체 가입, 정당 가입, 클럽 회원
습관 및 취미정보	흡연, 음수량, 선호하는 스포츠 및 오락, 여기활동, 비디오 대여 기록, 도박성향 등

　개인사업자의 사업에 관한 정보는 순수한 개인정보로 구분하기 곤란하지만, 그 내용에 개인의 학력, 기능, 신체, 재산 및 각종 사회・경제적 활동에 관한 정보를 통하여 '개인을 알아볼 수 있는 정보'에 해당하는 경우는 이 법에

---

1) TMI総合法律事務所, 『個人情報管理ハンドブック』, 商事法務(2005), 13면.
2) 성낙인 외 9인, 앞의 책, 222면 이하 참조.

적용을 받게 된다.

또 개인정보를 암호화한 정보에 대하여도 통상, 당해암호의 발신자 및 수신자에 있어서는 용이하게 해당정보를 개인을 식별하는 정보에 복원할 수 있다면 개인정보에 해당하지만, 일반적으로 그 암호에 접근한 제3자에 의하여 당해정보로부터 특정 개인을 식별할 수 없기 때문에 개인정보에 해당하는 것은 아니다.

(2) 주민등록번호 등 고유식별번호

2007년 한국정보진흥원의 발표에 따르면 2006년 한해 개인정보 유출피해는 '주민번호 도용'이 7,111건인 78%, '아이디 도용'이 10%로 나타나 주민번호 도용문제가 가장 심각한 피해의 유형임을 알 수 있다.[3] "스마트폰[4] 보안을 강화하기 위해서는 지금처럼 고정된 ID를 사용하기 보다 각각의 애플리케이션이 무작위로 식별자 ID를 만들어내는 편이 좋다"고 말했다.

따라서 이 법 제24조(고유식별정보의 처리 제한)에서는 개인정보 처리자는 법에서 정한 경우를 제외하고는 법령에 따라 개인을 고유하게 구별하기 위하여 부여된 식별정보로서 "고유식별정보"를 처리할 수 없도록 하였다. 여기서 말하는 고유식별정보중 가장 대표적인 정보가 주민등록번호, 여권번호, 운전면허번호, 외국인등록번호 등이다(시행령 제19조). 이 법 제24조에서는 각호의 경우를 제외하고, 개인정보 처리자는 이러한 고유식별정보를 처리할 수 없다고 규정하고 있다.

다만 각호에서 ① 정보주체에게 1. 개인정보의 수집·이용 목적, 2. 수집하려는 개인정보의 항목, 3. 개인정보의 보유 및 이용 기간, 4. 동의를 거부할 권리가 있다는 사실 및 동의 거부에 따른 불이익이 있는 경우에는 그 불이익의 내용(제15조 제2항 각 호)을 알리거나 또는 개인정보 처리자가 정보주체의 개인

---

3) 성낙인 외 9명, 앞의 책 86면.
4) 스마트폰이란 기존의 음성통화 중심의 휴대전화 기능에 통신기능뿐만 아니라 본격적인 네트워크 기능과 개인용 휴대단말기인 PDA(Personal Digital Assistant)가 가진 스케줄 기능, 개인정보 관리 기능 등 다양한 기능을 가진 단말기를 말한다. 이원태/유지연/박현유/김위근, 『방통융합 환경에서 정보의 자유와 개인의 프라이버시 보호방안 연구』, 정보통신정책연구원(2010).

정보를 제3자에게 제공(공유를 포함)할 때는 1. 개인정보를 제공받는 자, 2. 개인정보를 제공받는 자의 개인정보 이용 목적, 3. 제공하는 개인정보의 항목, 4. 개인정보를 제공받는 자의 개인정보 보유 및 이용 기간, 5. 동의를 거부할 권리가 있다는 사실 및 동의 거부에 따른 불이익이 있는 경우에는 그 불이익의 내용의 사항을 알리고 동의를 받아(제17조 제2항) 다른 개인정보의 처리에 대한 동의와 별도로 동의를 받은 경우와 ②법령에서 구체적으로 고유식별정보의 처리를 요구하거나 허용하는 경우에는 고유식별정보를 처리할 수 있다.

이것은 기존에 고유식별정보로 개인정보를 취급해오던 개인정보 처리자에게는 일정한 제한을 부과한 것이라고 할 수 있다.

따라서 이 법 제24조 제2항에서는 "대통령령으로 정하는 기준에 해당하는 개인정보 처리자는 정보주체가 인터넷 홈페이지를 통하여 회원으로 가입할 경우 주민등록번호를 사용하지 아니하고도 회원으로 가입할 수 있는 방법을 제공하여야 한다."고 규정하고 이 조항의 경우는 그 시행일을 2012. 3. 30.로 정하였다. 이 법 제정 이후부터 대비하여, 2012. 3. 30.까지는 아이핀 등 다른 대체수단을 제공하여야 한다.[5]

그리고 개인정보 처리자는 주민등록번호 등을 처리하는 경우에는 그 고유식별정보가 분실·도난·유출·변조 또는 훼손되지 아니하도록 대통령령으로 정하는 바에 따라 암호화 등 안전성 확보에 필요한 조치를 하여야 한다(법 제24조 제3항).

(3) 주소정보

개인정보의 활용성을 인정하고 강조하는 입장에서는 주소, 성명, 전화번호 등의 정보는 확실히 개인의 정보이지만, 통상 일정 범위의 타인에게 알려져야 한다고 주장할 수도 있다.[6] 그러나 정보기술의 발전으로 알지 못하는 제3자에게 더욱 쉽고 빠르게 정보가 전달될 가능성이 있다는 것을 고려하면 프라

---

5) 제24조 제4항은 행정안전부장관에게 이 조항(제24조 제2항)에 따른 방법의 제공을 지원하기 위하여 관계 법령의 정비, 계획의 수립, 필요한 시설 및 시스템의 구축 등 제반 조치를 마련할 수 있다고 정하고 있다.

6) 손형섭, 연예인의 프라이버시권 법리, 30면.

이버시의 범위는 더욱 넓게 인정되어야 할 것이다. 또, 주소가 그 자체로는 중요한 것이 아니라도 이에 의해 개인을 특정하고 연락할 수 있으며, 개인에 관한 타 정보의 수집, 정리에 이용되는 성격(색인정보성)으로 인해 보호필요성이 있다.

이런 점에서 일본의 최고재판소는 경찰에 정보를 제시하는 것이 불법행위인가에 대한 물음에 주소를 포함한 개인정보가 프라이버시에 관한 정보로서 법적 보호대상이 된다고 인정한 바 있다(와세다대학 강택민 강연회 명부제출사건)[7].

(4) 개인정보의 범위

이 법에서의 의무대상을 공공기관이나 정보통신서비스제공자로 특정하지 않고, '개인정보 처리자'를 적용대상으로 규정하고 있다. '개인정보 처리자'란 업무를 목적으로 개인정보 파일을 운용하기 위하여 스스로 또는 다른 사람을 통하여 개인정보를 처리하는 공공기관, 법인, 단체 및 개인 등을 말한다(법 제2조 제5호). 따라서 근로자나 잠재고객 등 개인정보 처리자가 취급하는 모든 개인정보를 보호대항으로 규정하게 되었다.

따라서 앞으로는 기업에서 고객의 개인정보 외에도 임직원의 개인정보나 제휴사, 위탁 업체 담당자의 개인정보를 취급하는 경우에도 이 법에 따른 개인정보 보호조치를 해야 한다. 즉, 신규직원 채용을 위해 입사 지원자의 개인정보를 수집하는 경우에도 수집목적, 수집 항목, 보유기간 등을 명시하고 해당 지원자에게 동의를 받아야 한다. 그리고 수집한 임직원의 개인정보는 인사관리를 위한 목적으로만 사용하고 권한 없는 자에 의해 오·남용되지 않도록 철저히 관리하여야 한다. 해당 근로자가 퇴직을 한 경우에는 사전에 동의를 받은 보유기간이 도래한 후에는 파기하여야 한다.[8]

---

7) 일본 판례는, 개인의 자택소재지·전화번호 등의 주거에 관한 정보가 그것에 포함 되는가 아닌가에 대해서는 자택 등의 주거는 본인 및 가족의 사생활상의 본거지이며 「그런 안식, 평화의 장소가 되는 곳이므로 극히 私事性이 높은 공간」이며 주거정보가 무분별하게 공표되지 않는 이익은 프라이버시의 이익으로서 법적으로 보호되어야 한다고 해석하고 있다.

8) 윤수영, 개인정보 보호법 시행으로 인한 개인정보 보호규제 환경 변화 대응 전략, 정보처리학회지 제17권 제2호(2010년 3월), 5면.

이 법외에도, 개인정보에 관하여는 형법 제127조 "공무원 또는 공무원이었던 자가 법령에 의한 직무상 비밀을 누설한 때에는 2년 이하의 징역이나 금고 또는 5년 이하의 자격정지에 처한다"는 '공무원의 비밀누설죄'에 해당하는 경우가 있고, 기타 공무원법, 지방공무원법, 공직자윤리법, 공직선거법, 주민등록법, 지방세법 등에서도 비밀누설금지 위반에 대하여 형벌 또는 징계처분을 할 수 있도록 하고 있다.

2. 개인정보 처리자

이 법의 주 적용대상인 '개인정보 처리자'란 업무를 목적으로 개인정보 파일을 운용하기 위하여 스스로 또는 다른 사람을 통하여 개인정보를 처리하는 공공기관, 법인, 단체 및 개인 등을 말한다(제2조 제1항 5호). 이들이 개인정보를 수집하는 경우에도 본인의 동의를 기본적으로 요구하고 있다.

이 법 입법 전의 법안이었던 '이은영 기본법안'은 법적 의무와 책임의 주체를 나타내는 표현으로 '개인정보 취급자'라는 용어를 채택하고 있다. 법안 제3조 제3호는 "개인정보 취급자라 함은 업무상 개인정보를 수집하여 이를 처리·이용하는 자를 말한다."고 규정하고 있다. 한편, "노회찬 기본법안"은 '개인정보 보유자'라는 용어를 채택하면서, "개인정보 보유자라 함은 개인정보를 보유하는 자를 말한다."고 간단히 규정하고(제2조 제4호), 다시 제3호에서 "보유라 함은 개인정보를 작성 또는 취득하거나 처리·유지·관리하는 것을 말한다."고 규정하고 있다.

여기서 개념요소로서 '업무를 목적으로'라는 표현을 사용하고 있다. 이것은 일본의 민간부문 일반법의 '사업용'이라는 개념요소보다 그 적용범위가 더 넓다. 개인적으로 사용하기 위해 수집하는 정보는 아예 '개인정보'로 인정하지 않는 방식이다. 이러한 접근방식에는 비판이 있다. 개인정보 처리자에게 이 법 제3조는 '개인정보 보호의 원칙'을 요구하고 있다. 특히 개인정보 처리자는 개인정보에 대한 부정한 접근(access)을 통제하는 등의 안전성 확보의무를 갖는다.

3. 업무위탁

개인정보 처리자가 제3자에게 개인정보의 처리 업무를 위탁하는 경우에는 이 법 제26조에 따라야 한다. 즉 위탁에 관하여 문서에 의하여야 한다.[9]

개인정보의 처리 업무를 위탁하는 개인정보 처리자(이하 "위탁자"라 한다)는 위탁하는 업무의 내용과 개인정보 처리 업무를 위탁받아 처리하는 자(이하 "수탁자"라 한다)를 정보주체가 언제든지 쉽게 확인할 수 있도록 대통령령으로 정하는 방법에 따라 공개하여야 한다.

위탁자가 재화 또는 서비스를 홍보하거나 판매를 권유하는 업무를 위탁하는 경우에는 대통령령으로 정하는 방법에 따라 위탁하는 업무의 내용과 수탁자를 정보주체에게 알려야 한다. 위탁하는 업무의 내용이나 수탁자가 변경된 경우에도 또한 같다.

위탁자는 업무 위탁으로 인하여 정보주체의 개인정보가 분실·도난·유출·변조 또는 훼손되지 아니하도록 수탁자를 교육하고, 처리 현황 점검 등 대통령령으로 정하는 바에 따라 수탁자가 개인정보를 안전하게 처리하는지를 감독하여야 한다.

수탁자는 개인정보 처리자로부터 위탁받은 해당 업무 범위를 초과하여 개인정보를 이용하거나 제3자에게 제공하여서는 아니 된다. 일본에서는 와세다 대학이 강택민 중국주석 강연회에 참가 신청한 학생들의 명부를 강연회 경비를 담당하는 경시청에 제출한 것에 대하여 프라이버시 침해에 근거한 손해배상을 인정한 판례[10]가 있다. 여기서 대학 측이 참가 신청한 학생 명부를 제공한 것은 일반적으로 인정할 수 있는 개인정보의 합리적인 사용범위를 초과하여 제3자에 제공한 것에 해당한다. 이에 대하여 불법행위 책임을 인정한 판례이다.

---

9) 이 경우 다음의 내용이 포함되어야 한다(제26조).
  1. 위탁업무 수행 목적 외 개인정보의 처리 금지에 관한 사항
  2. 개인정보의 기술적·관리적 보호조치에 관한 사항
  3. 그 밖에 개인정보의 안전한 관리를 위하여 대통령령으로 정한 사항
  10) 동경지방재판소 2001.4.11. 判夕1067号150頁. 최고재판소 제2소판 2003.9.12. 判夕 1083号295頁.

수탁자가 위탁받은 업무와 관련하여 개인정보를 처리하는 과정에서 이 법을 위반하여 발생한 손해배상책임에 대하여는 수탁자를 개인정보 처리자의 소속 직원으로 본다(제26조).

재위임의 경우에는 어떻게 하는가가 문제될 수 있는데 이 경우에도 위의 법 원칙에 따르지 않는 재위임은 금지될 것이다.

4. 개인정보 보호의 원칙

1980년 9월 23일 OECD 이사회는 국가간 전자상거래에서의 프라이버시 및 개인정보 보호를 위한 '프라이버시 보호 및 개인정보의 국가간 유통에 관한 가이드라인에 관한 이사회 권고'(Guidelines on the Protection of Privacy and Transborder Flows of Personal Data)를 가맹국에 대한 권고안으로 채택하였다. 이 중 제2장 제7조부터 제14조까지의 원칙을 개인정보 보호에 관한 OECD의 8원칙이라고 하는데 그 내용은 ① 수집제한의 원칙, ② 정보정확성의 원칙, ③ 목적명확성의 원칙, ④ 이용제한의 원칙, ⑤ 안전보호의 원칙, ⑥ 공개의 원칙, ⑦ 개인 참가의 원칙, ⑧ 책임의 원칙 등이다.[11] 이 법 제3조는 이러한 OECD이사회의 원칙을 반영한 조항이다.

제3조(개인정보 보호 원칙) ① 개인정보 처리자는 개인정보의 처리 목적을 명확하게 하여야 하고 그 목적에 필요한 범위에서 최소한의 개인정보만을 적법하고 정당하게 수집하여야 한다. ⇒ 제1조는 목적명확화의 원칙을 규정하고 있다.

② 개인정보 처리자는 개인정보의 처리 목적에 필요한 범위에서 적합하게 개인정보를 처리하여야 하며, 그 목적 외의 용도로 활용하여서는 아니 된다. ⇒ 제2조는 이용제한의 원칙을 규정하고 있다.

③ 개인정보 처리자는 개인정보의 처리 목적에 필요한 범위에서 개인정보의 정확성, 완전성 및 최신성이 보장되도록 하여야 한다. ⇒ 제3조는 정보정

---

11) OECD 가이드라인에 대해서는 제3장 Ⅰ.을 참조하시오.

확성의 원칙을 규정하고 있다.

④ 개인정보 처리자는 개인정보의 처리 방법 및 종류 등에 따라 정보주체의 권리가 침해받을 가능성과 그 위험 정도를 고려하여 개인정보를 안전하게 관리하여야 한다. ⇒ 제4조는 안전보호의 원칙을 규정하고 있다.

⑤ 개인정보 처리자는 개인정보 처리방침 등 개인정보의 처리에 관한 사항을 공개하여야 하며, 열람청구권 등 정보주체의 권리를 보장하여야 한다. ⇒ 제5조는 공개의 원칙을 규정하고 있다.

⑥ 개인정보 처리자는 정보주체의 사생활 침해를 최소화하는 방법으로 개인정보를 처리하여야 한다. ⇒ 제6조는 이용제한의 원칙과 수집제한의 원칙을 규정하고 있다.

⑦ 개인정보 처리자는 개인정보의 익명처리가 가능한 경우에는 익명에 의하여 처리될 수 있도록 하여야 한다. ⇒ 제7조에서는 익명처리를 적극 권장하고 있다.

⑧ 개인정보 처리자는 이 법 및 관계 법령에서 규정하고 있는 책임과 의무를 준수하고 실천함으로써 정보주체의 신뢰를 얻기 위하여 노력하여야 한다. ⇒ 제1조는 책임의 원칙을 규정하고 있다.

일본의 경우 2005년 개인정보 보호법의 제정 당시 이러한 개인정보 보호원칙이 표현, 보도의 자유 등을 제약하지 않는가에 대한 우려가 있어 이 기본원칙을 입법과정 중에 일부 삭제하였다. 하지만 우리나라의 경우 사생활의 침해를 최소화하고 개인정보 보호를 위하여 OECD이사회의 8대 원칙과 익명처리의 원칙까지 규정하고 있다.

시행령에서 "개인정보의 안전성 확보 조치"를 규정하고 있고, 개인정보 처리자는 다음의 안전성 확보 조치를 하여야 한다는 의무를 규정하고 있다(시행령 제30조). ① 개인정보의 안전한 처리를 위한 내부 관리계획의 수립·시행, ② 개인정보에 대한 접근 통제 및 접근 권한의 제한 조치, ③ 개인정보를 안전하게 저장·전송할 수 있는 암호화 기술의 적용 또는 이에 상응하는 조치, ④ 개인정보 침해사고 발생에 대응하기 위한 접속기록의 보관 및 위조·변조 방지를 위한 조치, ⑤ 개인정보에 대한 보안프로그램의 설치 및 갱신,

⑥ 개인정보의 안전한 보관을 위한 보관시설의 마련 또는 잠금장치의 설치 등 물리적 조치.

이러한 안전성 확보 조치에 관한 세부 기준은 행정안전부장관이 정하여 고시하도록 한다(시행령 제30조 제3항).

5. 정보주체의 권리

이 법에서는 이러한 정보주체의 권리를 명시하고 있다.

정보주체는 자신의 개인정보 처리와 관련하여 다음 각 호의 권리를 가진다(법 제4조).

1. 개인정보의 처리에 관한 정보를 제공받을 권리

2. 개인정보의 처리에 관한 동의 여부, 동의 범위 등을 선택하고 결정할 권리

3. 개인정보의 처리 여부를 확인하고 개인정보에 대하여 열람(사본의 발급을 포함한다. 이하 같다)을 요구할 권리

4. 개인정보의 처리 정지, 정정·삭제 및 파기를 요구할 권리

5. 개인정보의 처리로 인하여 발생한 피해를 신속하고 공정한 절차에 따라 구제받을 권리

실제로, 지난 2008년 1천800만명의 회원정보가 유출된 이베이옥션 사건의 수사기록에 대하여 서울행정법원 행정12부는 정보 유출 피해자 가운데 한 명인 박진식 변호사가 서울중앙지검장을 상대로 낸 정보공개거부처분 취소소송에서 "진술자 인적 사항을 제외하고 수사보고서, 진술조서 등을 공개하라"며 원고 일부승소로 판결했다. 재판부는 "검찰은 수사자료가 공개되면 이 사건 해커로 추정되는 중국인 홍모씨에 대한 공소제기가 곤란해질 우려가 있다고 주장하지만, 중국 공안당국이 홍씨를 검거해 조사를 마쳤고 그 내용이 우리 측 조사결과와 일치하는 것으로 보이며, 중국과 범죄인 인도조약이 체결된 점 등을 고려하면 정보공개로 수사에 장애를 줄 개연성이 있다고 볼 수 없다"고 밝혔다. 이어 "서버 침입 경로와 방법을 공개함으로써 옥션과 같이 전자상거

래를 중개하는 기업에 경각심을 불러 일으켜 보다 높은 수준의 개인정보 보안시스템을 갖추도록 하는 것이 공익에 더 크게 기여할 것으로 보인다"고 덧붙였다.[12]

6. 국가 등의 책무

제5조(국가 등의 책무) ① 국가와 지방자치단체는 개인정보의 목적 외 수집, 오용·남용 및 무분별한 감시·추적 등에 따른 폐해를 방지하여 인간의 존엄과 개인의 사생활 보호를 도모하기 위한 시책을 강구하여야 한다.

② 국가와 지방자치단체는 제4조에 따른 정보주체의 권리를 보호하기 위하여 법령의 개선 등 필요한 시책을 마련하여야 한다.

③ 국가와 지방자치단체는 개인정보의 처리에 관한 불합리한 사회적 관행을 개선하기 위하여 개인정보 처리자의 자율적인 개인정보 보호활동을 존중하고 촉진·지원하여야 한다.

④ 국가와 지방자치단체는 개인정보의 처리에 관한 법령 또는 조례를 제정하거나 개정하는 경우에는 이 법의 목적에 부합되도록 하여야 한다.

이 조항에 따라, 앞으로 지방자치단체의 자발적인 조례의 제정이 기대된다.

7. 다른 법률과의 관계

(1) 공공기관 개인정보 보호법의 폐지

개인정보 보호법은 다른 법률에 특별한 규정이 있는 경우를 제외하고는 이 개인정보 보호법에서 정하는 바에 따르도록(제6조) 정하고 있다.

우리나라는 공공기관의 컴퓨터에 의하여 처리되는 개인정보의 보호를 위

---

12) 한편 2008년 이 사건으로 피해자 10여만명이 옥션을 상대로 손해배상 소송을 냈으나 1심에서 "옥션이 관련법상 정보보호 기준을 어겼다고 볼 근거가 없고 해킹을 막지 못한 과실이 있었다고 볼 수 없다"며 패소했으며 현재 항소심이 진행 중이다. 연합뉴스, 2011.10.04. "법원, 옥션 해킹사건 수사기록 공개 판결"

하여 1994년 「공공기관의 개인정보 보호에 관한 법률」을 제정, 시행해오다가 공공부문과 민간부문을 망라하여 개인정보를 보호하는 일반법인 「개인정보 보호법」이 2011년 3월 29일 제정됨에 따라 위 법을 폐지하였다.

(2) 정보통신망법

한편, 정보통신망의 이용을 촉진하고 정보통신서비스를 이용하는 자의 개인정보는 종래와 같이 「정보통신망 이용촉진 및 정보보호 등에 관한 법률」(법률 제11048호)에 적용되며(동법 제1조), 신용정보에 관하여는 「신용정보의 이용 및 보호에 관한 법률」에 적용된다. 이와 같이 다른 법률에 특별한 규정이 있는 경우를 제외하고는 이 개인정보 보호법에서 정하는 바에 따르도록(제6조) 정하고 있다.

「정보통신망 이용촉진 및 정보보호 등에 관한 법률」(법률 제11048호)은 정보통신망을 이용하는 자의 개인정보를 보호하기 위하여 이 법 제22조 부터 개인정보의 수집·이용 및 제공 등에 관하여 규정하고 있다. 원칙적으로 개인정보 수집·이용을 위하여 정보주체의 동의를 요구하고 있고(정통망법 제22조), 이 정보주체(이 법에서는 이용자)는 개인정보 수집, 이용, 제공 등의 동의를 철회할 수 있도록 규정하고 있다(제30조). 정통망법 제32조(손해배상)는 이용자가 정보통신서비스 제공자 등이 이 장의 규정을 위반한 행위로 손해를 입으면 그 정보통신서비스 제공자 등에게 손해배상을 청구할 수 있고, 이 경우 해당 정보통신서비스 제공자 등은 고의 또는 과실이 없음을 입증하지 아니하면 책임을 면할 수 없다고 규정하고 있나. 이는 개인정보 보호법의 체계와 유사한 체계를 가지고 있다. 또한 이용자의 동의를 받지 아니하고 개인정보를 수집한 자 등은 5년이하의 징역 또는 5천만원 이하의 벌금에 처하도록 하고 있다(제71조). 개인정보의 분실, 도난, 누출, 변조 또는 훼손한 자 등에 대하여 2년 이하의 징역 또는 1천만원 이하의 벌금형을 규정하고 있다(정통망법 제73조).

(3) 부정경쟁방지법

「부정경쟁방지 및 영업비밀보호에 관한 법률」(법률 제10810호)은 타인의 영업비밀을 침해하는 행위를 방지하고 있다. 이 법에서 영업의 비밀을 보호하고 있는데, 이 비밀이 고객명부 등 개인정보에 해당 하는 경우가 있을 수 있다. 이 경우는 개인정보 보호법과 함께 규정될 수 있고, 양법을 함께 위반하여 함께 처벌하게 되는 경우도 가능하다.

(4) 의료법

의료법 제21조(기록 열람 등)에서는, 원칙적으로 "의료인이나 의료기관 종사자는 환자가 아닌 다른 사람에게 환자에 관한 기록을 열람하게 하거나 그 사본을 내주는 등 내용을 확인할 수 있게 하여서는 아니 된다."고 규정하고 있다(동법 제1항).

그러나 이법 제21조 제2항에서는 ② 의료인이나 의료기관 종사자는 다음 각 호[13]의 어느 하나에 해당하면 그 기록을 열람하게 하거나 그 사본을 교부

---

13) 1. 환자의 배우자, 직계 존속·비속 또는 배우자의 직계 존속이 환자 본인의 동의서와 친족관계임을 나타내는 증명서 등을 첨부하는 등 보건복지부령으로 정하는 요건을 갖추어 요청한 경우
2. 환자가 지정하는 대리인이 환자 본인의 동의서와 대리권이 있음을 증명하는 서류를 첨부하는 등 보건복지부령으로 정하는 요건을 갖추어 요청한 경우
3. 환자가 사망하거나 의식이 없는 등 환자의 동의를 받을 수 없어 환자의 배우자, 직계 존속·비속 또는 배우자의 직계 존속이 친족관계임을 나타내는 증명서 등을 첨부하는 등 보건복지부령으로 정하는 요건을 갖추어 요청한 경우
4. 「국민건강보험법」 제13조, 제43조, 제43조의2 및 제56조에 따라 급여비용 심사·지급·대상여부 확인·사후관리 및 요양급여의 적정성 평가·가감지급 등을 위하여 국민건강보험공단 또는 건강보험심사평가원에 제공하는 경우
5. 「의료급여법」 제5조, 제11조, 제11조의3 및 제33조에 따라 의료급여 수급권자 확인, 급여비용의 심사·지급, 사후관리 등 의료급여 업무를 위하여 보장기관(시·군·구), 국민건강보험공단, 건강보험심사평가원에 제공하는 경우
6. 「형사소송법」 제106조,제215조 또는 제218조에 따른 경우
7. 「민사소송법」 제347조에 따라 문서제출을 명한 경우
8. 「산업재해보상보험법」 제118조에 따라 근로복지공단이 보험급여를 받는 근로자를 진료한 산재보험 의료기관(의사를 포함한다)에 대하여 그 근로자의 진료에 관한 보고 또는 서류 등 제출을 요구하거나 조사하는 경우
9. 「자동차손해배상 보장법」 제12조제2항 및 제14조에 따라 의료기관으로부터 자동차보험진료수가를 청구받은 보험회사 등이 그 의료기관에 대하여 관계 진료기록의 열람을 청구한 경우
10. 「병역법」 제11조의2에 따라 지방병무청장이 징병검사와 관련하여 질병 또는 심신장

하는 등 그 내용을 확인할 수 있게 하여야 한다.

또 의료인은 다른 의료인으로부터 제22조 또는 제23조에 따른 진료기록의 내용 확인이나 환자의 진료경과에 대한 소견 등을 송부할 것을 요청받은 경우에는 해당 환자나 환자 보호자의 동의를 받아 송부하여야 한다. 다만, 해당 환자의 의식이 없거나 응급환자인 경우 또는 환자의 보호자가 없어 동의를 받을 수 없는 경우에는 환자나 환자 보호자의 동의 없이 송부할 수 있다(동법 제21조 제3항).

진료기록을 보관하고 있는 의료기관이나 진료기록이 이관된 보건소에 근무하는 의사・치과의사 또는 한의사는 자신이 직접 진료하지 아니한 환자의 과거 진료 내용의 확인 요청을 받은 경우에는 진료기록을 근거로 하여 사실을 확인하여 줄 수 있다(동법 제21조 제4항).

⑤ 의료인은 응급환자를 다른 의료기관에 이송하는 경우에는 지체 없이 내원 당시 작성된 진료기록의 사본 등을 이송하여야 한다(동법 제21조 제5항).

기타 법률에서는 공직자윤리법 제10조 등록재산의 공개, 농업협동조합의 구조개선에 관한 법률 제22조 자료제공의 요청, 도로교통법 제89조 수시적성검사 관련 개인정보의 통보, 출입국관리법 제78조 관계기관의 협조, 행정심판법 제28조 증거조사에 관하여 개인정보에 관한 규정을 두고 있다.

8. 적용제외

민간부문에서 개인성보 보호의 가치는 한편으로는 개인정보의 처리를 통해 언론의 자유나 학문의 자유 또는 종교의 자유를 실현하는 이익과 불가피

애의 확인을 위하여 필요하다고 인정하여 의료기관의 장에게 징병검사대상자의 진료기록・치료 관련 기록의 제출을 요구한 경우

11. 「학교안전사고 예방 및 보상에 관한 법률」 제42조에 따라 공제회가 공제급여의 지급여부를 결정하기 위하여 필요하다고 인정하여 「국민건강보험법」 제40조에 따른 요양기관에 대하여 관계 진료기록의 열람 또는 필요한 자료의 제출을 요청하는 경우

12. 「고엽제후유의증 환자지원 등에 관한 법률」 제7조제3항에 따라 의료기관의 장이 진료기록 및 임상소견서를 보훈병원장에게 보내는 경우

13. 「의료사고 피해구제 및 의료분쟁 조정 등에 관한 법률」 제28조제3항에 따른 경우

하게 충돌하게 된다. 이처럼 개인정보 보호의 가치와 다른 기본권적 이익이 상충하는 경우에 양자를 합리적으로 조정하는 방법이 필요하다. 따라서 이와 같은 문제의 논의를 거쳐 이 법 제58조에서는 적용의 일부 제외 규정을 두고 있다.

제58조(적용의 일부 제외) ① 다음 각 호의 어느 하나에 해당하는 개인정보에 관하여는 제3장부터 제7장까지를 적용하지 아니한다.

1. 공공기관이 처리하는 개인정보 중 「통계법」에 따라 수집되는 개인정보

2. 국가안전보장과 관련된 정보 분석을 목적으로 수집 또는 제공 요청되는 개인정보

3. 공중위생 등 공공의 안전과 안녕을 위하여 긴급히 필요한 경우로서 일시적으로 처리되는 개인정보

4. 언론, 종교단체, 정당이 각각 취재·보도, 선교, 선거 입후보자 추천 등 고유 목적을 달성하기 위하여 수집·이용하는 개인정보

② 제25조 제1항 각 호에 따라 공개된 장소에 영상정보처리기기를 설치·운영하여 처리되는 개인정보에 대하여는 제15조, 제22조, 제27조 제1항·제2항, 제34조 및 제37조를 적용하지 아니한다.

③ 개인정보 처리자가 동창회, 동호회 등 친목 도모를 위한 단체를 운영하기 위하여 개인정보를 처리하는 경우에는 제15조, 제30조 및 제31조를 적용하지 아니한다.

④ 개인정보 처리자는 제1항 각 호에 따라 개인정보를 처리하는 경우에도 그 목적을 위하여 필요한 범위에서 최소한의 기간에 최소한의 개인정보만을 처리하여야 하며, 개인정보의 안전한 관리를 위하여 필요한 기술적·관리적 및 물리적 보호조치, 개인정보의 처리에 관한 고충처리, 그 밖에 개인정보의 적절한 처리를 위하여 필요한 조치를 마련하여야 한다.

제58조 제1항부터 4호까지의 제외 규정은, 보도, 저술, 학술연구, 종교 및 정치의 분야에서도 개인정보가 다량으로 처리되고 있는데, 그러나 헌법이 보장하는 자유와 밀접하게 관련되어 있는 이들 분야에 대해서까지 개인정보 보호법을 그대로 적용한다면, 언론의 자유, 학문·예술의 자유, 종교의 자유, 정치활동의 자유와 같은 기본권이 가지는 가치와 기능이 크게 위축될 가능성이

있기에 이를 막기 위한 규정이라고 할 수 있다. 하지만 여기에도 적용 제외 규정이 어떠한 기관에 어느 범위로 미치는지에 대하여는 명확하지 않은 편이다. 이에 대하여 꾸준한 구체화 작업이 필요해 보인다.

제58조 제1항 제1호에서 언론의 고유목적을 달성하기 위하여 수집·이용하는 개인정보를 이 법의 적용대상에서 제외하고 있다. 기존 「공공기관의 개인정보 보호에 관한 법률」과 「정보통신망법」에서도 언론, 즉 방송사업자 등에 대하여 적용가능성이 없었다. 인터넷 멀티미디어 방송사업법 제16조(이용자 보호) 제2항에서 "인터넷 멀티미디어 방송 제공사업자는 서비스나 전기통신설비의 제공 과정에서 취득한 개별 이용자에 관한 정보를 보호하기 위한 조치를 취하여야 하며, 취득한 개인 정보를 공개하여서는 아니 된다. 다만, 본인의 동의가 있거나 다른 법률의 규정에 따른 적법한 절차에 따른 경우에는 그러하지 아니하다."라고 규정하고 있을 뿐이다.[14)]

따라서 이 개인정보 보호법이 시행되어도 개인정보 보호의 수집과 침해의 우려가 많은 정보통신사업자, 언론기관은 각기 다른 법에 한 규정(정통망법 규정)에 따르거나, 적용제외(이법 제58조 제1항)에 해당되어 이법이 적용되지 않는다. 반면, 언론기관이 아닌 프리랜서 기자와 작가 등은 적용제외에 해당하지 않게 되어 이 법에 적용되게 되는데 이는 표현의 자유 보장차원에서는 문제가 있다. 이와 같은 언론기관 등의 이법 적용제외 규정은 이것은 이 개인정보 보호법의 역할을 축소하게 할 우려도 있다.

II. 개인정보 보호정책의 수립 등

1. 자율규제의 촉진

자율규제의 촉진 및 지원하기위하여 행정안전부장관은 개인정보 처리자의 자율적인 개인정보 보호활동을 촉진하고 지원하기 위하여 ① 개인정보 보

---

14) 따라서 방송법에 개인정보 보호 관련 규정을 신설을 요구하는 의견이 있다. 권건보, 방송의 자유와 방송사업자의 개인정보 보호, 공법연구 제11권 제2호, (2010년 5월), 50면.

호에 관한 교육·홍보, ② 개인정보 보호와 관련된 기관·단체의 육성 및 지원, ③ 개인정보 보호 인증마크의 도입·시행 지원, ④ 개인정보 처리자의 자율적인 규약의 제정·시행 지원, ⑤ 그 밖에 개인정보 처리자의 자율적 개인정보 보호활동을 지원하기 위하여 필요한 사항의 필요한 시책을 마련하여야 한다(제13조).[15]

2. 국제협력

개인정보의 국제협력에 관하여 법 제14조에서 제1항에서 "정부는 국제적 환경에서의 개인정보 보호 수준을 향상시키기 위하여 필요한 시책을 마련하여야 한다."라고 규정하고 있다.

제2항에서 "정부는 개인정보 국외 이전으로 인하여 정보주체의 권리가 침해되지 아니하도록 관련 시책을 마련하여야 한다."라고 규정하고 있다.

III. 개인정보의 처리

1. 개인정보의 수집, 이용, 제공 등

(1) 개인정보 수집 제한

개인정보 처리자는 ① 정보주체의 동의를 받은 경우, ② 법률에 특별한 규정이 있거나 법령상 의무를 준수하기 위하여 불가피한 경우, ③ 공공기관이 법령 등에서 정하는 소관 업무의 수행을 위하여 불가피한 경우, ④ 정보주체와의 계약의 체결 및 이행을 위하여 불가피하게 필요한 경우, ⑤ 정보주체 또는 그 법정대리인이 의사표시를 할 수 없는 상태에 있거나 주소불명 등으로 사전 동의를 받을 수 없는 경우로서 명백히 정보주체 또는 제3자의 급박한

---

15) 시행령 제14조 (자율규제의 촉진 및 지원) 행정안전부장관은 법 제13조제2호에 따라 개인정보 처리자의 자율적인 개인정보 보호활동을 촉진하기 위하여 예산의 범위에서 개인정보 보호와 관련된 기관 또는 단체에 필요한 지원을 할 수 있다.

생명, 신체, 재산의 이익을 위하여 필요하다고 인정되는 경우, ⑥ 개인정보 처리자의 정당한 이익을 달성하기 위하여 필요한 경우로서 명백하게 정보주체의 권리보다 우선하는 경우(이 경우 개인정보 처리자의 정당한 이익과 상당한 관련이 있고 합리적인 범위를 초과하지 아니하는 경우에 한한다)의 하나에 해당하는 경우에는 개인정보를 수집할 수 있으며 그 수집 목적의 범위에서 이용할 수 있다(제15조 제1항 개인정보의 수집·이용).

개인정보 처리자는 위의 동의를 받을 때에는 ① 개인정보의 수집·이용 목적, ② 수집하려는 개인정보의 항목, ③ 개인정보의 보유 및 이용 기간, ④ 동의를 거부할 권리가 있다는 사실 및 동의 거부에 따른 불이익이 있는 경우에는 그 불이익의 내용의 사항을 정보주체에게 알려야 한다. 이 세 가지 중 어느 하나의 사항을 변경하는 경우에도 이를 알리고 동의를 받아야 한다(제15조 제2항).

개인정보 보호법은 통상 개인정보 처리가 합법적인 것이 되기 위한 요건 중의 하나로서 정보주체의 '동의'를 규정하고 있다. 유럽연합의 개인정보 보호지침(95/46/EC)에서는 '정보주체의 동의'(the data subject's consent)라 함은 자신의 개인정보가 처리되는 것을 승낙한다는 것을 나타내는 의사의 표시로서, 정보주체가 사전에 잘 알고 임의로 내린 구체적인 의사표시(any freely given specific and informed indication)를 말한다.

독일의 연방개인정보 보호법에서는 좀더 가다로운 동의 절차를 규정하고 있는데, "제4a조(동의) (1) 동의는 정보주체의 자유로운 결정에 기초한 때에만 유효하다. 정보주체는 수집, 처리 또는 이용하고자 하는 목적을 통지받아야 하고, 특별한 사정이 그렇게 요구하거나 또는 정보주체가 요청하는 경우에는, 동의를 거부하면 어떤 결과가 따르는지에 대해서도 통지를 받아야 한다. 동의는 서면으로 표시되어야 하고, 다만 특별한 사정이 있어 다른 형식이 적절한 때에는 그러하지 아니하다. 만일 동의가 다른 진술이 담긴 서면에서 함께 표시되는 경우, 그 동의의 진술은 특별히 두드러지게 표시되어야 한다."[16]

---

16) (2) 학문적 연구 분야에 있어서, 위 제1항 제3문 소정의 특별한 사정에는 서면의 요구가 당해 연구의 목적을 심각하게 훼손하는 경우가 포함된다. 이 경우에, 제1항 제2문 소정의 통지사항 및 연구의 목적이 심각하게 훼손될 것이라는 이유는 서면으로 정해져 있어야

는 것이다.

여기서 구체적인 동의방법을 시행령에서 규정하고 있다.[17] 따라서 우편, 팩스, 전화, 인터넷 홈페이지, 전자메일과 이에 준하는 방법으로 동의 내용을 알리고 동의 의사표시를 확인해야 한다. 이를 위반하는 경우에는 이 법 제75조(과태료) 제1항에 의하여 5천만원 이하의 과태료 부과처분을 받을 수 있다.

인터넷상 본인이 자발적으로 제공하게 하는 개인정보를 취급하는 경우, 그 동의는, 구체적으로 면접, 전화 등의 구출에 의하는 외에, 우편, 전화, 파일, 메일 등의 수단을 사용하여 전하게 되는 경우가 있다.

개인정보 처리자는 제15조 제1항 각 호의 어느 하나에 해당하여 개인정보를 수집하는 경우에는 그 목적에 필요한 최소한의 개인정보를 수집하여야 한다. 이 경우 최소한의 개인정보 수집이라는 입증책임은 개인정보 처리자가 부담한다(제16조 제1항). 개인정보 처리자는 정보주체가 필요한 최소한의 정보 외의 개인정보 수집에 동의하지 아니한다는 이유로 정보주체에게 재화 또는 서비스의 제공을 거부하여서는 아니 된다. 또한 정보제공자에게 개인정보 수집에 동의하지 않는 다는 이유로 정보주체에게 재화 또는 서비스의 제공을 거부하지 않도록 규정하고 있다(제16조 제2항).

(2) 쿠키를 이용한 개인정보 수집

쿠키를 이용한 정보수집의 경우, 본인에게 통지·공표가 필요할 수 있다고 해석된다. 쿠키는 웹서버로부터 그 유저가 이용하고 있는 웹브라우저에 송

한다. (3) 특수 개인정보(제3조 제9항)가 수집, 처리 또는 이용되는 경우에, 그 동의에는 이들 개인정보에 대한 구체적 언급이 명시적으로 포함되어야 한다.

17) 시행령 제17조 제1항 1. 동의 내용이 적힌 서면을 정보주체에게 직접 발급하거나 우편 또는 팩스 등의 방법으로 전달하고, 정보주체가 서명하거나 날인한 동의서를 받는 방법, 2. 전화를 통하여 동의 내용을 정보주체에게 알리고 동의의 의사표시를 확인하는 방법, 3. 전화를 통하여 동의 내용을 정보주체에게 알리고 정보주체에게 인터넷주소 등을 통하여 동의 사항을 확인하도록 한 후 다시 전화를 통하여 그 동의 사항에 대한 동의의 의사표시를 확인하는 방법, 4. 인터넷 홈페이지 등에 동의 내용을 게재하고 정보주체가 동의 여부를 표시하도록 하는 방법, 5. 동의 내용이 적힌 전자우편을 발송하여 정보주체로부터 동의의 의사표시가 적힌 전자우편을 받는 방법, 6. 그 밖에 제1호부터 제5호까지의 규정에 따른 방법에 준하는 방법으로 동의 내용을 알리고 동의의 의사표시를 확인하는 방법.

신된 프로그램에서 유저의 인터넷이용이력 등에 관한 데이터를 시간적으로 보존시킨 후, 그 데이터를 유저의 IP주소와 함께 쿠키를 송부하여 웹서버에 자동적으로 송신하는 기능을 가지고 있다. 유저등록하고 있는 사이트를 방문하게 되면 아이디와 패스워드를 입력하지 않아도 자동적으로 로그인할 수 있지만 이것은 쿠키가 자동적으로 아이디 패스워드 등의 정보를 기록하여 보내기 때문이다.

쿠키에 의해서 수집할 수 있는 정보는 IP주소, 사이트 열람한 일시와 방문 횟수, 입력한 아이디와 패스워드 등이고, 개인의 성명과 주소 등에 대하여는 유저본인이 이것들을 입력하지 않는 한, 취득할 수 없다.[18] 따라서 원칙적으로 쿠키를 이용하여 수집한 개인정보는 특정 개인을 식별할 수 없기 때문에, 개인정보 보호법의 적용을 받지 않는다고 해석할 수 있다.

하지만 본인 성명, 주소 등의 정보를 사전에 등록한 회원에 대하여, 회원 전용페이지 내에서 그 열람기록 등의 정보를 쿠키를 이용하여 수집하는 경우에는 상황이 다르다. 이 경우에는 쿠키를 이용하여 수집한 정보는 사전에 개시를 받고 있는 정보와 쉽게 조합하는 것에 의해 특정 개인을 식별할 수 있게 된다. 따라서 이 경우 쿠키를 이용한 정보의 취득은 '개인정보'의 취득에 해당한다고 해석된다. 그리고 이 경우의 쿠키를 이용한 정보취득은 본인으로부터 직접 전자적 기록을 취득하는 것이라고 해석하지 않을 수 없다. 따라서 제15조에 따라 개인정보의 수집·이용 목적 등을 정보주체에게 알리고 동의를 받도록 요구하고 있는 이법 제15조에 따라서 수집·이용 목적의 명시가 요구된다고 할 수 있나. 따라시 이 경우에 쿠키를 이용하여 열람 기록 등의 정보를 취득하는 것 및 그 이용 목적을 웹 페이지상 냉시힐 필요기 있는 것이다.[19]

(3) 신상털기

개인정보의 불법수집과 이로 인한 피해는 SNS(Social Network Service, 소셜 네트워크 서비스)를 통하여 더욱 증가하고 있다. SNS이용자의 확대로 개인의

---

18) TMI総合法律事務所, 前揭書, 68면.
19) TMI総合法律事務所, 上揭書, 69면 참조.

아이디나 실명을 검색해보기만 해도 그 사람이 어떠한 일을 했고, 어떠한 일을 하고 있는지 알 수 있을 뿐만 아니라, 개인적인 친분관계나 취향과 같은 지극히 사적인 정보, 나아가 숨기고 싶은 비밀 까지도 알아낼 수 있게 되었다.[20] SNS를 통한 개인정보 침해와 잘못된 정보의 확산으로 인한 명예훼손 등의 문제가 발생하고 있다. 최근 SNS는 '신상털기'(네티즌들이 개인정보를 조사하는 것)의 주요 도구가 되기도 한다. 신상털기는 생각보다 쉽다. SNS가 유행하면서 예전보다 더 쉬워졌다. 일단 신상털기가 시작되면 학교부터 집주소, 심지어 휴대전화번호까지 공개된다.

2011년 여름, 서울 고려대 의대생 4학년인 박모(25)씨는 자신과 전혀 상관 없는 사건의 가해자인 것처럼 인터넷에 실명과 전화번호 등 신상 정보가 알려져 한바탕 홍역을 치렀다. 나이는 달랐지만 학교와 학과, 학년, 성이 같아 '동기 여학생 집단 성추행' 사건의 가해자로 잘못 지목돼 지인들로부터 "네가 한 것이 맞느냐?"는 전화를 수차례 받고 심한 심적 고통을 겪었다. 그는 참다 못해 자신의 신상을 잘못 턴 누리꾼 10명을 경찰에 고소했다. 이들 누리꾼들은 학교 학사지원센터 홈페이지 등을 통해 학생 명단을 입수한 것으로 알려졌다.

이러한 자들은 개인정보 처리자 즉, 업무를 목적으로 개인정보 파일을 운용하기 위하여 스스로 또는 다른 사람을 통하여 개인정보를 처리하는 공공기관, 법인, 단체 및 개인 등에 해당하지 않을 수 있다. 이 경우에 이들은 이 법의 적용을 받지 않고 일반 민사법상의 책임을 지게 될 수 있다. 이러한 경우는 자기 규율과 책임 의식을 기반으로 한 건전한 인터넷 이용 문화에 대한 인식 제고가 필요하고 정부도 국내 환경에 맞는 자율규제가 도입되고 잘 정착될 수 있도록 법제도를 정비하는 등 효율적인 규제 환경조성을 위한 지원을 아끼지 않아야 한다는 주장도 나오고 있다.[21]

---

20) 노동일·정완, "사이버공간상 프라이버시 개념의 변화와 그에 대한 법적 대응방안", 경희법학제45권 제4호(2010).
21) 소셜 네트워크의 빛과 그림자 2010.7.14.
http://www.sisafocus.co.kr/news/articleView.html?idxno=49275

(4) 위치추적 장치

미국 연방대법원이 위성항법장치(GPS) 장치를 설치해 용의자의 이동경로를 추적할 때 영장이 필요 없다고 판결했다. 그간 연방 고등법원과 항고법원이 내린 판결을 뒤집은 것이다.

2011.6.28. 미국 사법부는 "사생활 보호 가치가 없는 범죄인이라면 영장 없이 모든 이동경로를 추적해도 상관없다"고 판결했다. GPS를 사용해 범죄인을 감시하는 것이 '부당한 수색 또는 압수를 당하지 않는 권리(Fourth Amendment rights)'에 위배되지 않는다는 결정이다.[22] 국내에서는 아직 GPS를 이용한 수사를 실시하고 있지는 않으나 차후에 논란이 될 수 있다.

2011년 미국에서 두 명의 상원의원이 모바일 프라이버시를 보호하기 위한 법안('Location Privacy Protection Act of 2011')을 발의했다. 이 법안은 모바일 단말기 제조업체와 앱 개발자들이 모바일 사용자의 위치 정보를 제3자와 공유하거나 수집하기 전에 명확한 표현으로 이 내용을 사용자에게 알리고 허락을 받아야 한다는 내용을 담고 있다.

국내에서 스마트폰 애플리케이션 '오빠 믿지'는 스마트폰 사용자가 위치한 곳을 상대방에게 실시간으로 알려준다는 점 때문에 '악마의 앱'이라고도 불렸고 그만큼 화제를 모았다. 하지만 결말은 좋지 않았다. 2011년 1월 경찰은 '오빠 믿지'의 개발자를 불구속 입건시켰다. 「위치정보의 보호 및 이용 등에 관한 법률」(이하 '위치정보 보호법'이라 함)[23]에 규정된 신고 및 사용자 동의 절차를 구하지 않았다는 이유에서다. 개발자는 법조항을 몰랐다고 해명했다.

위치정보보호법에 따르면 위치정보는 두 가지로 나뉜다. 개인을 식별할 수 없는 단순 '위치정보'와 개인을 식별할 수 있는 '개인위치정보'다. 법소항을 살펴보면 '위치정보'의 경우 "이동성이 있는 물건 또는 개인이 특정한 시간에

---

22) 미국 내 반응은 호의적이지 않다. 미국시민자유연합(The American Civil Liberties Union)은 "사법부의 이 같은 결정은 심각한 프라이버시 이슈를 초래할 것"이라는 성명을 발표했다. ACLU는 "우리가 매일 지니고 다니는 휴대폰에 GPS 기능이 있기 때문에 영장 없이 감시가 가능하다면 개개인에게 심각한 영향을 줄 수 있다"고 밝혔다. 미국 "영장 없이 범죄용의자 GPS 추적 정당" 2011. 6.29. http://www.etnews.com/news/detail.html?id=201106280090

23) 2011. 03. 30. 법률 제10517호.

존재하거나 존재하였던 장소에 관한 정보"라고 규정돼 있다. 반면 '개인위치 정보'는 "특정 개인의 위치를 알 수 없는 경우에도 다른 정보와 용이하게 결합하여 특정 개인의 위치를 알 수 있는 개인의 위치정보"라고 표현하고 있다.[24]

2011년 4월 28일 방송통신위원회는 위치정보를 수집한 3개 모바일 업체가 경찰에 적발되는 등 애플, 구글 발 위치정보 수집 파문이 국내로 확산됨에 따라, 스마트폰 사용자들의 불안감을 차단하기 위한 고강도 처방에 나섰다[25]고 한다.

방송통신위원회가 2011. 8. 3. 스마트폰 사용자의 행적을 스마트폰 내부에 저장해온 애플코리아에 대해 과태료 300만원과 함께 단말기에 대한 위치정보 값을 암호화하도록 시정명령을 내렸다. 구글코리아에 대해서는 스마트폰 단말기의 위치정보 값을 암호화하는 명령만 내렸다. 올해 4월 아이폰에 사용자의 10개월치 행적이 고스란히 담긴 것이 동아일보 보도로 알려진 뒤 애플과 구글에 대해 정부 차원에서 위법하다는 결론을 내린 것은 세계에서 한국이 처음이다. 이번 결정은 아이폰 위치정보 수집으로 사생활이 침해당했다며 애플을 상대로 위자료를 청구하는 집단 소송에도 영향을 줄 것으로 전망된다. 대한민국 '위치정보 보호법'은 사업자가 개인의 위치정보를 수집 이용 제공할 때 개인의 동의를 받아야 하고(15조 1항), 수집한 위치정보가 누출 변조 훼손 되지 않도록 기술적 보호 조치를 해야 한다(16조 1항)고 규정하고 있다.[26] 따라서 이용자의 동의 없이 스마트폰의 애플리케이션을 통해 위치정보를 수집 하거나, 위치정보 서비스 프로그램을 통해 개인의 위치정보를 수집하는 경우 는 '위치정보 보호법' 제39조, 제40조에 따라 형사벌에 처해진다.

---

24) [u클린]모바일 위치정보 약인가? 독인가? 2011.5.19.
 http://news.mt.co.kr/mtview.php?no=2011051808333517429&type=1
25) 모바일앱 프라이버시 인증 시행 2011. 4.28.
 http://www.dt.co.kr/contents.html?article__no=2011042902010531693002
26) 2011. 8. 4.동아논평: 애플 구글 제재, 모바일시대 개인정보 보호 계기로

(5) 개인정보의 제3자에 제공

제17조(개인정보의 제공) ① 개인정보 처리자는 다음 각 호의 어느 하나에 해당되는 경우에는 정보주체의 개인정보를 제3자에게 제공(공유를 포함한다. 이하 같다)할 수 있다.

　1. 정보주체의 동의를 받은 경우

　2. 제15조 제1항 제2호·제3호 및 제5호에 따라 개인정보를 수집한 목적 범위에서 개인정보를 제공하는 경우

② 개인정보 처리자는 제1항 제1호에 따른 동의를 받을 때에는 다음 각 호의 사항을 정보주체에게 알려야 한다. 다음 각 호의 어느 하나의 사항을 변경하는 경우에도 이를 알리고 동의를 받아야 한다.

　1. 개인정보를 제공받는 자

　2. 개인정보를 제공받는 자의 개인정보 이용 목적

　3. 제공하는 개인정보의 항목

　4. 개인정보를 제공받는 자의 개인정보 보유 및 이용 기간

　5. 동의를 거부할 권리가 있다는 사실 및 동의 거부에 따른 불이익이 있는 경우에는 그 불이익의 내용

③ 개인정보 처리자가 개인정보를 국외의 제3자에게 제공할 때에는 제2항 각 호에 따른 사항을 정보주체에게 알리고 동의를 받아야 하며, 이 법을 위반하는 내용으로 개인정보의 국외 이전에 관한 계약을 체결하여서는 아니 된다.

기업이 타 기업과 거래를 할 때 또는 종업원에 대하여 직무를 수행하게 할 때에 스스로 보유하는 개인정보를 제공하는 경우가 있는 때 제공되는 기업 또는 종업원이 그 정보를 생각되는 목적 이외에 이용되는 경우 제공원인 기업 또는 본인은 큰 손해를 입을 수가 있다. 따라서 타 기업과의 거래에서 종업원에게 직무수행 전에 업무상 비밀준수 계약을 체결하고, 당해 정보에 대하여 당해기업 또는 종업원에 대하여 비밀준수의무를 과하는 한편, 당해 정보를 특정의 목적 이외에 사용되어서는 안 되는 것이 이 법 제3조(개인정보 보호원칙) 제2항 "개인정보 처리자는 개인정보의 처리 목적에 필요한 범위에서 적합하게 개인정보를 처리하여야 하며, 그 목적 외의 용도로 활용하여서는 아니

된다."고 정한 목적명확화의 원칙 및 이용제한의 원칙이다.

이 경우 개인정보를 과실로 누설하게 된 경우에도, 계약에서 정해진 목적 이외에 정보를 이용한 경우에도 당해기업 또는 종업원은 채무불이행에 근거하여 계약책임을 부담하게 된다. 물론 이 계약도 이 개인정보 보호법에 위반하는 내용으로 개인정보의 국외 이전에 관한 계약을 체결하여서는 아니 된다는 특칙이 이 법 제17조 제3항 단서에 있다. 그리고 제39조(손해배상책임)규정에 의하여 개인정보 보호법을 위반하여 손해를 끼친 종업원과 당해기업은 위반한 행위로 손해를 입으면 개인정보 처리자에게 손해배상책임을 진다. 이 경우 임증책임이 전환되어 해당 종업원과 당해기업(이 법을 위반한 개인정보 처리자)은 고의 또는 과실이 없음을 입증해야 그 책임을 면할 수 있다.[27]

예를 들어 개인정보를 "신상품의 정보와 서비스에 관하여 우편으로 알리는 것"에 이용하던 회사가 해당 정보를 이메일이나 문자서비스로 알려주게 되는 경우도 개인정보의 이용목적이 달라진 경우에 해당한다.

정보통신서비스 제공자인 피고인 甲주식회사의 임원 피고인 乙이 이용자들의 동의를 받지 아니하고 개인정보를 제3자인 丙주식회사에 제공하였다고 하여 구 정보통신망 이용촉진 및 정보보호 등에 관한 법률(2007.1.26.법률 제8289호로 개정되기전의 것)위반으로 기소된 사안에서, 丙회사가 甲회사를 위하여 甲회사 일부 업무를 위탁받아 수행하는 '수탁자' 지위에 있는 경우에는 '제3자'가 아니라고 하며, 대법원은 달리 검사가 제출한 증거들만으로는 피고인들에게 유죄를 인정하지 않았다(대법원 2011. 7. 14. 선고 2011도1960 판결).

(6) 제3자와 퍼나르기 문제

여기서 '제3자'란, 정보주체(data subject), 개인정보 처리자와 그 대행자(processor) 그리고 개인정보 처리기관이나 정보처리대행자의 직접적인 지시를 받는 자 이외의 자연인이나 법인(natural or legal person), 공공기관(public authority or agency) 또는 기타 단체(any other body)를 말한다.[28]

---

27) 이러한 경우에도 이법 위반 개인정보 취급자는 제13조 제2항에 따라서 "이 법에 따른 의무를 준수하고 상당한 주의와 감독을 게을리 하지 아니한 경우"에 한하여 그 개인정보의 분실·도난·유출·변조 또는 훼손으로 인한 손해배상책임을 감경 받을 수 있다.

최근, 개인 정보들은 SNS를 통해 급속도로 확산되며, 확인되지 않은 루머나 특정인에 대한 비방까지도 퍼져나가는 통로가 된다. SNS에 올린 글을 복사해 다른 인터넷 사이트에 올리는 이른바 '퍼나르기'다. SNS에 올린 글을 수집해 퍼나르는 행위를 명예훼손 등으로 처벌한 사례는 없다. 하지만 앞으로 개인정보 보호법에 의하여 본인의 허락 없이 개인정보를 제3자에게 제공하는 행위는 이법 제71조(벌칙) 제1항 제1호에 따라서 5년 이하의 징역 또는 5천만 원 이하의 벌금에 처하게 된다.

최근 소셜 네트워크 서비스의 성패에는 일부 개인 정보에 대한 개인 프라이버시 침해에 대한 적절한 정책과 조치가 관건이다.[29] 본래 SNS를 통한 사생활 침해는 민사상, 명예훼손은 민사 형사상으로 다루어져야할 문제이다.

물론, 제18조(개인정보의 이용·제공 제한) ① 개인정보 처리자는 개인정보를 제15조 제1항에 따른 범위를 초과하여 이용하거나 제17조 제1항 및 제3항에 따른 범위를 초과하여 제3자에게 제공하여서도 안 된다.

② 제1항에도 불구하고 개인정보 처리자는 다음 각 호의 어느 하나에 해

〈표 5-2〉 프라이버시 자유 개념에 기초한 SNS 이전과 이후의 변화

SNS 이전	SNS 이후
개인에 관한 정보는 대부분 개인이 직접 제공한 정보에 한함	SNS의 다양한 정보 서비스와 SNS의 전달 및 공유 기능(예시: 트위터의 리트윗) 등을 통하여 본인의 의사에 반하여 타인에게 알려지지 않도록 할 수 있는 권리가 침해당할 가능성이 더욱 높아짐
개인에 대한 정부가 개이이 가입한 커뮤니티, 해당 게시판 등 일부분에 한정되어 공유됨	SNS에 게재된 정부의 자유로운 열람과 SNS의 추천 기능(예시: 페이스북의 친구추천), 그리고 인터넷 검색 서비스 결합 등을 통하여 사생활 설계 및 내용이 침해당할 가능성이 더욱 높아짐
주민등록번호 등 개인이 제공한 정보에 한정함으로써 관리, 통제가 어느 정도 가능함	SNS의 네트워크성은 어떠한 정보가 누구누구에게 전달되어 있는지를 확인하게 어렵게 함으로써 관리와 통제할 수 있는 권리가 침해당할 가능성이 더욱 높아짐

---

28) 유럽연합의 개인정보 보호지침(95/46/EC) 제2조.

29) 구글은 또한 구글 랩스(Labs) 시험 프로젝트인 구글 버즈(Buzz) 소셜 네트워크 서비스를 사용하였으나 프라이버시 침해에 대하여 비판받아 실패하였다.

당하는 경우에는 정보주체 또는 제3자의 이익을 부당하게 침해할 우려가 있을 때를 제외하고는 개인정보를 목적 외의 용도로 이용하거나 이를 제3자에게 제공할 수 있다. 다만, 제5호부터 제9호까지의 경우는 공공기관의 경우로 한정한다.

1. 정보주체로부터 별도의 동의를 받은 경우
2. 다른 법률에 특별한 규정이 있는 경우
3. 정보주체 또는 그 법정대리인이 의사표시를 할 수 없는 상태에 있거나 주소불명 등으로 사전 동의를 받을 수 없는 경우로서 명백히 정보주체 또는 제3자의 급박한 생명, 신체, 재산의 이익을 위하여 필요하다고 인정되는 경우
4. 통계작성 및 학술연구 등의 목적을 위하여 필요한 경우로서 특정 개인을 알아볼 수 없는 형태로 개인정보를 제공하는 경우
5. 개인정보를 목적 외의 용도로 이용하거나 이를 제3자에게 제공하지 아니하면 다른 법률에서 정하는 소관 업무를 수행할 수 없는 경우로서 보호위원회의 심의·의결을 거친 경우
6. 조약, 그 밖의 국제협정의 이행을 위하여 외국정부 또는 국제기구에 제공하기 위하여 필요한 경우
7. 범죄의 수사와 공소의 제기 및 유지를 위하여 필요한 경우
8. 법원의 재판업무 수행을 위하여 필요한 경우
9. 형(刑) 및 감호, 보호처분의 집행을 위하여 필요한 경우

위 제18조에 따라 이용 범위를 초과하여 이용하거나 제17조 제1항 및 제3항에 따른 범위를 초과하여 제3자에게 제공하는 경우에는 5년 이하의 징역 또는 5천만원 이하의 벌금에 처하게 된다(제71조).

③ 개인정보 처리자는 제2항 제1호에 따른 동의를 받을 때에는 다음 각 호의 사항을 정보주체에게 알려야 한다. 다음 각 호의 어느 하나의 사항을 변경하는 경우에도 이를 알리고 동의를 받아야 한다.

1. 개인정보를 제공받는 자
2. 개인정보의 이용 목적(제공 시에는 제공받는 자의 이용 목적을 말한다)
3. 이용 또는 제공하는 개인정보의 항목
4. 개인정보의 보유 및 이용 기간(제공 시에는 제공받는 자의 보유 및 이용 기간

을 말한다)

5. 동의를 거부할 권리가 있다는 사실 및 동의 거부에 따른 불이익이 있는 경우에는 그 불이익의 내용

④ 공공기관은 제2항 제2호부터 제6호까지, 제8호 및 제9호에 따라 개인 정보를 목적 외의 용도로 이용하거나 이를 제3자에게 제공하는 경우에는 그 이용 또는 제공의 법적 근거, 목적 및 범위 등에 관하여 필요한 사항을 행정 안전부령으로 정하는 바에 따라 관보 또는 인터넷 홈페이지 등에 게재하여야 한다.

⑤ 개인정보 처리자는 제2항 각 호의 어느 하나의 경우에 해당하여 개인 정보를 목적 외의 용도로 제3자에게 제공하는 경우에는 개인정보를 제공받는 자에게 이용 목적, 이용 방법, 그 밖에 필요한 사항에 대하여 제한을 하거나, 개인정보의 안전성 확보를 위하여 필요한 조치를 마련하도록 요청하여야 한 다. 이 경우 요청을 받은 자는 개인정보의 안전성 확보를 위하여 필요한 조치 를 하여야 한다.

위 조항은 정보주체에게 사전 동의를 얻을 것을 규정하고 있다. 여기서 이 용 목적의 예를 들자면, 흔히 사업에서 상품의 송달, 신상품정보를 알리고, 관 련 에프터서비스(AS), 신상품, 서비스에 관한 정보를 알리기 위해 이용할 수 있다.

정보통신서비스 제공자인 피고인 甲주식회사의 임원 피고인 乙이 이용자 들의 개인정보를 수집하면서 '미리'고지하거나 약관에서 명시한 '개인정보의 이용목적'의 범위를 넘어 개인정보를 이용하였다고 하여 구 정보통신망 이용 촉진 및 정보보호 등에관한 법률[30]위반으로 기소된 사안에서, 사후에 약관이 변경된 경우 변경된 약관을 기준으로 법 제24조 제1항 위반 여부를 판단하여 야 한다는 피고인들의 주장을 배척하고, 대법원은 원심과 같이 유죄를 선고하 였다.[31] 따라서 약관의 변경의 경우 이 약관의 변경을 고지하는 것으로 충분 하지 않고, 계속 개인정보를 이용하기 위해서는 그 약관을 고지하여 개인정보

---

30) 2007.1.26.법률 제8289호로 개정되기 전의 것
31) 대법원 2011. 7. 14. 선고 2011도1960 판결.

를 처리(제2조 제2호 참조)에 대한 동의를 받아야 한다. 이 조항은 이러한 내용을 구체화 하고 있다.

제19조(개인정보를 제공받은 자의 이용·제공 제한) 개인정보 처리자로부터 개인정보를 제공받은 자는 다음 각 호의 어느 하나에 해당하는 경우를 제외하고는 개인정보를 제공받은 목적 외의 용도로 이용하거나 이를 제3자에게 제공하여서는 아니 된다.

1. 정보주체로부터 별도의 동의를 받은 경우
2. 다른 법률에 특별한 규정이 있는 경우

2. 개인정보의 처리 제한

(1) 민감정보

이 법 제23조에서는 '개인정보 처리자는 사상·신념, 노동조합·정당의 가입·탈퇴, 정치적 견해, 건강, 성생활 등에 관한 정보, 그 밖에 정보주체의 사생활을 현저히 침해할 우려가 있는 개인정보로서 대통령령으로 정하는 정보(이하 "민감정보"라 한다)를 처리하여서는 아니 된다. 다만, 이 법 각호에서 정한 경우[32]에는 그러하지 아니하다고 규정하고 있다. 대통령령에서는 1. 유전자검사 등의 결과로 얻어진 유전정보, 2. 「형의 실효 등에 관한 법률」 제2조 제5호에 따른 범죄경력자료에 해당하는 정보(시행령 제18조)를 민감한 정보로 규정하고 있다.

제23조를 위반하여 민감한 정보를 처리한 자는 5년 이하의 징역 또는 5천만원 이하의 벌금에 처한다(제71조). 이러한 민감정보에는 유전정보와 범죄경력자료 정보도 포함된다.[33]

영국의 1998년 정보보호법은 제2조에서 민감한 개인정보(sensitive personal data)를 "① 정보주체의 민족 또는 인종적 정보, ② 정치적 견해, ③ 종교적

---

32) 1. 정보주체에게 제15조 제2항 각 호 또는 제17조 제2항 각 호의 사항을 알리고 다른 개인정보의 처리에 대한 동의와 별도로 동의를 받은 경우
2. 법령에서 민감정보의 처리를 요구하거나 허용하는 경우
33) http://www.datanet.co.kr/news/articleView.html?idxno=57017

믿음이나 그와 유사한 성격의 믿음, ④ 노동조합의 가입 여부, ⑤ 정신적 또는 육체적 건강 상태, ⑥ 성생활, ⑦ 범죄 사실 또는 범죄 혐의 사실, ⑧ 범죄 또는 범죄 협의로 인한 소송 여부, 처분 결과 또는 해당 소송에서 선고된 판결"로 들고 있다.

이 조항에서 건강에 관한 정보에는 의료정보가 있고 이는 민감정보로서 처리되게 된다. 2011.7.20. 프로야구 SK 와이번스가 투수 김광현의 뇌경색 사실이 언론에 보도되고, 이 과정에서 관련 의료기관 두 곳에서 의료 기록이 유출된 사건이 있었다. SK는 "선수 개인의 의료기록 부분이 상세히 공개된 점에 대해 중대한 프라이버시 침해"로 받아들이고 있다. 이는 "'의료법 제19조 비밀 누설의 금지 조항'[34]에 근거한다."며 "최종 법적 대응 여부는 추후 판단할 예정"이라고 덧붙였다.

의료 분야의 경우 온라인으로 진행되는 전자의무기록(EMR), 의료영상 저장전송시스템(PACS), 처방전달기록(OCS), 원무, 보험단위 업무 등에서 활용되는 의료정보시스템에 대한 외부로부터의 접근 차단에 주력해야 하며, 내부에서도 인가되지 않은 사용자들이 접근하는 것에 주의를 기울여야 한다.[35] 의료법에 의하지 않는 것은 개인정보 보호법에 따르면 된다.

이 규정은 유럽연합의 개인정보 보호지침 제8조 "특수 개인정보"의 처리에 관한 규정과 비교하면 구체적이지 못하다. 따라서 앞으로 구체적인 내용으로 이해될 수 있도록 구체화 작업이 입법활동 혹은 사법활동으로 이루어져야 할 것이다.

(2) CCTV 등 통제

1) 법규정

이 법 제25조에서는 영상정보처리기기[36]의 설치·운영 제한에 대하여 규

---

34) 제19조(비밀 누설 금지) 의료인은 이 법이나 다른 법령에 특별히 규정된 경우 외에는 의료·조산 또는 간호를 하면서 알게 된 다른 사람의 비밀을 누설하거나 발표하지 못한다.

35) 박세연, [산업계 보안 A to Z] 환자생명 다루는 의료정보 보안 투자 '시급' 2011. 4.14. http://www.etnews.com/news/detail.html?id=201104140120

36) "영상정보처리기기"란 일정한 공간에 지속적으로 설치되어 사람 또는 사물의 영상 등을 촬영하거나 이를 유·무선망을 통하여 전송하는 장치로서 대통령령으로 정하는 장치

정하고 있다. 영상정보처리기기를 흔히 CCTV라고 하는데 공공장소에서의 CCTV 설치·운영은 범죄수사의 증거확보 또는 지하철 역사에서 발생할 수 있는 안전사고의 예방에 있어 중요한 역할을 하고 있음은 부인할 수 없지만, 개인의 의사와 무관하게 초상 및 활동에 관한 정보가 수집되므로 무단 공개, 변조, 복제 가능성 등으로 인한 사생활의 침해와 개인정보의 유출 우려가 높다.

2) 설치의 요건

제1항에서는 CCTV 설치에 대하여 1. 법령에서 구체적으로 허용하고 있는 경우, 2. 범죄의 예방 및 수사를 위하여 필요한 경우, 3. 시설안전 및 화재 예방을 위하여 필요한 경우, 4. 교통단속을 위하여 필요한 경우, 5. 교통정보의 수집·분석 및 제공을 위하여 필요한 경우에 한하여 CCTV를 설치 운영할 수 있다고 정하고 있다.

그리고 누구든지 불특정 다수가 이용하는 목욕실, 화장실, 발한실(發汗室), 탈의실 등 개인의 사생활을 현저히 침해할 우려가 있는 장소의 내부를 볼 수 있도록 영상정보처리기기를 설치·운영하여서는 아니 된다(제25조 제2항).[37]

또 CCTV를 설치·운영하려는 자는 공청회·설명회의 개최 등 대통령령으로 정하는 절차를 거쳐 관계 전문가 및 이해관계인의 의견을 수렴하여야 한며, CCTV를 인식할 수 있도록 안내판 설치 등 필요한 조치를 하여야 한다(제25조 제4항).[38] 또한 CCTV를 임의로 조작하거나, 녹음기능을 사용할 수 없다.

따라서 방범 등의 목적으로 건물 외곽 등에 CCTV를 설치한 자는 CCTV 설치·운영에 대하여 안내판 및 임의 조작 등을 제한하는 CCTV관리 체계를 갖추어야 한다.

2011년 마사지숍에 카메라를 설치해 여성의 나체를 몰래 촬영한 30대가

를 말한다(제2조 제7호). 대통령령에서는 폐쇄회로 텔레비전, 네트워크 카메라로 규정하고 있다(시행령 제3조).

37) 다만, 교도소, 정신보건 시설 등 법령에 근거하여 사람을 구금하거나 보호하는 시설로서 대통령령으로 정하는 시설에 대하여는 그러하지 아니하다(제25조 제2항).

38) 다만, 대통령령으로 정하는 시설에 대하여는 그러하지 아니하다(제25조 제4항).

구속되는 사건이 발생하였다. 이 30대의 경우 이 법 제25조 제5항 "영상정보
처리기기운영자는 영상정보처리기기의 설치 목적과 다른 목적으로 영상정보
처리기기를 임의로 조작하거나 다른 곳을 비춰서는 아니 되며, 녹음기능은 사
용할 수 없다."에 위반하여 3년 이하의 징역 또는 3천만원 이하의 벌금에 처
하게 된다(제72조 1호).

Ⅳ. 개인정보의 안전한 관리

1. 개인정보 정책의 공표

이 법은 개인정보 처리자에게 개인정보 정책(policy)의 공표를 요구하고
있다.

제30조(개인정보 처리방침의 수립 및 공개) ① 개인정보 처리자는 다음 각 호의
사항이 포함된 개인정보의 처리 방침(이하 "개인정보 처리방침"이라 한다)을 정하
여야 한다. 이 경우 공공기관은 제32조에 따라 등록대상이 되는 개인정보 파
일에 대하여 개인정보 처리방침을 정한다.

1. 개인정보의 처리 목적
2. 개인정보의 처리 및 보유 기간
3. 개인정보의 제3자 제공에 관한 사항(해당되는 경우에만 정한다)
4. 개인정보 처리의 위탁에 관한 사항(해당되는 경우에만 정한다)
5. 정보주체의 권리·의무 및 그 행사방법에 관한 사항
6. 그 밖에 개인정보의 처리에 관하여 대통령령으로 정한 사항

② 개인정보 처리자가 개인정보 처리방침을 수립하거나 변경하는 경우에
는 정보주체가 쉽게 확인할 수 있도록 대통령령으로 정하는 방법에 따라 공
개하여야 한다.

③ 개인정보 처리방침의 내용과 개인정보 처리자와 정보주체 간에 체결한
계약의 내용이 다른 경우에는 정보주체에게 유리한 것을 적용한다.

④ 행정안전부장관은 개인정보 처리방침의 작성지침을 정하여 개인정보

처리자에게 그 준수를 권장할 수 있다.

앞으로, 개인정보 처리자는 개인정보 정책(policy)에서 첫째, 개인정보 자기통제권이 강화될 수 있도록 정해야 할 것이다. 둘째, 자기정보의 수집 및 활용(공개)에 있어서 보다 신중할 수 있는 방법을 선택해야 할 것이다. 셋째, 개인정보 주체들 간에 타인의 개인정보를 존중하도록 유도해야 할 것이다.[39]

2. 개인정보 보호책임자

개인정보 처리자는 개인정보의 처리에 관한 업무를 총괄해서 책임질 개인정보 보호책임자를 지정하여야 한다(제31조 제1항). 개인정보 처리자는 법 제31조 제1항에 따라 개인정보 보호책임자를 지정하려는 경우에는 공공기관은 고위공무원 또는 그에 상당하는 공무원으로 지정한다.[40]

공공기관 외의 개인정보 처리자는 사업주 또는 대표자, 개인정보 처리 관

---

39) 이원태/유지연/박현유/김위근, 『방통융합 환경에서 정보의 자유와 개인의 프라이버시 보호방안 연구』, 정보통신정책연구원(2010), 135~139면을 참조.

40) 시행령 제32조 (개인정보 보호책임자의 업무 및 지정요건 등) 제2조 개인정보 처리자는 법 제31조제1항에 따라 개인정보 보호책임자를 지정하려는 경우에는 다음 각 호의 구분에 따라 지정한다.
  1. 공공기관: 다음 각 목의 구분에 따른 기준에 해당하는 공무원 등
    가. 국회, 법원, 헌법재판소, 중앙선거관리위원회의 행정사무를 처리하는 기관 및 중앙행정기관: 고위공무원단에 속하는 공무원(이하 "고위공무원"이라 한다) 또는 그에 상당하는 공무원
    나. '가'목 외에 정무직공무원을 장(長)으로 하는 국가기관: 3급 이상 공무원(고위공무원을 포함한다) 또는 그에 상당하는 공무원
    다. '가'목 및 '나'목 외에 고위공무원, 3급 공무원 또는 그에 상당하는 공무원 이상의 공무원을 장으로 하는 국가기관: 4급 이상 공무원 또는 그에 상당하는 공무원
    라. '가'목부터 '다'목까지의 규정에 따른 국가기관 외의 국가기관(소속 기관을 포함한다): 해당 기관의 개인정보 처리 관련 업무를 담당하는 부서의 장
    마. 시·도 및 시·도 교육청: 3급 이상 공무원 또는 그에 상당하는 공무원
    바. 시·군 및 자치구: 4급 공무원 또는 그에 상당하는 공무원
    사. 제2조 제5호에 따른 각급 학교: 해당 학교의 행정사무를 총괄하는 사람
    아. '가'목부터 '사'목까지의 규정에 따른 기관 외의 공공기관: 개인정보 처리 관련 업무를 담당하는 부서의 장. 다만, 개인정보 처리 관련 업무를 담당하는 부서의 장이 2명 이상인 경우에는 해당 공공기관의 장이 지명하는 부서의 장이 된다.

련 업무를 담당하는 부서의 장 또는 개인정보 보호에 관한 소양이 있는 사람
으로 지정하도록 하고 있다(시행령 제32조).

개인정보 보호책임자는 다음 각 호의 업무를 수행한다(제31조 제2항).

1. 개인정보 보호 계획의 수립 및 시행
2. 개인정보 처리 실태 및 관행의 정기적인 조사 및 개선
3. 개인정보 처리와 관련한 불만의 처리 및 피해 구제
4. 개인정보 유출 및 오용·남용 방지를 위한 내부통제시스템의 구축
5. 개인정보 보호 교육 계획의 수립 및 시행
6. 개인정보 파일의 보호 및 관리·감독
7. 그 밖에 개인정보의 적절한 처리를 위하여 대통령령으로 정한 업무

개인정보 보호책임자는 제2항 각 호의 업무를 수행함에 있어서 필요한 경
우 개인정보의 처리 현황, 처리 체계 등에 대하여 수시로 조사하거나 관계 당
사자로부터 보고를 받을 수 있다(제31조 제3항).

개인정보 보호책임자는 개인정보 보호와 관련하여 이 법 및 다른 관계 법
령의 위반 사실을 알게 된 경우에는 즉시 개선조치를 하여야 하며, 필요하면
소속 기관 또는 단체의 장에게 개선조치를 보고하여야 한다(제31조 제4항). 개
인정보 처리자는 개인정보 보호책임자가 제2항 각 호의 업무를 수행함에 있
어서 정당한 이유 없이 불이익을 주거나 받게 하여서는 아니 된다(제31조 제5
항). 개인정보 보호책임자의 지정요건, 업무, 자격요건, 그 밖에 필요한 사항
은 대통령령으로 정한다(제31조 제6항).

3. 개인정보 파일의 등록 및 공개

제32조(개인정보 파일의 등록 및 공개) ① 공공기관의 장이 개인정보 파일을
운용하는 경우에는 다음 각 호의 사항을 행정안전부장관에게 등록하여야 한
다. 등록한 사항이 변경된 경우에도 또한 같다.

1. 개인정보 파일의 명칭
2. 개인정보 파일의 운영 근거 및 목적
3. 개인정보 파일에 기록되는 개인정보의 항목

4. 개인정보의 처리방법

5. 개인정보의 보유기간

6. 개인정보를 통상적 또는 반복적으로 제공하는 경우에는 그 제공받는 자

7. 그 밖에 대통령령으로 정하는 사항

② 다음 각 호의 어느 하나에 해당하는 개인정보 파일에 대하여는 제1항을 적용하지 아니한다.

1. 국가 안전, 외교상 비밀, 그 밖에 국가의 중대한 이익에 관한 사항을 기록한 개인정보 파일

2. 범죄의 수사, 공소의 제기 및 유지, 형 및 감호의 집행, 교정처분, 보호처분, 보안관찰처분과 출입국관리에 관한 사항을 기록한 개인정보 파일

3. 「조세범처벌법」에 따른 범칙행위 조사 및 「관세법」에 따른 범칙행위 조사에 관한 사항을 기록한 개인정보 파일

4. 공공기관의 내부적 업무처리만을 위하여 사용되는 개인정보 파일

5. 다른 법령에 따라 비밀로 분류된 개인정보 파일

③ 행정안전부장관은 필요하면 제1항에 따른 개인정보 파일의 등록사항과 그 내용을 검토하여 해당 공공기관의 장에게 개선을 권고할 수 있다.

④ 행정안전부장관은 제1항에 따른 개인정보 파일의 등록 현황을 누구든지 쉽게 열람할 수 있도록 공개하여야 한다.

○ 개인정보 파일을 열람할 수 있도록 규정한 취지는, 당해 기관이 보유한 파일 중에 자신에 관한 정보가 정확하고 완전하게 기록되어 있는가를 확인하는 열람청구 등을 기초로 삼기 위한 것으로 모든 국민을 대상으로 하고 있는 것이 특징이다.[41]

⑤ 제1항에 따른 등록과 제4항에 따른 공개의 방법, 범위 및 절차에 관하여 필요한 사항은 대통령령으로 정한다.

⑥ 국회, 법원, 헌법재판소, 중앙선거관리위원회(그 소속 기관을 포함한다)의 개인정보 파일 등록 및 공개에 관하여는 국회규칙, 대법원규칙, 헌법재판소규칙 및 중앙선거관리위원회규칙으로 정한다.

---

41) 구 「공공기관의 개인정보 보호에 관한 법률」에서도 이와 같은 취지의 규정을 두고 있었다.

개인정보 파일을 운용하는 공공기관의 장은 그 운용을 시작한 날부터 60일 이내에 행정안전부령으로 정하는 바에 따라 행정안전부장관에게 등록을 신청하여야 하고, 행정안전부장관은 등록 현황을 인터넷 홈페이지에 게재하여야 한다(시행령 제34조).

4. 개인정보 영향 평가

이 법을 통하여 개인정보 영향 평가제도가 새로이 도입되었다. 개인정보 영향평가 제도란 개인정보의 수집·활용이 수반되는 기존 또는 신규 사업 추진시 개인정보 오남용으로 인한 프라이버시 침해여부를 조사·예측·검토해 개선하는 제도를 의미한다. 이 제도가 의무화된 이유는 최근 개인정보의 수집 및 이용의 급격한 증가로 인해 개인정보 관련 정보 시스템 도입이 확대함에 따라 개인정보 오남용 우려가 제기된 데 따른 것이다.

우리나라는 개인정보 보호법 제33조에 따라 공공기관은 개인정보 영향평가를 의무적으로 수행하게 되었다.

심미나 교수는 "영향평가 기준과 관련해서는 개인정보 처리기준의 적합성과 개인정보의 안전성 확보조치의 적절성을 고려해 시행령을 고시하는 것으로 알고 있다"며, "평가기준에는 대상기관의 개인정보 보호 관리체계와 대상 사업의 개인정보 보호 관리체계, 개인정보 처리단계별 보호, 그리고 신규 IT 기술 활용시 개인정보 보호 등의 영역이 포함될 것"으로 예측했다. 한편 심미나 교수는 이닐 깅연을 통해 "민간 기업은 비록 영향평가가 의무화되지는 않았더라도 자율적으로 개인정보 영향평가 제도를 도입하려는 적극적인 의지가 필요하다"고 강조하기도 했다.[42]

미국이 지난 2002년 전자정부법에 의거해 전자정부 구현시 프라이버시 영향평가를 명문화했다. 캐나다 역시 지난 2002년 5월 프라이버시 영향평가 정책을 발표해 시행하고 있는 상황이다.

---

42) 권준, 개인정보 보호연구회, 법시행 앞두고 '개인정보 영향평가제도' 설명
http://www.csokorea.org/news/sub01-5__view.asp?idx=4952&gubun=News

① 공공기관의 장은 대통령령으로 정하는 기준에 해당하는 개인정보 파일의 운용으로 인하여 정보주체의 개인정보 침해가 우려되는 경우에는 그 위험요인의 분석과 개선 사항 도출을 위한 평가(이하 "영향평가"라 한다)를 하고 그 결과를 행정안전부장관에게 제출하여야 한다. 이 경우 공공기관의 장은 영향평가를 행정안전부장관이 지정하는 기관(이하 "평가기관"이라 한다) 중에서 의뢰하여야 한다(제33조 제1항). 대통령령에서는 ① 구축·운용 또는 변경하려는 개인정보 파일로서 5만명 이상의 정보주체에 관한 법 제23조에 따른 민감정보(이하 "민감정보"라 한다) 또는 고유식별정보의 처리가 수반되는 개인정보 파일, ② 구축·운용하고 있는 개인정보 파일을 해당 공공기관 내부 또는 외부에서 구축·운용하고 있는 다른 개인정보 파일과 연계하려는 경우로서 연계 결과 50만명 이상의 정보주체에 관한 개인정보가 포함되는 개인정보 파일, ③ 구축·운용 또는 변경하려는 개인정보 파일로서 100만명 이상의 정보주체에 관한 개인정보 파일, ④ 법 제33조제1항에 따른 개인정보 영향평가(이하 "영향평가"라 한다)를 받은 후에 개인정보 검색체계 등 개인정보 파일의 운용체계를 변경하려는 경우 그 개인정보 파일. 이 경우 영향평가 대상은 변경된 부분으로 한정하고 있다(제35조).

제33조(개인정보 영향평가)

② 영향평가를 하는 경우에는 다음 각 호의 사항을 고려하여야 한다.

1. 처리하는 개인정보의 수

2. 개인정보의 제3자 제공 여부

3. 정보주체의 권리를 해할 가능성 및 그 위험 정도

4. 그밖에 대통령령으로 정한 사항

③ 행정안전부장관은 제1항에 따라 제출받은 영향평가 결과에 대하여 보호위원회의 심의·의결을 거쳐 의견을 제시할 수 있다.

④ 공공기관의 장은 제1항에 따라 영향평가를 한 개인정보 파일을 제32조제1항에 따라 등록할 때에는 영향평가 결과를 함께 첨부하여야 한다.

⑤ 행정안전부장관은 영향평가의 활성화를 위하여 관계 전문가의 육성, 영향평가 기준의 개발·보급 등 필요한 조치를 마련하여야 한다.

⑥ 제1항에 따른 평가기관의 지정기준 및 지정취소, 평가기준, 영향평가의

방법·절차 등에 관하여 필요한 사항은 대통령령으로 정한다.

⑦ 국회, 법원, 헌법재판소, 중앙선거관리위원회(그 소속 기관을 포함한다)의 영향평가에 관한 사항은 국회규칙, 대법원규칙, 헌법재판소규칙 및 중앙선거관리위원회규칙으로 정하는 바에 따른다.

⑧ 공공기관 외의 개인정보 처리자는 개인정보 파일 운용으로 인하여 정보주체의 개인정보 침해가 우려되는 경우에는 영향평가를 하기 위하여 적극 노력하여야 한다.

개인정보의 특성상 한번 유출될 경우 계속하여 불법 거래되고 제2, 3의 추가적인 피해를 유발할 수 있어, 개인정보 영향평가 수행을 통해 개인정보 침해 위험성을 사전에 평가하여 조치하는 것은 정보주체의 개인정보 침해 위험을 최고화할 뿐만 아니라, 사업 추진에 따른 시행착오를 예방하고 효과적인 대응책을 수립함으로써 사후에 보호조치를 취하는 것에 비해 비용을 효과적으로 절감할 수 있어 개인정보 처리자의 위험관리 차원에서도 효율적일 것이다.[43]

5. 개인정보 유출 통지제도

이 법에 따라 개인정보 처리자는 개인정보가 유출되었음을 알게 되었을 때에는 지체 없이 해당 정보주체에게 그 사실을 알려야 한다(제34조).

그 내용은 1. 유출된 개인정보의 항목, 2. 유출된 시점과 그 경위, 3. 유출로 인하여 발생할 수 있는 피해를 최소화하기 위하여 정보주체가 할 수 있는 방법 등에 관한 정보, 4. 개인정보 처리사의 대응조치 및 피해 구제절차, 5. 정보주체에게 피해가 발생한 경우 신고 등을 접수할 수 있는 담당부서 및 연락처이다.

그리고 개인정보 처리자는 위와 같은 통지와 그 피해를 최소화하기 위한 대책을 마련하고 필요한 조치를 하여야 한다.

이러한 조치에 대하여 지체 없이 행정안전부장관 또는 대통령령으로 정하

---

43) 윤수영, 앞의 논문, 6면.

는 전문기관에 신고하여야 한다. 이 경우 행정안전부장관 또는 대통령령으로 정하는 전문기관은 피해 확산방지, 피해 복구 등을 위한 기술을 지원할 수 있다(제34조).

V. 정보주체의 권리 보장

1. 개인정보 통제권

개인정보 자기결정권이라고도 하며, 자신에 관한 정보가 언제 누구에게 어느 범위까지 알려지고 또 이용되도록 할 것인지를 그 정보주체가 스스로 결정할 수 있는 권리, 즉 정보주체가 개인정보의 공개와 이용에 관해 스스로 결정할 권리에도 위반이 될 수 있다. 타인 몰래 그 사람의 개인정보를 수집하는 파파라치 행위도 법적 문제가 될 수 있다.

19세기 말 '혼자 있을 권리'라는 프라이버시권이 새롭게 주장되었던 것처럼, 1970년대 개인정보 자기통제권이 세계 주요 국가에서 입법되던 것처럼 새로운 유형의 프라이버시권이 필요하다는 목소리가 커지고 있다. 새로운 유형의 프라이버시권은 인터넷 프라이버시(internet privacy), 또는 네트워크 프라이버시(network privacy)에 대한 권리라고 부를 수 있다. 인터넷을 중심으로 발생되고 있는 프라이버시 침해는 종전과 그 성격이 크게 다르기 때문이다.[44] 개인정보 자기통제권은 주로 컴퓨터로 인하여 개인정보의 데이터베이스화가 가능해지면서 나타나는 문제점, 즉 국가에 의한 개인정보 오남용 및 유출의 우려 등을 방지하고자 도입된 것이다. 하지만 인터넷에서 벌어지고 있는 프라이버시 침해는 국가가 아닌 사인, 특히 인터넷서비스제공자(ISP)가 침해 주체라는 점에서 차이가 있다. 또 개인정보 자기통제권은 개인정보의 관리자를 상대로 행사하기 때문에 삭제 등 개인정보 보호의 효과가 직접 나타나지만, 인터넷 프라이버시권은 개인정보의 관리자가 아닌 인터넷서비스제공자를 상대

---

44) 인터넷 프라이버시의 특수한 문제로서 길거리사진(street view) 서비스와 관련된 사생활침해 문제는, 박문석, "인터넷에서의 길거리사진서비스와 사생활침해의 문제", 유럽헌법학회연구논집 제3호(2008.6.) 참고.

로 행사하기 때문에 그 효과가 제한적이라는 점에서도 차이를 보인다.[45]

개인정보 자기통제권은 자신에 관한 정보가 언제 누구에게 어느 범위까지 알려지고 또 이용되도록 할 것인지를 정보주체가 스스로 결정할 수 있는 권리를 의미한다. 컴퓨터의 등장과 보급으로 개인정보를 대량으로 수집하여 보관하다 용도에 맞게 처리할 수 있게 되면서 새로운 법률문제가 발생하였고, 이를 해결하기 위하여 도입된 개념이 개인정보 자기결정권이다. 개인정보는 낱개로 흩어져 있을 때는 가치가 없지만, 한 곳에 모이면 특정 개인이나 집단의 성향을 파악할 수 있는 자료로 가치를 생기게 된다. 컴퓨터를 이용하여 데이터베이스(DB)가 구축되면서 개인정보는 활용가치가 커졌다. 동시에 개인에 관한 정보를 그의 허락 없이 수집, 보관, 사용하는 것이 타당한지 의문을 품는 사람들도 늘어났다. 데이터 프라이버시 연구의 선구자는 콜럼비아 대학의 웨스틴(Alan Westin) 교수다. 그는 1967년 프라이버시를 "개인, 집단 또는 기관이 자신에 관한 정보를 언제, 어떻게, 또 어느 범위에서 다른 사람에게 전달할 것인지 결정할 수 있는 요구"라고 정의하였다.[46] 즉 자기정보에 대한 관리, 편집 및 삭제의 권리를 프라이버시권이라 이해하였다. 웨스틴 교수의 정보통제권 법리는 미국과 유럽의 프라이버시권 입법에 영향을 미쳤다.[47]

개인정보 자기통제권의 법적 성격에 대해서 여러 가지 논란이 있다. 독일 등 유럽에서는 개인정보의 수집, 보관 및 이용을 개인의 인격권 보호의 관점에서 접근하고 있는데 반하여, 미국에서는 이 밖에도 개인정보를 재산권의 대상으로 이해하는 견해가 유력하다.[48] 소비자의 개인정보 보호에 관한 한, 유럽의 법제가 미국보다 앞서 있다.

우리니리는 개인정보 자기통제권의 헌법적 근거에 대하여 여러 가지 이론

---

45) 문재완, 앞의 발표문, 110면.

46) Alan Westin, PRIVACY AND FREEDOM, Atheneum New York(1967).

47) 문재완, 앞의 발표문, 110면.

48) 미국에서는 개인정보 보호의 적절한 수준도 시장에서 결정될 수 있다고 보는 견해가 있다. 개인정보에 대하여 재산권과 유사한 권리를 인정하면 개인정보 주체들은 개인정보를 이용하고자 하는 기업들과 협상을 통하여 공개범위를 결정함으로써 자신의 개인정보를 완전히 통제할 수 있다고 보는 것이다. 프라이버시의 경제적 분석에 대해서는 Richard A. Posner, The Right of Privacy, 12 Ga. L. Rev. 393 (1978), 정상조·권영준, "개인정보의 보호와 민사적 구제수단", 법조 제58권제3호 통권630호(2009.3.) 참조.

이 있었으나, 헌법재판소는 독립한 기본권으로 이해한다.[49] 즉 헌법재판소는 개인정보 자기결정권이라고 하면서 그 헌법상 근거로는 헌법 제17조의 사생활의 비밀과 자유, 헌법 제10조 제1문의 인간의 존엄과 가치 및 행복추구권에 근거를 둔 일반적 인격권 또는 위 조문들과 동시에 우리 헌법의 자유민주적 기본질서 규정 또는 국민주권원리와 민주주의원리 등을 고려할 수 있으나, 개인정보 자기결정권으로 보호하려는 내용을 위 각 기본권들 및 헌법원리들 중 일부에 완전히 포섭시키는 것은 불가능하다고 할 것이므로, 그 헌법적 근거를 굳이 어느 한두 개에 국한시키는 것은 바람직하지 않은 것으로 보이고, 오히려 개인정보 자기결정권은 이들을 이념적 기초로 하는 독자적 기본권으로서 헌법에 명시되지 아니한 기본권이라고 보아야 한다는 것이다. 또 개인정보 자기결정권의 보호대상이 되는 개인정보는 개인의 신체, 신념, 사회적 지위, 신분 등과 같이 개인의 인격주체성을 특징짓는 사항으로서 그 개인의 동일성을 식별할 수 있게 하는 일체의 정보이며, 반드시 개인의 내밀한 영역이나 사적 영역에 속하는 정보에 국한되지 않고 공적 생활에서 형성되었거나 이미 공개된 개인정보까지 포함한다고 본다.[50]

(1) 개인정보의 열람청구

정보주체는 개인정보 처리자가 처리하는 자신의 개인정보에 대한 열람을 해당 개인정보 처리자에게 요구할 수 있다(법 제35조 제1항).

위 법조항에도 불구하고 정보주체가 자신의 개인정보에 대한 열람을 공공기관에 요구하고자 할 때에는 공공기관에 직접 열람을 요구하거나 대통령령으로 정하는 바에 따라 행정안전부장관을 통하여 열람을 요구할 수 있다(법

---

49) 헌재 2005. 5. 26. 99헌마513, 판례집 제17권 1집, 681("개인정보자기결정권의 헌법상 근거로는 헌법 제17조의 사생활의 비밀과 자유, 헌법 제10조 제1문의 인간의 존엄과 가치 및 행복추구권에 근거를 둔 일반적 인격권 또는 위 조문들과 동시에 우리 헌법의 자유민주적 기본질서 규정 또는 국민주권원리와 민주주의원리 등을 고려할 수 있으나, 개인정보자기결정권으로 보호하려는 내용을 위 각 기본권들 및 헌법원리들 중 일부에 완전히 포섭시키는 것은 불가능하다고 할 것이므로, 그 헌법적 근거를 굳이 어느 한두 개에 국한시키는 것은 바람직하지 않은 것으로 보이고, 오히려 개인정보자기결정권은 이들을 이념적 기초로 하는 독자적 기본권으로서 헌법에 명시되지 아니한 기본권이라고 보아야 할 것이다.").

50) 헌재 2005. 5. 26. 99헌마513, 판례집 제17권 1집, 681면.

제35조 제2항).

개인정보 처리자는 위와 같은 열람을 요구받았을 때에는 대통령령으로 정하는 기간 내에 정보주체가 해당 개인정보를 열람할 수 있도록 하여야 한다. 이 경우 해당 기간 내에 열람할 수 없는 정당한 사유가 있을 때에는 정보주체에게 그 사유를 알리고 열람을 연기할 수 있으며, 그 사유가 소멸하면 지체없이 열람하게 하여야 한다(법 제35조 제3항).

개인정보 처리자는 다음 각 호의 어느 하나에 해당하는 경우에는 정보주체에게 그 사유를 알리고 열람을 제한하거나 거절할 수 있다(법 제35조 제4항).

1. 법률에 따라 열람이 금지되거나 제한되는 경우

2. 다른 사람의 생명·신체를 해할 우려가 있거나 다른 사람의 재산과 그 밖의 이익을 부당하게 침해할 우려가 있는 경우

3. 공공기관이 다음 각 목의 어느 하나에 해당하는 업무를 수행할 때 중대한 지장을 초래하는 경우

가. 조세의 부과·징수 또는 환급에 관한 업무

나. 「초·중등교육법」 및 「고등교육법」에 따른 각급 학교, 「평생교육법」에 따른 평생교육시설, 그 밖의 다른 법률에 따라 설치된 고등교육기관에서의 성적 평가 또는 입학자 선발에 관한 업무

다. 학력·기능 및 채용에 관한 시험, 자격 심사에 관한 업무

라. 보상금·급부금 산정 등에 대하여 진행 중인 평가 또는 판단에 관한 업무

마. 다른 법률에 따라 진행 중인 감사 및 조사에 관한 업무

⑤ 제1항부터 제4항까지의 규정에 따른 열람 요구, 열람 제한, 통지 등의 방법 및 절차에 관하여 필요한 사항은 대통령령으로 정한다.

이 경우 개인정보 열람요구서를 개인정보 처리자에게 제출하여야 한다(시행령 제41조).

(2) 개인정보의 정정·삭제청구

이 법(제35조)에 따라 자신의 개인정보를 열람한 정보주체는 개인정보 처

리자에게 그 개인정보의 정정 또는 삭제를 요구할 수 있다. 다만, 다른 법령
에서 그 개인정보가 수집 대상으로 명시되어 있는 경우에는 그 삭제를 요구
할 수 없다(법 제36조 제1항). 개인정보 처리자는 위의 정보주체의 요구를 받았
을 때에는 개인정보의 정정 또는 삭제에 관하여 다른 법령에 특별한 절차가
규정되어 있는 경우를 제외하고는 지체없이 그 개인정보를 조사하여 정보주
체의 요구에 따라 정정·삭제 등 필요한 조치를 한 후 그 결과를 정보주체에
게 알려야 한다(법 제36조 제2항).

　여기서 개인정보 처리자가 정정 등에 따를 의무가 발생하는 것은 개인정
보의 내용이 '사실이 아닌' 경우이다. 따라서 본인으로부터 사실이 아니라는
지적이 정확하지 않는 경우에는 정정 등을 할 필요는 없다. 또 개인정보의 내
용이 정확한 경우에 이를 삭제하고 싶어 하는 일방적인 요구가 있는 경우에
도 내용이 정확한 한 이에 따를 의무는 없다고 해석된다.

　또한 이용목적으로 보아 정정 등이 필요 없는 경우에도 정정 등을 할 의
무는 없다. 예를 들어 본인 과거의 주소지를 과거의 이력정보에 넘겨 둔 경우
와 본인으로부터 요구에 따라 개인정보를 삭제한 후에도 과거의 보유이력 정
보 청구를 대비하여 그 삭제를 하였다는 기록을 남길 필요가 있는 경우와 같
이 개인정보가 과거의 이력에 지나지 않는 경우는 현시점에서 정보로서 사실
에 반하거나 삭제되어야만 하는 정보라도 과거 이력정보로서 이용 목적의 달
성에 필요한 경우도 있다. 따라서 이용목적이 특정되어 있으면 이러한 경우도
정정 등을 할 필요는 없다.[51]

　개인정보 처리자가 위와 같이(법 제36조 제2항) 개인정보를 삭제할 때에는
복구 또는 재생되지 아니하도록 조치하여야 한다(법 제36조 제3항).

　개인정보 처리자는 정보주체의 요구가 '다른 법령에서 그 개인정보가 수
집 대상으로 명시되어 있는 경우에는 그 삭제를 요구할 수 없는 경우'(제1항
단서)에 해당될 때에는 지체 없이 그 내용을 정보주체에게 알려야 한다.

　개인정보 처리자는 '정보주체의 요구를 받았을 때에는 개인정보의 정정
또는 삭제에 관하여 다른 법령에 특별한 절차가 규정되어 있는 경우를 제외

---

51) TMI総合法律事務所, 前掲書, 253면.

하고는 지체 없이 그 개인정보를 조사하여 정보주체의 요구에 따라 정정·삭제 등 필요한 조치를 한 후 그 결과를 정보주체에게 알려야 함'(제2항)에 따른 조사를 할 때 필요하면 해당 정보주체에게 정정·삭제 요구사항의 확인에 필요한 증거자료를 제출하게 할 수 있다. 개인정보 보호법 제36조 제1항·제2항 및 제4항에 따른 정정 또는 삭제 요구, 통지 방법 및 절차 등에 필요한 사항은 대통령령으로 정한다(제36조 제6항).

(3) 개인정보의 처리의 정지청구

정보주체는 개인정보 처리자에 대하여 자신의 개인정보 처리의 정지를 요구할 수 있다. 이 경우 공공기관에 대하여는 이 법 제32조에 따라 등록 대상이 되는 개인정보 파일 중 자신의 개인정보에 대한 처리의 정지를 요구할 수 있다(제37조 제1항). 개인정보 처리자는 위의 요구를 받았을 때에는 지체 없이 정보주체의 요구에 따라 개인정보 처리의 전부를 정지하거나 일부를 정지하여야 한다. 다만, 다음 각 호의 어느 하나에 해당하는 경우에는 정보주체의 처리정지 요구를 거절할 수 있다(제37조 제2항).

1. 법률에 특별한 규정이 있거나 법령상 의무를 준수하기 위하여 불가피한 경우
2. 다른 사람의 생명·신체를 해할 우려가 있거나 다른 사람의 재산과 그 밖의 이익을 부당하게 침해할 우려가 있는 경우
3. 공공기관이 개인정보를 처리하지 아니하면 다른 법률에서 정하는 소관 업무를 수행할 수 없는 경우
4. 개인정보를 처리하지 아니하면 정보주체와 약성한 서비스를 제공히지 못하는 등 계약의 이행이 곤란한 경우로서 정보주체가 그 계약의 해지 의사를 명확하게 밝히지 아니한 경우

개인정보 처리자는 제37조 제2항 단서에 따라 처리정지 요구를 거절하였을 때에는 정보주체에게 지체 없이 그 사유를 알려야 한다(제37조 제3항). 개인정보 처리자는 정보주체의 요구에 따라 처리가 정지된 개인정보에 대하여 지체 없이 해당 개인정보의 파기 등 필요한 조치를 하여야 한다(제37조 제4항).

제1항부터 제3항까지의 규정에 따른 처리정지의 요구, 처리정지의 거절, 통지 등의 방법 및 절차에 필요한 사항은 대통령령으로 정한다(제37조 제5항). 개인 정보 처리자에게 그 개인정보의 정정 또는 삭제를 요구하려는 경우에 행정안 전부령으로 정하는 개인정보 정정·삭제 요구서를 해당 개인정보 처리자에게 제출하여야 한다(시행령 제43조). 개인정보 처리자에게 자신의 개인정보 처리 의 정지를 요구하려는 경우에도 행정안전부령으로 정하는 개인정보 처리정지 요구서를 그 개인정보 처리자에게 제출하여야 한다(제44조). 이 경우 개인정 보 처리자는 접수 후에, 본인이 알 수 있는 상태, 즉 본인의 요구에 따라 지체 없이 답변을 하여야 할 것이다.

개인정보 침해를 원인으로 한 출판 등 금지가 가능한지를 판단할 때는, 먼 저 특정한 개인에 관한 정보가 어디까지 개인정보 침해로서 보호되는가 하는 문제와 그 범위가 정해지면 다음으로 어떠한 프라이버시의 침해행위가 금지 의 대상이 되는지가 문제 된다.[52] 이균용 판사는 민사법리에 따라서, 현재의 재판 실무에서 프라이버시 침해로 인한 금지청구의 실체적 요건으로서 '① 출 판하는 기사 등의 대상이 일반인을 기준으로 보아 해당자의 프라이버시에 속 한다는 사실, ② 출판하는 기사 등의 내용이 사회의 정당한 관심사항이 아니 거나 또는 표현내용, 표현방법이 정당한 것이 아닌 사실, ③ 출판하는 기사 등 프라이버시에 관한 사항이 공표됨으로써 채권자의 실질적인 피해가 예상 되거나 명예나 신용이 침해되는 등의 단순한 심리적 부담이나 막연한 불안을 느끼는 이상의 영향을 받을 것이 예측되는 사실 또는 표현내용이나 표현방식 이 현저하게 부당한 사실을 요구하고 있다. 그밖에 ④ 대상자가 공표에 관해 승낙하고 있는 사실(명시, 묵시를 묻지 않는다.) 또는 정당행위인 사실이 인정된 다면 금지 가처분은 받아들이지 않고 있다.'고 한다.[53] 따라서 이 법리를 개인 정보 침해에서도 동일하게 적용하여 출판 등 금지를 요구할 수 있다.

나아가서 프라이버시의 침해에 대해 사전금지의 가처분의 요건을 설정하 고 사전금지를 받아들일 것인지 여부를 판단하는 경우 프라이버시와 표현의

---

52) 이균용, "시적, 신문, 잡지 등의 출판 등 금지를 구하는 가처분의 실무상 문제", 재판 실무연구(1), 한국행정사법학회(2007.11), 418면.
53) 이균용, 위의 논문, 418면.

자유보호라는 서로 대립하는 이익을 비교형량하게 된다.54)

2. 개인정보의 파기

개인정보 처리자는 보유기간의 경과, 개인정보의 처리 목적 달성 등 그 개인정보가 불필요하게 되었을 때에는 지체없이 그 개인정보를 파기하여야 한다. 다만, 다른 법령에 따라 보존하여야 하는 경우에는 그러하지 아니하다(제21조 제1항).

개인정보 처리자가 개인정보를 파기할 때에는 복구 또는 재생되지 아니하도록 조치하여야 한다. 개인정보 처리자가 개인정보를 파기하지 아니하고 보존해야 하는 경우에는 해당 개인정보 또는 개인정보 파일을 다른 개인정보와 분리하여서 저장·관리하여야 한다.

개인정보의 파기방법은 ① 전자적 파일 형태인 경우: 복원이 불가능한 방법으로 영구 삭제, ② 그 밖의 기록물, 인쇄물, 서면, 그 밖의 기록매체인 경우: 파쇄 또는 소각(시행령 제16조)해야 한다.

3. 잊힐 권리

(1) 의 의

컴퓨터, 인터넷 그리고 SNS의 발달을 통하여 기록화 된 개인정보들이 인터넷 또는 이를 매개로 한 주변 기술에 의해 사실상 영구적으로 보존되어 유통되게 되었다. 따라서 또한 이러한 프라이버시 침해의 대상이 결코 사회적 영향력을 행사하는 '공인(public figure)'에 한정된 것이 아니라, 우리 사회의 모든 구성원들에게 해당되게 된 것이다. 유럽에서는 최근 '잊힐 권리'라는 새로운 권리개념이 등장하고 다양하게 논의되고 있다. '잊힐 권리(right to be forgotten)'는 본인이 원할 경우 온라인상의 모든 개인정보를 삭제할 수 있는 권리로서, 이를 도입해야 한다는 의견이 나오고 있다.55)

---

54) 이균용, 앞의 논문, 419면. 손형섭, 연예인의 프라이버시권 법리, 29면.

잊힐 권리는 유럽연합(EU) 차원에서 활발하게 검토되고 있다. 유럽의회는 2011년 7월 6일 '유럽연합에 있어서 개인정보 보호에 관한 종합적인 접근'을 의결하면서 잊힐 권리의 입법이 중요하다고 강조하였다.56) 이 권리의 내용, 정보가 수집 목적을 위하여 더 이상 필요하지 않게 되면 정보주체는 자신의 정보를 더 이상 처리하지 못하도록 하고, 또 삭제하도록 하는 권리를 갖는다는 것이다. 이러한 권리는 개인정보 처리가 정보주체의 동의에 기초하여 이루어지고 있었는데 정보주체가 동의를 철회하거나, 정보 보존기간이 종료할 경우 발생한다. 하지만 유럽의회는 각주를 통해서 잊힐 권리의 구성요소가 명확하고 엄밀하게 확인될 필요가 있다고 첨부하였다. 다시 말해 유럽의회는 개인의 프라이버시를 보장하기 위하여 잊힐 권리가 필요하다는 점은 인식하였지만, 구성요건, 효과, 이행강제수단 등에 대해서는 아직 구체적인 안을 내놓지 못하고 있다.

유럽에서와 같이 우리나라에서도 사용자가 원하지 않는 온라인 게시물을 한꺼번에 지울 수 있는 '잊힐 권리'가 우리나라에도 도입될 가능성 및 필요성이 높아지고 있다. 방송통신위원회는 SNS(소셜네트워크서비스) 이용자가 본인 게시물이나 콘텐츠에 대해 원하면 파기 혹은 삭제할 수 있도록 보장하는 '잊힐 권리'를 도입하기 위해 검토 중이라고 한다.57) 잊힐 권리는 '디지털 영속성(Digital Eternity)'과 반대되는 개념으로, 인터넷에 자신의 '흔적'이 남아 있기를 원치 않을 때 그 내용을 삭제하도록 사업자에게 요구할 권리를 갖는 것이다.

미국에서는 이러한 잊힐 권리를 소개하는 수준 이상의 논의를 진행하고 있지 않다. 반면, 네덜란드 출신 개발자들이 개설한 '웹2.0 자살기계'에서는 트위터, 페이스북, 마이스페이스 등 자신의 SNS 계정과 비밀번호를 입력하면 해당 SNS에 올린 글과 사진을 모두 지우고 계정을 없애주는 서비스를 제공

---

55) 이하 문재완 교수의 발표문, "프라이버시 보호를 목적으로 하는 인터넷 규제의 의의와 한계: '잊힐 권리' 논의를 중심으로"을 중심으로 참조하여 설명함.

56) European Parliament resolution of 6 July 2011 on a comprehensive approach on personal data protection in the European Union(2011/2025(INI)) 16.

57) 방통위, 개인 온라인 흔적 삭제권 도입 검토 2011. 5. 2.
http://news.mk.co.kr/v3/view.php?sc=30000001&cm=%ED%97%A4%EB%93%9C%EB%9D%BC%EC%9D%B8&year=2011&no=280100&selFlag=&relatedcode=&wonNo=&sID=501

한다고 한다.58)

(2) 외국의 논의

프랑스에서 2009년 11월 프랑스 디지털경제 담당장관은 인터넷상 잊힐 권리를 확보하기 위한 대대적인 캠페인을 시작하였다. 주된 내용은 ① 인터넷 이용자를 대상으로 인터넷 프라이버시 위험을 알리는 교육을 실시하고, ② 전문가들로 하여금 실천규약(code of good practice)을 채택하도록 하고, 프라이버시 보장을 강화하는 도구를 개발하도록 권장하며, ③ 프랑스 및 EU 차원에서 데이터 보호 및 잊힐 권리를 입안하여 발전시킨다는 것이다. 캠페인은 2010년 9월과 10월 두 개의 실천규약을 채택하면서 성공적으로 끝났다. 그 중 하나가 소셜 네트워크 및 검색엔진에서 잊힐 권리에 관한 실천규약(Charte du Droit à l'oubli dans les sites collaboratifs et les moteurs de recherche)이다. 2010년 10월 13일 소셜 네트워크, 콘텐츠 공급자, 검색엔진 운영자, 청소년보호협회 등 관계기관 대표들은 인터넷 이용자가 인터넷에 게재된 자기 개인정보에 대한 통제권을 확보하는 실천규약을 체결하였다. 실천규약은 개인정보 처리에 대한 사전고지를 통보받을 권리, 동의할 권리, 거부할 권리를 포함하고 있다.59)60)

스페인에서도 잊힐 권리를 근거로 스페인 개인정보 보호원은 2011년 3월 인터넷서비스회사 구글(google)에 원고들의 이름을 포함하고 있는 80여건의 기사를 색인에서 삭제하라는 명령을 내렸다.61)고 한다.

반면, 미국에서는 시간이 상당히 흘렀다고 하더라도 공인에 관한 보도나 재조명을 막을 수 없다고 본다. 과거 사건이나 행동은 여전히 공중의 적법한 관심사이며, 과거 일어났던 사건에 대한 상세한 회고는 정보와 교육 목적에

---

58) 연합뉴스, 2011.08.15.

59) Privacy & Information Security Law Blog, Posted at 10:54 AM on October 21, 2010 by Hunton & Williams LLP, visited at 11:10 AM on September 7, 2010(http://www.huntonprivacyblog.com/2010/10/articles/european-union-1/french-government-secures-right-to-be-forgotten-on-the-internet/print.html).

60) 문재완, 앞의 발표문, 119면.

61) Suzanne Daley, On Its Own, Europe Backs Web Privacy Fights, New York Times, August 9, 2011(http://www.nytimes.com/2011/08/10/world/europe/10spain.html? pagewanted=1&__r=2&partner=rss&emc=rss).

흥미롭고 유용하기 때문이다. 이러한 사고는 알 권리와 표현의 자유를 중시하는 미국적 사고에서는 당연한 것이다.

그러나 인격권을 중시하는 유럽식 사고에 의하면, 시간이 흘러 해당 사건에 대한 사회적 관심이 적어지면 인격권과 알권리를 비교형량한 결과가 달라질 수 있다. 우리나라에서도 한 때 공인이었던 자에 대한 보도 사건에서 법원은 "한때는 공적 인물이었거나 유명사건과 관련된 사인의 사생활이라도 시간의 경과에 따라 공중의 정당한 관심사가 되지 아니할 수 있다."며 "원고는 더이상 공적 인물이 아니라 할 것이고, 공적 인물이 아닌 원고의 사생활에 대하여 대중의 관심이 갑자기 많아졌다는 이유만으로 공중의 정당한 관심사라고볼 수도 없다."고 판시한 적이 있다.[62]

(3) 진실한 사실의 보도

잊힐 권리를 주장하는 사람은 공표된 내용이 허위라는 점을 따지는 것이아니라, 진실한 사실이 반복해서 재현되는 것을 문제 삼는다. 앞에서 언급한스페인 소송의 경우 구글 검색으로 과거 자신의 기록이 반복해서 공표되는것에 불만을 품고 이를 삭제해달라고 요청한 경우다. 독일에서는 1990년 배우를 살해하여 살인죄로 유죄판결을 받고 복역하였던 두 사람이 인터넷 백과사전 Wikipedia를 상대로 낸 소송이 진행 중이다.[63] Wikipedia에 사망한 배우를검색하면 자기 이름이 나오므로 이를 삭제해달라는 것이 원고의 청구취지다.여기서도 공표된 사실의 진실 여부는 문제되지 않는다.[64]

---

62) 서울중앙지법 2007. 1. 24. 선고 2006가합24129. 이 사건의 원고는 차화연이라는 예명으로 '사랑과 야망'이라는 드라마에 출연했으나, 1988년 이후 평범한 주부로 살고 있었다. 2006년초 '사랑과 야망'이 다시 제작되면서 원고에 대한 관심이 커졌다. 피고 여성○○는 원고가 인터뷰 요청을 거절하였음에도 불구하고, 원고가 연예인 시절에는 힘든 일을 많이 겪었으나, 독실한 기독교 신자가 된 후 마음의 평화를 얻었고, 지금은 행복한 가정주부로 살고 있다는 내용 및 남편의 직업, 실명, 성격 등 가족관계, 거주지 등의 사생활을 보도했다. 법원은 원고의 명예훼손 주장에 대한 기사의 전반적인 취지가 원고에 대해 주로 긍정적인 측면을 다루고 있으므로 명예를 훼손했다고 볼 수 없다고 판단했다. 그러나 원고의 프라이버시권 침해 주장은 받아들여 졌다.
63) Suzanne Daley, supra note 2.
64) 문재완, 앞의 발표문, 122면.

(4) 역사적 사실과 알권리

한편으로, 잊힐 권리의 대상이 되는 정보는 개인관련 정보이기는 하지만, 정보주체만의 것이라고 할 수 없다. 개인관련 정보의 삭제는 역사적 사실의 말소에 해당하여 언론의 자유 및 학문의 자유에 대한 중대한 침해가 발생할 수 있기 때문이다. 과거 공인에 대한 과거 기사는 역사적 기록으로 모든 사람이 접근할 수 있는 일반적 정보다. 따라서 잊힐 권리는 일반적 정보원에 대한 접근의 제한, 즉 알권리에 대한 제한을 의미한다. 알권리는 표현의 자유와 표리의 관계에 있기 때문에 알권리의 제한은 표현의 자유에 대한 제한을 의미한다. 표현의 자유는 "민주국가의 존립과 발전을 위한 기초가 되기 때문에 특히 '우월적 지위'를 지니고 있으므로"[65] 함부로 제한되어서는 곤란하다. 대법원은 백범 김구 선생의 일대기를 그린 드라마와 관련하여 발생한 명예훼손 사건에서 "적시된 사실이 역사적 사실인 경우 시간이 경과함에 따라 점차 망인이나 그 유족의 명예보다는 역사적 사실에 대한 탐구 또는 표현의 자유가 보호되어야" 한다고 판시한 바 있다.[66]

결국 사회적 관심사에 대한 기록은 사건 발생 후 시간이 흐를수록 사회적 관심도가 저하되면서 보도의 공익성보다 인격권을 중시하여야 하지만, 일반적 정보원 및 학문의 자유의 대상으로서 가치를 상실하지 않는다. 따라서 잊힐 권리는 이러한 헌법적 가치와 조화를 이루기 위하여 제한되어야 하는 한계를 갖는다고 하겠다.

(5) 우리 법리로 수용가능성

현재의 잊힐 권리는 인터넷을 매개로 하는 사이버 공간과 밀접한 관련을 갖고 논의되고 있다는 것이다.[67] 이 분야의 전문가인 빅토어 마이어 쇤베르거는 디지털 네트워크 환경에서 인간의 망각의 구조가 역전되었기 때문에, 다시 인간이 망각을 의도적 장치를 통해 도입해야한다고 주장한다. 이에 대한 구체

---

65) 헌재 1991. 9. 16, 89헌마165.
66) 대법원 1998. 2. 27. 선고 97다19038 판결, 법원공보 1998.4.1.(55), 865.
67) 홍명신, "정보의 웰다잉을 향한 시도-잊혀질 권리를 둘러싼 국제적 동향", 언론중재위원회, 2011년 여름호(2011), 21면.

적인 방법으로는 각종 정보에 유통기한인 만료일을 설정하는 것이다.68)

우리나라에서도 인터넷의 보급이 본격화된 1990년대 후반~2000년대 초부터 이와 관련한 논문이 학계에 등장하기 시작하였고, 2006년에는 구체적으로 잊힐 권리에 따라서 '오래된 기사(과거 기사)의 수정·삭제 요구'가 쟁점화되었다.

그 쟁점을 좀 더 자세히 살펴보면, "과거 언론에 보도되는 기사는 매체에 따라 사실상 고유한 유통기한을 지녔었다. 일간지, 주간지, 월간지 등 각각의 발행주기에 따른 판매와 유통의 기한이 있었기 때문이다. 따라서 웬만한 사건은 일정한 시간이 지나면 인간 기억의 한계와 관심의 부단한 변화에 따라 특별한 경우가 아니면 관심과 기억의 영역에서 자연스레 사라져갔다. 하지만 인터넷에 실려 있는 기사는 보도 이후 상당한 시일이 지나도 사실상 손쉽게 열람이 가능하기 때문에 과거의 기사로 인해 지속적인 고통과 피해를 입게 된다."69)

분명 우리 헌법은 제13조에서 법에 따라 적절하게 처벌을 받았다면 동일한 사안으로 인해 반복적으로 처벌 받지 않는다고 명시하고 있는 바, 이는 헌법에서 보장하고 있는 인권의 개념에 부합한다고 볼 수 있다.70) 그리고 '정보인권'(human rights to information)이란 정보의 유통에 대한 개인의 통제권을 의미한다. 특히 정보사회에서 정보유통에 대한 개인의 통제권은 그의 존엄과 자유를 보장해주는 기본적인 인간의 권리(헌법 제10조)로 이해되고, 우리 헌법은 정보소통의 권리(=정보의 자유)와 정보프라이버시권이라는 두 기본권을 정보인권이라는 이름으로 보장하고 있다.

우리 개인정보 보호법은 정보주체의 권리로 개인정보의 삭제요구권을 인정하고 있다. 개인정보 보호법은, 정보주체는 개인정보 처리자에게 자신의 개인정보에 대한 열람을 요구할 수 있으며(제35조 제1항), 열람 후 개인정보의 정정 또는 삭제를 요구할 수 있다(제36조 제1항). 다만, 다른 법령에서 개인정보

---

68) 빅토어 마이어 쇤베르거, 『잊혀질 권리』, 지식의 날개(2011).
69) 한겨레신문, 2006. 4. 4. 칼럼.
70) 이재진·구본권, "인터넷상의 지속적 기사 유통으로 인한 피해의 법적 쟁점"-'잊혀질 권리' 인정의 필요성에 대한 탐색적 연구, 한국방송학보 제22-3호(2008). 180면.

를 수집 대상으로 명시하고 있는 경우 삭제를 요구할 수 없다(동조 제1항 단서).
개인정보 처리자는 삭제요구를 받으면, 다른 법령에 특별한 절차가 규정되어
있지 않는 한, 지체없이 개인정보를 조사하여 정보주체의 요구에 따라 정정·
삭제 등 필요한 조치를 취하고, 그 결과를 정보주체에게 알려야 한다(동조 제2
항). 또 개인정보 처리자는 개인정보를 삭제할 때 복구 또는 재생되지 않도록
조치하여야 한다(동조 제3항). 우리 법은 정보주체는 삭제요구가 받아들여지지
않을 경우 개인정보 처리자에게 개인정보 보호법 위반을 이유로 손해배상을
청구할 수 있으며, 개인정보 처리자는 고의 또는 과실이 없음을 입증하지 않
는 한 책임을 면할 수 없다(제39조). 또 개인정보 처리자가 제36조 제2항을 위
반하여 삭제하지 않으면 과태료가 부과되며(제75조 제2항 제11호), 삭제하지 않
고 개인정보를 계속 이용하거나 제3자에게 제공할 경우 2년 이하의 징역 또
는 1천만원 이하의 벌금에 처해진다(제73조 제2호). 하지만 개인정보 보호법에
서 개인정보 처리자에게 정정 등의 의무가 발생하는 것은 개인정보의 내용이
'사실이 아닌' 경우여야 한다.[71]

문재완 교수는 "개인정보 보호법의 제정으로 유럽에서 논의되고 있는 잊
힐 권리 중 일부는 입법화되었지만, 개인관련 기사의 DB 및 검색에 의한 프
라이버시 침해에 대해서는 아직까지 본격적인 검토가 이루어지지 않았다고
본다."[72]라고 한다.

잊힐 권리를 인정한다고 하더라도 인터넷의 개방성을 감안하면 인터넷상
개인정보의 완전한 삭제는 기술적으로 용이하지 않다고 한다. 반면, 개인정보
보호법이 상정하고 있는 개인정보 파일의 경우 정보주체의 요구에 따라 해당
개인정보를 삭제하는 것은 법리적 문제가 있지만, 기술적 문제는 없다.

최근 논란이 되고 있는 구글과 페이스북(Facebook) 경우, 구글은 검색된
개인관련정보를 보여주는 데 불과하다. 구글을 상대로 삭제요구권을 행사할
경우 그 요구권이 받아들여져서 구글의 검색결과에서 해당 개인관련정보가
사라진다고 하더라도 인터넷상 개인관련정보가 사라지는 것은 아니다. 검색
결과는 인터넷상 어느 곳에 존재하고 있으며, 다른 검색도구를 사용하면 다시

---

71) 본문 201~202면 참조.
72) 문재완, 앞의 발표문, 123면.

나타난다.

인터넷의 개방성은 복사와 변형이라는 새로운 문화를 창조하였다. 누구나 다른 사람의 글과 사진을 손쉽게 복사하고, 그 내용을 자기 마음대로 변형하는 문화가 생성된 것이다.[73] 인터넷에 한번 공개된 정보는 다른 누군가에 의하여 사용될 수 있는 상태에 놓이기 때문에 정보의 완전한 삭제란 사실상 불가능할 수 있다. SNS에 올려 진 개인정보 역시 마찬가지다. 특히 개인정보가 한 사람의 정보가 아니고, 최소한 두 사람이 공유하는 정보일 경우 일방 정보주체의 요구만으로 해당 정보를 삭제할 수 있는지 의문이다. 특정인에게는 지우고 싶은 과거일 수 있지만, 관계된 다른 사람이 소중한 추억으로 세상과 공유하고자 할 경우 누구 의사를 존중하여야 할 것인가, 또 관련된 모든 사람들의 의사를 확인하여야 할 것인가 등 삭제요구권, 즉 잊힐 권리를 도입하기에 앞서 해결하여야 할 과제가 많다.[74]

4. 손해배상책임과 입증책임

이 개인정보 보호법에서는 손해배상에 대한 규정을 제39조에 두고 있다.

> 제39조(손해배상책임) ① 정보주체는 개인정보 처리자가 이 법을 위반한 행위로 손해를 입으면 개인정보 처리자에게 손해배상을 청구할 수 있다. 이 경우 그 개인정보 처리자는 고의 또는 과실이 없음을 입증하지 아니하면 책임을 면할 수 없다.
> ② 개인정보 처리자가 이 법에 따른 의무를 준수하고 상당한 주의와 감독을 게을리하지 아니한 경우에는 개인정보의 분실·도난·유출·변조 또는 훼손으로 인한 손해배상책임을 감경 받을 수 있다.

---

73) 볼킨(Jack M. Balkin) 교수는 디지털 기술이 표현의 사회적 조건을 변화시켰으며, 이에 따라 표현의 자유의 이론도 민주적 과정이나 민주적 심의를 보호하는 공화주의적 사고에서 민주적 문화를 보호하고 장려하는 사고로 전환되어야 한다고 주장한다. Jack M. Balkin, Digital Speech and Democratic Culture: A Theory of Freedom of Expression for the Information Society, 79 N.Y.U. L. Rev. 1 (2004).
74) 문재완, 앞의 발표문, 131면.

이 규정은 매우 중요한 규정이다. 다른 국가 중에서 가장 최근에 개인정보 보호법을 제정한 일본의 법에도 없는 조항으로 정보통신망법에서도 같은 취지의 조항이 있었다. 이 조항은 정보주체의 개인정보 유출 사고 등에 대한 개인정보 처리자의 입증책임을 요구한다.[75] 그리고 상당한 주의의무를 한 경우에는 그 손해배상책임을 경감하도록 하고도 있다.

(1) 개인정보 유출 사례

지난 2008년 SK브로드밴드가 2006~2007년 초고속인터넷서비스에 가입한 고객 600만명의 개인정보를 텔레마케팅업체 등 협력업체에 무단으로 유출했다며 서울지방경찰청 사이버수사대는 전·현직 임직원 20여명을 불구속 입건했다. 이에 SK브로드밴드 가입자 3749명은 "정보가 유출돼 원치 않는 스팸전화와 문자 등으로 정신적 피해를 입었다"며 소송을 냈다. 법원이 고객 개인정보를 무단으로 유출한 SK브로드밴드(옛 하나로텔레콤)는 정보통신망법에 따라, 정보 유출 피해자 3370명에게 1인당 10만원 또는 20만원씩 총 6억6270만원을 배상하라고 원고일부승소 판결했다.

재판부는 우선 정보 수집 동의 자료가 전혀 없는 원고들과 관련해서는 "원고들에게 개인정보 수집·이용에 관한 동의를 얻었다는 점은 피고가 입증해야 하는데도 이에 관한 아무런 증거가 없다."며 "원고들의 동의 없이 개인정보를 수집해 이를 취급 위탁 형태로 외부에 제공했다고 할 것이므로 원고들의 개인정보 자기결정권을 침해하였다고 봄이 타당하다."고 밝혔다.

재판부는 이어 동의 양식을 작성하기 전에 개인정보가 유출된 원고들에 대해서도 "원고들이 서비스 개통 확인과는 별도로 자신의 개인정보 수집·이용에 관한 동의를 구하고 있다는 점을 인식하고서 고객 확인란에 서명했다고 보기 어렵다"며 "고객으로서는 서비스의 이용 목적 외에 피고가 다른 상품과 부가서비스 및 신용카드 가입 유치를 위해 개인정보를 외부에 제공할 것이라는 점을 예상하기 어렵다"고 설명했다. 개인정보 수집·이용에 유효한 동의를 했지만 새로운 수탁자에게 취급 위탁을 하면서 별도의 동의절차를 거치지

---

75) 즉 이 규정은 입증책임을 개인정보 처리자에게 전환하는 규정이라 할 수 있다.

않은 원고들에 대한 손해배상 책임도 인정했다. 재판부는 "피고가 수탁자 및 그 취급 위탁 업무의 내용을 알리면서 원고들로부터 동의를 받았다는 사실을 인정할 증거가 없는 이상, 피고는 동의 없이 원고들의 개인정보를 새로운 수탁자에게 제공한 점이 인정된다."고 판단했다.

다만, 재판부는 손해배상액과 관련해서 원고에 따라 위자료 액수를 달리 했다. 서울중앙지법 민사합의22부는 고객 2만3천여명이 SK브로드밴드를 상대로 낸 손해배상 소송 36건의 1심을 마친 결과, 개인정보 수집·이용에 전혀 동의하지 않은 1만8천700명에게 각 20만원씩을, 동의 범위를 넘는 정보가 제공된 200명에게는 10만원씩 배상하라고 판결했다고 4일 밝혔다. 손해배상액과 지연이자를 더해 SK브로드밴드가 지급해야할 금액은 40억원에 이른다.

재판부는 "SK브로드밴드가 동의없이 개인정보를 제공해 헌법상 보장된 개인정보 자기결정권을 침해한 만큼 손해배상 의무가 있다"고 밝혔다. 다만, SK브로드밴드 대표이사의 개인 책임은 인정하지 않았다.[76]

또한 2011년 7월 지난달 28일 회원 규모 3천500만명으로 추정되는 네이트와 싸이월드에 대한 해킹사실이 알려지면서 인터넷을 중심으로 집단소송을 준비하는 여러 카페가 생기는 등 손해배상 소송이 이어질 전망이다.[77] 네이트와 싸이월드를 관리하는 SK커뮤니케이션즈는 2012년 1월 31일부터 개인정보 처리지침에서 주민등록번호 등을 수집항목에서 제외하는 것으로 변경하는 내용의 이메일 통지 등 관련 조치를 취하고 있지만, 큰 효과를 기대하기는 어렵고 개인정보 처리자의 철저한 정보 관리가 선행되어야 한다.

이 경우 그 개인정보 처리자는 고의 또는 과실이 없음을 입증하지 아니하면 책임을 면할 수 없다. 따라서 개인정보 처리자는 자신이 고의 또는 과실이 없었음을 입증해야 하는데, 위 사건에서 SK커뮤니케이션즈 등도 해킹 방지가 현재의 기술력으로 불가능했다는 점을 입증하는 방향으로 소송에 대처하

76) 2008년 9월 SK브로드밴드로 상호를 바꾼 하나로텔레콤은 2006~2007년 초고속인터넷 서비스 가입자 50여만명의 이름, 전화번호, 생년월일, 주소, 사용요금 등의 정보를 텔레마케팅 업체 Y사에 제공했고 이들 중 2만3천여명이 소송을 냈다. 연합뉴스, 2011. 10. 5. "SK브로드밴드 고객정보 무단제공, 40억 배상판결": 법률신문, 2011.08.28. "SK브로드밴드, 개인정보 자기결정권 침해".

77) 연합뉴스, 2011.08.26. "네이트·싸이월드 회원 36명 손배소송"

였다.

한편 서울중앙지방법원 2007. 2. 8. 선고 2006가합33062 판결에도 개인정보 침해의 대한 손해배상 등에 관하여 설시하고 있다. 이 사건에서는 피고의 담당직원이 2006. 3. 15. 13:50경 이 사건 복권서비스 이용계약을 체결한 가입회원 중 최근 3개월간 위 서비스를 이용하지 아니한 32,277명의 회원들에게 이 사건 복권서비스에 관한 안내 이메일을 발송하는 과정에서, 원고들을 포함한 위 32,277명의 회원들의 성명, 주민등록번호, 이메일 주소, 최근 접속일자가 수록된 텍스트 파일을 이메일 첨부파일란에 첨부하여 발송하는 사고가 발생하였다. 피고 담당직원은 이 사건 사고 후 이 사건 파일이 이메일에 첨부된 사실을 알고 이메일 전송을 강제중단 시켰으나, 이미 3,723명의 회원들에게 이메일 발송이 완료되었다.

중앙지법의 판결은, "헌법 제10조와 헌법 제17조 규정은 오늘날 고도로 정보화된 현대사회에서 자신에 대한 정보를 자율적으로 통제할 수 있는 적극적인 권리까지도 보장하려는 데에 그 취지가 있는 것으로 해석되므로(대법원 1998. 7. 24. 선고 96다42789 판결 참조), 원고들은 자신들의 의사에 반하여 개인정보가 함부로 공개되지 아니할 권리를 가진다. 이와 같이 헌법에 의하여 보장된 기본권을 보호하기 위해 정보통신망법이 제정되었는바, 정보통신서비스제공자는 이용자의 개인정보를 취급함에 있어 개인정보가 분실·도난·누출·변조 또는 훼손되지 아니하도록 안전성 확보에 필요한 기술적·관리적 조치를 하여야 하므로(정보통신망법 제28조), 원고들의 개인정보를 수집·관리하는 정보통신서비스제공자인 피고로서는 원고들의 개인정보가 누출되지 않도록 필요한 관리적 조치를 다하여야 할 주의의무를 부담한다."라고 하였다.

"개인의 성명과 주민등록번호, 이메일 주소는 정보통신망법 제2조 제1항 제6호에서 정한 '개인정보'에 해당한다고 할 것인데(이메일 주소는 당해 정보만으로는 특정 개인을 알아볼 수 없을지라도 다른 정보와 용이하게 결합할 경우 당해 개인을 알아볼 수 있는 정보라 할 것이므로 위 규정상의 '개인정보'에 해당한다고 할 것이다), 피고는 앞에서 본 것과 같이 원고들의 개인정보가 누출되지 않도록 할 관리상의 주의의무를 부담함에도 불구하고, 이 사건 이메일을 전송하는 과정에서 원고들의 개인정보에 해당하는 성명, 주민등록번호, 이메일 주소 등을 수록한 이 사

건 파일을 만연히 첨부파일란에 업로드하여 위 이메일을 수신한 자들로 하여
금 위와 같은 개인정보를 지득할 수 있게 함으로써 위와 같은 주의의무를 위
반하였다 할 것이다."

"피고가 원고들의 성명, 주민등록번호, 이메일 주소 등을 누출함에 따라
원고들은 자신들의 위와 같은 개인정보를 제3자가 알게 되거나 이를 도용 또
는 악용할지도 모를 위험에 노출되었다 할 것이므로, 이 사건 사고로 인해 원
고들이 정신적 고통을 받았을 것임은 경험칙상 인정할 수 있고, 피고도 이를
예견할 수 있었다고 봄이 상당하다."고 판결하였다.

이 사건에서 "피고의 주의의무 위반"에 대하여, 개인의 성명과 주민등록
번호, 이메일 주소는 「정보통신망 이용촉진 및 정보보호 등에 관한 법률」(이
하 '정보통신망법'이라 한다) 제2조 제1항 제6호에서 정한 '개인정보'에 해당한다
고 할 것인데(이메일 주소는 당해 정보만으로는 특정 개인을 알아볼 수 없을지라도 다른
정보와 용이하게 결합할 경우 당해 개인을 알아볼 수 있는 정보라 할 것이므로 위 규정상의
'개인정보'에 해당한다고 할 것이다), 피고는 앞에서 본 것과 같이 원고들의 개인정
보가 누출되지 않도록 할 관리상의 주의의무를 부담함에도 불구하고, 이 사건
이메일을 전송하는 과정에서 원고들의 개인정보에 해당하는 성명, 주민등록
번호, 이메일 주소 등을 수록한 이 사건 파일을 만연히 첨부파일란에 업로드
하여 위 이메일을 수신한 자들로 하여금 위와 같은 개인정보를 지득할 수 있
게 함으로써 위와 같은 주의의무를 위반하였다 할 것이다.

(2) 관련 사례의 분류와 분석

개인정보 유출 사례의 유형을 과실, 해킹, 고의, 동의 없는 제공으로 구분
하면, 지금까지의 개인정보 유출 사례를 아래의 표와 같이 정리할 수 있다.
사건들에 대하여 법원은, 개인정보에 관하여 헌법 제10조와 제17조로부터
"개인의 사생활 활동이 타인으로부터 침해되거나 사생활이 함부로 공개되지
아니할 소극적인 권리는 물론 오늘날 고도로 정보화된 현대사회에서 자신에
대한 정보를 자율적으로 통제할 수 있는 적극적인 권리를 인정"[78]하고 있다.

---

78) 대법원 1998. 7. 24. 선고 96다42789 판결 참조.

유형	사례	사건내용	적용법률 (정보통신망법)	판 결	특 징
과실	국민 은행[79]	담당직원이 회원들에게 서비스 안내 이메일을 발송하는 과정에서 원고들을 포함한 32,277명의 개인정보 파일을 첨부하여 발송	제28조 제1항 (개인정보의 보호조치)	원고에게 각 10만원, 각 7만원 및 이자	인격적 이익으로 인한 정신적 고통을 통상손해로 봄
제3 자의 해킹	L G 전자 입사 지원서 사건[80]	인터넷으로 신입사원 지원을 받았는데 丙에 의한 웹페이지 작동으로 등록정보가 유출, 웹상에 개제됨. 정보는 등록 후 55분 뒤 삭제 됨.	제28조 제1항 (개인정보 기술적인 관리조치)	원고에게 각 70만원 및 이자	개시된 정보 가 열람된 원고들에게만 위자료를 인정하고, 열람되지 않은 원고들의 청구는 기각함
	이베이 옥션 개인정보 유출 사건[81]	중국인 해커에 의하여 옥션 회원 10,807,471명의 개인정보기 컴퓨터글 동아어 유출됨		원고의 소를 일부 각하, 일부 기각	피고 옥션과 인포섹은 제28조 제1항과 시행규칙이 요구하는 기술적·관리적 조치를 다하여 원고 주장에 이유 없음(시스템의 분봉, 심해 위법 상황 천파, 침입탐지 및 침입차단 시스템의 로그 분석 등의 합리적인 조치를 취함)
고의	GS칼텍스 사건[82]	소속직원이 고객정보를 빼내어 판매할 목적으로 고	제28조의2 제1항	원고의 소를 일부 각하, 일부 기각	외부로 유출되어 원고들에게 정신적 손해가 발생하

		객정보가 담긴 DVD를 쓰레기 더미에 버리고, 당해 사실을 언론에 퍼뜨림			였다는 사정이 입증되어야 한다고 설시
동 의 없 는 제공	하나로 텔레콤 사건83)	원고들로부터 개인정보 수집·이용에 관한 동의가 없이 취급 위탁 형태로 외부에 제공하여 원고의 개인정보 자기결정권 침해	제24조(개인정보의 이용 제한)	원고에게 각 20만원, 각 10만원 및 이자	개인정보 수집·이용에 관한 동의를 받지 않은 자 등과 동의를 받았으나 새로운 수탁자에게 취급 위탁 시 동의를 하지 않은 원고들에 대한 위자료 액수에 차등을 둠

5. 위자료책임 발생 여부

(1) SK브로드밴드 사건에서 법원은 위자료책임에 관하여 다음과 같이 판시하고 있다.

살피건대, ① 오늘날 정보사회에서는 컴퓨터 기술과 인터넷의 발전으로 인하여 전자상거래나 각종 온라인상의 서비스 이용을 위하여서는 웹사이트상에 자신의 주민등록번호, 이메일 주소, 전화번호, 주소 등의 개인정보를 필수적으로 입력하여야 하는 경우가 많아지게 되었고, 이에 따라 정부기관 뿐 아니라 민간단체나 기업들도 방대한 양의 개인정보를 컴퓨터에 쉽게 수집·축적할 수 있게 됨에 따라 개인정보가 인터넷상에서 대량으로 처리·이용되는

---

79) 서울중앙지법 2007. 2. 8. 2006가합33062, 2006가합5332(병합).
80) 서울중앙지법 2008. 1. 3. 2006가합87762, 2006가합95947(병합), 2006가합106212(병합).
81) 서울중앙지법 2010. 1. 14. 2008가합31411, 2008가합58638(병합).
82) 서울중앙지법 2010. 9. 16. 2008가합89953, 2008가합93235, 2008가합98438, 2009가합8036(병합).
83) 서울중앙지법 2011. 9. 30. 2008가합74807.

경우가 빈번해지고 있어 정보통신서비스제공자에 대한 개인정보 보호에 대한 고도의 주의의무가 요구되고 있다는 점, ② 인터넷상에서 개인의 식별은 기본적인 데이터에 의해서만 이루어지므로 개인정보를 이용하여 당해 개인에 대한 혼동을 일으킬 가능성이 매우 크다는 점, ③ 현행 주민등록법에 의하여 전 국민에게 부여되는 주민등록번호는 유일하고, 영구적이며, 일신전속적인 특성을 지니고 있는데, 인터넷상에서 개인의 식별이 주민등록번호에 의하여 이루어지는 경우가 많아 주민등록번호가 그 의사에 반하여 유출되는 경우 제3자에 의하여 네트워크상에 분산되어 있는 개인에 대한 데이터들이 조합되거나 도용될 위험성이 크다는 점, ④ 이에 따라 개인정보 보호 관련 규정에서는 개인정보를 수집, 이용, 제공 또는 관리하는 자에게 개인정보를 보호하기 위하여 노력하여야 할 적극적인 의무를 부과하고 있고, 또한 정보통신서비스제공자에게 주민등록번호, 이용자가 공개에 동의하지 않은 개인정보를 정보통신망 외부로 송신하거나 PC에 저장할 때에 이를 암호화할 것을 요구하고 있는 점, ⑤ 이 사건의 경우에는 피고의 담당직원이 실수로 원고들의 성명, 주민등록번호, 이메일 주소가 수록된 텍스트 파일을 이메일에 첨부하여 전송함으로써 원고들의 개인정보가 누출된 것인바, 이는 원고들을 비롯한 정보통신서비스 이용자들이 정보통신서비스제공자인 피고에 대하여 요구하는 개인정보 보호에 대한 고도의 주의의무를 소홀히 한 것이라고 능히 평가할 수 있는 점 등을 종합해 보면, 피고가 원고들의 성명, 주민등록번호, 이메일 주소 등을 누출함에 따라 원고들은 자신들의 위와 같은 개인정보를 제3자가 알게 되거나 이를 도용 또는 악용하기도 모른 위험에 누출되었다 할 것이므로, 이 사건 사고로 인해 원고들이 정신적 고통을 받았을 것임은 경험칙상 인정할 수 있고, 피고도 이를 예견할 수 있었다고 봄이 상당하다.

(2) 앞에서 설명한 서울중앙지방법원 2006가합33062판결[84]에서 피고는, 이 사건 사고로 인하여 원고들의 개인정보를 입수한 대상은 이 사건 복권서비스 이용계약자 중 일부 고객에 불과하여 그 유출가능성이 희박하고, 피고가 이 사건 사고를 인지한 후 원고들의 주민등록번호 및 이메일 주소가 제3자에

---

84) 본문 215면 참조.

의해 도용될 위험을 차단하기 위해 신속하게 사후조치를 취함에 따라 현재까지 원고들의 주민등록번호 및 이메일 주소 등 인적 사항이 실제로 도용되었다는 점이 드러나지 않고 있으며, 대부분의 이메일 시스템은 스팸메일 제한장치를 갖추고 있어서 이 사건 사고로 인한 이메일 주소 유출로 인하여 스팸메일이 증가한다고 하여도 그로 인한 구체적인 피해가 있다고 보기 어렵다는 등의 사정에 비추어, 원고들에게는 구체적이고 현실적인 손해가 발생하지 않았다고 주장한다. 살피건대, 이 사건의 경우 피고의 개인정보 누출로 인하여 헌법에 의하여 보장된 원고들의 기본권인 자신들의 의사에 반하여 개인정보가 함부로 공개되지 아니할 권리가 침해되었는바, 원고들의 위와 같은 권리는 인격적 이익에 직접 관계되는 것이므로, 원고들이 이 사건 사고로 받은 정신적 고통은 통상손해라고 보아야 할 것이다. 비록 피고가 신속하게 사후조치를 취하여 결과적으로 원고들의 성명, 주민등록번호 및 이메일 주소가 악용 또는 도용되었다는 사실이 없는 것으로 판명되고, 이메일 시스템상의 스팸메일 제한장치의 작동으로 스팸메일의 유해성으로부터 어느 정도 보호받을 수 있는 등 피고가 주장하는 위와 같은 사정들이 있다 하더라도, 이러한 사정들은 아래에서 보는 것과 같이 위자료 액수의 산정 과정에서 참작할 요소에 불과할 뿐, 이를 이유로 위와 같이 인격권을 침해받은 원고들에게 정신적 손해가 발생하지 않는다고 볼 수는 없다 할 것이다. 따라서 피고의 위 주장은 받아들이지 아니한다.

앞으로 개인정보 보호법과 정보통신망법의 손해배상 조항에 따라 개인정보를 처리하고 있는 개인정보 취급자는 이 법에 따르는 의무를 충분히 다하여 대비하지 않으면 손해배상 책임을 지게 될 것이다. 또한 이러한 소송은 단체소송화되어 진행될 것이다.

VI. 개인정보 분쟁위원회

앞에서 서술하였다.

Ⅶ. 개인정보 단체소송

앞에서 서술하였다.

Ⅷ. 제8장 보칙

1. 금지행위

2006년 개인정보 분쟁조정 사례에는 위성방송사가 고객의 개인정보를 인터넷쇼핑몰에 넘겨서 전화광고에 이용하도록 한 사례가 있다. 케이블방송사가 유선으로 서비스 개통을 신청한 회원의 정보를 개인정보 활용에 대한 고지 없이 자회사인 인터넷통신서비스 업체로 넘겨서 인터넷통신의 이용에 관한 텔레마케팅 전화를 수차례 받게 한 사례가 있다. 유선방송사업자가 고객의 예전 휴대전화번호를 파기하지 않아 초고속 인터넷상품에 가입하라는 전화를 계속 받게 한 사례 등이 있다.[85]

개인정보 보호법 제59조는 다음과 같은 행위를 금지하고 있다.

제59조(금지행위) 개인정보를 처리하거나 처리하였던 자는 다음 각 호의 어느 하나에 해당하는 행위를 하여서는 아니 된다.

1. 거짓이나 그 밖의 부정한 수단이나 방법으로 개인정보를 취득하거나 처리에 관한 동의를 받는 행위

2. 업무상 알게 된 개인정보를 누설하거나 권한 없이 다른 사람이 이용하도록 제공하는 행위

3. 정당한 권한 없이 또는 허용된 권한을 초과하여 다른 사람의 개인정보를 훼손, 멸실, 변경, 위조 또는 유출하는 행위

---

85) 이러한 사례는 한국정보진흥원, 2006년 개인정보 분쟁조정사례집(2007), 2007년 개인정보 분쟁조정사례집(2008)을 참고.

2. 악성코드와 스파이웨어

거짓이나 그 밖의 부정한 수단이나 방법으로 개인정보를 취득하는 등의 행위에는 악성코드나 스파이웨어를 통한 방법을 들 수 있다. 스파이웨어란 일반적으로 조작하고 있는 본인이 알아 체지 못하는 사이에 개인정보를 수집하는 것을 목적으로 하여 개인의 컴퓨터에 송신하는 소프트웨어 전반을 말한다.[86] 인터넷상에는 다수의 스파이웨어가 숨어있고, 무료 소프트를 다운한 때에 함께 유저의 컴퓨터에 인스톨되는 경우가 많다. 이러한 스파이웨어의 다수는 쿠키에 축적된 정보를 송신하거나, 유저 컴퓨터의 하드디스크안의 정보를 스파이웨어 송신자에 대하여 송신하는 기능을 가진 것도 많다.[87]

개인정보 보호의 관점에서 쿠키를 이용한 정보를 취득하는 경우와 같이,

[그림 5-1] 악성코드의 유포 경로

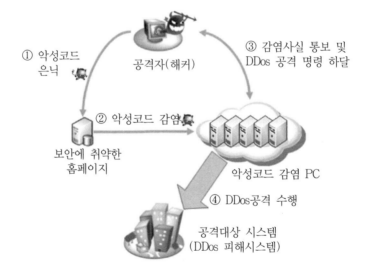

86) 최근에는 미국의 유명 통신사인 스프린트가 '캐리어IQ'라는 루트킷 SW, 즉 이용자들이 알지 못하는 상황에서 구동되는 소프트웨어를 고객들의 스마트폰에 심어왔고 이를 통하여 어떻게 스마트폰을 사용했는지를 추적한 것이 논란이 되었다. 이 '캐리어IQ'로 악성 소프트웨어의 하나이다.

87) TMI総合法律事務所, 前揭書, 89면.

특정 개인을 식별할 수 없는 정보를 취득한다고 하면 개인정보 보호법의 적
용을 받지 않게 되지만, 특정 개인을 식별할 수 있는 정보를 취득한다고 하면
개인정보 보호법의 적용을 받게 되고, 취득시에 이용목적을 명시할 필요가 있
다. 또 스파이웨어를 이용하여 유저의 컴퓨터의 하드웨어내의 정보를 취득하
는 경우, 취득하는 정보의 내용에 따라 ① 사생활성이 인정되고, ② 비공지의
것이고, ③ 일반인을 기준으로 하여 공개를 원하지 않을 것으로 인정되는 사
항인 경우도 있을 수 있으므로, 이러한 경우에는 프라이버시권 침해로 해석되
어 민사배상을 얻을 수도 있다. 그리고 이법 제59조 제1호, "거짓이나 그 밖
의 부정한 수단이나 방법으로 개인정보를 취득"한 행위에 해당하여 "3년 이
하의 징역 또는 3천만원 이하의 벌금에 처하게 된다."(제72조 제2호).

3. 전자 태그(RFID: Radio Frequency IDentification)

전자 태그이란 IC칩과 안테나에 의해 구성되고 물품 등에 장착되어, 당해
물품 등의 식별정보와 그밖의 다른 정보를 기록하고, 전파를 이용하는 것에
의해 그들 정보를 읽어내게 하는 것이다. 이는 소비자에 상품의 주소를 정보
제공하기 위하여 상품의 추적관리와 상품의 저가격으로 제공을 가능하게 하
는 유통 효율성, 효율적인 재고관리에 기여하는 것으로 많이 기대되는 것이
다.

그러나 원격으로부터 정보를 읽게 되는 전자 태그의 고유특성이야말로,
상품에 전자 태그가 장착되어진 채 소비자에게 넘겨지게 되는 경우에, 소비자
는 상품에 전자 태그가 장착되어있는지 인식을 하지 않고, 이것을 소지한 채
이동하고, 소지하고 있는 상품의 속성 등의 정보가 소비자가 원하지 않는 형
태로 인식되게 된다. 관련된 정보가 특정의 개인을 식별하는 것이 가능한 것
이면, 개인정보 보호법의 적용을 받게 된다. 또 특정의 개인의 식별에 연결되
지 않는 경우도, 당해 정보로부터 개인 또는 가정의 소비 동향 등이 추측되는
경우가 있기 때문에 이용자의 프라이버시 보호의 문제가 발생할 수 있다.

여기서 일본에서는, 전자 태그의 유효성을 활용하면서 소비자의 프라이버

시 등의 이익을 보호하고, 전자 태그가 원활히 사회에 사용될 수 있도록 하기 위하여 전자 태그에 관한 소비자 프라이버시 보호에 대하여 업종 간에 공통하는 기본적 사항을 명시하기 위한 목적으로 관련자로부터 합의를 얻어 일본 총무성과 경제산업성이 공동하여 '전자 태그에 관한 프라이버시 보호 가이드라인'을 2004.6.8.에 공포하고 있다.[88]

우리나라도 전자 태그가 개인정보의 부정한 수단이나 방법에 의한 취득이 되지 않도록 고려해야 할 것이다.

4. 업무상 알게 된 개인정보(제59조 제2호)

이 법 제59조 제2호는 "업무상 알게 된 개인정보를 누설하거나 권한 없이 다른 사람이 이용하도록 제공하는 행위"를 금지하고 있고, 5년 이하의 징역 또는 5천만원 이하의 벌금에 처하게 된다(제71조 제5호).

기타 이 법 제60조에 따라 개인정보 취급자는 직무상 비밀유지 의무를 부담한다.

5. 행정안전부장관의 의견제시 및 개선권고권

행정안전부장관에게 다른 부서보다 우월한 의견제시 및 개선권고 권한을 부여하고 있다.

제61조(의견제시 및 개선권고) ① 행정안전부장관은 개인정보 보호에 영향을 미치는 내용이 포함된 법령이나 조례에 대하여 필요하다고 인정하면 보호위원회의 심의·의결을 거쳐 관계 기관에 의견을 제시할 수 있다.

② 행정안전부장관은 개인정보 보호를 위하여 필요하다고 인정하면 개인정보 처리자에게 개인정보 처리 실태의 개선을 권고할 수 있다. 이 경우 권고를 받은 개인정보 처리자는 이를 이행하기 위하여 성실하게 노력하여야 하며, 그 조치 결과를 행정안전부장관에게 알려야 한다.

---

88) TMI総合法律事務所, 前揭書, 90면.

③ 관계 중앙행정기관의 장은 개인정보 보호를 위하여 필요하다고 인정하면 소관 법률에 따라 개인정보 처리자에게 개인정보 처리 실태의 개선을 권고할 수 있다. 이 경우 권고를 받은 개인정보 처리자는 이를 이행하기 위하여 성실하게 노력하여야 하며, 그 조치 결과를 관계 중앙행정기관의 장에게 알려야 한다.

④ 중앙행정기관, 지방자치단체, 국회, 법원, 헌법재판소, 중앙선거관리위원회는 그 소속 기관 및 소관 공공기관에 대하여 개인정보 보호에 관한 의견을 제시하거나 지도·점검을 할 수 있다.

제62조(침해 사실의 신고 등) ① 개인정보 처리자가 개인정보를 처리할 때 개인정보에 관한 권리 또는 이익을 침해받은 사람은 행정안전부장관에게 그 침해 사실을 신고할 수 있다.

② 행정안전부장관은 제1항에 따른 신고의 접수·처리 등에 관한 업무를 효율적으로 수행하기 위하여 대통령령으로 정하는 바에 따라 전문기관을 지정할 수 있다. 이 경우 전문기관은 개인정보 침해 신고센터(이하 "신고센터"라 한다)를 설치·운영하여야 한다.

③ 신고센터는 다음 각 호의 업무를 수행한다.

1. 개인정보 처리와 관련한 신고의 접수·상담

2. 사실의 조사·확인 및 관계자의 의견 청취

3. 제1호 및 제2호에 따른 업무에 딸린 업무

④ 행정안전부장관은 제3항제2호의 사실 조사·확인 등의 업무를 효율적으로 하기 위하여 필요하면 「국가공무원법」 제32조의4에 따라 소속 공무원을 제2항에 따른 전문기관에 파견할 수 있다.

제63조(자료제출 요구 및 검사) ① 행정안전부장관은 다음 각 호의 어느 하나에 해당하는 경우에는 개인정보 처리자에게 관계 물품·서류 등 자료를 제출하게 할 수 있다.

1. 이 법을 위반하는 사항을 발견하거나 혐의가 있음을 알게 된 경우

2. 이 법 위반에 대한 신고를 받거나 민원이 접수된 경우

3. 그 밖에 정보주체의 개인정보 보호를 위하여 필요한 경우로서 대통령령으로 정하는 경우

제63조 제4항에서는 행정안전부장관과 관계 중앙행정기관의 장이 개인정보 처리자로부터 제출받거나 수집한 서류·자료 등을 이 법에 따른 경우를 제외하고는 제3자에게 제공하거나 일반에게 공개하여서는 아니하도록 하고 있다.

'전국교직원노동조합'에 가입한 교원들의 학교명, 교사명, 담당교과, 교원단체 및 노동조합 가입현황을 인터넷 홈페이지를 통하여 공개한 행위에 대하여, 법원은 해당 교원들의 개인정보 자기결정권을 침해하는 것으로서 불법행위를 구성한다고 판결하였다(부산지방법원 2011. 2. 17. 선고 2010가합10002 판결).[89] 교원의 노동조합 가입 여부에 관한 정보[90]를 공개한 행위는 학생의 학습권이나 학부모의 교육권에 기초한 학부모 및 일반 국민의 알권리의 정당한 범위를 초과하여 해당 교원들의 개인정보 자기결정권을 침해하는 것으로 본 것이다.

제64조(시정조치 등) ① 행정안전부장관은 개인정보가 침해되었다고 판단할 상당한 근거가 있고 이를 방치할 경우 회복하기 어려운 피해가 발생할 우려가 있다고 인정되면 이 법을 위반한 자(중앙행정기관, 지방자치단체, 국회, 법원, 헌법재판소, 중앙선거관리위원회는 제외한다)에 대하여 다음 각 호에 해당하는 조치를 명할 수 있다.

1. 개인정보 침해행위의 중지

2. 개인정보 처리의 일시적인 정지

3. 그 밖에 개인정보의 보호 및 침해 방지를 위하여 필요한 조치

② 관계 중앙행정기관의 장은 개인정보가 침해되었다고 판단할 상당한 근거가 있고 이를 방치할 경우 회복하기 어려운 피해가 발생할 우려가 있다고

---

89) 학생의 학습권이나 학부모의 교육권에 어떠한 구체적인 침해가 발생하였는지 불분명한 상태에서 교직원의 교원단체 및 노동조합 가입현황 중 인원수만을 공시하도록 한 '교육관련기관의 정보공개에 관한 특례법'의 취지를 넘어서 아무런 기준이나 제한 없이 개별 학부모의 교육권과 관련이 없는 교원들의 정보를 인터넷 홈페이지에 게시하는 방법으로 일반에 공개하는 것은 그 정보 공개에 특별히 긴급한 사정이 있었다고 보기 어렵고, 침해방법 역시 합리적 범위 내라고 보이지 않는다(부산지방법원 2011. 2. 17. 선고 2010가합10002 판결).

90) 법원은 같은 취지의 개인정보를 인터넷 등에 공시하거나 언론기관 등에 공개하는 것은 당해 교원과 노동조합의 위 각 권리를 부당하게 침해할 개연성이 매우 클 뿐만 아니라, 공공기관의 개인정보 보호에 관한 법률 제10조, 교육관련기관의 정보공개에 관한 특례법 제8조의 취지상 개인정보를 제공받은 자가 그 개인정보를 제공된 목적에 따라 사용하여야 할 의무를 위반하는 것이라는 등의 이유로 그 가처분신청을 인용한 바 있다(서울남부지방법원 2010. 4. 15. 자 2010카합211 결정).

인정되면 소관 법률에 따라 개인정보 처리자에 대하여 제1항 각 호에 해당하는 조치를 명할 수 있다.

③ 지방자치단체, 국회, 법원, 헌법재판소, 중앙선거관리위원회는 그 소속 기관 및 소관 공공기관이 이 법을 위반하였을 때에는 제1항 각 호에 해당하는 조치를 명할 수 있다.

④ 보호위원회는 중앙행정기관, 지방자치단체, 국회, 법원, 헌법재판소, 중앙선거관리위원회가 이 법을 위반하였을 때에는 해당 기관의 장에게 제1항 각 호에 해당하는 조치를 하도록 권고할 수 있다. 이 경우 권고를 받은 기관은 특별한 사유가 없으면 이를 존중하여야 한다.

제65조(고발 및 징계권고) ① 행정안전부장관은 개인정보 처리자에게 이 법 등 개인정보 보호와 관련된 법규의 위반에 따른 범죄혐의가 있다고 인정될 만한 상당한 이유가 있을 때에는 관할 수사기관에 그 내용을 고발할 수 있다.

② 행정안전부장관은 이 법 등 개인정보 보호와 관련된 법규의 위반행위가 있다고 인정될 만한 상당한 이유가 있을 때에는 책임이 있는 자를 징계할 것을 그 소속 기관·단체 등의 장에게 권고할 수 있다. 이 경우 권고를 받은 사람은 이를 존중하여야 하며 그 결과를 행정안전부장관에게 통보하여야 한다.

③ 관계 중앙행정기관의 장은 소관 법률에 따라 개인정보 처리자에 대하여 제1항에 따른 고발을 하거나 소속 기관·단체 등의 장에게 제2항에 따른 징계권고를 할 수 있다. 이 경우 제2항에 따른 권고를 받은 사람은 이를 존중하여야 하며 그 결과를 관계 중앙행정기관의 장에게 통보하여야 한다.

제66조(결과의 공표) ① 행정안전부상관은 제61조에 따른 개선권고, 제64조에 따른 시정조치 명령, 제65조에 따른 고발 또는 징계권고 및 제75조에 따른 과태료 부과의 내용 및 결과에 대하여 보호위원회의 심의·의결을 거쳐 공표할 수 있다.

② 관계 중앙행정기관의 장은 소관 법률에 따라 제1항에 따른 공표를 할 수 있다.

③ 제1항 및 제2항에 따른 공표의 방법, 기준 및 절차 등은 대통령령으로 정한다.

행정안전부장관 등에게 형사 고발권을 부여하고 나아가 징계권고를 하고 그 개선권고, 시정조치 명령 등에 대한 결과를 통보받고, 그 결과를 공표할 수도 있도록 하고 있다.

Ⅸ. 벌   칙

1. 처벌규정

정보주체의 사생활 침해가능성을 고려하여 중대한 권익침해행위는 형사 처벌로, 단순한 절차규정 위반이라 법적 처리 기준 위반행위는 과태료를 부과 하도록 하였다. 물론 이법 외에도 일반 형사법에 의하여 절도죄 등을 상정할 수도 있다. 그러나 형법에서 재판범의 경우 유체물에 대하여 물리적 침해를 원칙으로 하고 있다. 따라서 경쟁타사가 보유한 고객명부데이터를 스스로 지 참하여 정보통신망을 통하여 메일에 첨부하여 전송하여도 건조물의 침입에 해당하는 경우를 제외하고 폭력, 협박 또는 사기 등이 수반하지 않는 한, 형 법상의 범죄에 해당하는 경우는 드물 것이다. 최근 사이버 테러로 인한 개인

[그림 5-2] 중국발 사이버 공격 건수 및 비율

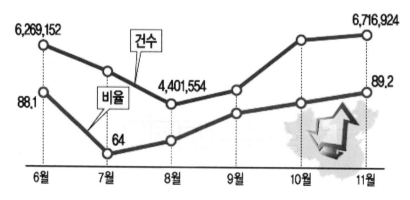

(단위: %, 건)

출처: 한국인터넷진흥원.

〈표 5-3〉 개인정보 보호법 처벌 조항

구분	침 해 행 위	처 벌 범 위
제70조 (벌칙)	공공기관의 개인정보 처리업무를 방해할 목적으로 공공기관에서 처리하고 있는 개인정보를 변경하거나 말소하여 공공기관의 업무 수행의 중단·마비 등 심각한 지장을 초래한 자	10년 이하의 징역 또는 1억원 이하의 벌금
제71조 (벌칙)	1. '법령에 따라 수집한 목적 범위에서 개인정보를 제공하는 경우'(17조 제1항·제2호)에 해당하지 아니함에도 같은 항 '정보주체의 동의를 받은 경우'(제1호)를 위반하여 정보주체의 동의를 받지 아니하고 개인정보를 제3자에게 제공한 자 및 그 사정을 알고 개인정보를 제공받은 자	5년 이하의 징역 또는 5천만원 이하의 벌금
	2. '개인정보의 이용·제공 제한'(제18조 제1항·제2항), '개인정보를 제공받은 자의 이용·제공 제한'(제19조), '수탁자의 업무 범위를 초과한 개인정보 이용 등'(제26조 제5항) 또는 '영업양수자 등의 본래 목적 개인정보 이용 등'(제27조 제3항)을 위반하여 개인정보를 이용하거나 제3자에게 제공한 자 및 그 사정을 알면서도 영리 또는 부정한 목적으로 개인정보를 제공받은 자	
	3. '민감정보의 처리 제한'(제23조)을 위반하여 민감정보를 처리한 자	
	4. '고유식별정보의 처리 제한'(제24조 제1항)을 위반하여 고유식별정보를 처리한 자	
	5. '업무상 개인정보 누설 등'(제59조 제2호)를 위반하여 업무상 알게 된 개인정보를 누설하거나 권한 없이 다른 사람이 이용하도록 제공한 자 및 그 사정을 알면서도 영리 또는 부정한 목적으로 개인정보를 제공 받은 자	
	6. '개인정보 훼손 등'(제59조 제3호)를 위반하여 다른 사람의 개인 정보를 훼손, 멸실, 변경, 위조 또는 유출한 자	
제72조 (벌칙)	1. '영상정보처리기기 임의 조작 등'(제25조제5항)을 위반하여 영상정보처리기기의 설치 목적과 다른 목적으로 영상정보처리기기를 임의로 조작하거나 다른 곳을 비추는 자 또는 녹음기능을 사용한 자	3년 이하의 징역 또는 3천만원 이하의 벌금
	2. '부정한 수단으로 개인정보 취득·처리 동의 받는 행위'(제59조 제1호)를 위반하여 거짓이나 그 밖의 부정한 수단이나 방법으로 개인정보를 취득 하거나 개인정보 처리에 관한 동의를 받는 행위를 한 자 및 그 사정을 알면서도 영리 또는 부정한 목적으로 개인정보를 제공받은 자	

	3. '직무상 비밀 누설 등'(제60조)를 위반하여 직무상 알게 된 비밀을 누설하거나 직무상 목적 외에 이용한 자	
제73조 (벌칙)	1. '고유식별정보 암호화 등'(제24조 제3항), '영상정보처리 개인정보 안전성 확보'(제25조 제6항) 또는 '안전조치의무'(제29조)를 위반하여 안전성 확보에 필요한 조치를 하지 아니하여 개인정보를 분실·도난·유출·변조 또는 훼손당한 자	2년 이하의 징역 또는 1천만원 이하의 벌금
	2. '정정·삭제 조치 의무'(제36조제2항)을 위반하여 정정·삭제 등 필요한 조치를 하지 아니하고 개인정보를 계속 이용 하거나 이를 제3자에게 제공한 자	
	3. '개인정보 처리정지 등'(제37조 제2항)을 위반하여 개인정보의 처리를 정지하지 아니하고 계속 이용하거나 제3자에게 제공한 자	
제75조 (과태료)	1. '정보주체 동의'(제15조 제1항)을 위반하여 개인정보를 수집한 자	5천만원 이하의 과태료
	2. '만 14세 미만 아동 개인정보 처리'(제22조 제5항)을 위반하여 법정대리인의 동의를 받지 아니한 자	
	3. '목욕실 등 영상정보처리기기 설치·운영'(제25조 제2항)을 위반하여 영상정보처리기기를 설치·운영한 자	
	1. '수집·이용시 알려야 할 사항'(제15조 제2항), '제공시 정보주체에 알려야 할 사항'(제17조 제2항), '이용·제공시 알려야 할 사항'(제18조 제3항) 또는 '수탁자를 정보주체에 알림'(제26조제3항)을 위반하여 정보주체에게 알려야 할 사항을 알리지 아니한 자	3천만원 이하의 과태료
	2. '수집 부동의로 서비스 제공 거부'(제16조 제2항) 또는 '동의 거절로 서비스 제공 거부'(제22조 제4항)을 위반하여 재화 또는 서비스의 제공을 거부한 자	
	3. '정보주체 이외로부터 수집한 개인정보 수집·출처 등 고지'(제20조 제1항)을 위반하여 정보주체에게 같은 항 각 호의 사실을 알리지 아니한 자	
	4. '보유기간 경과 등으로 개인정보 파기'(제21조 제1항)을 위반하여 개인정보를 파기하지 아니한 자	
	5. '회원가입시 주민등록번호 외 가입방법제공'(제24조 제2항)을 위반하여 정보주체가 주민 등록번호를 사용하지 아니할 수 있는 방법을 제공하지 아니한 자 [[시행일 2012.3.30]]	
	6. '고유식별정보 암호화 등'(제24조 제3항), '영상처리정보 안전성 확보'(제25조 제6항) 또는 '안전조치의무'(제29조)를 위반하여 안전성 확보에 필요한 조치를 하지 아니한 자	

	7. '영상정보처리기기 설치·운영'(제25조 제1항)을 위반하여 영상정보처리기기를 설치·운영한 자	
	8. '개인정보 유출 고지'(제34조 제1항)을 위반하여 정보주체에게 같은 항 각 호의 사실을 알리지 아니한 자	
	9. '개인정보 유출 조치 결과 신고'(제34조 제3항)을 위반하여 조치 결과를 신고 하지 아니한 자	
	10. '개인정보의 열람'(제35조 제3항)을 위반하여 열람을 제한하거나 거절한 자	
	11. 개인정보 정정·삭제'(제36조 제2항)을 위반하여 정정·삭제 등 필요한 조치를 하지 아니한 자	
	12. '처리 정지된 개인정보 파기 등'(제37조 제4항)을 위반하여 처리가 정지된 개인정보에 대하여 파기 등 필요한 조치를 하지 아니한 자	
	13. '행안부장관의 시정명령'(제64조 제1항)에 따른 시정명령에 따르지 아니한 자	
제75조 (과태료)	1. '개인정보의 분리 저장·관리'(제21조 제3항)을 위반하여 개인정보를 분리하여 저장·관리하지 아니한 자	1천만원 이하의 과태료
	2. '개인정보 처리의 동의'(제22조) 제1항부터 제3항까지의 규정을 위반 하여 동의를 받은 자	
	3. '영상정보처리기기운영자의 안내판 설치 등'(제25조 제4항)을 위반하여 안내판 설치 등 필요한 조치를 하지 아니한 자	
	4. '문서에 의한 개인정보 처리의 업무 위탁'(제26조 제1항)을 위반하여 업무 위탁 시 같은 항 각 호의 내용이 포함된 문서에 의하지 아니한 자	
	5. '업무위탁 공개'(제26조 제2항)을 위반하여 위탁하는 업무의 내용과 수탁자를 공개하지 아니한 자	
	6. '영업양도 등에 따른 개인정보의 이전'(제27조 제1항 또는 제2항)을 위반하여 정보주체에게 개인정보의 이전 사실을 알리지 아니한 자	
	7. '개인정보 처리방침의 수리 및 공개'(제30조 제1항 또는 제2항)을 위반하여 개인정보 처리방침을 정하지 아니하거나 이를 공개하지 아니한 자	
	8. '개인정보 보호책임자의 지정'(제31조 제1항)을 위반하여 개인정보 보호책임자를 지정하지 아니한 자	

9. '개인정보의 열람'(제35조 제3항·제4항), '개인정보의 정정·삭제'(제36조 제2항·제4항 또는 제37조 제3항)을 위반하여 정보주체에게 알려야 할 사항을 알리지 아니한 자	
10. '권한의 위임·위탁'(제63조 제1항)에 따른 관계 물품·서류 등 자료를 제출하지 아니하거나 거짓으로 제출한 자	
11. '자료제출 요구 및 검사'(제63조제2항)에 따른 출입·검사를 거부·방해 또는 기피한 자	
제1항부터 제3항까지의 규정에 따른 과태료는 대통령령으로 정하는 바에 따라 행정안전부장관과 관계 중앙행정기관의 장이 부과·징수한다. 이 경우 관계 중앙행정기관의 장은 소관 분야의 개인정보 처리자에게 과태료를 부과·징수한다.	

정보의 침해도 이 벌칙규정으로 처벌할 수 있다. 하지만 처벌규정을 구비하여도, 사이버 테러의 경우 실제 범죄자를 찾아서 사법처리함에 많은 문제점이 있음을 최근의 사례에서 볼 수 있다.

(1) 즉, 공공기관의 개인정보 처리업무를 방해할 목적으로 공공기관에서 처리하고 있는 개인정보를 변경하거나 말소하여 공공기관의 업무 수행의 중단·마비 등 심각한 지장을 초래한 자는 10년 이하의 징역 또는 1억원 이하의 벌금에 처하도록 하였다(제70조 벌칙).

해킹 등으로 통하여 공공기관의 개인정보 처리업무를 방해한 경우가 이에 해당한다.

(2) 제71조(벌칙) 다음 각 호의 어느 하나에 해당하는 자는 5년 이하의 징역 또는 5천만원 이하의 벌금에 처한다.

1. "① 정보주체의 동의를 받은 경우"나, "② 법률에 특별한 규정이 있거나 법령상 의무를 준수하기 위하여 불가피한 경우 및 정보주체 또는 그 법정대리인이 의사표시를 할 수 없는 상태에 있거나 주소불명 등으로 사전 동의를 받을 수 없는 경우로서 명백히 정보주체 또는 제3자의 급박한 생명, 신체, 재산의 이익을 위하여 필요하다고 인정되는 경우"에 해당하지 아니함에도 정보주체의 동의를 받지 아니하고 개인정보를 제3자에게 제공한 자 및 그 사정을 알고 개인정보를 제공받은 자

2. 제18조(개인정보의 이용·제공 제한)제1항·제2항, 제19조(개인정보를 제공받은 자의 이용·제공 제한), 제26조 제5항(수탁자는 개인정보 처리자로부터 위탁받은 해당 업무 범위를 초과하여 개인정보를 이용하거나 제3자에게 제공하여서는 아니 된다.) 또는 제27조 제3항(영업양수자등은 영업의 양도·합병 등으로 개인정보를 이전받은 경우에는 이전 당시의 본래 목적으로만 개인정보를 이용하거나 제3자에게 제공할 수 있다. 이 경우 영업양수자등은 개인정보 처리자로 본다.)을 위반하여 개인정보를 이용하거나 제3자에게 제공한 자 및 그 사정을 알면서도 영리 또는 부정한 목적으로 개인정보를 제공받은 자

3. 제23조를 위반하여 민감정보를 처리한 자

4. 제24조 제1항을 위반하여 고유식별정보를 처리한 자

5. 제59조 제2호를 위반하여 업무상 알게 된 개인정보를 누설하거나 권한 없이 다른 사람이 이용하도록 제공한 자 및 그 사정을 알면서도 영리 또는 부정한 목적으로 개인정보를 제공받은 자

6. 제59조 제3호를 위반하여 다른 사람의 개인정보를 훼손, 멸실, 변경, 위조 또는 유출한 자

(3) 제72조(벌칙) 다음 각 호의 어느 하나에 해당하는 자는 3년 이하의 징역 또는 3천만원 이하의 벌금에 처한다.

1. 제25조 제5항을 위반하여 영상정보처리기기의 설치 목적과 다른 목적으로 영상정보처리기기를 임의로 조작하거나 다른 곳을 비추는 자 또는 녹음 기능을 사용한 사

2. 제59조 제1호를 위반하여 거짓이나 그 밖의 부정한 수단이나 방법으로 개인정보를 취득하거나 개인정보 처리에 관한 동의를 받는 행위를 한 자 및 그 사정을 알면서도 영리 또는 부정한 목적으로 개인정보를 제공받은 자

3. 제60조를 위반하여 직무상 알게 된 비밀을 누설하거나 직무상 목적 외에 이용한 자

(4) 제73조(벌칙) 다음 각 호의 어느 하나에 해당하는 자는 2년 이하의 징역 또는 1천만원 이하의 벌금에 처한다.

1. 제24조 제3항, 제25조 제6항 또는 제29조를 위반하여 안전성 확보에 필요한 조치를 하지 아니하여 개인정보를 분실·도난·유출·변조 또는 훼손당한 자

2. 제36조 제2항을 위반하여 정정·삭제 등 필요한 조치를 하지 아니하고 개인정보를 계속 이용하거나 이를 제3자에게 제공한 자

3. 제37조 제2항을 위반하여 개인정보의 처리를 정지하지 아니하고 계속 이용하거나 제3자에게 제공한 자

2. 법인 처벌규정(제74조 양벌규정)

법인의 대표자나 법인 또는 개인의 대리인, 사용인, 그 밖의 종업원이 그 법인 또는 개인의 업무에 관하여 "공공기관의 개인정보 처리업무를 방해할 목적으로 공공기관에서 처리하고 있는 개인정보를 변경하거나 말소하여 공공기관의 업무 수행의 중단·마비 등 심각한 지장을 초래한 위반행위(제70조)"를 하면 그 행위자를 벌하는 외에 그 법인 또는 개인을 7천만원 이하의 벌금에 처한다. 이 경우, 법인 또는 개인이 그 위반행위를 방지하기 위하여 해당 업무에 관하여 상당한 주의와 감독을 게을리 하지 아니한 경우에는 그러하지 아니하도록 규정하고 있다(제74조 제1조).

법인의 대표자나 법인 또는 개인의 대리인, 사용인, 그 밖의 종업원이 그 법인 또는 개인의 업무에 관하여 제71조부터 제73조까지의 어느 하나에 해당하는 위반행위를 하면 그 행위자를 벌하는 외에 그 법인 또는 개인에게도 해당 조문의 벌금형을 과(科)한다. 다만, 법인 또는 개인이 그 위반행위를 방지하기 위하여 해당 업무에 관하여 상당한 주의와 감독을 게을리 하지 아니한 경우에는 그러하지 아니하다(제74조 제2조).

정보통신망법에 따라, 택배회사와 택배 수탁계약을 체결하고 위 회사로부터 위탁받은 택배화물을 고객들에게 운송하는 일을 담당한 공소외인이 위 회사가 관리하는 개인정보를 유출한 사안에서, 위 공소외인은 이 법 제66조에 정한 '법인의 사용인이 법인의 업무에 관하여' 위반행위를 한 것이고, 위 회사

가 위 공소외인의 위반행위를 방지하기 위하여 당해 업무에 대하여 상당한 주의와 감독을 하였다고 보기 어려워 위 회사 역시 형사책임을 면할 수 없다고 한 판례가 있다.[91]

3. 과태료

2008년 하나로 텔레콤은 고객의 동의 없이 개인정보를 위탁업체에 제공하거나 본래 목적과 전혀 다르게 텔레마케팅에 이용하였다. 본건에 대하여 방송통신위원회로부터 신규 가입자 모집정지 40일의 행정처분을 받고, 공정거래위원회로부터 시정명령과 과태료를 부과 받았으며, 검찰에서 형사조사를 받았다.

현행 개인정보 보호법에서는 제75조에 과태료 규정을 두고 있다.

제75조(과태료) ① 다음 각 호의 어느 하나에 해당하는 자에게는 5천만원 이하의 과태료를 부과한다.

1. 제15조 제1항을 위반하여 개인정보를 수집한 자
2. 제22조 제5항을 위반하여 법정대리인의 동의를 받지 아니한 자
3. 제25조 제2항을 위반하여 영상정보처리기기를 설치·운영한 자

② 다음 각 호의 어느 하나에 해당하는 자에게는 3천만원 이하의 과태료를 부과한다.

1. 제15조 제2항, 제17조 제2항, 제18조 제3항 또는 제26조 제3항을 위반하여 정보주체에게 알려야 할 사항을 알리지 아니한 자
2. 제16조 제2항 또는 제22조 제4항을 위반하여 재화 또는 서비스의 제공을 거부한 자
3. 제20조 제1항을 위반하여 정보주체에게 같은 항 각 호의 사실을 알리지 아니한 자
4. 제21조 제1항을 위반하여 개인정보를 파기하지 아니한 자
5. 제24조 제2항을 위반하여 정보주체가 주민등록번호를 사용하지 아니할

---

91) 수원지방법원 2005. 7. 29. 선고 2005고합160 판결.

수 있는 방법을 제공하지 아니한 자〈시행일 2012.3.30.〉

　　6. 제24조 제3항, 제25조 제6항 또는 제29조를 위반하여 안전성 확보에 필요한 조치를 하지 아니한 자

　　7. 제25조 제1항을 위반하여 영상정보처리기기를 설치·운영한 자

　　8. 제34조 제1항을 위반하여 정보주체에게 같은 항 각 호의 사실을 알리지 아니한 자

　　9. 제34조 제3항을 위반하여 조치 결과를 신고하지 아니한 자

　　10. 제35조 제3항을 위반하여 열람을 제한하거나 거절한 자

　　11. 제36조 제2항을 위반하여 정정·삭제 등 필요한 조치를 하지 아니한 자

　　12. 제37조 제4항을 위반하여 처리가 정지된 개인정보에 대하여 파기 등 필요한 조치를 하지 아니한 자

　　13. 제64조 제1항에 따른 시정명령에 따르지 아니한 자

　　③ 다음 각 호의 어느 하나에 해당하는 자에게는 1천만원 이하의 과태료를 부과한다.

　　1. 제21조 제3항을 위반하여 개인정보를 분리하여 저장·관리하지 아니한 자

　　2. 제22조 제1항부터 제3항까지의 규정을 위반하여 동의를 받은 자

　　3. 제25조 제4항을 위반하여 안내판 설치 등 필요한 조치를 하지 아니한 자

　　4. 제26조 제1항을 위반하여 업무 위탁 시 같은 항 각 호의 내용이 포함된 문서에 의하지 아니한 자

　　5. 제26조 제2항을 위반하여 위탁하는 업무의 내용과 수탁자를 공개하지 아니한 자

　　6. 제27조 제1항 또는 제2항을 위반하여 정보주체에게 개인정보의 이전 사실을 알리지 아니한 자

　　7. 제30조 제1항 또는 제2항을 위반하여 개인정보 처리방침을 정하지 아니하거나 이를 공개하지 아니한 자

　　8. 제31조 제1항을 위반하여 개인정보 보호책임자를 지정하지 아니한 자

　　9. 제35조 제3항·제4항, 제36조 제2항·제4항 또는 제37조 제3항을 위반하여 정보주체에게 알려야 할 사항을 알리지 아니한 자

10. 제63조 제1항에 따른 관계 물품·서류 등 자료를 제출하지 아니하거나 거짓으로 제출한 자

11. 제63조 제2항에 따른 출입·검사를 거부·방해 또는 기피한 자

④ 제1항부터 제3항까지의 규정에 따른 과태료는 대통령령으로 정하는 바에 따라 행정안전부장관과 관계 중앙행정기관의 장이 부과·징수한다. 이 경우 관계 중앙행정기관의 장은 소관 분야의 개인정보 처리자에게 과태료를 부과·징수한다.

이법 부칙 제4조 처리 중인 개인정보에 관한 경과조치에 따르면 이 법 시행 전에 다른 법령에 따라 적법하게 처리된 개인정보는 이 법에 따라 처리된 것으로 본다.

벌칙에 관하여도 ① 이 법 시행 전에 종전의「공공기관의 개인정보 보호에 관한 법률」을 위반한 행위에 대하여 벌칙을 적용할 때에는 종전의「공공기관의 개인정보 보호에 관한 법률」에, ② 이 법 시행 전에 종전의「정보통신망 이용촉진 및 정보보호 등에 관한 법률」을 위반한 행위에 대하여 벌칙을 적용할 때에는 종전의「정보통신망 이용촉진 및 정보보호 등에 관한 법률」에 따르도록 하였다(부칙 제5조).

06
CHAPTER

비판적 검토

I. 현행 개인정보 보호법의 평가

1. 정보사회의 도래와 함께 개인정보의 수집, 저장, 유통이 간편해지게 되어 개인정보의 침해 가능성과 그 침해로 인한 피해의 범위도 기존의 예상 가능한 수준보다 더 확산 되고 있는 것이 현실이다. 국제적으로도 유럽을 시작으로 미국 등의 국가들이 개인정보 보호에 관한 법률을 입법하였고, 이웃나라 일본도 2003년 개인정보 보호법을 제정하고 관련 법령들을 정비하고 2005년 실시하고 있다.

특히 SK텔레콤과 LG유플러스와 같은 통신회사와 백화점, 항공사, 학원, 인터넷쇼핑몰, 주유소 등 고객정보를 다루는 기업들이 부주의와 과실로 인한 고객의 개인정보 유출 그리고 고의에 의한 개인정보의 부당한 매매 등이 늘어나는 시점에 이 책에서 논의한 개인정보 보호법의 제정과 시행은 더이상 늦출 수 없는 우리사회의 현안 문제였다. 따라서 2011년 3월 제정되어 9월 30일 시행된 개인정보 보호법은 시기적으로는 때늦었다고 할 정도로 그 법의 제정과 성공적인 시행이 갈망되어 왔다. 따라서 이 법이 개인정보의 보호에 기여하고 개인정보에 대한 인식을 높이고 개인정보 보호를 위한 명확한 규정과 개인정보 이용에 있어서의 명확한 기준을 제시할 수 있기를 바란다.

2. 이 개인정보 보호법의 적용대상이 '공공기관의 개인정보 보호에 관한 법률'에서 공공기관에 한정하였던 것에서 비영리단체, 부동산 중개소, 쇼핑센터, 택배사, 여행사, 휴대폰 대리점, 비디오 대여점 등에게도 개인정보 보호규정의 준수를 요구하고 있어 그 적용영역이 넓어졌다. 따라서 기존의 개인정보 보호의 사각지대를 어느 정도 해소하는 역할을 하게 되었다고 할 수 있다.

3. 이 법은 개인정보 처리자에게 준수해야할 처리기준을 구체적으로 규정하고 있고, 개인정보 주체자의 권리도 명확히 하고 있는 점에서 진보한 개인정보 보호법으로서 역할을 할 것으로 기대된다. 이 법을 통하여 개인정보 자기통제권을 실현하기 위하여 개인정보의 열람, 정정, 삭제 등의 권리를 규정하고 있다. 이러한 규정을 현실적으로 사용함으로써 개인정보 자기통제권의 충분한 보장을 기대해 본다. 이를 위해서는 정보주체뿐만 아니라 개인정보 처

리자의 개인정보 자기통제권에 대한 인식의 고양과 적극적인 권리실현에의 협력을 필요로 한다.

4. '개인정보 영향 평가 제도'를 통하여 공공기관의 장은 대통령령으로 정하는 기준에 해당하는 개인정보 파일의 운용으로 인하여 정보주체의 개인정보 침해가 우려되는 경우에는 그 위험요인의 분석과 개선 사항 도출을 위한 평가, 즉 "영향평가"를 하고 그 결과를 행정안전부장관에게 제출하여야 한다. 이러한 영향평가를 통하여 개인정보 파일, 민감정보 또는 고유식별정보의 처리에 대하여 재고할 수 있는 절차를 만들어 두고 있다. 영향 평가 제도가 이 법을 통하여 개인정보 파일에 대한 안전하고 신뢰 있는 권리에 기여할 수 있기를 기대한다.

5. 불법행위에 의한 손해배상 조항의 규정을 두고 개인정보 처리자에게 그 책임이 없음을 입증시키도록 하고 있다. 이러한 손해배상책임 조항(제39조)은 정통망법에서 이미 규정하고 있었는데, 이러한 조항을 근거로 손해에 대한 위자료 등을 개인정보 피해자가 받을 수 있도록 법원을 통하여 그 손해배상액의 적절한 기준이 성립되기를 기대해 본다.

이와 관련하여 집단분쟁제도와 단체소송도 이 법에 근거하여 다양하게 활용될 수 있도록 해야 할 것이다.[1]

---

1) 우리나라에서 단체소송제도는 2006년 소비자기본법을 개정하여 처음으로 도입되었는데, '개인정보 보호법'에서는 개인정보 처리자가 제49조에 따른 집단분쟁조정을 거부하거나 집단분쟁조정의 결과를 수락하지 아니한 경우에는 법원에 권리침해 행위의 금지·중지를 구하는 소송을 제기할 수 있다(법 제51조). 이 법은 사전구제 수단으로, 피해당사자인 소비자단체 등에 대하여 소권을 부여하여 이의 금지 또는 중지를 청구할 수 있도록 하고 있다. 다만, 단체소송이 남발되는 것을 막기 위해 단체소송 전에 반드시 집단분쟁조정제도를 거치도록 하고, 이 집단분쟁조정을 거부하거나 조정안을 수락하지 않은 경우에만 청구할 수 있도록 하고 있다. 따라서 집단분쟁조정 절차를 거치지 않고는 단체소송에 의한 금지 또는 중지청구를 청구는 이른바 예방적인 청구를 할 수 없도록 하고 있다.
또한 소비자기본법상 소비자단체소송보다 제소요건을 강화함으로 인하여 소비자 단체 등은 동법상의 단체소송이 아닌 소비자기본법상 단체소송을 제기할 것이므로 이 법에 의하여 단체소송제도를 통한 피해예방은 잘 이용되지 않게 되어 있다. 그리고, 이 법에서는 조정절차를 두고 있는데, 조정절차 진행 중, 소 제기시에는 조정절차의 중단을 규정하고 있다. 따라서 조정에 분쟁을 회피하기 위한 악의적인 소송 제기기 있는 경우 정보주체는 사실상 피해구제를 포기하게 된다는 비판이 있다(고형석, 앞의 논문, 276면).

II. 개인정보 보호법의 개선방향

1. 서 설

「개인정보 보호법」 및 시행령에서는 개인정보의 처리에 관한 표준 개인정보 보호지침을 비롯하여 국가간 개인정보 이동, 고유식별정보의 안전성 확보, 개인정보 처리업무위탁, 영상정보처리기기 설치·운영 위탁, 개인정보 보호책임자 교육, 개인정보 영향평가 등 주요사항에 관한 세부기준을 지침 또는 고시로 구체화하도록 하고 있다. 이러한 세부기준의 마련에 있어서는 수범자의 수용가능성이 충분히 고려되어야 하며 글로벌 표준과의 적합성에 대한 검토도 있어야 할 것이다.[2] 즉 개인정보 보호의 반대편에는 개인정보를 안정적으로 활용하여 사회적인 이익을 도모할 수 있는 영역이 있음을 잊어서는 안 될 것이다.

2. 개인정보 보호 기관

(1) 개 관

이 법을 통하여 대통령 소속의 '개인정보 보호위원회'가 개인정보 보호에 관한 주요 정책 등을 심의·의결하도록 하고, 행정안전부에게 개인정보 보호업무의 총괄적인 권한을 주고 있다. 즉 여전히 「공공기관의 개인정보 보호에 관한 법률」에서와 같이 주도적인 역할은 행정안전부에 부여되어 있다. 따라서 심의와 의결이 중심이 되는 개인정보 보호위원회, 행정안전부, 그리고 다른 중앙행정기관이 개인정보 업무에 있어 효과적인 업무 분담과 처리가 이루어지도록 해야 할 것이다. 특히 방송통신위원회의 경우 정보통신망법 제4조에서 지식경제부장관과 함께 "정보통신망의 이용촉진 및 안정적 관리·운영

---

2) 이규정, 개인정보 보호법 제정의 의의와 과제, 2011-06-24 http://www.tocsg.co.kr/tt/site/ttboard.cgi?act=read&db=5_2_news&page=1&idx=38

과 이용자의 개인정보 보호를 통하여 정보사회의 기반을 조성하기 위한 시책을 마련"하도록 하고 있다. 따라서 각 기관의 업무분장에 각별히 유의하여야 할 것이다.

(2) 관련 기관

개인정보 보호 관련 기관에 대하여 이법 제62조 제2항에서 "행정안전부장관은 제1항에 따른 신고의 접수·처리 등에 관한 업무를 효율적으로 수행하기 위하여 대통령령으로 정하는 바에 따라 전문기관을 지정할 수 있다. 이 경우 전문기관은 개인정보 침해 신고센터(이하 "신고센터"라 한다)를 설치·운영하여야 한다."고 하여 한국인터넷진흥원(KISA)의 법적 근거를 두고 있다.[3] 한편, 방송통신위원회는 그 산하 기관으로 한국인터넷진흥원(KISA)을 두고 있다.. 이러한 기관의 효율적인 업무 분장 또한 개인정보 보호법의 성공적인 실현을 위한 초석일 것이다.

이 법에서는 여전히 언론, 종교단체, 정당이 각각 취재·보도, 선교, 선거 입후보자 추천 등 고유 목적을 달성하기 위하여 수집·이용하는 개인정보에 대해서는 적용을 제외하고 있다(제58조 제1항 4호). 따라서 언론기관이 취급하는 성명을 포함한 신문기사 DB는 성명 등 개인을 알아볼 수 있는 정보를 가지고 있지만 개인정보 보호법의 적용대상에서 배제되고 있다.

따라서 개인정보를 다량으로 취급하는 언론기관 등에게는 이법이 아닌 다른 법리에 따라야 하게 된다. 그렇기 때문에 언론기관에게는 개인정보 보호의 본래의 역할을 다 할 수 있도록 개인정보 보호법이 아니더라도 다른 법과 권리론에 따라 그 정보의 이용과 개인정보의 보호라는 두 가시 측면의 사회적 이익의 균형과 실현에 노력을 해야 할 의무가 있다. 하지만 언론사나 인터넷 검색회사가 회원관리의 목적으로 개인정보를 취득한 경우 개인정보 파일을 운영하는 것이므로 개인정보 보호법의 적용을 받는다.[4]

이번 「개인정보 보호법」의 제정으로 새롭게 규율 대상에 포함된 민간사업

---

3) 행정안전부장관은 분쟁조정위원회 사무국 운영 등 업무를 지원하는 전문기관으로 한국인터넷진흥원을 지정(시행령 제50조 제2항)하고 있다.

4) 문재완, 앞의 발표문, 123면.

자 특히 중소·영세사업자와 비영리단체, 개인 등은 자신이 규제대상인지조차 제대로 인식하지 못할 수도 있다. 따라서 개인정보 보호능력이 취약한 개인정보 처리자에 대한 교육·홍보와 컨설팅, 간편한 개인정보 보호 솔루션 개발·보급 등 개인정보 보호역량의 강화를 위한 정부의 적극적인 시책 마련과 지원이 요구된다.5) 일본에서 개인정보 보호법의 시행으로 개인정보에 대한 과민반응이 사회에 정보처리의 효율성을 떨어뜨렸다는 평가가 있었다. 따라서 우리는 개인정보 보호법에서 정권 권리와 의무를 각 주체에게 명확하게 인식시키는 교육이 선행되어 개인정보의 그 보호범위와 이용방법 등에 대한 사회적 혼란이 발생하지 않도록 해야 할 것이다.

(3) 개인정보 처리자에게 자율규제와 가이드라인

이 법 시행 이후에 개인정보 처리자들은 각기 주무관청의 지시나 권고에 따라서 자율적인 규제정책을 책정·공포하게 될 것이다. 이에 국가기관은 기본적으로 개인정보 처리자의 업계에 적합한 자율적인 규제를 존중하고 권장해야 할 것이다. 그리고 각 업계에 따라 특수한 개인정보 처리에 관한 문제 등을 관련자들은 연구·분석하여 세부적인 개인정보 보호 및 개인정보 처리에 대한 가이드안을 제정해야 할 것이다. 즉, 개인정보 처리의 각 영역별 개인정보 가이드라인이 구체화될 필요가 있을 것이다.

Ⅲ. 법령의 구체화 작업

아직 개인정보 보호법의 내용이 단순하여 구체적으로 그 적용의 내용이 문제가 되어 법적 분쟁이 될 여지를 여러 곳에서 남기고 있다. 이에 대한 구체화 작업이 앞으로 계속되어야 할 것으로 보인다.

예컨대 형사절차에서의 개인정보 자기통제와 보험계약에서의 몇 가지 문제점을 중심으로 검토해 보면 다음과 같다.

---

5) 이규정, 개인정보 보호법 제정의 의의와 과제, 2011-06-24 http://www.tocsg.co.kr/tt/site/ttboard.cgi?act=read&db=52news&page=1&idx=38

1. 형사절차에서의 개인정보 자기통제

(1) 형사소송법상 개인정보의 압수 수색

형사소송법과 규칙은 압수와 수색의 규정에서, 물리적인 공간, 그 공간을 차지하는 물건, 사람과 같은 유체물을 전제하고 있다. 따라서 전자정보에 대하여 압수와 수색의 경우 어떻게 접근해야할 것인지가 문제되어 2011년 형사소송법(법률 제10864호 일부개정 2011. 07. 18.)을 개정하였다.

> 第106條(押收) ① 法院은 필요한 때에는 피고사건과 관계가 있다고 인정할 수 있는 것에 한정하여 증거물 또는 몰수할 것으로 사료하는 물건을 압수할 수 있다. 但, 法律에 다른 規定이 있는 때에는 例外로 한다. 〈개정 2011.7.18〉
>
> ② 法院은 押收할 物件을 指定하여 所有者, 所持者 또는 保管者에게 提出을 命할 수 있다.
>
> ③ 법원은 압수의 목적물이 컴퓨터용디스크, 그밖에 이와 비슷한 정보저장매체(이하 이 항에서 "정보저장매체등"이라 한다)인 경우에는 기억된 정보의 범위를 정하여 출력하거나 복제하여 제출받아야 한다. 다만, 범위를 정하여 출력 또는 복제하는 방법이 불가능하거나 압수의 목적을 달성하기에 현저히 곤란하다고 인정되는 때에는 정보저장매체 등을 압수할 수 있다. 〈신설 2011.7.18〉
>
> ④ 법원은 제3항에 따라 정보를 제공받은 경우 「개인정보 보호법」 제2조 제3호에 따른 정보주체에게 해당 사실을 지체 없이 알려야 한다. 〈신설 2011.7.18〉

(2) 전자정보

전자정보의 경우 출력하거나 복제하여 제출받는 것을 원칙으로 규정하고 있다. 법원은 포괄적으로 기재된 압수물은 삭제하거나 압수수색의 방법을 제한하며 전자우편의 기간, 송수신 상대방을 한정하는 방식으로 범위를 제한하고 있다.

정보란 '의미체계된 것'을 의미한다. 위 형사소송법 개정으로 압수에서 유체물에 한정하던 것을 일부 전자정보를 포용할 수 있도록 하였다. 앞으로 이 조문에 대하여 ① 전자정보를 압수의 대상으로 하는 특별 영장의 도입논의가 제시될 수도 있다. ② 현행 개정법과 같이 '유체물+정보저장매체의 출력 정보'를 압수의 대상으로 하는 규정을 적용하여 전자정보에 관한 수사상의 필요에 일부 활용하는 논의도 할 수 있다. 관련 논의는 앞으로 수사에 있어서 전자정보의 증거 활용 방안에 따라 지속적인 논의가 계속 되어야 할 것이다.[6]

(3) 제3자의 개인정보

위 개정 형사소송법 제106조 제4항은 "법원은 제3항에 따라 정보를 제공받은 경우 「개인정보 보호법」 제2조 제3호에 따른 정보주체에게 해당 사실을 지체 없이 알려야 한다."고 하여 압수한 정보의 정보주체자에게 관련 사실을 알릴 것을 규정하고 있다. 이 규정에 대하여 독일의 데이터법의 규정을 참고하여 판단해보면 다음과 같다.

독일의 '데이터 법'의 '개인 참가의 원칙(Individual Participation Principle)'을 보면 개인은 다음의 권리를 가진다.

ⓐ 데이터 주체가 자기에 관한 자료가 있는지 여부에 대한 문서 관리자 또는 다른 사람에게서 확인을 받아야 한다.

ⓑ 자신에 관한 자료를 합리적인 기간 내에 만일 필요하다면 과도하지 않는 비용으로 합리적인 방법으로 하고 각자에게 알기 쉬운 형태로 각자에게 알릴 것.

ⓒ 상기 ⓐ 및 ⓑ요청이 거부된 경우에는 그 이유를 알려주고, 그러한 거부에 대해서는 이의를 제기할 수 있다.

ⓓ 자기에 관한 자료에 대해 이의를 제기할 수 있고, 그 이의가 인정 되는 경우에는 그 자료를 삭제, 수정, 보정할 수 있을 것.

따라서 "정보를 제공받은 경우 「개인정보 보호법」 제2조 제3호에 따른 정보주체에게 해당 사실을 지체 없이 알리는 규정"의 타당성에 대하여 몇 가지

---

6) 이숙연, "전자정보에 대한 압수수색과 기본권, 그리고 영장주의에 관하여", 최근 주요 판례에 나타난 헌법상 기본권의 의미, 한국헌법학회 제69회 발표문(2010.11.19.), 37면 이하 참조.

생각을 정리 해 볼 수 있다. 논리적으로 ① 압수·수색은 법원의 영장에 따르
므로 법원이 인정한 범위의 제3자 개인정보도 포함될 수 있고 이것은 법령에
따른 개인정보 수집으로 생각하는 방법이 있을 수 있다. 또는, ② 형사소송법
과 형사소송법 규칙에서 압수·수색에서 제3자의 개인정보가 포함된 경우에
는 제3자의 동의 또는 통지 의무를 완화하는 입법 방식도 고려할 수 있다.[7]
③ 압수·수색에서 제3자의 개인정보가 포함된 경우에, 정보주체자가 적극적
으로 본인 개인정보의 열람, 삭제, 정정 등을 요구하는 경우에 한하여, 예외적
인 경우를 제외하고, 이를 인정하는 방법을 생각할 수 있다. 그리고, ④ 위 개
정 형사소송법과 같이 압수·수색에서 제3자의 개인정보가 포함된 경우에는
정보주체에게 해당 사실을 지체 없이 알리는 방법이 있을 수 있다. 이 경우에
는 위 형사소송법의 규정 외에 정보주체에게 어떻게 알리는지 등에 대한 구
체적인 규정이 필요하며 이것은 수사기관에게 많은 부담을 줄 것으로 보인다.

따라서 위 ④의 예에 따라 구체성 없이 규정한 개정 형사소송법 규정에
대하여는 ①~③의 방법에 따르는 규정을 할 수 있는지 재검토의 여지도 있
어 보인다.

2. 보험계약 본인동의

보험회사의 경우 통상 보험설계사 등을 통해 가입권유를 하고 최초 고객
접촉 단계에서 가입설계서를 작성하기 위해 성명, 생년월일, 연락처 등 가입

---

7) '개인정보 보호법' 제15조 제1항은 ① 정보주체의 동의를 받은 경우, ② 법률에 특별한
규정이 있거나 법령상 의무를 준수하기 위하여 불가피한 경우, ③ 공공기관이 법령 등에서
정하는 소관 업무의 수행을 위하여 불가피한 경우, ④ 정보주체와의 계약의 체결 및 이행을
위하여 불가피하게 필요한 경우, ⑤ 정보주체 또는 그 법정대리인이 의사표시를 할 수 없는
상태에 있거나 주소불명 등으로 사전 동의를 받을 수 없는 경우로서 명백히 정보주체 또는
제3자의 급박한 생명, 신체, 재산의 이익을 위하여 필요하다고 인정되는 경우, ⑥ 개인정보
처리자의 정당한 이익을 달성하기 위하여 필요한 경우로서 명백하게 정보주체의 권리보다
우선하는 경우(이 경우 개인정보처리자의 정당한 이익과 상당한 관련이 있고 합리적인 범
위를 초과하지 아니하는 경우에 한한다)의 하나에 해당하는 경우에는 개인정보를 수집할
수 있으며 그 수집 목적의 범위에서 이용할 수 있다(제15조 제1항 개인정보의 수집·이용)
고 규정하고 있다. 따라서 동의를 받지 않은 제3자의 개인정보에 대하여 법령에 따라 통지
의무를 완화할 수 있다는 것이다.

고객의 정보를 수집한다. 보험료 산출 등 상담을 진행하려면 빼놓을 수가 없는 절차인 것이다. 앞으로는 개인정보 보호법 제15조가 적용되어 해당 정보주체의 동의절차가 필요하게 되었다.

그런데, 보험회사가 종래와 같은 영업형태를 유지하면서(푸시마케팅) 개인정보 수집의 동의절차를 받는 것은 매우 어렵다는 하소연이 있다. 이러한 입장에서는 개인정보 수집·이용에 대한 동의수령의무를 면제할 수 있도록 행정안전부에 행정입법을 요구[8]하려는 움직임이 있다.

몇 가지 문제점을 정리하면 다음과 같다.

① [단체보험 피보험자] 상법 제735조의3에 의해 단체보험의 피보험자에 대해서는 동법 제731조 제1항의 피보험자 서면동의 요건이 배제되고 있다. 즉, 보험회사가 단체보험의 피보험자를 실제로 대면할 가능성은 거의 없는 셈이다. 피보험자의 개인정보 수집관련 동의 징구는 사실상 불가하다고 한다.

② [보험수익자] 수익자의 지정·변경은 계약자의 권리(상법 제733조)이며, 일반적으로 수익자는 특정되지 않은 경우가 많아 동의 징구가 쉽지 않다.

③ 개인정보 보호법이 시행되기 전에 적용되던 신용정보법에서는 보유정보의 의무적 파기관련 규정이 없었으나 개인정보 보호법은 보유기간 경과, 보유목적 달성 등 정보가 불필요하게 된 경우 파기를 의무화하고 있다. 생명보험계약의 경우 보험금 등과 관련하여 법률분쟁 대응, 보험사기 적발 또는 예방을 위해 보험회사에 의한 보험관련 정보의 영구보존이 필수적이다.

3. 보험계약에서 신용정보보호법과 개인정보 보호법 적용

구분		관련업무	적용법률	
			신용 정보법	개인 정보법
보험계약 관련	계약 체결 전	가망고객정보 수집·관리	-	O

---

8) 즉, 개인정보 보호법 시행령, 시행규칙에서 보험업계 등의 경우 구체적으로 동의절차를 면제 혹은 완화하는 제도를 규정할 수 있다.

			O	O
	계약 체결시	청약시 개인정보 동의서 징구	O	O
		실손의료비 사전 조회	O	O
		단체보험 모집시 피보험자 동의	-	O
		보험가입시 수익자 동의	-	O
	계약유지	KLICS(생명보험협회)에 정보 집중 및 조회	O	O
		계약적부조사 위탁, 진단계약 위탁	O	O
		보험사고조사, 손해사정업무	O	O
	보험기간 종료후	계약만기, 실효, 해지시 정보파기	-	O
기타	모집채널	보험설계사 위촉계약	-	O
		설계사·대리점의 시험, 등록업무	-	O
	정보시스템	정보암호화	-	O
		정보처리방침 공시	O	O
		CCTV운영	-	O

　보험회사와 기타 금융기관은 개인정보에 대하여 특수한 사용을 요구하기 때문에, 각 금융기관은 개인정보 보호법의 내용을 명확히 파악하여 기관 내에 개인정보 보호를 위한 조직을 정비하고 관련 내부 규정을 마련하는 등 적극적으로 대응 해 갈 필요가 있다. 이렇게 개인정보 보호법을 구체화하는 작업은 각 영역마다 계속 진행되어야 할 것이다.

07

맺 으 며

우리는 정보사회의 도래와 함께, 개인정보의 손쉬운 이용이 가능해지고 이에 따른 보호의 필요성을 강하게 인식하고 살아 왔다. 언론을 통하여 개인정보의 대량 유출 등 심각한 피해사실을 보아왔을 때 더욱 개인정보 보호의 필요성을 느끼게 되었다. 그러나 한편으로는 개인정보를 통한 비즈니스 모델과 적절한 활용가능성에 대하여도 관련 업계를 중심으로 호기심을 가져 왔다고 할 수 있다.

국제사회에서는 OECD 가이드라인이 정해지고, EU의 개인정보 보호지령이 제정되면서 개인정보의 보호와 안전한 국제간의 유통이 고려되었다. 이런 흐름에 우리는 뒤늦게 참여하고 있다. 하지만 우리 개인정보 보호법은 그간 외국의 개인정보 보호법에 대한 충분한 검토를 통하여 입법이 논의되었다. 다만 행정자치부가 중심이 되어 제정 입법한 이 현행법이 충분한 사회적인 논의를 다 거쳤다고 보이지는 않지만 개인정보 보호에 있어서 한발 진보한 법제 정비라고 평가한다.

정보사회에서 개인정보의 활용과 보호는 정보사회를 선진화하고 지속적으로 성장시키는 중요한 기반이다. 개인정보의 보호를 위한 국민의 인식과 기술적 법적인 제도의 확충은 정보사회에서 중요한 공공재인 것이다. 네트워크에서 그리고 오프라인에서도 개인정보에 대한 자기통제권을 실현하는 것은 역으로 개인정보를 신뢰하고 주고받는 사회를 형성하는 것이다.

앞으로는 이 법의 규정에 따른 개인정보의 보호와 활용범위 및 관련 각종 절차가 관련 시행령과 관련 기관의 지침을 통하여 구체화 하는 과제가 남았다. 법원을 통해서는 개인정보 침해로 인한 손해배상 인정 사례와 그 위자료 등의 손해배상에 관한 기준과 판례가 축적되어야 한다. 또한 본문에서 언급한 "잊힐 권리"와 같이 개인정보에 관한 새로운 이론적인 모색도 관련 전문가들을 중심으로 논의하여 실현 가능하게 할 수 있는 방안의 모색도 필요해 보인다.

앞으로 이 법을 통하여 개인정보를 침해로부터 개인을 보호하고, 정보화사회에 걸 맞는 안전한 개인정보의 유통을 보장할 수 있도록 기대한다. 따라서 이법에서 부족하거나 비판받는 점에 대하여 꾸준한 법리적 연구와 기술적 연구가 계속되어야 할 것이다. 특히 각 정부부처별, 민간의 영역별로 개인정보 취급에 있어서의 특수성이 있을 것이고 이에 대한 구체적인 의견 검토가 앞으로 계속 진행되어 실효성 있는 개인정보 보호와 개인정보의 합법적 이용을 추진해야 할 것이다. 또한 개인정보의 대량 유출 등의 사고는 개인정보 보호법의 완비 외에도 다양한 기술적 문화적 기반이 필요한 바, 다양한 분야에서의 개인정보 보호 노력도 계속 되어야 할 것이다.

부　록

1. 개인정보 보호법

[법률 제10465호 신규제정 2011. 03. 29.]

제1장 총 칙

제1조(목적) 이 법은 개인정보의 수집·유출·오용·남용으로부터 사생활의 비밀 등을 보호함으로써 국민의 권리와 이익을 증진하고, 나아가 개인의 존엄과 가치를 구현하기 위하여 개인정보 처리에 관한 사항을 규정함을 목적으로 한다.

제2조(정의) 이 법에서 사용하는 용어의 뜻은 다음과 같다.

1. "개인정보"란 살아 있는 개인에 관한 정보로서 성명, 주민등록번호 및 영상 등을 통하여 개인을 알아볼 수 있는 정보(해당 정보만으로는 특정 개인을 알아볼 수 없더라도 다른 정보와 쉽게 결합하여 알아볼 수 있는 것을 포함한다)를 말한다.
2. "처리"란 개인정보의 수집, 생성, 기록, 저장, 보유, 가공, 편집, 검색, 출력, 정정(訂正), 복구, 이용, 제공, 공개, 파기(破棄), 그 밖에 이와 유사한 행위를 말한다.
3. "정보주체"란 처리되는 정보에 의하여 알아볼 수 있는 사람으로서 그 정보의 주체가 되는 사람을 말한다.
4. "개인정보 파일"이란 개인정보를 쉽게 검색할 수 있도록 일정한 규칙에 따라 체계적으로 배열하거나 구성한 개인정보의 집합물(集合物)을 말한다.
5. "개인정보 처리자"란 업무를 목적으로 개인정보 파일을 운용하기 위하여 스스로 또는 다른 사람을 통하여 개인정보를 처리하는 공공기관, 법인, 단체 및 개인 등을 말한다.
6. "공공기관"이란 다음 각 목의 기관을 말한다.
   가. 국회, 법원, 헌법재판소, 중앙선거관리위원회의 행정사무를 처리하는 기관, 중앙행정기관(대통령 소속 기관과 국무총리 소속 기관을 포함한다) 및 그 소속 기관, 지방자치단체
   나. 그 밖의 국가기관 및 공공단체 중 대통령령으로 정하는 기관
7. "영상정보처리기기"란 일정한 공간에 지속적으로 설치되어 사람 또는 사물의 영상 등을 촬영하거나 이를 유·무선망을 통하여 전송하는 장치로서 대통령령으로 정하는 장치를 말한다.

제3조(개인정보 보호 원칙) ① 개인정보 처리자는 개인정보의 처리 목적을 명확하게 하여야 하고 그 목적에 필요한 범위에서 최소한의 개인정보만을 적법하고 정당하게 수집하여야 한다.

② 개인정보 처리자는 개인정보의 처리 목적에 필요한 범위에서 적합하게 개인정보를 처리하여야 하며, 그 목적 외의 용도로 활용하여서는 아니 된다.

③ 개인정보 처리자는 개인정보의 처리 목적에 필요한 범위에서 개인정보의 정확성, 완전성 및 최신성이 보장되도록 하여야 한다.

④ 개인정보 처리자는 개인정보의 처리 방법 및 종류 등에 따라 정보주체의 권리가 침해받을 가능성과 그 위험 정도를 고려하여 개인정보를 안전하게 관리하여야 한다.

⑤ 개인정보 처리자는 개인정보 처리방침 등 개인정보의 처리에 관한 사항을 공개하여야 하며, 열람청구권 등 정보주체의 권리를 보장하여야 한다.

⑥ 개인정보 처리자는 정보주체의 사생활 침해를 최소화하는 방법으로 개인정보를 처리하여야 한다.

⑦ 개인정보 처리자는 개인정보의 익명처리가 가능한 경우에는 익명에 의하여 처리될 수 있도록 하여야 한다.

⑧ 개인정보 처리자는 이 법 및 관계 법령에서 규정하고 있는 책임과 의무를 준수하고 실천함으로써 정보주체의 신뢰를 얻기 위하여 노력하여야 한다.

제4조(정보주체의 권리) 정보주체는 자신의 개인정보 처리와 관련하여 다음 각 호의 권리를 가진다.

1. 개인정보의 처리에 관한 정보를 제공받을 권리

2. 개인정보의 처리에 관한 동의 여부, 동의 범위 등을 선택하고 결정할 권리

3. 개인정보의 처리 여부를 확인하고 개인정보에 대하여 열람(사본의 발급을 포함한다. 이하 같다)을 요구할 권리

4. 개인정보의 처리 정지, 정정·삭제 및 파기를 요구할 권리

5. 개인정보의 처리로 인하여 발생한 피해를 신속하고 공정한 절차에 따라 구제받을 권리

제5조(국가 등의 책무) ① 국가와 지방자치단체는 개인정보의 목적 외 수집, 오용·남용 및 무분별한 감시·추적 등에 따른 폐해를 방지하여 인간의 존엄과 개인의 사생활 보호를 도모하기 위한 시책을 강구하여야 한다.

② 국가와 지방자치단체는 제4조에 따른 정보주체의 권리를 보호하기 위하여 법령의 개선 등 필요한 시책을 마련하여야 한다.

③ 국가와 지방자치단체는 개인정보의 처리에 관한 불합리한 사회적 관행을 개선하기 위하여 개인정보 처리자의 자율적인 개인정보 보호활동을 존중하고 촉진·지원하여야 한다.

④ 국가와 지방자치단체는 개인정보의 처리에 관한 법령 또는 조례를 제정하거나 개정하는 경우에는 이 법의 목적에 부합되도록 하여야 한다.

제6조(다른 법률과의 관계) 개인정보 보호에 관하여는 「정보통신망 이용촉진 및 정보보호 등에 관한 법률」, 「신용정보의 이용 및 보호에 관한 법률」 등 다른 법률에 특별한 규정이 있는 경우를 제외하고는 이 법에서 정하는 바에 따른다.

제 2 장 개인정보 보호정책의 수립 등

제7조(개인정보 보호위원회) ① 개인정보 보호에 관한 사항을 심의·의결하기 위하여 대통령 소속으로 개인정보 보호위원회(이하 "보호위원회"라 한다)를 둔다. 보호위원회는 그 권한에 속하는 업무를 독립하여 수행한다.

② 보호위원회는 위원장 1명, 상임위원 1명을 포함한 15명 이내의 위원으로 구성하되, 상임위원은 정무직 공무원으로 임명한다.

③ 위원장은 위원 중에서 공무원이 아닌 사람으로 대통령이 위촉한다.

④ 위원은 다음 각 호의 어느 하나에 해당하는 사람을 대통령이 임명하거나 위촉한다. 이 경우 위원 중 5명은 국회가 선출하는 자를, 5명은 대법원장이 지명하는 자를 각각 임명하거나 위촉한다.

1. 개인정보 보호와 관련된 시민사회단체 또는 소비자단체로부터 추천을 받은 사람

2. 개인정보 처리자로 구성된 사업자단체로부터 추천을 받은 사람

3. 그 밖에 개인정보에 관한 학식과 경험이 풍부한 사람

⑤ 위원장과 위원의 임기는 3년으로 하되, 1차에 한하여 연임할 수 있다.

⑥ 보호위원회의 회의는 위원장이 필요하

1. 개인정보 보호법 **259**
다고 인정하거나 재적위원 4분의 1 이상의
요구가 있는 경우에 위원장이 소집한다.
⑦ 보호위원회는 재적위원 과반수의 출석
과 출석위원 과반수의 찬성으로 의결한다.
⑧ 보호위원회의 사무를 지원하기 위하여
보호위원회에 사무국을 둔다.
⑨ 제1항부터 제8항까지에서 규정한 사항
외에 보호위원회의 조직과 운영에 필요한
사항은 대통령령으로 정한다.
제8조(보호위원회의 기능 등) ① 보호위원
회는 다음 각 호의 사항을 심의·의결한다.
1. 제9조에 따른 기본계획 및 제10조에 따
른 시행계획
2. 개인정보 보호와 관련된 정책, 제도 및
법령의 개선에 관한 사항
3. 개인정보의 처리에 관한 공공기관 간의
의견조정에 관한 사항
4. 개인정보 보호에 관한 법령의 해석·운
용에 관한 사항
5. 제18조제2항제5호에 따른 개인정보의
이용·제공에 관한 사항
6. 제33조제3항에 따른 영향평가 결과에
관한 사항
7. 제61조제1항에 따른 의견제시에 관한
사항
8. 제64조제4항에 따른 조치의 권고에 관
한 사항
9. 제66조에 따른 처리 결과의 공표에 관한
사항
10. 제67조제1항에 따른 연차보고서의 작
성·제출에 관한 사항
11. 개인정보 보호와 관련하여 대통령, 보
호위원회의 위원장 또는 위원 2명 이상
이 회의에 부치는 사항
12. 그 밖에 이 법 또는 다른 법령에 따라
보호위원회가 심의·의결하는 사항
② 보호위원회는 제1항 각 호의 사항을 심
의·의결하기 위하여 필요하면 관계 공무
원, 개인정보 보호에 관한 전문 지식이 있
는 사람이나 시민사회단체 및 관련 사업자
로부터 의견을 들을 수 있고, 관계 기관
등에 대하여 자료 등의 제출을 요구할 수

있다.
제9조(기본계획) ① 개인정보의 보호와 정
보주체의 권익 보장을 위하여 행정안전부
장관은 3년마다 개인정보 보호 기본계획
(이하 "기본계획"이라 한다)을 관계 중앙
행정기관의 장과 협의 하에 작성하여 보호
위원회에 제출하고, 보호위원회의 심의·
의결을 거쳐 시행하여야 한다.
② 기본계획에는 다음 각 호의 사항이 포
함되어야 한다.
1. 개인정보 보호의 기본목표와 추진방향
2. 개인정보 보호와 관련된 제도 및 법령의
개선
3. 개인정보 침해 방지를 위한 대책
4. 개인정보 보호 자율규제의 활성화
5. 개인정보 보호 교육·홍보의 활성화
6. 개인정보 보호를 위한 전문인력의 양성
7. 그 밖에 개인정보 보호를 위하여 필요한
사항
③ 국회, 법원, 헌법재판소, 중앙선거관리
위원회는 해당 기관(그 소속 기관을 포
함한다)의 개인정보 보호를 위한 기본
계획을 수립·시행할 수 있다.
제10조(시행계획) ① 중앙행정기관의 장은
기본계획에 따라 매년 개인정보 보호를 위
한 시행계획을 작성하여 보호위원회에 제
출하고, 보호위원회의 심의·의결을 거쳐
시행하여야 한다.
② 시행계획의 수립·시행에 필요한 사항
은 대통령령으로 정한다.
제11조(자료제출 요구 등) ① 행정안전부장
관은 기본계획을 효율적으로 수립·추진
하기 위하여 개인정보 처리자, 관계 중앙
행정기관의 장, 지방자치단체의 장 및 관
계 단체 등에 개인정보 처리자의 법규 준
수 현황과 개인정보 관리 실태 등에 관한
자료의 제출이나 의견의 진술 등을 요구할
수 있다.
② 중앙행정기관의 장은 시행계획을 효율
적으로 수립·추진하기 위하여 소관 분야
의 개인정보 처리자에게 제1항에 따른 자
료제출 등을 요구할 수 있다.

③ 제1항 및 제2항에 따른 자료제출 등을 요구받은 자는 특별한 사정이 없으면 이에 따라야 한다.

④ 제1항 및 제2항에 따른 자료제출 등의 범위와 방법 등 필요한 사항은 대통령령으로 정한다.

제12조(개인정보 보호지침) ① 행정안전부장관은 개인정보의 처리에 관한 기준, 개인정보 침해의 유형 및 예방조치 등에 관한 표준 개인정보 보호지침(이하 "표준지침"이라 한다)을 정하여 개인정보 처리자에게 그 준수를 권장할 수 있다.

② 중앙행정기관의 장은 표준지침에 따라 소관 분야의 개인정보 처리와 관련한 개인정보 보호지침을 정하여 개인정보 처리자에게 그 준수를 권장할 수 있다.

③ 국회, 법원, 헌법재판소 및 중앙선거관리위원회는 해당 기관(그 소속 기관을 포함한다)의 개인정보 보호지침을 정하여 시행할 수 있다.

제13조(자율규제의 촉진 및 지원) 행정안전부장관은 개인정보 처리자의 자율적인 개인정보 보호활동을 촉진하고 지원하기 위하여 다음 각 호의 필요한 시책을 마련하여야 한다.

1. 개인정보 보호에 관한 교육·홍보
2. 개인정보 보호와 관련된 기관·단체의 육성 및 지원
3. 개인정보 보호 인증마크의 도입·시행 지원
4. 개인정보 처리자의 자율적인 규약의 제정·시행 지원
5. 그 밖에 개인정보 처리자의 자율적 개인정보 보호활동을 지원하기 위하여 필요한 사항

제14조(국제협력) ① 정부는 국제적 환경에서의 개인정보 보호 수준을 향상시키기 위하여 필요한 시책을 마련하여야 한다.

② 정부는 개인정보 국외 이전으로 인하여 정보주체의 권리가 침해되지 아니하도록 관련 시책을 마련하여야 한다.

제 3 장 개인정보의 처리

제1절 개인정보의 수집, 이용, 제공 등

제15조(개인정보의 수집·이용) ① 개인정보 처리자는 다음 각 호의 어느 하나에 해당하는 경우에는 개인정보를 수집할 수 있으며 그 수집 목적의 범위에서 이용할 수 있다.

1. 정보주체의 동의를 받은 경우
2. 법률에 특별한 규정이 있거나 법령상 의무를 준수하기 위하여 불가피한 경우
3. 공공기관이 법령 등에서 정하는 소관 업무의 수행을 위하여 불가피한 경우
4. 정보주체와의 계약의 체결 및 이행을 위하여 불가피하게 필요한 경우
5. 정보주체 또는 그 법정대리인이 의사표시를 할 수 없는 상태에 있거나 주소불명 등으로 사전 동의를 받을 수 없는 경우로서 명백히 정보주체 또는 제3자의 급박한 생명, 신체, 재산의 이익을 위하여 필요하다고 인정되는 경우
6. 개인정보 처리자의 정당한 이익을 달성하기 위하여 필요한 경우로서 명백하게 정보주체의 권리보다 우선하는 경우. 이 경우 개인정보 처리자의 정당한 이익과 상당한 관련이 있고 합리적인 범위를 초과하지 아니하는 경우에 한한다.

② 개인정보 처리자는 제1항제1호에 따른 동의를 받을 때에는 다음 각 호의 사항을 정보주체에게 알려야 한다. 다음 각 호의 어느 하나의 사항을 변경하는 경우에도 이를 알리고 동의를 받아야 한다.

1. 개인정보의 수집·이용 목적
2. 수집하려는 개인정보의 항목
3. 개인정보의 보유 및 이용 기간
4. 동의를 거부할 권리가 있다는 사실 및 동의 거부에 따른 불이익이 있는 경우에는 그 불이익의 내용

제16조(개인정보의 수집 제한) ① 개인정보 처리자는 제15조제1항 각 호의 어느 하나

에 해당하여 개인정보를 수집하는 경우에는 그 목적에 필요한 최소한의 개인정보를 수집하여야 한다. 이 경우 최소한의 개인정보 수집이라는 입증책임은 개인정보 처리자가 부담한다.

② 개인정보 처리자는 정보주체가 필요한 최소한의 정보 외의 개인정보 수집에 동의하지 아니한다는 이유로 정보주체에게 재화 또는 서비스의 제공을 거부하여서는 아니 된다.

제17조(개인정보의 제공) ① 개인정보 처리자는 다음 각 호의 어느 하나에 해당되는 경우에는 정보주체의 개인정보를 제3자에게 제공(공유를 포함한다. 이하 같다)할 수 있다.

1. 정보주체의 동의를 받은 경우
2. 제15조제1항제2호·제3호 및 제5호에 따라 개인정보를 수집한 목적 범위에서 개인정보를 제공하는 경우

② 개인정보 처리자는 제1항제1호에 따른 동의를 받을 때에는 다음 각 호의 사항을 정보주체에게 알려야 한다. 다음 각 호의 어느 하나의 사항을 변경하는 경우에도 이를 알리고 동의를 받아야 한다.

1. 개인정보를 제공받는 자
2. 개인정보를 제공받는 자의 개인정보 이용 목적
3. 제공하는 개인정보의 항목
4. 개인정보를 제공받는 자의 개인정보 보유 및 이용 기간
5. 동의를 거부할 권리가 있다는 사실 및 동의 거부에 따른 불이익이 있는 경우에는 그 불이익의 내용

③ 개인정보 처리자가 개인정보를 국외의 제3자에게 제공할 때에는 제2항 각 호에 따른 사항을 정보주체에게 알리고 동의를 받아야 하며, 이 법을 위반하는 내용으로 개인정보의 국외 이전에 관한 계약을 체결하여서는 아니 된다.

제18조(개인정보의 이용·제공 제한) ① 개인정보 처리자는 개인정보를 제15조제1항에 따른 범위를 초과하여 이용하거나 제17조제1항 및 제3항에 따른 범위를 초과하여 제3자에게 제공하여서는 아니 된다.

② 제1항에도 불구하고 개인정보 처리자는 다음 각 호의 어느 하나에 해당하는 경우에는 정보주체 또는 제3자의 이익을 부당하게 침해할 우려가 있을 때를 제외하고는 개인정보를 목적 외의 용도로 이용하거나 이를 제3자에게 제공할 수 있다. 다만, 제5호부터 제9호까지의 경우는 공공기관의 경우로 한정한다.

1. 정보주체로부터 별도의 동의를 받은 경우
2. 다른 법률에 특별한 규정이 있는 경우
3. 정보주체 또는 그 법정대리인이 의사표시를 할 수 없는 상태에 있거나 주소불명 등으로 사전 동의를 받을 수 없는 경우로서 명백히 정보주체 또는 제3자의 급박한 생명, 신체, 재산의 이익을 위하여 필요하다고 인정되는 경우
4. 통계작성 및 학술연구 등의 목적을 위하여 필요한 경우로서 특정 개인을 알아볼 수 없는 형태로 개인정보를 제공하는 경우
5. 개인정보를 목적 외의 용도로 이용하거나 이를 제3자에게 제공하지 아니하면 다른 법률에서 정하는 소관 업무를 수행할 수 없는 경우로서 보호위원회의 심의·의결을 거친 경우
6. 조약, 그 밖의 국제협정의 이행을 위하여 외국정부 또는 국제기구에 제공하기 위하여 필요한 경우
7. 범죄의 수사와 공소의 제기 및 유지를 위하여 필요한 경우
8. 법원의 재판업무 수행을 위하여 필요한 경우
9. 형(刑) 및 감호, 보호처분의 집행을 위하여 필요한 경우

③ 개인정보 처리자는 제2항제1호에 따른 동의를 받을 때에는 다음 각 호의 사항을 정보주체에게 알려야 한다. 다음 각 호의 어느 하나의 사항을 변경하는 경우에도 이를 알리고 동의를 받아야 한다.

1. 개인정보를 제공받는 자
2. 개인정보의 이용 목적(제공 시에는 제공받는 자의 이용 목적을 말한다)
3. 이용 또는 제공하는 개인정보의 항목
4. 개인정보의 보유 및 이용 기간(제공 시에는 제공받는 자의 보유 및 이용 기간을 말한다)
5. 동의를 거부할 권리가 있다는 사실 및 동의 거부에 따른 불이익이 있는 경우에는 그 불이익의 내용

④ 공공기관은 제2항제2호부터 제6호까지, 제8호 및 제9호에 따라 개인정보를 목적 외의 용도로 이용하거나 이를 제3자에게 제공하는 경우에는 그 이용 또는 제공의 법적 근거, 목적 및 범위 등에 관하여 필요한 사항을 행정안전부령으로 정하는 바에 따라 관보 또는 인터넷 홈페이지 등에 게재하여야 한다.

⑤ 개인정보 처리자는 제2항 각 호의 어느 하나의 경우에 해당하여 개인정보를 목적 외의 용도로 제3자에게 제공하는 경우에는 개인정보를 제공받는 자에게 이용 목적, 이용 방법, 그 밖에 필요한 사항에 대하여 제한을 하거나, 개인정보의 안전성 확보를 위하여 필요한 조치를 마련하도록 요청하여야 한다. 이 경우 요청을 받은 자는 개인정보의 안전성 확보를 위하여 필요한 조치를 하여야 한다

제19조(개인정보를 제공받은 자의 이용ㆍ제공 제한) 개인정보 처리자로부터 개인정보를 제공받은 자는 다음 각 호의 어느 하나에 해당하는 경우를 제외하고는 개인정보를 제공받은 목적 외의 용도로 이용하거나 이를 제3자에게 제공하여서는 아니 된다.

1. 정보주체로부터 별도의 동의를 받은 경우
2. 다른 법률에 특별한 규정이 있는 경우

제20조(정보주체 이외로부터 수집한 개인정보의 수집 출처 등 고지) ① 개인정보 처리자가 정보주체 이외로부터 수집한 개인정보를 처리하는 때에는 정보주체의 요구가 있으면 즉시 다음 각 호의 모든 사항

을 정보주체에게 알려야 한다.

1. 개인정보의 수집 출처
2. 개인정보의 처리 목적
3. 제37조에 따른 개인정보 처리의 정지를 요구할 권리가 있다는 사실

② 제1항은 다음 각 호의 어느 하나에 해당하는 경우에는 적용하지 아니한다. 다만, 이 법에 따른 정보주체의 권리보다 명백히 우선하는 경우에 한한다.

1. 고지를 요구하는 대상이 되는 개인정보가 제32조제2항 각 호의 어느 하나에 해당하는 개인정보 파일에 포함되어 있는 경우
2. 고지로 인하여 다른 사람의 생명ㆍ신체를 해할 우려가 있거나 다른 사람의 재산과 그 밖의 이익을 부당하게 침해할 우려가 있는 경우

제21조(개인정보의 파기) ① 개인정보 처리자는 보유기간의 경과, 개인정보의 처리 목적 달성 등 그 개인정보가 불필요하게 되었을 때에는 지체 없이 그 개인정보를 파기하여야 한다. 다만, 다른 법령에 따라 보존하여야 하는 경우에는 그러하지 아니하다.

② 개인정보 처리자가 제1항에 따라 개인정보를 파기할 때에는 복구 또는 재생되지 아니하도록 조치하여야 한다.

③ 개인정보 처리자가 제1항 단서에 따라 개인정보를 파기하지 아니하고 보존하여야 하는 경우에는 해당 개인정보 또는 개인정보 파일을 다른 개인정보와 분리하여서 저장ㆍ관리하여야 한다.

④ 개인정보의 파기방법 및 절차 등에 필요한 사항은 대통령령으로 정한다.

제22조(동의를 받는 방법) ① 개인정보 처리자는 이 법에 따른 개인정보의 처리에 대하여 정보주체(제5항에 따른 법정대리인을 포함한다. 이하 이 조에서 같다)의 동의를 받을 때에는 각각의 동의 사항을 구분하여 정보주체가 이를 명확하게 인지할 수 있도록 알리고 각각 동의를 받아야 한다.

② 개인정보 처리자는 제15조제1항제1호,

제17조제1항제1호, 제23조제1호 및 제24조제1항제1호에 따라 개인정보의 처리에 대하여 정보주체의 동의를 받을 때에는 정보주체와의 계약 체결 등을 위하여 정보주체의 동의 없이 처리할 수 있는 개인정보와 정보주체의 동의가 필요한 개인정보를 구분하여야 한다. 이 경우 동의 없이 처리할 수 있는 개인정보라는 입증책임은 개인정보 처리자가 부담한다.

③ 개인정보 처리자는 정보주체에게 재화나 서비스를 홍보하거나 판매를 권유하기 위하여 개인정보의 처리에 대한 동의를 받으려는 때에는 정보주체가 이를 명확하게 인지할 수 있도록 알리고 동의를 받아야 한다.

④ 개인정보 처리자는 정보주체가 제2항에 따라 선택적으로 동의할 수 있는 사항을 동의하지 아니하거나 제3항 및 제18조제2항제1호에 따른 동의를 하지 아니한다는 이유로 정보주체에게 재화 또는 서비스의 제공을 거부하여서는 아니 된다.

⑤ 개인정보 처리자는 만 14세 미만 아동의 개인정보를 처리하기 위하여 이 법에 따른 동의를 받아야 할 때에는 그 법정대리인의 동의를 받아야 한다. 이 경우 법정대리인의 동의를 받기 위하여 필요한 최소한의 정보는 법정대리인의 동의 없이 해당 아동으로부터 직접 수집할 수 있다.

⑥ 제1항부터 제5항까지에서 규정한 사항 외에 정보주체의 동의를 받는 세부적인 방법 및 제5항에 따른 최소한의 정보의 내용에 관하여 필요한 사항은 개인정보의 수집 매체 등을 고려하여 대통령령으로 정한다.

제 2 절 개인정보의 처리 제한

제23조(민감정보의 처리 제한) 개인정보 처리자는 사상·신념, 노동조합·정당의 가입·탈퇴, 정치적 견해, 건강, 성생활 등에 관한 정보, 그 밖에 정보주체의 사생활을 현저히 침해할 우려가 있는 개인정보로서 대통령령으로 정하는 정보(이하 "민감정보"라 한다)를 처리하여서는 아니 된다. 다만,

다음 각 호의 어느 하나에 해당하는 경우에는 그러하지 아니하다.

1. 정보주체에게 제15조제2항 각 호 또는 제17조제2항 각 호의 사항을 알리고 다른 개인정보의 처리에 대한 동의와 별도로 동의를 받은 경우
2. 법령에서 민감정보의 처리를 요구하거나 허용하는 경우

제24조(고유식별정보의 처리 제한) ① 개인정보 처리자는 다음 각 호의 경우를 제외하고는 법령에 따라 개인을 고유하게 구별하기 위하여 부여된 식별정보로서 대통령령으로 정하는 정보(이하 "고유식별정보"라 한다)를 처리할 수 없다.

1. 정보주체에게 제15조제2항 각 호 또는 제17조제2항 각 호의 사항을 알리고 다른 개인정보의 처리에 대한 동의와 별도로 동의를 받은 경우
2. 법령에서 구체적으로 고유식별정보의 처리를 요구하거나 허용하는 경우

② 대통령령으로 정하는 기준에 해당하는 개인정보 처리자는 정보주체가 인터넷 홈페이지를 통하여 회원으로 가입할 경우 주민등록번호를 사용하지 아니하고도 회원으로 가입할 수 있는 방법을 제공하여야 한다. [[시행일 2012.3.30.]]

③ 개인정보 처리자가 제1항 각 호에 따라 고유식별정보를 처리하는 경우에는 그 고유식별정보가 분실·도난·유출·변조 또는 훼손되지 아니하도록 대통령령으로 정하는 바에 따라 암호화 등 안전성 확보에 필요한 조치를 하여야 한다.

④ 행정안전부장관은 제2항에 따른 방법의 제공을 지원하기 위하여 관계 법령의 정비, 계획의 수립, 필요한 시설 및 시스템의 구축 등 제반 조치를 마련할 수 있다.

제25조(영상정보처리기기의 설치·운영 제한) ① 누구든지 다음 각 호의 경우를 제외하고는 공개된 장소에 영상정보처리기기를 설치·운영하여서는 아니 된다.

1. 법령에서 구체적으로 허용하고 있는 경우

2. 범죄의 예방 및 수사를 위하여 필요한 경우

3. 시설안전 및 화재 예방을 위하여 필요한 경우

4. 교통단속을 위하여 필요한 경우

5. 교통정보의 수집·분석 및 제공을 위하여 필요한 경우

② 누구든지 불특정 다수가 이용하는 목욕실, 화장실, 발한실(發汗室), 탈의실 등 개인의 사생활을 현저히 침해할 우려가 있는 장소의 내부를 볼 수 있도록 영상정보처리기기를 설치·운영하여서는 아니 된다. 다만, 교도소, 정신보건 시설 등 법령에 근거하여 사람을 구금하거나 보호하는 시설로서 대통령령으로 정하는 시설에 대하여는 그러하지 아니하다.

③ 제1항 각 호에 따라 영상정보처리기기를 설치·운영하려는 공공기관의 장과 제2항 단서에 따라 영상정보처리기기를 설치·운영하려는 자는 공청회·설명회의 개최 등 대통령령으로 정하는 절차를 거쳐 관계 전문가 및 이해관계인의 의견을 수렴하여야 한다.

④ 제1항 각 호에 따라 영상정보처리기기를 설치·운영하는 자(이하 "영상정보처리기기운영자"라 한다)는 정보주체가 쉽게 인식할 수 있도록 대통령령으로 정하는 바에 따라 안내판 설치 등 필요한 조치를 하여야 한다. 다만, 대통령령으로 정하는 시설에 대하여는 그러하지 아니하다.

⑤ 영상정보처리기기운영자는 영상정보처리기기의 설치 목적과 다른 목적으로 영상정보처리기기를 임의로 조작하거나 다른 곳을 비춰서는 아니 되며, 녹음기능은 사용할 수 없다.

⑥ 영상정보처리기기운영자는 개인정보가 분실·도난·유출·변조 또는 훼손되지 아니하도록 제29조에 따라 안전성 확보에 필요한 조치를 하여야 한다.

⑦ 영상정보처리기기운영자는 대통령령으로 정하는 바에 따라 영상정보처리기기 운영·관리 방침을 마련하여야 한다. 이 경우 제30조에 따른 개인정보 처리방침을 정하지 아니할 수 있다.

⑧ 영상정보처리기기운영자는 영상정보처리기기의 설치·운영에 관한 사무를 위탁할 수 있다. 다만, 공공기관이 영상정보처리기기 설치·운영에 관한 사무를 위탁하는 경우에는 대통령령으로 정하는 절차 및 요건에 따라야 한다.

제26조(업무위탁에 따른 개인정보의 처리 제한) ① 개인정보 처리자가 제3자에게 개인정보의 처리 업무를 위탁하는 경우에는 다음 각 호의 내용이 포함된 문서에 의하여야 한다.

1. 위탁업무 수행 목적 외 개인정보의 처리 금지에 관한 사항

2. 개인정보의 기술적·관리적 보호조치에 관한 사항

3. 그 밖에 개인정보의 안전한 관리를 위하여 대통령령으로 정한 사항

② 제1항에 따라 개인정보의 처리 업무를 위탁하는 개인정보 처리자(이하 "위탁자"라 한다)는 위탁하는 업무의 내용과 개인정보 처리 업무를 위탁받아 처리하는 자(이하 "수탁자"라 한다)를 정보주체가 언제든지 쉽게 확인할 수 있도록 대통령령으로 정하는 방법에 따라 공개하여야 한다.

③ 위탁자가 재화 또는 서비스를 홍보하거나 판매를 권유하는 업무를 위탁하는 경우에는 대통령령으로 정하는 방법에 따라 위탁하는 업무의 내용과 수탁자를 정보주체에게 알려야 한다. 위탁하는 업무의 내용이나 수탁자가 변경된 경우에도 또한 같다.

④ 위탁자는 업무 위탁으로 인하여 정보주체의 개인정보가 분실·도난·유출·변조 또는 훼손되지 아니하도록 수탁자를 교육하고, 처리 현황 점검 등 대통령령으로 정하는 바에 따라 수탁자가 개인정보를 안전하게 처리하는지를 감독하여야 한다.

⑤ 수탁자는 개인정보 처리자로부터 위탁받은 해당 업무 범위를 초과하여 개인정보를 이용하거나 제3자에게 제공하여서는 아니 된다.

⑥ 수탁자가 위탁받은 업무와 관련하여 개인정보를 처리하는 과정에서 이 법을 위반하여 발생한 손해배상책임에 대하여는 수탁자를 개인정보 처리자의 소속 직원으로 본다.

⑦ 수탁자에 관하여는 제15조 부터 제25조까지, 제27조 부터 제31조까지, 제33조 부터 제38조까지 및 제59조를 준용한다.

제27조(영업양도 등에 따른 개인정보의 이전 제한) ① 개인정보 처리자는 영업의 전부 또는 일부의 양도·합병 등으로 개인정보를 다른 사람에게 이전하는 경우에는 미리 다음 각 호의 사항을 대통령령으로 정하는 방법에 따라 해당 정보주체에게 알려야 한다.

1. 개인정보를 이전하려는 사실
2. 개인정보를 이전받는 자(이하 "영업양수자등"이라 한다)의 성명(법인의 경우에는 법인의 명칭을 말한다), 주소, 전화번호 및 그 밖의 연락처
3. 정보주체가 개인정보의 이전을 원하지 아니하는 경우 조치할 수 있는 방법 및 절차

② 영업양수자등은 개인정보를 이전받았을 때에는 지체 없이 그 사실을 대통령령으로 정하는 방법에 따라 정보주체에게 알려야 한다. 다만, 개인정보 처리자가 제1항에 따라 그 이전 사실을 이미 알린 경우에는 그러하지 아니하다.

③ 영업양수자등은 영업의 양도·합병 등으로 개인정보를 이전받은 경우에는 이전 당시의 본래 목적으로만 개인정보를 이용하거나 제3자에게 제공할 수 있다. 이 경우 영업양수자등은 개인정보 처리자로 본다.

제28조(개인정보 취급자에 대한 감독) ① 개인정보 처리자는 개인정보를 처리함에 있어서 개인정보가 안전하게 관리될 수 있도록 임직원, 파견근로자, 시간제근로자 등 개인정보 처리자의 지휘·감독을 받아 개인정보를 처리하는 자(이하 "개인정보 취급자"라 한다)에 대하여 적절한 관리·감독을 행하여야 한다.

② 개인정보 처리자는 개인정보의 적정한 취급을 보장하기 위하여 개인정보 취급자에게 정기적으로 필요한 교육을 실시하여야 한다.

제 4 장 개인정보의 안전한 관리

제29조(안전조치의무) 개인정보 처리자는 개인정보가 분실·도난·유출·변조 또는 훼손되지 아니하도록 내부 관리계획 수립, 접속기록 보관 등 대통령령으로 정하는 바에 따라 안전성 확보에 필요한 기술적·관리적 및 물리적 조치를 하여야 한다.

제30조(개인정보 처리방침의 수립 및 공개) ① 개인정보 처리자는 다음 각 호의 사항이 포함된 개인정보의 처리 방침(이하 "개인정보 처리방침"이라 한다)을 정하여야 한다. 이 경우 공공기관은 제32조에 따라 등록대상이 되는 개인정보 파일에 대하여 개인정보 처리방침을 정한다.

1. 개인정보의 처리 목적
2. 개인정보의 처리 및 보유 기간
3. 개인정보의 제3자 제공에 관한 사항(해당되는 경우에만 정한다)
4. 개인정보 처리의 위탁에 관한 사항(해당되는 경우에만 정한다)
5. 정보주체의 권리·의무 및 그 행사방법에 관한 사항
6. 그 밖에 개인정보의 처리에 관하여 대통령령으로 정한 사항

② 개인정보 처리자가 개인정보 처리방침을 수립하거나 변경하는 경우에는 정보주체가 쉽게 확인할 수 있도록 대통령령으로 정하는 방법에 따라 공개하여야 한다.

③ 개인정보 처리방침의 내용과 개인정보 처리자와 정보주체 간에 체결한 계약의 내용이 다른 경우에는 정보주체에게 유리한 것을 적용한다.

④ 행정안전부장관은 개인정보 처리방침의 작성지침을 정하여 개인정보 처리자에게 그 준수를 권장할 수 있다.

제31조(개인정보 보호책임자의 지정) ①

개인정보 처리자는 개인정보의 처리에 관한 업무를 총괄해서 책임질 개인정보 보호책임자를 지정하여야 한다.

② 개인정보 보호책임자는 다음 각 호의 업무를 수행한다.

1. 개인정보 보호 계획의 수립 및 시행
2. 개인정보 처리 실태 및 관행의 정기적인 조사 및 개선
3. 개인정보 처리와 관련한 불만의 처리 및 피해 구제
4. 개인정보 유출 및 오용·남용 방지를 위한 내부통제시스템의 구축
5. 개인정보 보호 교육 계획의 수립 및 시행
6. 개인정보 파일의 보호 및 관리·감독
7. 그 밖에 개인정보의 적절한 처리를 위하여 대통령령으로 정한 업무

③ 개인정보 보호책임자는 제2항 각 호의 업무를 수행함에 있어서 필요한 경우 개인정보의 처리 현황, 처리 체계 등에 대하여 수시로 조사하거나 관계 당사자로부터 보고를 받을 수 있다.

④ 개인정보 보호책임자는 개인정보 보호와 관련하여 이 법 및 다른 관계 법령의 위반 사실을 알게 된 경우에는 즉시 개선조치를 하여야 하며, 필요하면 소속 기관 또는 단체의 장에게 개선조치를 보고하여야 한다.

⑤ 개인정보 처리자는 개인정보 보호책임자가 제2항 각 호의 업무를 수행함에 있어서 정당한 이유 없이 불이익을 주거나 받게 하여서는 아니 된다.

⑥ 개인정보 보호책임자의 지정요건, 업무, 자격요건, 그 밖에 필요한 사항은 대통령령으로 정한다.

제32조(개인정보 파일의 등록 및 공개) ① 공공기관의 장이 개인정보 파일을 운용하는 경우에는 다음 각 호의 사항을 행정안전부장관에게 등록하여야 한다. 등록한 사항이 변경된 경우에도 또한 같다.

1. 개인정보 파일의 명칭
2. 개인정보 파일의 운영 근거 및 목적
3. 개인정보 파일에 기록되는 개인정보의 항목
4. 개인정보의 처리방법
5. 개인정보의 보유기간
6. 개인정보를 통상적 또는 반복적으로 제공하는 경우에는 그 제공받는 자
7. 그 밖에 대통령령으로 정하는 사항

② 다음 각 호의 어느 하나에 해당하는 개인정보 파일에 대하여는 제1항을 적용하지 아니한다.

1. 국가 안전, 외교상 비밀, 그 밖에 국가의 중대한 이익에 관한 사항을 기록한 개인정보 파일
2. 범죄의 수사, 공소의 제기 및 유지, 형 및 감호의 집행, 교정처분, 보호처분, 보안관찰처분과 출입국관리에 관한 사항을 기록한 개인정보 파일
3. 「조세범처벌법」에 따른 범칙행위 조사 및 「관세법」에 따른 범칙행위 조사에 관한 사항을 기록한 개인정보 파일
4. 공공기관의 내부적 업무처리만을 위하여 사용되는 개인정보 파일
5. 다른 법령에 따라 비밀로 분류된 개인정보 파일

③ 행정안전부장관은 필요하면 제1항에 따른 개인정보 파일의 등록사항과 그 내용을 검토하여 해당 공공기관의 장에게 개선을 권고할 수 있다.

④ 행정안전부장관은 제1항에 따른 개인정보 파일의 등록 현황을 누구든지 쉽게 열람할 수 있도록 공개하여야 한다.

⑤ 제1항에 따른 등록과 제4항에 따른 공개의 방법, 범위 및 절차에 관하여 필요한 사항은 대통령령으로 정한다.

⑥ 국회, 법원, 헌법재판소, 중앙선거관리위원회(그 소속 기관을 포함한다)의 개인정보 파일 등록 및 공개에 관하여는 국회규칙, 대법원규칙, 헌법재판소규칙 및 중앙선거관리위원회규칙으로 정한다.

제33조(개인정보 영향평가) ① 공공기관의 장은 대통령령으로 정하는 기준에 해당하는 개인정보 파일의 운용으로 인하여 정보

주체의 개인정보 침해가 우려되는 경우에는 그 위험요인의 분석과 개선 사항 도출을 위한 평가(이하 "영향평가"라 한다)를 하고 그 결과를 행정안전부장관에게 제출하여야 한다. 이 경우 공공기관의 장은 영향평가를 행정안전부장관이 지정하는 기관(이하 "평가기관"이라 한다) 중에서 의뢰하여야 한다.

② 영향평가를 하는 경우에는 다음 각 호의 사항을 고려하여야 한다.

1. 처리하는 개인정보의 수
2. 개인정보의 제3자 제공 여부
3. 정보주체의 권리를 해할 가능성 및 그 위험 정도
4. 그 밖에 대통령령으로 정한 사항

③ 행정안전부장관은 제1항에 따라 제출받은 영향평가 결과에 대하여 보호위원회의 심의·의결을 거쳐 의견을 제시할 수 있다.

④ 공공기관의 장은 제1항에 따라 영향평가를 한 개인정보 파일을 제32조제1항에 따라 등록할 때에는 영향평가 결과를 함께 첨부하여야 한다.

⑤ 행정안전부장관은 영향평가의 활성화를 위하여 관계 전문가의 육성, 영향평가 기준의 개발·보급 등 필요한 조치를 마련하여야 한다.

⑥ 제1항에 따른 평가기관의 지정기준 및 지정취소, 평가기준, 영향평가의 방법·절차 등에 관하여 필요한 사항은 대통령령으로 정한다.

⑦ 국회, 법원, 헌법재판소, 중앙선거관리위원회(그 소속 기관을 포함한다)의 영향평가에 관한 사항은 국회규칙, 대법원규칙, 헌법재판소규칙 및 중앙선거관리위원회규칙으로 정하는 바에 따른다.

⑧ 공공기관 외의 개인정보 처리자는 개인정보 파일 운용으로 인하여 정보주체의 개인정보 침해가 우려되는 경우에는 영향평가를 하기 위하여 적극 노력하여야 한다.

제34조(개인정보 유출 통지 등) ① 개인정보 처리자는 개인정보가 유출되었음을 알게 되었을 때에는 지체 없이 해당 정보주체에게 다음 각 호의 사실을 알려야 한다.

1. 유출된 개인정보의 항목
2. 유출된 시점과 그 경위
3. 유출로 인하여 발생할 수 있는 피해를 최소화하기 위하여 정보주체가 할 수 있는 방법 등에 관한 정보
4. 개인정보 처리자의 대응조치 및 피해 구제절차
5. 정보주체에게 피해가 발생한 경우 신고 등을 접수할 수 있는 담당부서 및 연락처

② 개인정보 처리자는 개인정보가 유출된 경우 그 피해를 최소화하기 위한 대책을 마련하고 필요한 조치를 하여야 한다.

③ 개인정보 처리자는 대통령령으로 정한 규모 이상의 개인정보가 유출된 경우에는 제1항에 따른 통지 및 제2항에 따른 조치 결과를 지체 없이 행정안전부장관 또는 대통령령으로 정하는 전문기관에 신고하여야 한다. 이 경우 행정안전부장관 또는 대통령령으로 정하는 전문기관은 피해 확산 방지, 피해 복구 등을 위한 기술을 지원할 수 있다.

④ 제1항에 따른 통지의 시기, 방법 및 절차 등에 관하여 필요한 사항은 대통령령으로 정한다.

제 5 장 정보주체의 권리 보장

제35조(개인정보의 열람) ① 정보주체는 개인정보 처리자가 처리하는 자신의 개인정보에 대한 열람을 해당 개인정보 처리자에게 요구할 수 있다.

② 제1항에도 불구하고 정보주체가 자신의 개인정보에 대한 열람을 공공기관에 요구하고자 할 때에는 공공기관에 직접 열람을 요구하거나 대통령령으로 정하는 바에 따라 행정안전부장관을 통하여 열람을 요구할 수 있다.

③ 개인정보 처리자는 제1항 및 제2항에 따른 열람을 요구받았을 때에는 대통령령으로 정하는 기간 내에 정보주체가 해당

개인정보를 열람할 수 있도록 하여야 한다. 이 경우 해당 기간 내에 열람할 수 없는 정당한 사유가 있을 때에는 정보주체에게 그 사유를 알리고 열람을 연기할 수 있으며, 그 사유가 소멸하면 지체 없이 열람하게 하여야 한다.

④ 개인정보 처리자는 다음 각 호의 어느 하나에 해당하는 경우에는 정보주체에게 그 사유를 알리고 열람을 제한하거나 거절할 수 있다.

1. 법률에 따라 열람이 금지되거나 제한되는 경우

2. 다른 사람의 생명·신체를 해할 우려가 있거나 다른 사람의 재산과 그 밖의 이익을 부당하게 침해할 우려가 있는 경우

3. 공공기관이 다음 각 목의 어느 하나에 해당하는 업무를 수행할 때 중대한 지장을 초래하는 경우

　가. 조세의 부과·징수 또는 환급에 관한 업무

　나. 「초·중등교육법」및 「고등교육법」에 따른 각급 학교, 「평생교육법」에 따른 평생교육시설, 그 밖의 다른 법률에 따라 설치된 고등교육기관에서의 성적 평가 또는 입학자 선발에 관한 업무

　다. 학력·기능 및 채용에 관한 시험, 자격 심사에 관한 업무

　라. 보상금·급부금 산정 등에 대하여 진행 중인 평가 또는 판단에 관한 업무

　마. 다른 법률에 따라 진행 중인 감사 및 조사에 관한 업무

⑤ 제1항부터 제4항까지의 규정에 따른 열람 요구, 열람 제한, 통지 등의 방법 및 절차에 관하여 필요한 사항은 대통령령으로 정한다.

제36조(개인정보의 정정·삭제) ① 제35조에 따라 자신의 개인정보를 열람한 정보주체는 개인정보 처리자에게 그 개인정보의 정정 또는 삭제를 요구할 수 있다. 다만, 다른 법령에서 그 개인정보가 수집 대상으로 명시되어 있는 경우에는 그 삭제를 요구할 수 없다.

② 개인정보 처리자는 제1항에 따른 정보주체의 요구를 받았을 때에는 개인정보의 정정 또는 삭제에 관하여 다른 법령에 특별한 절차가 규정되어 있는 경우를 제외하고는 지체 없이 그 개인정보를 조사하여 정보주체의 요구에 따라 정정·삭제 등 필요한 조치를 한 후 그 결과를 정보주체에게 알려야 한다.

③ 개인정보 처리자가 제2항에 따라 개인정보를 삭제할 때에는 복구 또는 재생되지 아니하도록 조치하여야 한다.

④ 개인정보 처리자는 정보주체의 요구가 제1항 단서에 해당될 때에는 지체 없이 그 내용을 정보주체에게 알려야 한다.

⑤ 개인정보 처리자는 제2항에 따른 조사를 할 때 필요하면 해당 정보주체에게 정정·삭제 요구사항의 확인에 필요한 증거자료를 제출하게 할 수 있다.

⑥ 제1항·제2항 및 제4항에 따른 정정 또는 삭제 요구, 통지 방법 및 절차 등에 필요한 사항은 대통령령으로 정한다.

제37조(개인정보의 처리정지 등) ① 정보주체는 개인정보 처리자에 대하여 자신의 개인정보 처리의 정지를 요구할 수 있다. 이 경우 공공기관에 대하여는 제32조에 따라 등록 대상이 되는 개인정보 파일 중 자신의 개인정보에 대한 처리의 정지를 요구할 수 있다.

② 개인정보 처리자는 제1항에 따른 요구를 받았을 때에는 지체 없이 정보주체의 요구에 따라 개인정보 처리의 전부를 정지하거나 일부를 정지하여야 한다. 다만, 다음 각 호의 어느 하나에 해당하는 경우에는 정보주체의 처리정지 요구를 거절할 수 있다.

1. 법률에 특별한 규정이 있거나 법령상 의무를 준수하기 위하여 불가피한 경우

2. 다른 사람의 생명·신체를 해할 우려가 있거나 다른 사람의 재산과 그 밖의 이

익을 부당하게 침해할 우려가 있는 경
우

3. 공공기관이 개인정보를 처리하지 아니
하면 다른 법률에서 정하는 소관 업무
를 수행할 수 없는 경우

4. 개인정보를 처리하지 아니하면 정보주
체와 약정한 서비스를 제공하지 못하는
등 계약의 이행이 곤란한 경우로서 정
보주체가 그 계약의 해지 의사를 명확
하게 밝히지 아니한 경우

③ 개인정보 처리자는 제2항 단서에 따라
처리정지 요구를 거절하였을 때에는 정
보주체에게 지체 없이 그 사유를 알려야
한다.

④ 개인정보 처리자는 정보주체의 요구에
따라 처리가 정지된 개인정보에 대하여 지
체 없이 해당 개인정보의 파기 등 필요한
조치를 하여야 한다.

⑤ 제1항부터 제3항까지의 규정에 따른 처
리정지의 요구, 처리정지의 거절, 통지 등
의 방법 및 절차에 필요한 사항은 대통령
령으로 정한다.

제38조(권리행사의 방법 및 절차) ① 정보
주체는 제35조에 따른 열람, 제36조에 따
른 정정·삭제, 제37조에 따른 처리정지
등의 요구(이하 "열람등요구"라 한다)를
문서 등 대통령령으로 정하는 방법·절차
에 따라 대리인에게 하게 할 수 있다.

② 만 14세 미만 아동의 법정대리인은 개
인정보 처리자에게 그 아동의 개인정보 열
람등요구를 할 수 있다.

③ 개인정보 처리자는 열람등요구를 하는
자에게 대통령령으로 징하는 바에 따라 수
수료와 우송료(사본의 우송을 청구하는 경
우에 한한다)를 청구할 수 있다.

④ 개인정보 처리자는 정보주체가 열람등
요구를 할 수 있는 구체적인 방법과 절차
를 마련하고, 이를 정보주체가 알 수 있도
록 공개하여야 한다.

⑤ 개인정보 처리자는 정보주체가 열람등
요구에 대한 거절 등 조치에 대하여 불복
이 있는 경우 이의를 제기할 수 있도록 필

요한 절차를 마련하고 안내하여야 한다.

제39조(손해배상책임) ① 정보주체는 개인
정보 처리자가 이 법을 위반한 행위로 손
해를 입으면 개인정보 처리자에게 손해배
상을 청구할 수 있다. 이 경우 그 개인정보
처리자는 고의 또는 과실이 없음을 입증하
지 아니하면 책임을 면할 수 없다.

② 개인정보 처리자가 이 법에 따른 의무
를 준수하고 상당한 주의와 감독을 게을리
하지 아니한 경우에는 개인정보의 분실·
도난·유출·변조 또는 훼손으로 인한 손
해배상책임을 감경받을 수 있다.

제6장 개인정보 분쟁조정위원회

제40조(설치 및 구성) ① 개인정보에 관한
분쟁의 조정(調停)을 위하여 개인정보 분
쟁조정위원회(이하 "분쟁조정위원회"라
한다)를 둔다.

② 분쟁조정위원회는 위원장 1명을 포함한
20명 이내의 위원으로 구성하며, 그 중 1명
은 상임위원으로 한다.

③ 위원은 다음 각 호의 어느 하나에 해당
하는 사람 중에서 행정안전부장관이 임명
하거나 위촉한다.

1. 개인정보 보호업무를 관장하는 중앙행
정기관의 고위공무원단에 속하는 공무
원 또는 이에 상당하는 공공부문 및 관
련 단체의 직에 재직하고 있거나 재직
하였던 사람으로서 개인정보 보호업무
의 경험이 있는 사람

2. 대학이나 공인된 연구기관에서 부교수
이상 또는 이에 상당하는 직에 재직하
고 있거나 재직하였던 사람

3. 판사·검사 또는 변호사로 재직하고 있
거나 재직하였던 사람

4. 개인정보 보호와 관련된 시민사회단체
또는 소비자단체로부터 추천을 받은 사
람

5. 개인정보 처리자로 구성된 사업자단체
의 임원으로 재직하고 있거나 재직하였
던 사람

④ 위원장은 위원 중에서 공무원이 아닌 사람으로 행정안전부장관이 임명한다.

⑤ 위원장과 위원의 임기는 2년으로 하되, 1차에 한하여 연임할 수 있다. 다만, 제3항 제1호에 따라 임명된 공무원인 위원은 그 직에 재직하는 동안 재임한다.

⑥ 분쟁조정위원회는 분쟁조정 업무를 효율적으로 수행하기 위하여 필요하면 대통령령으로 정하는 바에 따라 조정사건의 분야별로 5명 이내의 위원으로 구성되는 조정부를 둘 수 있다. 이 경우 조정부가 분쟁조정위원회에서 위임받아 의결한 사항은 분쟁조정위원회에서 의결한 것으로 본다.

⑦ 분쟁조정위원회 또는 조정부는 재적위원 과반수의 출석으로 개의하며 출석위원 과반수의 찬성으로 의결한다.

⑧ 행정안전부장관은 분쟁조정위원회 사무국 운영 등 업무를 지원하기 위하여 대통령령으로 정하는 바에 따라 전문기관을 지정할 수 있다.

⑨ 이 법에서 정한 사항 외에 분쟁조정위원회 운영에 필요한 사항은 대통령령으로 정한다.

제41조(위원의 신분보장) 위원은 자격정지 이상의 형을 선고받거나 심신상의 장애로 직무를 수행할 수 없는 경우를 제외하고는 그의 의사에 반하여 면직되거나 해촉되지 아니한다.

제42조(위원의 제척·기피·회피) ① 분쟁조정위원회의 위원은 다음 각 호의 어느 하나에 해당하는 경우에는 제43조제1항에 따라 분쟁조정위원회에 신청된 분쟁조정 사건(이하 이 조에서 "사건"이라 한다)의 심의·의결에서 제척(除斥)된다.

1. 위원 또는 그 배우자나 배우자였던 자가 그 사건의 당사자가 되거나 그 사건에 관하여 공동의 권리자 또는 의무자의 관계에 있는 경우

2. 위원이 그 사건의 당사자와 친족이거나 친족이었던 경우

3. 위원이 그 사건에 관하여 증언, 감정, 법률자문을 한 경우

4. 위원이 그 사건에 관하여 당사자의 대리인으로서 관여하거나 관여하였던 경우

② 당사자는 위원에게 공정한 심의·의결을 기대하기 어려운 사정이 있으면 위원장에게 기피신청을 할 수 있다. 이 경우 위원장은 기피신청에 대하여 분쟁조정위원회의 의결을 거치지 아니하고 결정한다.

③ 위원이 제1항 또는 제2항의 사유에 해당하는 경우에는 스스로 그 사건의 심의·의결에서 회피할 수 있다.

제43조(조정의 신청 등) ① 개인정보와 관련한 분쟁의 조정을 원하는 자는 분쟁조정위원회에 분쟁조정을 신청할 수 있다.

② 분쟁조정위원회는 당사자 일방으로부터 분쟁조정 신청을 받았을 때에는 그 신청내용을 상대방에게 알려야 한다.

③ 공공기관이 제2항에 따른 분쟁조정의 통지를 받은 경우에는 특별한 사유가 없으면 분쟁조정에 응하여야 한다.

제44조(처리기간) ① 분쟁조정위원회는 제43조제1항에 따른 분쟁조정 신청을 받은 날부터 60일 이내에 이를 심사하여 조정안을 작성하여야 한다. 다만, 부득이한 사정이 있는 경우에는 분쟁조정위원회의 의결로 처리기간을 연장할 수 있다.

② 분쟁조정위원회는 제1항 단서에 따라 처리기간을 연장한 경우에는 기간연장의 사유와 그 밖의 기간연장에 관한 사항을 신청인에게 알려야 한다.

제45조(자료의 요청 등) ① 분쟁조정위원회는 제43조제1항에 따라 분쟁조정 신청을 받았을 때에는 해당 분쟁의 조정을 위하여 필요한 자료를 분쟁당사자에게 요청할 수 있다. 이 경우 분쟁당사자는 정당한 사유가 없으면 요청에 따라야 한다.

② 분쟁조정위원회는 필요하다고 인정하면 분쟁당사자나 참고인을 위원회에 출석하도록 하여 그 의견을 들을 수 있다.

제46조(조정 전 합의 권고) 분쟁조정위원회는 제43조제1항에 따라 분쟁조정 신청을 받았을 때에는 당사자에게 그 내용을 제시하고 조정 전 합의를 권고할 수 있다.

제47조(분쟁의 조정) ① 분쟁조정위원회는 다음 각 호의 어느 하나의 사항을 포함하여 조정안을 작성할 수 있다.

1. 조사 대상 침해행위의 중지

2. 원상회복, 손해배상, 그 밖에 필요한 구제조치

3. 같거나 비슷한 침해의 재발을 방지하기 위하여 필요한 조치

② 분쟁조정위원회는 제1항에 따라 조정안을 작성하면 지체 없이 각 당사자에게 제시하여야 한다.

③ 제1항에 따라 조정안을 제시받은 당사자가 제시받은 날부터 15일 이내에 수락 여부를 알리지 아니하면 조정을 거부한 것으로 본다.

④ 당사자가 조정내용을 수락한 경우 분쟁조정위원회는 조정서를 작성하고, 분쟁조정위원회의 위원장과 각 당사자가 기명날인하여야 한다.

⑤ 제4항에 따른 조정의 내용은 재판상 화해와 동일한 효력을 갖는다.

제48조(조정의 거부 및 중지) ① 분쟁조정위원회는 분쟁의 성질상 분쟁조정위원회에서 조정하는 것이 적합하지 아니하다고 인정하거나 부정한 목적으로 조정이 신청되었다고 인정하는 경우에는 그 조정을 거부할 수 있다. 이 경우 조정거부의 사유 등을 신청인에게 알려야 한다.

② 분쟁조정위원회는 신청된 조정사건에 대한 처리절차를 진행하던 중에 한 쪽 당사자가 소를 제기하면 그 조정의 처리를 중지하고 이를 당사자에게 알려야 한다.

제49조(집단분쟁조정) ① 국가 및 지방자치단체, 개인정보 보호단체 및 기관, 정보주체, 개인정보 처리자는 정보주체의 피해 또는 권리침해가 다수의 정보주체에게 같거나 비슷한 유형으로 발생하는 경우로서 대통령령으로 정하는 사건에 대하여는 분쟁조정위원회에 일괄적인 분쟁조정(이하 "집단분쟁조정"이라 한다)을 의뢰 또는 신청할 수 있다.

② 제1항에 따라 집단분쟁조정을 의뢰받거나 신청받은 분쟁조정위원회는 그 의결로써 제3항부터 제7항까지의 규정에 따른 집단분쟁조정의 절차를 개시할 수 있다. 이 경우 분쟁조정위원회는 대통령령으로 정하는 기간 동안 그 절차의 개시를 공고하여야 한다.

③ 분쟁조정위원회는 집단분쟁조정의 당사자가 아닌 정보주체 또는 개인정보 처리자로부터 그 분쟁조정의 당사자에 추가로 포함될 수 있도록 하는 신청을 받을 수 있다.

④ 분쟁조정위원회는 그 의결로써 제1항 및 제3항에 따른 집단분쟁조정의 당사자 중에서 공동의 이익을 대표하기에 가장 적합한 1인 또는 수인을 대표당사자로 선임할 수 있다.

⑤ 분쟁조정위원회는 개인정보 처리자가 분쟁조정위원회의 집단분쟁조정의 내용을 수락한 경우에는 집단분쟁조정의 당사자가 아닌 자로서 피해를 입은 정보주체에 대한 보상계획서를 작성하여 분쟁조정위원회에 제출하도록 권고할 수 있다.

⑥ 제48조제2항에도 불구하고 분쟁조정위원회는 집단분쟁조정의 당사자인 다수의 정보주체 중 일부의 정보주체가 법원에 소를 제기한 경우에는 그 절차를 중지하지 아니하고, 소를 제기한 일부의 정보주체를 그 절차에서 제외한다.

⑦ 집단분쟁조정의 기간은 제2항에 따른 공고가 종료된 날의 다음 날부터 60일 이내로 한다. 다만, 부득이한 사정이 있는 경우에는 분쟁조정위원회의 의결로 처리기간을 연장할 수 있다.

⑧ 집단분쟁조정의 절차 등에 관하여 필요한 사항은 대통령령으로 정한다.

제50조(조정절차 등) ① 제43조 부터 제49조까지의 규정에서 정한 것 외에 분쟁의 조정방법, 조정절차 및 조정업무의 처리 등에 필요한 사항은 대통령령으로 정한다.

② 분쟁조정위원회의 운영 및 분쟁조정 절차에 관하여 이 법에서 규정하지 아니한 사항에 대하여는 「민사조정법」을 준용한다.

제 7 장   개인정보 단체소송

제51조(단체소송의 대상 등) 다음 각 호의 어느 하나에 해당하는 단체는 개인정보 처리자가 제49조에 따른 집단분쟁조정을 거부하거나 집단분쟁조정의 결과를 수락하지 아니한 경우에는 법원에 권리침해 행위의 금지·중지를 구하는 소송(이하 "단체소송"이라 한다)을 제기할 수 있다.

1. 「소비자기본법」 제29조에 따라 공정거래위원회에 등록한 소비자단체로서 다음 각 목의 요건을 모두 갖춘 단체
   가. 정관에 따라 상시적으로 정보주체의 권익증진을 주된 목적으로 하는 단체일 것
   나. 단체의 정회원수가 1천명 이상일 것
   다. 「소비자기본법」 제29조에 따른 등록 후 3년이 경과하였을 것
2. 「비영리민간단체 지원법」 제2조에 따른 비영리민간단체로서 다음 각 목의 요건을 모두 갖춘 단체
   가. 법률상 또는 사실상 동일한 침해를 입은 100명 이상의 정보주체로부터 단체소송의 제기를 요청받을 것
   나. 정관에 개인정보 보호를 단체의 목적으로 명시한 후 최근 3년 이상 이를 위한 활동실적이 있을 것
   다. 단체의 상시 구성원수가 5천명 이상일 것
   라. 중앙행정기관에 등록되어 있을 것

제52조(전속관할) ① 단체소송의 소는 피고의 주된 사무소 또는 영업소가 있는 곳, 주된 사무소나 영업소가 없는 경우에는 주된 업무담당자의 주소가 있는 곳의 지방법원 본원 합의부의 관할에 전속한다.
② 제1항을 외국사업자에 적용하는 경우 대한민국에 있는 이들의 주된 사무소·영업소 또는 업무담당자의 주소에 따라 정한다.

제53조(소송대리인의 선임) 단체소송의 원고는 변호사를 소송대리인으로 선임하여야 한다.

제54조(소송허가신청) ① 단체소송을 제기하는 단체는 소장과 함께 다음 각 호의 사항을 기재한 소송허가신청서를 법원에 제출하여야 한다.
1. 원고 및 그 소송대리인
2. 피고
3. 정보주체의 침해된 권리의 내용
② 제1항에 따른 소송허가신청서에는 다음 각 호의 자료를 첨부하여야 한다.
1. 소제기단체가 제51조 각 호의 어느 하나에 해당하는 요건을 갖추고 있음을 소명하는 자료
2. 개인정보 처리자가 조정을 거부하였거나 조정결과를 수락하지 아니하였음을 증명하는 서류

제55조(소송허가요건 등) ① 법원은 다음 각 호의 요건을 모두 갖춘 경우에 한하여 결정으로 단체소송을 허가한다.
1. 개인정보 처리자가 분쟁조정위원회의 조정을 거부하거나 조정결과를 수락하지 아니하였을 것
2. 제54조에 따른 소송허가신청서의 기재사항에 흠결이 없을 것
② 단체소송을 허가하거나 불허가하는 결정에 대하여는 즉시항고할 수 있다.

제56조(확정판결의 효력) 원고의 청구를 기각하는 판결이 확정된 경우 이와 동일한 사안에 관하여는 제51조에 따른 다른 단체는 단체소송을 제기할 수 없다. 다만, 다음 각 호의 어느 하나에 해당하는 경우에는 그러하지 아니하다.
1. 판결이 확정된 후 그 사안과 관련하여 국가·지방자치단체 또는 국가·지방자치단체가 설립한 기관에 의하여 새로운 증거가 나타난 경우
2. 기각판결이 원고의 고의로 인한 것임이 밝혀진 경우

제57조(「민사소송법」의 적용 등) ① 단체소송에 관하여 이 법에 특별한 규정이 없는 경우에는 「민사소송법」을 적용한다.
② 제55조에 따른 단체소송의 허가결정이

있는 경우에는 「민사집행법」 제4편에 따른 보전처분을 할 수 있다.

③ 단체소송의 절차에 관하여 필요한 사항은 대법원규칙으로 정한다.

제 8 장 보 칙

제58조(적용의 일부 제외) 다음 각 호의 어느 하나에 해당하는 개인정보에 관하여는 제3장부터 제7장까지를 적용하지 아니한다.

1. 공공기관이 처리하는 개인정보 중 「통계법」에 따라 수집되는 개인정보
2. 국가안전보장과 관련된 정보 분석을 목적으로 수집 또는 제공 요청되는 개인정보
3. 공중위생 등 공공의 안전과 안녕을 위하여 긴급히 필요한 경우로서 일시적으로 처리되는 개인정보
4. 언론, 종교단체, 정당이 각각 취재·보도, 선교, 선거 입후보자 추천 등 고유 목적을 달성하기 위하여 수집·이용하는 개인정보

② 제25조제1항 각 호에 따라 공개된 장소에 영상정보처리기기를 설치·운영하여 처리되는 개인정보에 대하여는 제15조, 제22조, 제27조제1항·제2항, 제34조 및 제37조를 적용하지 아니한다.

③ 개인정보 처리자가 동창회, 동호회 등 친목 도모를 위한 단체를 운영하기 위하여 개인정보를 처리하는 경우에는 제15조, 제30조 및 제31조를 적용하지 아니한다.

④ 개인정보 처리사는 세1항 각 호에 따라 개인정보를 처리하는 경우에도 그 목적을 위하여 필요한 범위에서 최소한의 기간에 최소한의 개인정보만을 처리하여야 하며, 개인정보의 안전한 관리를 위하여 필요한 기술적·관리적 및 물리적 보호조치, 개인정보의 처리에 관한 고충처리, 그 밖에 개인정보의 적절한 처리를 위하여 필요한 조치를 마련하여야 한다.

제59조(금지행위) 개인정보를 처리하거나 처리하였던 자는 다음 각 호의 어느 하나에 해당하는 행위를 하여서는 아니 된다.

1. 거짓이나 그 밖의 부정한 수단이나 방법으로 개인정보를 취득하거나 처리에 관한 동의를 받는 행위
2. 업무상 알게 된 개인정보를 누설하거나 권한 없이 다른 사람이 이용하도록 제공하는 행위
3. 정당한 권한 없이 또는 허용된 권한을 초과하여 다른 사람의 개인정보를 훼손, 멸실, 변경, 위조 또는 유출하는 행위

제60조(비밀유지 등) 다음 각 호의 업무에 종사하거나 종사하였던 자는 직무상 알게 된 비밀을 다른 사람에게 누설하거나 직무상 목적 외의 용도로 이용하여서는 아니 된다. 다만, 다른 법률에 특별한 규정이 있는 경우에는 그러하지 아니하다.

1. 제8조에 따른 보호위원회의 업무
2. 제33조에 따른 영향평가 업무
3. 제40조에 따른 분쟁조정위원회의 분쟁조정 업무

제61조(의견제시 및 개선권고) ① 행정안전부장관은 개인정보 보호에 영향을 미치는 내용이 포함된 법령이나 조례에 대하여 필요하다고 인정하면 보호위원회의 심의·의결을 거쳐 관계 기관에 의견을 제시할 수 있다.

② 행정안전부장관은 개인정보 보호를 위하여 필요하다고 인정하면 개인정보 처리자에게 개인정보 처리 실태의 개선을 권고할 수 있다. 이 경우 권고를 받은 개인정보 처리자는 이를 이행하기 위하여 성실하게 노력하여야 하며, 그 조치 결과를 행징안전부장관에게 알려야 한다.

③ 관계 중앙행정기관의 장은 개인정보 보호를 위하여 필요하다고 인정하면 소관 법률에 따라 개인정보 처리자에게 개인정보 처리 실태의 개선을 권고할 수 있다. 이 경우 권고를 받은 개인정보 처리자는 이를 이행하기 위하여 성실하게 노력하여야 하며, 그 조치 결과를 관계 중앙행정기관의 장에게 알려야 한다.

④ 중앙행정기관, 지방자치단체, 국회, 법원, 헌법재판소, 중앙선거관리위원회는 그 소속 기관 및 소관 공공기관에 대하여 개인정보 보호에 관한 의견을 제시하거나 지도·점검을 할 수 있다.

제62조(침해 사실의 신고 등) ① 개인정보 처리자가 개인정보를 처리할 때 개인정보에 관한 권리 또는 이익을 침해받은 사람은 행정안전부장관에게 그 침해 사실을 신고할 수 있다.

② 행정안전부장관은 제1항에 따른 신고의 접수·처리 등에 관한 업무를 효율적으로 수행하기 위하여 대통령령으로 정하는 바에 따라 전문기관을 지정할 수 있다. 이 경우 전문기관은 개인정보 침해 신고센터(이하 "신고센터"라 한다)를 설치·운영하여야 한다.

③ 신고센터는 다음 각 호의 업무를 수행한다.

1. 개인정보 처리와 관련한 신고의 접수·상담

2. 사실의 조사·확인 및 관계자의 의견 청취

3. 제1호 및 제2호에 따른 업무에 딸린 업무

④ 행정안전부장관은 제3항제2호의 사실 조사·확인 등의 업무를 효율적으로 하기 위하여 필요하면 「국가공무원법」 제32조의4에 따라 소속 공무원을 제2항에 따른 전문기관에 파견할 수 있다.

제63조(자료제출 요구 및 검사) ① 행정안전부장관은 다음 각 호의 어느 하나에 해당하는 경우에는 개인정보 처리자에게 관계 물품·서류 등 자료를 제출하게 할 수 있다.

1. 이 법을 위반하는 사항을 발견하거나 혐의가 있음을 알게 된 경우

2. 이 법 위반에 대한 신고를 받거나 민원이 접수된 경우

3. 그 밖에 정보주체의 개인정보 보호를 위하여 필요한 경우로서 대통령령으로 정하는 경우

② 행정안전부장관은 개인정보 처리자가 제1항에 따른 자료를 제출하지 아니하거나 이 법을 위반한 사실이 있다고 인정되면 소속 공무원으로 하여금 개인정보 처리자의 사무소나 사업장에 출입하여 업무 상황, 장부 또는 서류 등을 검사하게 할 수 있다. 이 경우 검사를 하는 공무원은 그 권한을 나타내는 증표를 지니고 이를 관계인에게 내보여야 한다.

③ 관계 중앙행정기관의 장은 소관 법률에 따라 개인정보 처리자에게 제1항에 따른 자료제출을 요구하거나 제2항에 따른 검사를 할 수 있다.

④ 행정안전부장관과 관계 중앙행정기관의 장은 개인정보 처리자로부터 제출받거나 수집한 서류·자료 등을 이 법에 따른 경우를 제외하고는 제3자에게 제공하거나 일반에게 공개하여서는 아니 된다.

⑤ 행정안전부장관과 관계 중앙행정기관의 장은 정보통신망을 통하여 자료의 제출 등을 받은 경우나 수집한 자료 등을 전자화한 경우에는 개인정보·영업비밀 등이 유출되지 아니하도록 제도적·기술적 보완조치를 하여야 한다.

제64조(시정조치 등) ① 행정안전부장관은 개인정보가 침해되었다고 판단할 상당한 근거가 있고 이를 방치할 경우 회복하기 어려운 피해가 발생할 우려가 있다고 인정되면 이 법을 위반한 자(중앙행정기관, 지방자치단체, 국회, 법원, 헌법재판소, 중앙선거관리위원회는 제외한다)에 대하여 다음 각 호에 해당하는 조치를 명할 수 있다.

1. 개인정보 침해행위의 중지

2. 개인정보 처리의 일시적인 정지

3. 그 밖에 개인정보의 보호 및 침해 방지를 위하여 필요한 조치

② 관계 중앙행정기관의 장은 개인정보가 침해되었다고 판단할 상당한 근거가 있고 이를 방치할 경우 회복하기 어려운 피해가 발생할 우려가 있다고 인정되면 소관 법률에 따라 개인정보 처리자에 대하여 제1항 각 호에 해당하는 조치를 명할 수 있다.

③ 지방자치단체, 국회, 법원, 헌법재판소, 중앙선거관리위원회는 그 소속 기관 및 소

관 공공기관이 이 법을 위반하였을 때에는 제1항 각 호에 해당하는 조치를 명할 수 있다.

④ 보호위원회는 중앙행정기관, 지방자치단체, 국회, 법원, 헌법재판소, 중앙선거관리위원회가 이 법을 위반하였을 때에는 해당 기관의 장에게 제1항 각 호에 해당하는 조치를 하도록 권고할 수 있다. 이 경우 권고를 받은 기관은 특별한 사유가 없으면 이를 존중하여야 한다.

제65조(고발 및 징계권고) ① 행정안전부장관은 개인정보 처리자에게 이 법 등 개인정보 보호와 관련된 법규의 위반에 따른 범죄혐의가 있다고 인정될 만한 상당한 이유가 있을 때에는 관할 수사기관에 그 내용을 고발할 수 있다.

② 행정안전부장관은 이 법 등 개인정보 보호와 관련된 법규의 위반행위가 있다고 인정될 만한 상당한 이유가 있을 때에는 책임이 있는 자를 징계할 것을 그 소속 기관·단체 등의 장에게 권고할 수 있다. 이 경우 권고를 받은 사람은 이를 존중하여야 하며 그 결과를 행정안전부장관에게 통보하여야 한다.

③ 관계 중앙행정기관의 장은 소관 법률에 따라 개인정보 처리자에 대하여 제1항에 따른 고발을 하거나 소속 기관·단체 등의 장에게 제2항에 따른 징계권고를 할 수 있다. 이 경우 제2항에 따른 권고를 받은 사람은 이를 존중하여야 하며 그 결과를 관계 중앙행정기관의 장에게 통보하여야 한다.

제66조(결과의 공표) ① 행정안전부장관은 제61조에 따른 개선권고, 제64조에 따른 시정조치 명령, 제65조에 따른 고발 또는 징계권고 및 제75조에 따른 과태료 부과의 내용 및 결과에 대하여 보호위원회의 심의·의결을 거쳐 공표할 수 있다.

② 관계 중앙행정기관의 장은 소관 법률에 따라 제1항에 따른 공표를 할 수 있다.

③ 제1항 및 제2항에 따른 공표의 방법, 기준 및 절차 등은 대통령령으로 정한다.

제67조(연차보고) ① 보호위원회는 관계 기관 등으로부터 필요한 자료를 제출받아 매년 개인정보 보호시책의 수립 및 시행에 관한 보고서를 작성하여 정기국회 개회 전까지 국회에 제출(정보통신망에 의한 제출을 포함한다)하여야 한다.

② 제1항에 따른 보고서에는 다음 각 호의 내용이 포함되어야 한다.

1. 정보주체의 권리침해 및 그 구제현황
2. 개인정보 처리에 관한 실태조사 등의 결과
3. 개인정보 보호시책의 추진현황 및 실적
4. 개인정보 관련 해외의 입법 및 정책 동향
5. 그 밖에 개인정보 보호시책에 관하여 공개 또는 보고하여야 할 사항

제68조(권한의 위임·위탁) ① 이 법에 따른 행정안전부장관 또는 관계 중앙행정기관의 장의 권한은 그 일부를 대통령령으로 정하는 바에 따라 특별시장, 광역시장, 도지사, 특별자치도지사 또는 대통령령으로 정하는 전문기관에 위임하거나 위탁할 수 있다.

② 제1항에 따라 행정안전부장관 또는 관계 중앙행정기관의 장의 권한을 위임 또는 위탁받은 기관은 위임 또는 위탁받은 업무의 처리 결과를 행정안전부장관 또는 관계 중앙행정기관의 장에게 통보하여야 한다.

③ 행정안전부장관은 제1항에 따른 전문기관에 권한의 일부를 위임하거나 위탁하는 경우 해당 전문기관의 업무 수행을 위하여 필요한 경비를 출연할 수 있다

제69조(벌칙 적용 시의 공무원 의제) 행정안전부장관 또는 관계 중앙행정기관의 장의 권한을 위탁한 업무에 종사하는 관계 기관의 임직원은 「형법」 제129조 부터 제132조까지의 규정을 적용할 때에는 공무원으로 본다.

제 9 장 벌 칙

제70조(벌칙) 공공기관의 개인정보 처리업무를 방해할 목적으로 공공기관에서 처리

하고 있는 개인정보를 변경하거나 말소하여 공공기관의 업무 수행의 중단·마비 등 심각한 지장을 초래한 자는 10년 이하의 징역 또는 1억원 이하의 벌금에 처한다.

제71조(벌칙) 다음 각 호의 어느 하나에 해당하는 자는 5년 이하의 징역 또는 5천만원 이하의 벌금에 처한다.

1. 제17조제1항제2호에 해당하지 아니함에도 같은 항 제1호를 위반하여 정보주체의 동의를 받지 아니하고 개인정보를 제3자에게 제공한 자 및 그 사정을 알고 개인정보를 제공받은 자

2. 제18조제1항·제2항, 제19조, 제26조제5항 또는 제27조제3항을 위반하여 개인정보를 이용하거나 제3자에게 제공한 자 및 그 사정을 알면서도 영리 또는 부정한 목적으로 개인정보를 제공받은 자

3. 제23조를 위반하여 민감정보를 처리한 자

4. 제24조제1항을 위반하여 고유식별정보를 처리한 자

5. 제59조제2호를 위반하여 업무상 알게 된 개인정보를 누설하거나 권한 없이 다른 사람이 이용하도록 제공한 자 및 그 사정을 알면서도 영리 또는 부정한 목적으로 개인정보를 제공받은 자

6. 제59조제3호를 위반하여 다른 사람의 개인정보를 훼손, 멸실, 변경, 위조 또는 유출한 자

제72조(벌칙) 다음 각 호의 어느 하나에 해당하는 자는 3년 이하의 징역 또는 3천만원 이하의 벌금에 처한다.

1. 제25조제5항을 위반하여 영상정보처리기기의 설치 목적과 다른 목적으로 영상정보처리기기를 임의로 조작하거나 다른 곳을 비추는 자 또는 녹음기능을 사용한 자

2. 제59조제1호를 위반하여 거짓이나 그 밖의 부정한 수단이나 방법으로 개인정보를 취득하거나 개인정보 처리에 관한 동의를 받는 행위를 한 자 및 그 사정을 알면서도 영리 또는 부정한 목적으로

개인정보를 제공받은 자

3. 제60조를 위반하여 직무상 알게 된 비밀을 누설하거나 직무상 목적 외에 이용한 자

제73조(벌칙) 다음 각 호의 어느 하나에 해당하는 자는 2년 이하의 징역 또는 1천만원 이하의 벌금에 처한다.

1. 제24조제3항, 제25조제6항 또는 제29조를 위반하여 안전성 확보에 필요한 조치를 하지 아니하여 개인정보를 분실·도난·유출·변조 또는 훼손당한 자

2. 제36조제2항을 위반하여 정정·삭제 등 필요한 조치를 하지 아니하고 개인정보를 계속 이용하거나 이를 제3자에게 제공한 자

3. 제37조제2항을 위반하여 개인정보의 처리를 정지하지 아니하고 계속 이용하거나 제3자에게 제공한 자

제74조(양벌규정) ① 법인의 대표자나 법인 또는 개인의 대리인, 사용인, 그 밖의 종업원이 그 법인 또는 개인의 업무에 관하여 제70조에 해당하는 위반행위를 하면 그 행위자를 벌하는 외에 그 법인 또는 개인을 7천만원 이하의 벌금에 처한다. 다만, 법인 또는 개인이 그 위반행위를 방지하기 위하여 해당 업무에 관하여 상당한 주의와 감독을 게을리하지 아니한 경우에는 그러하지 아니하다.

② 법인의 대표자나 법인 또는 개인의 대리인, 사용인, 그 밖의 종업원이 그 법인 또는 개인의 업무에 관하여 제71조 부터 제73조까지의 어느 하나에 해당하는 위반행위를 하면 그 행위자를 벌하는 외에 그 법인 또는 개인에게도 해당 조문의 벌금형을 과(科)한다. 다만, 법인 또는 개인이 그 위반행위를 방지하기 위하여 해당 업무에 관하여 상당한 주의와 감독을 게을리하지 아니한 경우에는 그러하지 아니하다.

제75조(과태료) ① 다음 각 호의 어느 하나에 해당하는 자에게는 5천만원 이하의 과태료를 부과한다.

1. 제15조제1항을 위반하여 개인정보를 수집한 자
2. 제22조제5항을 위반하여 법정대리인의 동의를 받지 아니한 자
3. 제25조제2항을 위반하여 영상정보처리기기를 설치·운영한 자

② 다음 각 호의 어느 하나에 해당하는 자에게는 3천만원 이하의 과태료를 부과한다.

1. 제15조제2항, 제17조제2항, 제18조제3항 또는 제26조제3항을 위반하여 정보주체에게 알려야 할 사항을 알리지 아니한 자
2. 제16조제2항 또는 제22조제4항을 위반하여 재화 또는 서비스의 제공을 거부한 자
3. 제20조제1항을 위반하여 정보주체에게 같은 항 각 호의 사실을 알리지 아니한 자
4. 제21조제1항을 위반하여 개인정보를 파기하지 아니한 자
5. 제24조제2항을 위반하여 정보주체가 주민등록번호를 사용하지 아니할 수 있는 방법을 제공하지 아니한 자 [[시행일 2012.3.30.]]
6. 제24조제3항, 제25조제6항 또는 제29조를 위반하여 안전성 확보에 필요한 조치를 하지 아니한 자
7. 제25조제1항을 위반하여 영상정보처리기기를 설치·운영한 자
8. 제34조제1항을 위반하여 정보주체에게 같은 항 각 호의 사실을 알리지 아니한 자
9. 제34조제3항을 위반하여 조치 결과를 신고하지 아니한 자
10. 제35조제3항을 위반하여 열람을 제한하거나 거절한 자
11. 제36조제2항을 위반하여 정정·삭제 등 필요한 조치를 하지 아니한 자
12. 제37조제4항을 위반하여 처리가 정지된 개인정보에 대하여 파기 등 필요한 조치를 하지 아니한 자
13. 제64조제1항에 따른 시정명령에 따르지 아니한 자

③ 다음 각 호의 어느 하나에 해당하는 자에게는 1천만원 이하의 과태료를 부과한다.

1. 제21조제3항을 위반하여 개인정보를 분리하여 저장·관리하지 아니한 자
2. 제22조제1항부터 제3항까지의 규정을 위반하여 동의를 받은 자
3. 제25조제4항을 위반하여 안내판 설치 등 필요한 조치를 하지 아니한 자
4. 제26조제1항을 위반하여 업무 위탁 시 같은 항 각 호의 내용이 포함된 문서에 의하지 아니한 자
5. 제26조제2항을 위반하여 위탁하는 업무의 내용과 수탁자를 공개하지 아니한 자
6. 제27조제1항 또는 제2항을 위반하여 정보주체에게 개인정보의 이전 사실을 알리지 아니한 자
7. 제30조제1항 또는 제2항을 위반하여 개인정보 처리방침을 정하지 아니하거나 이를 공개하지 아니한 자
8. 제31조제1항을 위반하여 개인정보 보호책임자를 지정하지 아니한 자
9. 제35조제3항·제4항, 제36조제2항·제4항 또는 제37조제3항을 위반하여 정보주체에게 알려야 할 사항을 알리지 아니한 자
10. 제63조제1항에 따른 관계 물품·서류 등 자료를 제출하지 아니하거나 거짓으로 제출한 자
11. 제63조제2항에 따른 출입·검사를 거부·방해 또는 기피한 자

④ 제1항부터 제3항까지의 규정에 따른 과태료는 대통령령으로 정하는 바에 따라 행정안전부장관과 관계 중앙행정기관의 장이 부과·징수한다. 이 경우 관계 중앙행정기관의 장은 소관 분야의 개인정보 처리자에게 과태료를 부과·징수한다.

부칙[2011.3.29. 제10465호]

제1조(시행일) 이 법은 공포 후 6개월이 경과한 날부터 시행한다. 다만, 제24조제2항 및 제75조제2항제5호는 공포 후 1년이 경

과한 날부터 시행한다.

제2조(다른 법률의 폐지) 공공기관의 개인정보 보호에 관한 법률은 폐지한다.

제3조(개인정보 분쟁조정위원회에 관한 경과조치) 이 법 시행 당시 종전의 「정보통신망 이용촉진 및 정보보호 등에 관한 법률」에 따른 개인정보 분쟁조정위원회의 행위나 개인정보 분쟁조정위원회에 대한 행위는 그에 해당하는 이 법에 따른 개인정보 분쟁조정위원회의 행위나 개인정보 분쟁조정위원회에 대한 행위로 본다.

제4조(처리 중인 개인정보에 관한 경과조치) 이 법 시행 전에 다른 법령에 따라 적법하게 처리된 개인정보는 이 법에 따라 처리된 것으로 본다.

제5조(벌칙의 적용에 관한 경과조치) ① 이 법 시행 전에 종전의 「공공기관의 개인정보 보호에 관한 법률」을 위반한 행위에 대하여 벌칙을 적용할 때에는 종전의 「공공기관의 개인정보 보호에 관한 법률」에 따른다.

② 이 법 시행 전에 종전의 「정보통신망 이용촉진 및 정보보호 등에 관한 법률」을 위반한 행위에 대하여 벌칙을 적용할 때에는 종전의 「정보통신망 이용촉진 및 정보보호 등에 관한 법률」에 따른다.

제6조(다른 법률의 개정) ① 6·25 전사자 유해의 발굴 등에 관한 법률 일부를 다음과 같이 개정한다.

제14조제1항제2호 중 "「공공기관의 개인정보 보호에 관한 법률」 제2조제2호"를 "「개인정보 보호법」 제2조제1호"로 한다.

② 공직자윤리법 일부를 다음과 같이 개정한다.

제6조제6항 및 제9항 중 "「공공기관의 개인정보 보호에 관한 법률」 제10조"를 각각 "「개인정보 보호법」 제18조"로 한다.

③ 국가공무원법 일부를 다음과 같이 개정한다.

제19조의3제3항 중 "「공공기관의 개인정보 보호에 관한 법률」 제2조제1호"를 "「개인정보 보호법」 제2조제6호"로 하고,

같은 조 제4항 중 "「공공기관의 개인정보 보호에 관한 법률」"을 "「개인정보 보호법」"으로 한다.

④ 발명진흥법 일부를 다음과 같이 개정한다.

제20조의2제1항 중 "「공공기관의 개인정보 보호에 관한 법률」"을 "「개인정보 보호법」"으로 한다.

⑤ 신용정보의 이용 및 보호에 관한 법률 일부를 다음과 같이 개정한다.

제23조제2항제2호를 다음과 같이 한다.

2. 「개인정보 보호법」

⑥ 아동복지법 일부를 다음과 같이 개정한다.

제9조의2제3항 중 "「공공기관의 개인정보 보호에 관한 법률」"을 "「개인정보 보호법」"으로 한다.

⑦ 법률 제10333호 암관리법 전부개정법률 일부를 다음과 같이 개정한다.

제14조제1항 후단 중 "「공공기관의 개인정보 보호에 관한 법률」 제3조제2항"을 "「개인정보 보호법」 제58조제1항"으로 한다.

제49조 중 "「공공기관의 개인정보 보호에 관한 법률」 제10조제3항"을 "「개인정보 보호법」 제18조제2항"으로 한다.

⑧ 장애인차별금지 및 권리구제 등에 관한 법률 일부를 다음과 같이 개정한다.

제3조제8호다목 중 "「공공기관의 개인정보 보호에 관한 법률」 제2조제2호"를 "「개인정보 보호법」 제2조제1호"로 한다.

제22조제2항 중 "「공공기관의 개인정보 보호에 관한 법률」"을 "「개인정보 보호법」"으로 한다.

⑨ 전자서명법 일부를 다음과 같이 개정한다.

제24조제2항을 삭제한다.

⑩ 전자정부법 일부를 다음과 같이 개정한다.

제21조제2항 중 "「공공기관의 개인정보 보호에 관한 법률」 제2조제2호"를 "「개인정보 보호법」 제2조제1호"로 한다.

제39조제4항 중 "「공공기관의 개인정보 보호에 관한 법률」 제5조"를 "「개인정보 보호법」 제32조"로, "같은 법 제20조제1항에

따른 공공기관개인정보 보호심의위원회의 심의를 거쳐"를 "「개인정보 보호법」 제7조에 따른 개인정보 보호위원회의 심의·의결을 거쳐"로 한다.

제42조제1항 중 "「공공기관의 개인정보 보호에 관한 법률」 제2조제8호"를 "「개인정보 보호법」 제2조제3호"로, "「공공기관의 개인정보 보호에 관한 법률」 제10조제3항제1호 및 같은 조 제5항은"을 "「개인정보 보호법」 제18조제2항제1호 및 제19조제1호는"으로 한다.

⑪ 정보통신망 이용촉진 및 정보보호 등에 관한 법률 일부를 다음과 같이 개정한다.

제4장제4절(제33조, 제33조의2, 제34조부터 제40조까지), 제66조제1호 및 제67조를 각각 삭제한다.

제4조제1항·제3항, 제64조의2제3항 후단, 제65조제1항 및 제69조 중 "행정안전부장관, 지식경제부장관 또는 방송통신위원회"를 각각 "지식경제부장관 또는 방송통신위원회"로 한다.

제64조제1항 각 호 외의 부분·제3항·제4항 전단·제5항 전단·제6항·제9항·제10항, 제64조의2제1항·제2항·제3항 각 호 외의 부분 전단, 제65조제3항, 제76조제1항제12호 및 제4항부터 제6항까지 중 "행정안전부장관 또는 방송통신위원회"를 각각 "방송통신위원회"로 한다.

⑫ 채권의 공정한 추심에 관한 법률 일부를 다음과 같이 개정한다.

제2조제5호 중 "「공공기관의 개인정보 보호에 관한 법률」 제2조제2호"를 "「개인정보 보호법」 제2조제1호"로 한다.

⑬ 출입국관리법 일부를 다음과 같이 개정한다.

제12조의2제6항 및 제38조제3항 중 "「공공기관의 개인정보 보호에 관한 법률」"을 각각 "「개인정보 보호법」"으로 한다.

⑭ 한국장학재단 설립 등에 관한 법률 일부를 다음과 같이 개정한다.

제50조제3항 중 "「공공기관의 개인정보 보호에 관한 법률」"을 "「개인정보 보호법」"으로 한다.

제7조(다른 법령과의 관계) 이 법 시행 당시 다른 법령에서 종전의 「공공기관의 개인정보 보호에 관한 법률」 또는 그 규정을 인용하고 있는 경우 이 법 중 그에 해당하는 규정이 있을 때에는 종전의 규정을 갈음하여 이 법 또는 이 법의 해당 규정을 인용한 것으로 본다.

2. 개인정보 보호법 시행령

[대통령령 제23169호 신규제정 2011. 09. 29.]

제 1 장 총 칙

제1조(목적) 이 영은 「개인정보 보호법」에서 위임된 사항과 그 시행에 필요한 사항을 규정함을 목적으로 한다.

제2조(공공기관의 범위) 「개인정보 보호법」(이하 "법"이라 한다) 제2조제6호나목에서 "대통령령으로 정하는 기관"이란 다음 각 호의 기관을 말한다.

1. 「국가인권위원회법」 제3조에 따른 국가인권위원회
2. 「공공기관의 운영에 관한 법률」 제4조에 따른 공공기관
3. 「지방공기업법」에 따른 지방공사와 지방공단
4. 특별법에 따라 설립된 특수법인
5. 「초·중등교육법」, 「고등교육법」, 그 밖의 다른 법률에 따라 설치된 각급 학교

제3조(영상정보처리기기의 범위) 법 제2조제7호에서 "대통령령으로 정하는 장치"란 다음 각 호의 장치를 말한다.

1. 폐쇄회로 텔레비전: 다음 각 목의 어느 하나에 해당하는 장치
   가. 일정한 공간에 지속적으로 설치된 카메라를 통하여 영상 등을 촬영하거나 촬영한 영상정보를 유무선 폐쇄회로 등의 전송로를 통하여 특정 장소에 전송하는 장치
   나. 가목에 따라 촬영되거나 전송된 영상정보를 녹화·기록할 수 있도록 하는 장치
2. 네트워크 카메라: 일정한 공간에 지속적으로 설치된 기기로 촬영한 영상정보를 그 기기를 설치·관리하는 자가 유무선 인터넷을 통하여 어느 곳에서나 수집·저장 등의 처리를 할 수 있도록 하는 장치

제 2 장 개인정보 보호위원회

제4조(위원의 제척·기피·회피) ① 법 제7조제2항에 따른 개인정보 보호위원회(이하 "보호위원회"라 한다)의 위원은 다음 각 호의 어느 하나에 해당하는 사항에 대한 심의·의결에 관여하지 못한다.

1. 위원 또는 위원의 배우자, 4촌 이내의 혈족, 2촌 이내의 인척인 사람이나 그 사람이 속한 기관·단체와 이해관계가 있는 사항
2. 위원이 증언, 진술 또는 감정(鑑定)을 하거나 대리인으로 관여한 사항
3. 위원이나 위원이 속한 공공기관·법인 또는 단체 등이 조언 등 지원을 하고 있는 자와 이해관계가 있는 사항

② 보호위원회가 심의·의결하는 사항과 직접적인 이해관계가 있는 자는 제1항에 따른 제척 사유가 있거나 심의·의결의 공정을 기대하기 어려운 사유가 있는 위원에 대해서는 그 사유를 밝혀 보호위원회에 그 위원의 기피를 신청할 수 있다. 이 경우 위원장이 기피 여부를 결정한다.

③ 위원은 제1항 또는 제2항에 해당하는 경우에는 스스로 심의·의결을 회피할 수 있다.

제5조(전문위원회) ① 보호위원회는 법 제8

조제1항에 따른 심의·의결 사항에 대하여 사전에 전문적으로 검토하기 위하여 보호위원회에 분야별 전문위원회(이하 "전문위원회"라 한다)를 둘 수 있다.

② 제1항에 따라 전문위원회를 두는 경우 각 전문위원회는 위원장 1명을 포함한 5명 이내의 위원으로 구성하되, 전문위원회 위원은 다음 각 호의 사람 중에서 보호위원회의 동의를 받아 보호위원회 위원장이 임명하거나 위촉하고, 전문위원회 위원장은 보호위원회 위원장이 전문위원회 위원 중에서 지명한다.

1. 보호위원회 위원
2. 개인정보 보호 관련 업무를 담당하는 중앙행정기관의 관계 공무원
3. 개인정보 보호에 관한 전문지식과 경험이 풍부한 사람
4. 개인정보 보호와 관련된 단체 또는 사업자단체에 속하거나 그 단체의 추천을 받은 사람

③ 전문위원회의 회의는 재적위원 과반수의 출석으로 개의(開議)하고, 출석위원 과반수의 찬성으로 의결한다.

제6조(의사의 공개) 보호위원회의 의사(議事)는 공개한다. 다만, 보호위원회 위원장이 필요하다고 인정하는 경우에는 공개하지 아니할 수 있다.

제7조(공무원 등의 파견) 보호위원회는 그 업무 수행을 위하여 필요하다고 인정하는 경우에는 공공기관에 그 소속 공무원 또는 임직원의 파견을 요청할 수 있다.

제8조(조직 및 정원 등) 이 영에서 규정한 사항 외에 보호위원회의 조직 및 정원 등에 관하여 필요한 사항은 따로 대통령령으로 정한다.

제9조(출석수당 등) 보호위원회 또는 전문위원회의 회의에 출석한 위원, 법 제8조제2항에 따라 보호위원회에 출석한 사람 및 전문위원회에 출석한 사람에게는 예산의 범위에서 수당·여비, 그 밖에 필요한 경비를 지급할 수 있다. 다만, 공무원이 그 소관 업무와 직접 관련되어 출석하는 경우

에는 그러하지 아니하다.

제10조(보호위원회 등의 운영 세칙) 법과 이 영에서 규정한 사항 외에 보호위원회 및 전문위원회의 구성 및 운영 등에 필요한 사항은 보호위원회의 의결을 거쳐 보호위원회의 규칙으로 정한다.

제3장 기본계획 및 시행계획의 수립절차

제11조(기본계획의 수립절차 등) ① 행정안전부장관은 3년마다 법 제9조에 따른 개인정보 보호 기본계획(이하 "기본계획"이라 한다)을 작성하여 그 3년이 시작되는 해의 전전년도 12월 31일까지 보호위원회의 심의·의결을 거쳐야 한다.

② 행정안전부장관은 제1항에 따라 기본계획을 작성하는 경우에는 미리 관계 중앙행정기관의 장으로부터 부문별 계획을 제출받아 기본계획에 반영할 수 있다. 이 경우 행정안전부장관은 부문별 계획의 작성방법 등에 관한 지침을 마련하여 관계 중앙행정기관의 장에게 통보할 수 있다.

③ 행정안전부장관은 기본계획이 확정되면 지체 없이 관계 중앙행정기관의 장에게 통보하여야 한다.

제12조(시행계획의 수립절차 등) ① 행정안전부장관은 매년 12월 31일까지 다음다음 해 시행계획의 작성방법 등에 관한 지침을 마련하여 관계 중앙행정기관의 장에게 통보하여야 한다.

② 관계 중앙행정기관이 장은 제1항의 지침에 따라 기본계획 중 다음 해에 시행할 소관 분야의 시행계획을 작성하여 매년 2월 말일까지 보호위원회에 제출하여야 한다.

③ 보호위원회는 제2항에 따라 제출된 시행계획을 그 해 4월 30일까지 심의·의결하여야 한다.

제13조(자료제출 요구 등의 범위와 방법) ① 행정안전부장관은 법 제11조제1항에 따라 개인정보 처리자에게 다음 각 호의 사

항에 관한 자료의 제출이나 의견의 진술 등을 요구할 수 있다.

1. 해당 개인정보 처리자가 처리하는 개인정보 및 개인정보 파일의 관리와 영상정보처리기기의 설치·운영에 관한 사항
2. 법 제31조에 따른 개인정보 보호책임자의 지정 여부에 관한 사항
3. 개인정보의 안전성 확보를 위한 기술적·관리적·물리적 조치에 관한 사항
4. 정보주체의 열람, 개인정보의 정정·삭제·처리정지의 요구 및 조치 현황에 관한 사항
5. 그 밖에 법 및 이 영의 준수에 관한 사항 등 기본계획의 수립·추진을 위하여 필요한 사항

② 행정안전부장관은 제1항에 따라 자료의 제출이나 의견의 진술 등을 요구할 때에는 기본계획을 효율적으로 수립·추진하기 위하여 필요한 최소한의 범위로 한정하여 요구하여야 한다.

③ 법 제11조제2항에 따라 중앙행정기관의 장이 소관 분야의 개인정보 처리자에게 자료의 제출 등을 요구하는 경우에는 제1항과 제2항을 준용한다. 이 경우 "행정안전부장관"은 "중앙행정기관의 장"으로, "법 제11조제1항"은 "법 제11조제2항"으로 본다.

제14조(자율규제의 촉진 및 지원) 행정안전부장관은 법 제13조제2호에 따라 개인정보 처리자의 자율적인 개인정보 보호활동을 촉진하기 위하여 예산의 범위에서 개인정보 보호와 관련된 기관 또는 단체에 필요한 지원을 할 수 있다.

제 4 장 개인정보의 처리

제15조(개인정보의 목적 외 이용 또는 제3자 제공의 관리) 공공기관은 법 제18조제2항 각 호에 따라 개인정보를 목적 외의 용도로 이용하거나 이를 제3자에게 제공하는 경우에는 다음 각 호의 사항을 행정안전부령으로 정하는 개인정보의 목적 외 이용 및 제3자 제공 대장에 기록하고 관리하여야 한다.

1. 이용하거나 제공하는 개인정보 또는 개인정보 파일의 명칭
2. 이용기관 또는 제공받는 기관의 명칭
3. 이용 목적 또는 제공받는 목적
4. 이용 또는 제공의 법적 근거
5. 이용하거나 제공하는 개인정보의 항목
6. 이용 또는 제공의 날짜, 주기 또는 기간
7. 이용하거나 제공하는 형태
8. 법 제18조제5항에 따라 제한을 하거나 필요한 조치를 마련할 것을 요청한 경우에는 그 내용

제16조(개인정보의 파기방법) 개인정보 처리자는 법 제21조에 따라 개인정보를 파기할 때에는 다음 각 호의 구분에 따른 방법으로 하여야 한다.

1. 전자적 파일 형태인 경우: 복원이 불가능한 방법으로 영구 삭제
2. 제1호 외의 기록물, 인쇄물, 서면, 그 밖의 기록매체인 경우: 파쇄 또는 소각

제17조(동의를 받는 방법) ① 개인정보 처리자는 법 제22조에 따라 개인정보의 처리에 대하여 다음 각 호의 어느 하나에 해당하는 방법으로 정보주체의 동의를 받아야 한다.

1. 동의 내용이 적힌 서면을 정보주체에게 직접 발급하거나 우편 또는 팩스 등의 방법으로 전달하고, 정보주체가 서명하거나 날인한 동의서를 받는 방법
2. 전화를 통하여 동의 내용을 정보주체에게 알리고 동의의 의사표시를 확인하는 방법
3. 전화를 통하여 동의 내용을 정보주체에게 알리고 정보주체에게 인터넷주소 등을 통하여 동의 사항을 확인하도록 한 후 다시 전화를 통하여 그 동의 사항에 대한 동의의 의사표시를 확인하는 방법
4. 인터넷 홈페이지 등에 동의 내용을 게재하고 정보주체가 동의 여부를 표시하도록 하는 방법

5. 동의 내용이 적힌 전자우편을 발송하여 정보주체로부터 동의의 의사표시가 적힌 전자우편을 받는 방법
6. 그 밖에 제1호부터 제5호까지의 규정에 따른 방법에 준하는 방법으로 동의 내용을 알리고 동의의 의사표시를 확인하는 방법

② 개인정보 처리자는 법 제22조제5항에 따라 만 제14세 미만 아동의 법정대리인의 동의를 받기 위하여 해당 아동으로부터 직접 법정대리인의 성명·연락처에 관한 정보를 수집할 수 있다.

③ 중앙행정기관의 장은 제1항에 따른 동의방법 중 소관 분야의 개인정보 처리자별 업무, 업종의 특성 및 정보주체의 수 등을 고려하여 적절한 동의방법에 관한 기준을 법 제12조제2항에 따른 개인정보 보호지침(이하 "개인정보 보호지침"이라 한다)으로 정하여 그 기준에 따라 동의를 받도록 개인정보 처리자에게 권장할 수 있다.

제18조(민감정보의 범위) 법 제23조 각 호 외의 부분 본문에서 "대통령령으로 정하는 정보"란 다음 각 호의 어느 하나에 해당하는 정보를 말한다. 다만, 공공기관이 법 제18조제2항제5호부터 제9호까지의 규정에 따라 다음 각 호의 어느 하나에 해당하는 정보를 처리하는 경우의 해당 정보는 제외한다.

1. 유전자검사 등의 결과로 얻어진 유전정보
2. 「형의 실효 등에 관한 법률」 제2조제5호에 따른 범죄경력자료에 해당하는 정보

제19조(고유식별정보의 범위) 법 제24조제1항 각 호 외의 부분에서 "대통령령으로 정하는 정보"란 다음 각 호의 어느 하나에 해당하는 정보(이하 "고유식별정보"라 한다)를 말한다. 다만, 공공기관이 법 제18조제2항제5호부터 제9호까지의 규정에 따라 다음 각 호의 어느 하나에 해당하는 정보를 처리하는 경우의 해당 정보는 제외한다.

1. 「주민등록법」 제7조제3항에 따른 주민등록번호

2. 「여권법」 제7조제1항제1호에 따른 여권번호
3. 「도로교통법」 제80조에 따른 운전면허의 면허번호
4. 「출입국관리법」 제31조제4항에 따른 외국인등록번호

제21조(고유식별정보의 안전성 확보 조치) 법 제24조제3항에 따른 고유식별정보의 안전성 확보 조치에 관하여는 제30조를 준용한다. 이 경우 "법 제29조"는 "법 제24조제3항"으로, "개인정보"는 "고유식별정보"로 본다.

제22조(영상정보처리기기 설치·운영 제한의 예외) ① 법 제25조제2항 단서에서 "대통령령으로 정하는 시설"이란 다음 각 호의 시설을 말한다.

1. 「형의 집행 및 수용자의 처우에 관한 법률」 제2조제4호에 따른 교정시설
2. 「정신보건법」 제3조제3호부터 제5호까지의 규정에 따른 정신의료기관(수용시설을 갖추고 있는 것만 해당한다), 정신질환자사회복귀시설 및 정신요양시설

② 중앙행정기관의 장은 소관 분야의 개인정보 처리자가 법 제25조제2항 단서에 따라 제1항 각 호의 시설에 영상정보처리기기를 설치·운영하는 경우 정보주체의 사생활 침해를 최소화하기 위하여 필요한 세부 사항을 개인정보 보호지침으로 정하여 그 준수를 권장할 수 있다.

제23조(영상정보처리기기 설치 시 의견 수렴) ① 법 제25조제1항 각 호에 따라 영상정보처리기기를 설치·운영하려는 공공기관의 장은 다음 각 호의 어느 하나에 해당하는 절차를 거쳐 관계 전문가 및 이해관계인의 의견을 수렴하여야 한다.

1. 「행정절차법」에 따른 행정예고의 실시 또는 의견청취
2. 해당 영상정보처리기기의 설치로 직접 영향을 받는 지역 주민 등을 대상으로 하는 설명회·설문조사 또는 여론조사

② 법 제25조제2항 단서에 따른 시설에 영상정보처리기기를 설치·운영하려는 자는

다음 각 호의 사람으로부터 의견을 수렴하여야 한다.
1. 관계 전문가
2. 해당 시설에 종사하는 사람, 해당 시설에 구금되어 있거나 보호받고 있는 사람 또는 그 사람의 보호자 등 이해관계인

제24조(안내판의 설치 등) ① 법 제25조 제1항 각 호에 따라 영상정보처리기기를 설치·운영하는 자(이하 "영상정보처리기기운영자"라 한다)는 영상정보처리기기가 설치·운영되고 있음을 정보주체가 쉽게 알아볼 수 있도록 법 제25조 제4항 본문에 따라 다음 각 호의 사항이 포함된 안내판을 설치하여야 한다. 다만, 건물 안에 여러 개의 영상정보처리기기를 설치하는 경우에는 출입구 등 잘 보이는 곳에 해당 시설 또는 장소 전체가 영상정보처리기기 설치지역임을 표시하는 안내판을 설치할 수 있다.
1. 설치 목적 및 장소
2. 촬영 범위 및 시간
3. 관리책임자의 성명 및 연락처
② 제1항에도 불구하고 영상정보처리기기운영자가 설치·운영하는 영상정보처리기기가 다음 각 호의 어느 하나에 해당하는 경우에는 안내판 설치를 갈음하여 영상정보처리기기운영자의 인터넷 홈페이지에 제1항 각 호의 사항을 게재할 수 있다.
1. 공공기관이 원거리 촬영, 과속·신호위반 단속 또는 교통흐름조사 등의 목적으로 영상정보처리기기를 설치하는 경우로서 개인정보 침해의 우려가 적은 경우
2. 산불감시용 영상정보처리기기를 설치하는 경우 등 장소적 특성으로 인하여 안내판을 설치하는 것이 불가능하거나 안내판을 설치하더라도 정보주체가 쉽게 알아볼 수 없는 경우
③ 제2항에 따라 인터넷 홈페이지에 제1항 각 호의 사항을 게재할 수 없으면 영상정보처리기기운영자는 다음 각 호의 어느 하나 이상의 방법으로 제1항 각 호의 사항을

공개하여야 한다.
1. 영상정보처리기기운영자의 사업장·영업소·사무소·점포 등(이하 "사업장 등"이라 한다)의 보기 쉬운 장소에 게시하는 방법
2. 관보(영상정보처리기기운영자가 공공기관인 경우만 해당한다)나 영상정보처리기기운영자의 사업장등이 있는 특별시·광역시·도 또는 특별자치도(이하 "시·도"라 한다) 이상의 지역을 주된 보급지역으로 하는 「신문 등의 진흥에 관한 법률」 제2조 제1호가목·다목 및 같은 조 제2호에 따른 일반일간신문, 일반주간신문 또는 인터넷신문에 싣는 방법
④ 법 제25조제4항 단서에 따라 공공기관의 장은 다음 각 호의 어느 하나에 해당하는 시설에 설치하는 영상정보처리기기에 대해서는 안내판을 설치하지 아니할 수 있다.
1. 「군사기지 및 군사시설 보호법」 제2조 제2호에 따른 군사시설
2. 「통합방위법」 제2조제13호에 따른 국가중요시설
3. 「보안업무규정」 제36조에 따른 보안목표시설

제25조(영상정보처리기기 운영·관리 방침)
① 영상정보처리기기운영자는 법 제25조 제7항에 따라 다음 각 호의 사항이 포함된 영상정보처리기기 운영·관리 방침을 마련하여야 한다.
1. 영상정보처리기기의 설치 근거 및 설치 목적
2. 영상정보처리기기의 설치 대수, 설치 위치 및 촬영 범위
3. 관리책임자, 담당 부서 및 영상정보에 대한 접근 권한이 있는 사람
4. 영상정보의 촬영시간, 보관기간, 보관장소 및 처리방법
5. 영상정보처리기기운영자의 영상정보 확인 방법 및 장소
6. 정보주체의 영상정보 열람 등 요구에 대한 조치
7. 영상정보 보호를 위한 기술적·관리적

및 물리적 조치

8. 그 밖에 영상정보처리기기의 설치·운
영 및 관리에 필요한 사항

② 제1항에 따라 마련한 영상정보처리기기
운영·관리 방침의 공개에 관하여는 제31
조제2항 및 제3항을 준용한다. 이 경우 "개
인정보 처리자"는 "영상정보처리기기운영
자"로, "법 제30조제2항"은 "법 제25조제7
항"으로, "개인정보 처리방침"은 "영상정
보처리기기 관리·운영 방침"으로 본다.

**제26조(공공기관의 영상정보처리기기 설
치·운영 사무의 위탁)** ① 법 제25조제8
항 단서에 따라 공공기관이 영상정보처리
기기의 설치·운영에 관한 사무를 위탁하
는 경우에는 다음 각 호의 내용이 포함된
문서로 하여야 한다.

1. 위탁하는 사무의 목적 및 범위
2. 재위탁 제한에 관한 사항
3. 영상정보에 대한 접근 제한 등 안전성
   확보 조치에 관한 사항
4. 영상정보의 관리 현황 점검에 관한 사항
5. 위탁받는 자가 준수하여야 할 의무를 위
   반한 경우의 손해배상 등 책임에 관한
   사항

② 제1항에 따라 사무를 위탁한 경우에는
제24조제1항부터 제3항까지의 규정에 따
른 안내판 등에 위탁받는 자의 명칭 및 연
락처를 포함시켜야 한다.

제27조(영상정보처리기기 설치·운영 지침)
행정안전부장관은 법 및 이 영에서 규정한
사항 외에 영상정보처리기기의 설치·운영
에 관한 기준, 설치·운영 사무의 위탁 등
에 관하여 법 제12조제1항에 따른 표준 개
인정보 보호지침을 정하여 영상정보처리기
기운영자에게 그 준수를 권장할 수 있다.

제28조(개인정보의 처리 업무 위탁 시 조치)
① 법 제26조제1항제3호에서 "대통령령으
로 정한 사항"이란 다음 각 호의 사항을
말한다.

1. 위탁업무의 목적 및 범위
2. 재위탁 제한에 관한 사항
3. 개인정보에 대한 접근 제한 등 안전성

확보 조치에 관한 사항

4. 위탁업무와 관련하여 보유하고 있는 개
   인정보의 관리 현황 점검 등 감독에 관
   한 사항
5. 법 제26조제2항에 따른 수탁자(이하
   "수탁자"라 한다)가 준수하여야 할 의
   무를 위반한 경우의 손해배상 등 책임
   에 관한 사항

② 법 제26조제2항에서 "대통령령으로 정
하는 방법"이란 개인정보 처리 업무를 위
탁하는 개인정보 처리자(이하 "위탁자"라
한다)가 위탁자의 인터넷 홈페이지에 위탁
하는 업무의 내용과 수탁자를 지속적으로
게재하는 방법을 말한다.

③ 제2항에 따라 인터넷 홈페이지에 게재
할 수 없는 경우에는 다음 각 호의 어느
하나 이상의 방법으로 위탁하는 업무의 내
용과 수탁자를 공개하여야 한다.

1. 위탁자의 사업장등의 보기 쉬운 장소에
   게시하는 방법
2. 관보(위탁자가 공공기관인 경우만 해당
   한다)나 위탁자의 사업장등이 있는
   시·도 이상의 지역을 주된 보급지역으
   로 하는 「신문 등의 진흥에 관한 법률」
   제2조제1호가목·다목 및 같은 조 제2
   호에 따른 일반일간신문, 일반주간신문
   또는 인터넷신문에 싣는 방법
3. 같은 제목으로 연 2회 이상 발행하여 정
   보주체에게 배포하는 간행물·소식지·
   홍보지 또는 청구서 등에 지속적으로
   싣는 방법
4. 재화나 용역을 제공하기 위하여 위탁자
   와 정보주체가 작성한 계약서 등에 실
   어 정보주체에게 발급하는 방법

④ 법 제26조제3항 전단에서 "대통령령으로
정하는 방법"이란 서면, 전자우편, 팩스, 전
화, 문자전송 또는 이에 상당하는 방법(이하
"서면등의 방법"이라 한다)을 말한다.

⑤ 위탁자가 과실 없이 제4항에 따른 방법
으로 위탁하는 업무의 내용과 수탁자를 정
보주체에게 알릴 수 없는 경우에는 해당
사항을 인터넷 홈페이지에 30일 이상 게재

하여야 한다. 다만, 인터넷 홈페이지를 운영하지 아니하는 위탁자의 경우에는 사업장등의 보기 쉬운 장소에 30일 이상 게시하여야 한다.

⑥ 위탁자는 수탁자가 개인정보 처리 업무를 수행하는 경우에 법 또는 이 영에 따라 개인정보 처리자가 준수하여야 할 사항과 법 제26조제1항 각 호의 사항을 준수하는지를 같은 조 제4항에 따라 감독하여야 한다.

제29조(영업양도 등에 따른 개인정보 이전의 통지) ① 법 제27조제1항 각 호 외의 부분과 같은 조 제2항 본문에서 "대통령령으로 정하는 방법"이란 서면등의 방법을 말한다.

② 법 제27조제1항에 따라 개인정보를 이전하려는 자(이하 이 항에서 "영업양도자등"이라 한다)가 과실 없이 제1항에 따른 방법으로 법 제27조제1항 각 호의 사항을 정보주체에게 알릴 수 없는 경우에는 해당 사항을 인터넷 홈페이지에 30일 이상 게재하여야 한다. 다만, 인터넷 홈페이지를 운영하지 아니하는 영업양도자등의 경우에는 사업장등의 보기 쉬운 장소에 30일 이상 게시하여야 한다.

제 5 장 개인정보의 안전한 관리

제30조(개인정보의 안전성 확보 조치) ① 개인정보 처리자는 법 제29조에 따라 다음 각 호의 안전성 확보 조치를 하여야 한다.

1. 개인정보의 안전한 처리를 위한 내부 관리계획의 수립·시행
2. 개인정보에 대한 접근 통제 및 접근 권한의 제한 조치
3. 개인정보를 안전하게 저장·전송할 수 있는 암호화 기술의 적용 또는 이에 상응하는 조치
4. 개인정보 침해사고 발생에 대응하기 위한 접속기록의 보관 및 위조·변조 방지를 위한 조치
5. 개인정보에 대한 보안프로그램의 설치

및 갱신
6. 개인정보의 안전한 보관을 위한 보관시설의 마련 또는 잠금장치의 설치 등 물리적 조치

② 행정안전부장관은 개인정보 처리자가 제1항에 따른 안전성 확보 조치를 하도록 시스템을 구축하는 등 필요한 지원을 할 수 있다.

③ 제1항에 따른 안전성 확보 조치에 관한 세부 기준은 행정안전부장관이 정하여 고시한다.

제31조(개인정보 처리방침의 내용 및 공개방법 등) ① 법 제30조제1항제6호에서 "대통령령으로 정한 사항"이란 다음 각 호의 사항을 말한다.

1. 처리하는 개인정보의 항목
2. 개인정보의 파기에 관한 사항
3. 제30조에 따른 개인정보의 안전성 확보 조치에 관한 사항

② 개인정보 처리자는 법 제30조제2항에 따라 수립하거나 변경한 개인정보 처리방침을 개인정보 처리자의 인터넷 홈페이지에 지속적으로 게재하여야 한다.

③ 제2항에 따라 인터넷 홈페이지에 게재할 수 없는 경우에는 다음 각 호의 어느 하나 이상의 방법으로 수립하거나 변경한 개인정보 처리방침을 공개하여야 한다.

1. 개인정보 처리자의 사업장등의 보기 쉬운 장소에 게시하는 방법
2. 관보(개인정보 처리자가 공공기관인 경우만 해당한다)나 개인정보 처리자의 사업장등이 있는 시·도 이상의 지역을 주된 보급지역으로 하는 「신문 등의 진흥에 관한 법률」 제2조제1호가목·다목 및 같은 조 제2호에 따른 일반일간신문, 일반주간신문 또는 인터넷신문에 싣는 방법
3. 같은 제목으로 연 2회 이상 발행하여 정보주체에게 배포하는 간행물·소식지·홍보지 또는 청구서 등에 지속적으로 싣는 방법
4. 재화나 용역을 제공하기 위하여 개인정

보 처리자와 정보주체가 작성한 계약서 등에 실어 정보주체에게 발급하는 방법

제32조(개인정보 보호책임자의 업무 및 지정요건 등) ① 법 제31조제2항제7호에서 "대통령령으로 정한 업무"란 다음 각 호와 같다.

1. 법 제30조에 따른 개인정보 처리방침의 수립·변경 및 시행
2. 개인정보 보호 관련 자료의 관리
3. 처리 목적이 달성되거나 보유기간이 지난 개인정보의 파기

② 개인정보 처리자는 법 제31조제1항에 따라 개인정보 보호책임자를 지정하려는 경우에는 다음 각 호의 구분에 따라 지정한다.

1. 공공기관: 다음 각 목의 구분에 따른 기준에 해당하는 공무원 등
   가. 국회, 법원, 헌법재판소, 중앙선거관리위원회의 행정사무를 처리하는 기관 및 중앙행정기관: 고위공무원단에 속하는 공무원(이하 "고위공무원"이라 한다) 또는 그에 상당하는 공무원
   나. 가목 외에 정무직공무원을 장(長)으로 하는 국가기관: 3급 이상 공무원(고위공무원을 포함한다) 또는 그에 상당하는 공무원
   다. 가목 및 나목 외에 고위공무원, 3급 공무원 또는 그에 상당하는 공무원 이상의 공무원을 장으로 하는 국가기관: 4급 이상 공무원 또는 그에 상당하는 공무원
   라. 가목부터 다목까지의 규정에 따른 국가기관 외의 국가기관(소속 기관을 포함한다): 해당 기관의 개인정보 처리 관련 업무를 담당하는 부서의 장
   마. 시·도 및 시·도 교육청: 3급 이상 공무원 또는 그에 상당하는 공무원
   바. 시·군 및 자치구: 4급 공무원 또는 그에 상당하는 공무원
   사. 제2조제5호에 따른 각급 학교: 해당 학교의 행정사무를 총괄하는 사람
   아. 가목부터 사목까지의 규정에 따른 기관 외의 공공기관: 개인정보 처리 관련 업무를 담당하는 부서의 장. 다만, 개인정보 처리 관련 업무를 담당하는 부서의 장이 2명 이상인 경우에는 해당 공공기관의 장이 지명하는 부서의 장이 된다.
2. 공공기관 외의 개인정보 처리자: 다음 각 목의 어느 하나에 해당하는 사람
   가. 사업주 또는 대표자
   나. 개인정보 처리 관련 업무를 담당하는 부서의 장 또는 개인정보 보호에 관한 소양이 있는 사람

③ 행정안전부장관은 개인정보 보호책임자가 법 제31조제2항의 업무를 원활히 수행할 수 있도록 개인정보 보호책임자에 대한 교육과정을 개설·운영하는 등 지원을 할 수 있다.

제33조(개인정보 파일의 등록사항) 법 제32조제1항제7호에서 "대통령령으로 정하는 사항"이란 다음 각 호의 사항을 말한다.

1. 개인정보 파일을 운용하는 공공기관의 명칭
2. 개인정보 파일로 보유하고 있는 개인정보의 정보주체 수
3. 해당 공공기관에서 개인정보 처리 관련 업무를 담당하는 부서
4. 제41조에 따른 개인정보의 열람 요구를 접수·처리하는 부서
5. 개인정보 파일의 개인정보 중 법 제35조제4항에 따라 열람을 제한하거나 거절할 수 있는 개인정보의 범위 및 제한 또는 거절 사유

제34조(개인정보 파일의 등록 및 공개 등) ① 개인정보 파일을 운용하는 공공기관의 장은 그 운용을 시작한 날부터 60일 이내에 행정안전부령으로 정하는 바에 따라 행정안전부장관에게 법 제32조제1항 및 이 영 제33조에 따른 등록사항(이하 "등록사항"이라 한다)의 등록을 신청하여야 한다. 등록 후 등록한 사항이 변경된 경우에도 또한 같다.

② 행정안전부장관은 법 제32조제4항에 따라 개인정보 파일의 등록 현황을 인터넷 홈페이지에 게재하여야 한다.

③ 행정안전부장관은 제1항에 따른 개인정보 파일의 등록사항을 등록하거나 변경하는 업무를 전자적으로 처리할 수 있도록 시스템을 구축·운영할 수 있다.

제35조(개인정보 영향평가의 대상) 법 제33조제1항에서 "대통령령으로 정하는 기준에 해당하는 개인정보 파일"이란 개인정보를 전자적으로 처리할 수 있는 개인정보 파일로서 다음 각 호의 어느 하나에 해당하는 개인정보 파일을 말한다.

1. 구축·운용 또는 변경하려는 개인정보 파일로서 5만명 이상의 정보주체에 관한 법 제23조에 따른 민감정보(이하 "민감정보"라 한다) 또는 고유식별정보의 처리가 수반되는 개인정보 파일
2. 구축·운용하고 있는 개인정보 파일을 해당 공공기관 내부 또는 외부에서 구축·운용하고 있는 다른 개인정보 파일과 연계하려는 경우로서 연계 결과 50만명 이상의 정보주체에 관한 개인정보가 포함되는 개인정보 파일
3. 구축·운용 또는 변경하려는 개인정보 파일로서 100만명 이상의 정보주체에 관한 개인정보 파일
4. 법 제33조제1항에 따른 개인정보 영향평가(이하 "영향평가"라 한다)를 받은 후에 개인정보 검색체계 등 개인정보 파일의 운용체계를 변경하려는 경우 그 개인정보 파일. 이 경우 영향평가 대상은 변경된 부분으로 한정한다.

제36조(영향평가 시 고려사항) 법 제33조제2항제4호에서 "대통령령으로 정한 사항"이란 다음 각 호의 사항을 말한다.

1. 민감정보 또는 고유식별정보의 처리 여부
2. 개인정보 보유기간

제37조(평가기관의 지정 및 지정취소) ① 행정안전부장관은 법 제33조제1항 후단에 따라 다음 각 호의 요건을 모두 갖춘 법인을 개인정보 영향평가기관(이하 "평가기

관"이라 한다)으로 지정할 수 있다.

1. 최근 5년간 다음 각 목의 어느 하나에 해당하는 업무 수행의 대가로 받은 금액의 합계액이 2억원 이상인 법인
   가. 영향평가 업무 또는 이와 유사한 업무
   나. 「전자정부법」 제2조제13호에 따른 정보시스템(정보보호시스템을 포함한다)의 구축 업무 중 정보보호컨설팅 업무(전자적 침해행위에 대비하기 위한 정보시스템의 분석·평가와 이에 기초한 정보 보호 대책의 제시 업무를 말한다. 이하 같다)
   다. 「전자정부법」 제2조제14호에 따른 정보시스템 감리 업무 중 정보보호컨설팅 업무
   라. 「정보통신산업 진흥법」 제33조제1항제1호 및 제2호에 따른 업무
   마. 「정보통신망 이용촉진 및 정보보호 등에 관한 법률」 제2조제8호에 따른 정보보호산업에 해당하는 업무 중 정보보호컨설팅 업무
2. 별표 1에 따른 전문인력을 10명 이상 상시 고용하고 있는 법인
3. 다음 각 목의 사무실 및 설비를 갖춘 법인
   가. 신원 확인 및 출입 통제를 위한 설비를 갖춘 사무실
   나. 기록 및 자료의 안전한 관리를 위한 설비

② 평가기관으로 지정받으려는 자는 행정안전부령으로 정하는 평가기관 지정신청서에 다음 각 호의 서류(전자문서를 포함한다. 이하 같다)를 첨부하여 행정안전부장관에게 제출하여야 한다.

1. 정관
2. 대표자 및 임원의 성명
3. 제1항제2호에 따른 전문인력의 자격을 증명할 수 있는 서류
4. 그 밖에 행정안전부령으로 정하는 서류

③ 제2항에 따라 평가기관 지정신청서를 제출받은 행정안전부장관은 「전자정부법」 제36조제1항에 따른 행정정보의 공동이용

을 통하여 다음 각 호의 서류를 확인하여야 한다. 다만, 신청인이 제2호의 확인에 동의하지 아니하는 경우에는 신청인에게 그 서류를 첨부하게 하여야 한다.

1. 법인 등기사항증명서
2. 「출입국관리법」 제88조제2항에 따른 외국인등록 사실증명(외국인인 경우만 해당한다)

④ 행정안전부장관은 제1항에 따라 평가기관을 지정한 경우에는 지체 없이 평가기관 지정서를 발급하고, 다음 각 호의 사항을 관보에 고시하여야 한다. 고시된 사항이 변경된 경우에도 또한 같다.

1. 평가기관의 명칭·주소 및 전화번호와 대표자의 성명
2. 지정 시 조건을 붙이는 경우 그 조건의 내용

⑤ 행정안전부장관은 제1항에 따라 지정된 평가기관이 다음 각 호의 어느 하나에 해당하는 경우에는 평가기관의 지정을 취소할 수 있다. 다만, 제1호 또는 제2호에 해당하는 경우에는 평가기관의 지정을 취소하여야 한다.

1. 거짓이나 그 밖의 부정한 방법으로 평가기관의 지정을 받은 경우
2. 지정된 평가기관 스스로 지정취소를 원하는 경우나 폐업한 경우
3. 제1항에 따른 지정요건을 충족하지 못하게 된 경우
4. 제6항에 따른 신고의무를 이행하지 아니한 경우
5. 고의 또는 중대한 과실로 영향평가 업무를 부실하게 수행하여 그 업무를 적정하게 수행할 수 없다고 인정되는 경우
6. 그 밖에 법 또는 이 영에 따른 의무를 위반한 경우

⑥ 제1항에 따라 지정된 평가기관은 지정된 후 다음 각 호의 어느 하나에 해당하는 사유가 발생한 경우에는 행정안전부령으로 정하는 바에 따라 그 사유가 발생한 날부터 7일 이내에 행정안전부장관에게 신고하여야 한다. 다만, 제3호에 해당하는 경우

에는 그 사유가 발생한 날부터 30일 이내에 신고하여야 한다.

1. 제1항 각 호의 어느 하나에 해당하는 사항이 변경된 경우
2. 제4항제1호에 해당하는 사항이 변경된 경우
3. 평가기관을 양도·양수하거나 합병하는 등의 사유가 발생한 경우

⑦ 행정안전부장관은 제5항에 따라 평가기관의 지정을 취소하려는 경우에는 청문을 하여야 한다.

제38조(영향평가의 평가기준 등) ① 법 제33조제6항에 따른 영향평가의 평가기준은 다음 각 호와 같다.

1. 해당 공공기관에서 처리하는 개인정보의 종류·성질, 정보주체의 수 및 그에 따른 개인정보 침해의 가능성
2. 법 제24조제3항, 제25조제6항 및 제29조에 따른 안전성 확보 조치의 수준 및 이에 따른 개인정보 침해의 가능성
3. 개인정보 침해의 위험요인별 조치 여부
4. 그 밖에 법 및 이 영에 따라 필요한 조치 또는 의무 위반 요소에 관한 사항

② 법 제33조제1항에 따라 영향평가를 의뢰받은 평가기관은 제1항의 평가기준에 따라 개인정보 파일의 운용으로 인한 개인정보 침해의 위험요인을 분석·평가한 후 다음 각 호의 사항이 포함된 평가 결과를 영향평가서로 작성하여 해당 공공기관의 장에게 보내야 하며, 공공기관의 장은 제35조 각 호에 해당하는 개인정보 파일을 구축·운용하기 전에 그 영향평가서를 행정안전부장관에게 제출(영향평가서에 제3호에 따른 개선 필요 사항이 포함된 경우에는 그에 대한 조치 내용을 포함한다)하여야 한다.

1. 개인정보 파일 운용과 관련된 사업의 개요 및 개인정보 파일 운용의 목적
2. 영향평가 대상 개인정보 파일의 개요
3. 평가기준에 따른 개인정보 침해의 위험요인에 대한 분석·평가 및 개선이 필요한 사항

4. 영향평가 수행 인력 및 비용

③ 행정안전부장관은 법 및 이 영에서 정한 사항 외에 평가기관의 지정 및 영향평가의 절차 등에 관한 세부 기준을 정하여 고시할 수 있다.

제39조(개인정보 유출 신고의 범위 및 기관) ① 법 제34조제3항 전단에서 "대통령령으로 정한 규모 이상의 개인정보"란 1만명 이상의 정보주체에 관한 개인정보를 말한다.

② 법 제34조제3항 전단 및 후단에서 "대통령령으로 정하는 전문기관"이란 다음 각호의 어느 하나에 해당하는 기관을 말한다.

1. 「국가정보화 기본법」제14조에 따른 한국정보화진흥원(이하 "한국정보화진흥원"이라 한다)
2. 「정보통신망 이용촉진 및 정보보호 등에 관한 법률」제52조에 따른 한국인터넷진흥원(이하 "한국인터넷진흥원"이라 한다)

제40조(개인정보 유출 통지의 방법 및 절차) ① 개인정보 처리자는 개인정보가 유출되었음을 알게 되었을 때에는 서면등의 방법으로 지체 없이 법 제34조제1항 각 호의 사항을 정보주체에게 알려야 한다. 다만, 유출된 개인정보의 확산 및 추가 유출을 방지하기 위하여 접속경로의 차단, 취약점 점검·보완, 유출된 개인정보의 삭제 등 긴급한 조치가 필요한 경우에는 그 조치를 한 후 지체 없이 정보주체에게 알릴 수 있다.

② 제1항에도 불구하고 개인정보 처리자는 같은 항 본문에 따라 개인정보가 유출되었음을 알게 되었을 때나 같은 항 단서에 따라 유출 사실을 알고 긴급한 조치를 한 후에도 법 제34조제1항제1호 및 제2호의 구체적인 유출 내용을 확인하지 못한 경우에는 먼저 개인정보가 유출된 사실과 유출이 확인된 사항만을 서면등의 방법으로 먼저 알리고 나중에 확인되는 사항을 추가로 알릴 수 있다.

③ 제1항과 제2항에도 불구하고 법 제34조제3항 및 이 영 제39조제1항에 따라 1만명 이상의 정보주체에 관한 개인정보가 유출된 경우에는 서면등의 방법과 함께 인터넷 홈페이지에 정보주체가 알아보기 쉽도록 법 제34조제1항 각 호의 사항을 7일 이상 게재하여야 한다. 다만, 인터넷 홈페이지를 운영하지 아니하는 개인정보 처리자의 경우에는 서면등의 방법과 함께 사업장등의 보기 쉬운 장소에 법 제34조제1항 각 호의 사항을 7일 이상 게시하여야 한다.

제 6 장 정보주체의 권리 보장

제41조(개인정보의 열람절차 등) ① 정보주체는 법 제35조제1항 및 제2항에 따라 자신의 개인정보에 대한 열람을 요구하려는 경우에는 행정안전부령으로 정하는 바에 따라 다음 각 호의 사항 중 열람하려는 사항을 표시한 개인정보 열람요구서를 개인정보 처리자에게 제출하여야 한다.

1. 개인정보의 항목 및 내용
2. 개인정보의 수집·이용의 목적
3. 개인정보 보유 및 이용 기간
4. 개인정보의 제3자 제공 현황
5. 개인정보 처리에 동의한 사실 및 내용

② 정보주체가 법 제35조제2항에 따라 행정안전부장관을 통하여 자신의 개인정보에 대한 열람을 요구하려는 경우에는 제1항에 따른 개인정보 열람요구서를 행정안전부장관에게 제출하여야 한다. 이 경우 행정안전부장관은 지체 없이 그 개인정보 열람요구서를 해당 공공기관에 이송하여야 한다.

③ 법 제35조제3항 전단에서 "대통령령으로 정하는 기간"이란 10일을 말한다.

④ 개인정보 처리자는 제1항에 따른 개인정보 열람요구서를 받은 날부터 10일 이내에 정보주체에게 해당 개인정보를 열람할 수 있도록 하는 경우와 제42조제1항에 따라 열람 요구 사항 중 일부를 열람하게 하는 경우에는 열람할 개인정보와 열람이 가능한 날짜·시간 및 장소 등(제42조제1항

에 따라 열람 요구 사항 중 일부만을 열람하게 하는 경우에는 그 사유와 이의제기방법을 포함한다)을 행정안전부령으로 정하는 열람통지서로 해당 정보주체에게 알려야 한다.

제42조(개인정보 열람의 제한·연기 및 거절) ① 개인정보 처리자는 제41조제1항에 따른 열람 요구 사항 중 일부가 법 제35조제4항 각 호의 어느 하나에 해당하는 경우에는 그 일부에 대하여 열람을 제한할 수 있으며, 열람이 제한되는 사항을 제외한 부분은 열람할 수 있도록 하여야 한다.

② 개인정보 처리자가 법 제35조제3항 후단에 따라 정보주체의 열람을 연기하거나 같은 조 제4항에 따라 열람을 거절하려는 경우에는 열람 요구를 받은 날부터 10일 이내에 연기 또는 거절의 사유 및 이의제기방법을 행정안전부령으로 정하는 열람의 연기·거절 통지서로 해당 정보주체에게 알려야 한다.

제43조(개인정보의 정정·삭제 등) ① 정보주체는 법 제36조제1항에 따라 개인정보 처리자에게 그 개인정보의 정정 또는 삭제를 요구하려는 경우에 행정안전부령으로 정하는 개인정보 정정·삭제 요구서를 해당 개인정보 처리자에게 제출하여야 한다.

② 다른 개인정보 처리자로부터 개인정보를 제공받아 개인정보 파일을 처리하는 개인정보 처리자는 법 제36조제1항에 따른 개인정보의 정정 또는 삭제 요구를 받으면 그 요구에 따라 해당 개인정보를 정정·삭제하거나 그 개인정보 정정·삭제 요구서를 해당 개인정보를 제공한 기관의 장에게 지체 없이 보내고 그 처리 결과에 따라 필요한 조치를 하여야 한다.

③ 개인정보 처리자는 제1항과 제2항에 따른 개인정보 정정·삭제 요구서를 받은 날부터 10일 이내에 법 제36조제2항에 따라 해당 개인정보의 정정·삭제 등의 조치를 한 경우에는 그 조치를 한 사실을, 법 제36조제1항 단서에 해당하여 삭제 요구에 따르지 아니한 경우에는 그 사실 및 이유와

이의제기방법을 행정안전부령으로 정하는 개인정보 정정·삭제 결과 통지서로 해당 정보주체에게 알려야 한다.

제44조(개인정보의 처리정지 등) ① 정보주체는 법 제37조제1항에 따라 개인정보 처리자에게 자신의 개인정보 처리의 정지를 요구하려는 경우에 행정안전부령으로 정하는 개인정보 처리정지 요구서를 그 개인정보 처리자에게 제출하여야 한다.

② 개인정보 처리자는 제1항에 따른 개인정보 처리정지 요구서를 받은 날부터 10일 이내에 법 제37조제2항 본문에 따라 해당 개인정보의 처리정지 조치를 한 경우에는 그 조치를 한 사실을, 같은 항 단서에 해당하여 처리정지 요구에 따르지 아니한 경우에는 그 사실 및 이유와 이의제기방법을 행정안전부령으로 정하는 개인정보 처리정지 요구에 대한 결과 통지서로 해당 정보주체에게 알려야 한다.

제45조(대리인의 범위 등) ① 법 제38조에 따라 정보주체를 대리할 수 있는 자는 다음 각 호와 같다.

1. 정보주체의 법정대리인
2. 정보주체로부터 위임을 받은 자

② 제1항에 따른 대리인이 법 제38조에 따라 정보주체를 대리할 때에는 개인정보 처리자에게 행정안전부령으로 정하는 정보주체의 위임장을 제출하여야 한다.

제46조(정보주체 또는 대리인의 확인) ① 개인정보 처리자는 제41조제1항에 따른 열람의 요구, 제43조제1항에 따른 정정·삭제의 요구 또는 제44조제1항에 따른 처리정지의 요구(이하 이 조, 제47조 및 제48조에서 "열람등요구"라 한다)를 받았을 때에는 열람등요구를 한 자가 본인이거나 정당한 대리인인지를 확인하여야 한다.

② 공공기관인 개인정보 처리자가 「전자정부법」 제36조제1항에 따른 행정정보의 공동이용을 통하여 제1항에 따른 확인을 할 수 있는 경우에는 행정정보의 공동이용을 통하여 확인하여야 한다. 다만, 해당 공공기관이 행정정보의 공동이용을 할 수 없거

나 정보주체가 확인에 동의하지 아니하는 경우에는 그러하지 아니하다.

제47조(수수료 등의 금액 등) ① 법 제38조제3항에 따른 수수료와 우송료의 금액은 열람등요구에 필요한 실비의 범위에서 해당 개인정보 처리자가 정하는 바에 따른다. 다만, 개인정보 처리자가 지방자치단체인 경우에는 그 지방자치단체의 조례로 정하는 바에 따른다.

② 개인정보 처리자는 열람등요구를 하게 된 사유가 그 개인정보 처리자에게 있는 경우에는 수수료와 우송료를 청구해서는 아니 된다.

③ 법 제38조제3항에 따른 수수료 또는 우송료는 다음 각 호의 구분에 따른 방법으로 낸다. 다만, 국회, 법원, 헌법재판소, 중앙선거관리위원회, 중앙행정기관 및 그 소속 기관(이하 이 조에서 "국가기관"이라 한다) 또는 지방자치단체인 개인정보 처리자는 「전자금융거래법」 제2조제11호에 따른 전자지급수단 또는 「정보통신망 이용촉진 및 정보보호 등에 관한 법률」 제2조제10호에 따른 통신과금서비스를 이용하여 수수료 또는 우송료를 내게 할 수 있다.

1. 국가기관인 개인정보 처리자에게 내는 경우: 수입인지

2. 지방자치단체인 개인정보 처리자에게 내는 경우: 수입증지

3. 국가기관 및 지방자치단체 외의 개인정보 처리자에게 내는 경우: 해당 개인정보 처리자가 정하는 방법

제48조(열람 요구 지원시스템의 구축 등) ① 개인정보 처리자는 열람등요구 및 그에 대한 통지를 갈음하여 해당 업무를 전자적으로 처리할 수 있도록 시스템을 구축·운영하거나 그 밖의 절차를 정하여 해당 업무를 처리할 수 있다.

② 행정안전부장관은 개인정보 처리자 중 공공기관이 보유하고 있는 개인정보에 관한 열람등요구 및 그에 대한 통지에 관한 공공기관의 업무 수행을 효율적으로 지원하기 위하여 시스템을 구축·운영할 수 있다.

제 7 장 개인정보 분쟁조정

제49조(조정부의 구성 및 운영) ① 법 제40조제6항에 따른 조정부(이하 "조정부"라 한다)는 법 제40조제1항에 따른 개인정보 분쟁조정위원회(이하 "분쟁조정위원회"라 한다) 위원장이 지명하는 5명 이내의 위원으로 구성하되, 그 중 1명은 변호사 자격이 있는 위원으로 한다.

② 분쟁조정위원회 위원장은 조정부의 회의를 소집한다.

③ 분쟁조정위원회의 위원장은 조정부의 회의를 소집하려면 회의 날짜·시간·장소 및 안건을 정하여 회의 개최 7일 전까지 조정부의 각 위원에게 알려야 한다. 다만, 긴급한 사정이 있는 경우에는 그러하지 아니하다.

④ 조정부의 장은 조정부 위원 중에서 호선(互選)한다.

⑤ 제1항부터 제4항까지의 규정에서 정한 사항 외에 조정부의 구성 및 운영 등에 필요한 사항은 분쟁조정위원회의 의결을 거쳐 분쟁조정위원회의 위원장이 정한다.

제50조(사무국 등) ① 법 제40조제8항에 따른 분쟁조정위원회 사무국은 위원장의 명을 받아 분쟁조정 신청사건에 대한 사실 확인 및 그 밖의 사무를 처리한다.

② 법 제40조제8항에 따라 행정안전부장관은 분쟁조정위원회 사무국 운영 등 업무를 지원하는 전문기관으로 한국인터넷진흥원을 지정한다.

제51조(분쟁조정위원회 등의 운영) ① 분쟁조정위원회 위원장은 분쟁조정위원회의 회의를 소집하며, 그 의장이 된다.

② 분쟁조정위원회 위원장이 분쟁조정위원회의 회의를 소집하려면 회의 날짜·시간·장소 및 안건을 정하여 회의 개최 7일 전까지 각 위원에게 알려야 한다. 다만, 긴급한 사정이 있는 경우에는 그러하지 아니하다.

③ 분쟁조정위원회 및 조정부의 회의는 공

개하지 아니한다. 다만, 필요하다고 인정되는 경우에는 분쟁조정위원회의 의결로 당사자 또는 이해관계인에게 방청을 하게 할 수 있다.

제52조(집단분쟁조정의 신청 대상) 법 제49조제1항에서 "대통령령으로 정하는 사건"이란 다음 각 호의 요건을 모두 갖춘 사건을 말한다.

1. 피해 또는 권리침해를 입은 정보주체의 수가 다음 각 목의 정보주체를 제외하고 50명 이상일 것
    가. 개인정보 처리자와 분쟁해결이나 피해보상에 관한 합의가 이루어진 정보주체
    나. 같은 사안으로 다른 법령에 따라 설치된 분쟁조정기구에서 분쟁조정 절차가 진행 중인 정보주체
    다. 해당 개인정보 침해로 인한 피해에 대하여 법원에 소(訴)를 제기한 정보주체
2. 사건의 중요한 쟁점이 사실상 또는 법률상 공통될 것

제53조(집단분쟁조정 절차의 개시) ① 법 제49조제2항 후단에서 "대통령령으로 정하는 기간"이란 14일 이상의 기간을 말한다.
② 법 제49조제2항 후단에 따른 집단분쟁조정 절차의 개시 공고는 분쟁조정위원회의 인터넷 홈페이지 및 「신문 등의 진흥에 관한 법률」에 따라 전국을 보급지역으로 하는 일반일간신문에 게재하는 방법으로 한다.

제54조(집단분쟁조정 절차에 대한 참가 신청) ① 법 제49조에 따른 집단분쟁조정(이하 "집단분쟁조정"이라 한다)의 당사자가 아닌 정보주체 또는 개인정보 처리자가 법 제49조제3항에 따라 추가로 집단분쟁조정의 당사자로 참가하려면 법 제49조제2항 후단의 공고기간에 문서로 참가 신청을 하여야 한다.
② 분쟁조정위원회는 제1항에 따라 집단분쟁조정 당사자 참가 신청을 받으면 제1항의 신청기간이 끝난 후 10일 이내에 참가 인정 여부를 문서로 알려야 한다.

제55조(집단분쟁조정 절차의 진행) ① 집단분쟁조정 절차가 개시된 후 제52조제1호가목부터 다목까지의 어느 하나에 해당하게 된 정보주체는 당사자에서 제외된다.
② 분쟁조정위원회는 제52조 각 호의 요건을 모두 갖춘 사건에 대하여 집단분쟁조정 절차가 개시되고 나면 그 후 집단분쟁조정 당사자 중 일부가 같은 조 제1호가목부터 다목까지의 어느 하나에 해당하게 되어 같은 조 제1호의 요건을 갖추지 못하게 되더라도 집단분쟁조정 절차를 중지하지 아니한다.

제56조(수당과 여비) 분쟁조정위원회 및 조정부의 회의에 출석한 위원 등에게는 예산의 범위에서 수당과 여비를 지급할 수 있다. 다만, 공무원인 위원이 그 소관 업무와 직접적으로 관련되어 출석하는 경우에는 그러하지 아니하다.

제57조(분쟁조정 세칙) 법 및 이 영에서 규정한 사항 외에 분쟁조정위원회의 운영 및 집단분쟁조정을 위하여 필요한 사항은 분쟁조정위원회의 의결을 거쳐 분쟁조정위원회의 위원장이 정한다.

제 8 장 보칙 및 벌칙

제58조(개선권고 및 징계권고) ① 법 제61조제2항·제3항에 따른 개선권고 및 법 제65조제2항·제3항에 따른 징계권고는 권고 사항, 권고 사유 및 조치 결과 회신기간 등을 분명하게 밝힌 문서로 하여야 한다.
② 제1항에 따른 권고를 받은 자는 권고 내용에 따라 필요한 조치를 하고, 그 결과를 행정안전부장관 또는 관계 중앙행정기관의 장에게 문서로 통보하여야 한다. 다만, 권고 내용대로 조치하기 곤란하다고 판단되는 특별한 사정이 있는 경우에는 그 사유를 통보하여야 한다.

제59조(침해 사실의 신고 등) 행정안전부장관은 법 제62조제2항에 따라 개인정보에

관한 권리 또는 이익 침해 사실 신고의 접수·처리 등에 관한 업무를 효율적으로 수행하기 위한 전문기관으로 한국인터넷진흥원을 지정한다.

제60조(자료제출 요구 및 검사) ① 법 제63조제1항제3호에서 "대통령령으로 정하는 경우"란 개인정보 유출 등 정보주체의 개인정보에 관한 권리 또는 이익을 침해하는 사건·사고 등이 발생하였거나 발생할 가능성이 상당히 있는 경우를 말한다.

② 행정안전부장관은 법 제63조제1항 및 제2항에 따른 자료의 제출 요구 및 검사 등을 위하여 한국정보화진흥원 또는 한국인터넷진흥원의 장에게 기술적인 사항을 자문하는 등 필요한 지원을 요청할 수 있다.

제61조(결과의 공표) ① 행정안전부장관 및 관계 중앙행정기관의 장은 법 제66조제1항 및 제2항에 따라 다음 각 호의 사항을 인터넷 홈페이지 또는 「신문 등의 진흥에 관한 법률」에 따라 전국을 보급지역으로 하는 일반일간신문 등에 게재하여 공표할 수 있다.

1. 위반행위의 내용
2. 위반행위를 한 자
3. 개선권고, 시정조치 명령, 고발, 징계권고 및 과태료 부과의 내용 및 결과

② 행정안전부장관 및 관계 중앙행정기관의 장은 법 제66조제1항 및 제2항에 따라 제1항 각 호의 사항을 공표하려는 경우에는 위반행위의 내용 및 정도, 위반 기간 및 횟수, 위반행위로 인하여 발생한 피해의 범위 및 결과 등을 고려하여야 한다.

③ 행정안전부장관 및 관계 중앙행정기관의 장은 법 제66조제1항에 따른 보호위원회에 심의·의결을 요청하기 전에 공표대상자에게 공표대상자라는 사실을 알려 소명자료를 제출하거나 의견을 진술할 수 있는 기회를 주어야 한다.

제62조(권한의 위탁) ① 행정안전부장관은 다음 각 호의 권한을 한국정보화진흥원에 위탁한다.

1. 법 제13조제1호에 따른 개인정보 보호

에 관한 교육·홍보
2. 법 제33조제5항에 따른 관계 전문가의 육성 및 영향평가 기준의 개발
3. 법 제35조제2항에 따른 열람 요구의 접수 및 처리
4. 제37조제2항에 따른 평가기관 지정신청서의 접수 및 같은 조 제6항에 따른 신고 사항의 접수

② 행정안전부장관은 법 제24조제4항에 따른 대체가입수단 제공의 지원에 관한 권한을 「전자정부법」 제72조제1항에 따른 한국지역정보개발원에 위탁한다.

③ 행정안전부장관은 법 제63조에 따른 자료제출 요구 및 검사에 관한 권한(법 제62조에 따라 개인정보 침해 신고센터에 접수된 신고의 접수·처리 및 상담과 관련된 사항만 해당한다)을 한국인터넷진흥원에 위탁한다.

제63조(과태료의 부과기준) 법 제75조제1항부터 제3항까지의 규정에 따른 과태료의 부과기준은 별표 2와 같다.

부칙[2011.9.29. 제23169호]

제1조(시행일) 이 영은 2011년 9월 30일부터 시행한다. 다만, 제20조 및 별표 2 제2호자목은 2012년 3월 30일부터 시행한다.

제2조(다른 법령의 폐지) 공공기관의 개인정보 보호에 관한 법률 시행령을 폐지한다.

제3조(기본계획 및 시행계획의 수립에 관한 경과조치) ① 행정안전부장관은 제11조에도 불구하고 2012년부터 제2014년까지의 기간에 대한 기본계획을 2011년 12월 31일까지 보호위원회의 심의·의결을 거쳐 수립하여야 한다.

② 중앙행정기관의 장은 제12조에도 불구하고 2012년 및 2013년에 시행할 시행계획을 제1항의 기본계획에 따라 2012년 2월 28일까지 보호위원회에 제출하여 2012년 4월 30일까지 보호위원회의 심의·의결을 거쳐 수립하여야 한다.

제4조(개인정보 처리자가 수집·보유하고

있는 개인정보의 암호화에 관한 경과조치) 이 영 시행 당시 개인정보를 수집·보유하고 있는 개인정보 처리자는 전자매체에 저장하는 개인정보에 대하여 2012년 12월 31일까지 제30조제1항제3호에 따른 암호화 조치(제21조에 따라 준용되는 고유식별정보에 관한 암호화 조치를 포함한다)를 마쳐야 한다.

제5조(개인정보 파일의 등록에 관한 경과조치) 이 영 시행 당시 개인정보 파일을 운용하고 있는 공공기관(이 영 시행 전에 개인정보 파일을 등록한 기관은 제외한다)의 장은 이 영 시행일부터 60일 이내에 제34조에 따라 행정안전부장관에게 등록을 신청하여야 한다.

제6조(개인정보 영향평가에 관한 경과조치) 이 영 시행 당시 제35조 각 호에 따른 개인정보 파일을 운용하고 있거나, 운용할 목적으로 제35조 각 호에 따른 개인정보 파일을 구축하고 있는 공공기관의 장은 이 영 시행일부터 5년 이내에 해당 개인정보 파일에 대한 영향평가를 실시하고 그 결과를 행정안전부장관에게 제출하여야 한다.

제7조(다른 법령의 개정) ① 가맹사업거래의 공정화에 관한 법률 시행령 일부를 다음과 같이 개정한다.
제5조의4제1항 중 "「공공기관의 개인정보 보호에 관한 법률」 제2조제2호"를 "「개인정보 보호법」 제2조제1호"로 한다.
② 민주화운동관련자 명예회복 및 보상 등에 관한 법률 시행령 일부를 다음과 같이 개정한다.
제19조의2 중 "「공공기관의 개인정보 보호에 관한 법률」"을 "「개인정보 보호법」"으로 한다.
③ 발명진흥법 시행령 일부를 다음과 같이 개정한다.
제8조의2제2항 중 "「공공기관의 개인정보 보호에 관한 법률」"을 "「개인정보 보호법」"으로 한다.
④ 소비자기본법 시행령 일부를 다음과 같이 개정한다.

제25조제7호를 다음과 같이 한다.
7. 「개인정보 보호법」 제40조에 따라 설치된 개인정보 분쟁조정위원회
⑤ 전자정부법 시행령 일부를 다음과 같이 개정한다.
제49조제1항 중 "「공공기관의 개인정보 보호에 관한 법률」 제2조제8호"를 "「개인정보 보호법」 제2조제3호"로 한다.
⑥ 정보통신망 이용촉진 및 정보보호 등에 관한 법률 시행령 일부를 다음과 같이 개정한다.
제3조제1항 중 "정보통신서비스 제공자 및 제71조에 따른 정보통신서비스 제공자 외의 자"를 "정보통신서비스 제공자"로 한다.
제16조부터 제22조까지를 각각 삭제한다.
제36조제6항을 삭제한다.
제66조제2항 중 "정보통신서비스 제공자 등(법 제67조에 따라 준용되는 경우에 해당되는 자를 포함한다)"을 "정보통신서비스 제공자등"으로 한다.
제71조를 삭제한다.
제3조제1항·제2항, 제66조제2항, 제68조의2제1항 각 호 외의 부분, 같은 조 제2항, 제69조제1항 각 호 외의 부분 후단, 제70조제2항 각 호 외의 부분, 같은 조 제3항 각 호 외의 부분 및 별표 9 위반행위란의 제12호 각 목 외의 부분 중 "행정안전부장관 또는 방송통신위원회"를 각각 "방송통신위원회"로 한다.

제8조(다른 법령과의 관계) 이 영 시행 당시 다른 법령에서 종전의 「공공기관의 개인정보 보호에 관한 법률 시행령」 또는 그 규정을 인용하고 있는 경우 이 영 가운데 그에 해당하는 규정이 있을 때에는 종전의 규정을 갈음하여 이 영 또는 이 영의 해당 규정을 인용한 것으로 본다.

별표1 전문인력의 자격기준(제37조제1항제2호 관련)
별표2 과태료의 부과기준(제63조 관련)

3. 개인정보 보호법 시행규칙

[행정안전부령 제241호 신규제정 2011. 09. 29.]

제1조(목적) 이 규칙은 「개인정보 보호법」 및 같은 법 시행령에서 위임된 사항과 그 시행에 필요한 사항을 규정함을 목적으로 한다.

제2조(공공기관에 의한 개인정보의 목적 외 이용 또는 제3자 제공의 공고) 공공기관은 개인정보를 목적 외의 용도로 이용하거나 제3자에게 제공(이하 "목적외이용등"이라 한다)하는 경우에는 「개인정보 보호법」(이하 "법"이라 한다) 제18조제4항에 따라 개인정보를 목적외이용등을 한 날부터 30일 이내에 다음 각 호의 사항을 관보 또는 인터넷 홈페이지에 게재하여야 한다. 이 경우 인터넷 홈페이지에 게재할 때에는 10일 이상 계속 게재하되, 게재를 시작하는 날은 목적외이용등을 한 날부터 30일 이내여야 한다.
1. 목적외이용등을 한 날짜
2. 목적외이용등의 법적 근거
3. 목적외이용등의 목적
4. 목적외이용등을 한 개인정보의 항목

제3조(개인정보 보호업무 관련 장부 및 문서 서식) ① 법 제18조제2항과 「개인정보 보호법 시행령」(이하 "영"이라 한다) 제15조에 따른 개인정보의 목적 외 이용 및 제3자 제공 대장은 별지 제1호서식과 같다.
② 법 제32조제1항과 영 제34조제1항에 따른 개인정보 파일 등록 신청 및 변경등록 신청은 별지 제2호서식의 개인정보 파일 등록·변경등록 신청서에 따른다.
③ 영 제37조제2항에 따라 개인정보 영향평가기관의 지정을 신청하려는 자는 별지 제3호서식의 개인정보 영향평가기관 지정

신청서에 다음 각 호의 서류(전자문서를 포함한다)를 첨부하여 행정안전부장관에게 제출하여야 한다.
1. 영 제37조제2항제1호부터 제3호까지의 규정에 따른 서류
2. 영 제37조제2항제4호에 따른 다음 각 목의 서류
   가. 별지 제4호서식의 개인정보 영향평가 수행인력 보유 현황
   나. 별지 제5호서식의 개인정보 영향평가 수행 관련 사무실 및 설비 보유 현황
   다. 영 제37조제1항제1호의 사실을 증명할 수 있는 서류 등 행정안전부장관이 정하는 서류
3. 「출입국관리법」 제88조제2항에 따른 외국인등록 사실증명(영 제37조제3항 각 호 외의 부분 단서에 해당하는 경우에만 첨부한다)
④ 법 제33조제1항과 영 제37조제4항에 따른 개인정보 영향평가기관 지정서는 별지 제6호서식과 같다.
⑤ 법 제33조제6항과 영 제37조제6항에 따른 신고는 별지 제7호서식의 개인정보 영향평가기관 변경사항 신고서에 따른다.
⑥ 법 제35조제1항·제2항과 영 제41조제1항에 따른 개인정보 열람의 요구, 법 제36조제1항과 영 제43조제1항에 따른 개인정보 정정·삭제 요구, 법 제37조제1항과 영 제44조제1항에 따른 개인정보 처리정지 요구는 별지 제8호서식의 개인정보 열람, 정정·삭제, 처리정지 요구서에 따른다.
⑦ 법 제35조제5항과 영 제41조제4항에 따

른 개인정보 열람 및 일부열람의 통지, 법 제35조제3항 후단과 영 제42조제2항에 따른 개인정보 열람연기의 통지, 법 제35조 제4항과 영 제42조제2항에 따른 열람거절 의 통지는 별지 제9호서식의 개인정보 열 람, 일부열람, 열람연기, 열람거절 통지서 에 따른다.

⑧ 법 제36조제6항과 영 제43조제3항에 따른 개인정보 정정·삭제 요구에 대한 결과 의 통지, 법 제37조제5항과 영 제44조제2 항에 따른 개인정보 처리정지 요구에 대한 결과의 통지는 별지 제10호서식의 개인정 보 정정·삭제, 처리정지 요구에 대한 결 과 통지서에 따른다.

⑨ 영 제45조제2항에 따른 정보주체의 위 임장은 별지 제11호서식과 같다.

부칙[2011.9.29. 제241호]

제1조(시행일) 이 규칙은 2011년 9월 30일부 터 시행한다.

제2조(다른 법령의 폐지) 공공기관의 개인 정보 보호에 관한 법률 시행규칙은 폐지한 다.

제3조(다른 법령과의 관계) 이 규칙 시행 당 시 다른 법령에서 종전의 「공공기관의 개 인정보 보호에 관한 법률 시행규칙」 또는 그 규정을 인용하고 있는 경우 이 규칙 가 운데 그에 해당하는 규정이 있을 때에는 종전의 규정을 갈음하여 이 규칙 또는 이 규칙의 해당 규정을 인용한 것으로 본다.

서식1 개인정보의 목적 외 이용 및 제3자 제 공 대장

서식2 개인정보 파일(등록, 변경등록) 신청 서

서식3 개인정보 영향평가기관 지정신청서

서식4 개인정보 영향평가 수행인력 보유현 황

서식5 개인정보 영향평가 수행 관련 사무실 및 설비 보유 현황

서식6 개인정보 영향평가기관 지정서

서식7 개인정보 영향평가기관 변경사항 신 고서

서식8 개인정보(열람, 정정·삭제, 처리정 지) 요구서

서식9 개인정보(열람, 일부열람, 열람연기, 열람거절) 통지서

서식10 개인정보 (정정·삭제, 처리정지) 요구에 대한 결과 통지서

서식11 위임장

4. 개인정보 보호위원회 규정

[대통령령 제23174호 신규제정 2011. 09. 29.]

제1조(목적) 이 영은 「개인정보 보호법」 제7조에 따라 개인정보 보호위원회 및 사무국의 조직·정원 등에 관한 사항을 규정함을 목적으로 한다.

제2조(직무) 개인정보 보호위원회(이하 "위원회"라 한다)는 「개인정보 보호법」(이하 "법"이라 한다) 제8조, 제64조제4항 및 제67조에 따른 업무를 수행한다.

제3조(위원회의 구성 등) ① 위원회는 위원장 1명, 상임위원 1명을 포함한 15명 이내의 위원으로 구성한다.

② 위원장은 위원회를 대표하고, 위원회의 업무를 총괄한다.

③ 위원장이 부득이한 사유로 직무를 수행할 수 없을 때에는 상임위원이 그 직무를 대행하며, 위원장과 상임위원이 모두 부득이한 사유로 그 직무를 수행할 수 없을 때에는 위원장이 미리 지명한 위원이 그 직무를 대행한다.

④ 상임위원은 위원장을 보좌하고, 위원장의 명을 받아 사무국의 사무를 감독한다.

제4조(사무국) ① 위원회의 사무를 지원하기 위하여 위원회에 사무국을 둔다.

② 사무국장은 고위공무원단에 속하는 일반직공무원으로 보하고, 그 직위의 직무등급은 나등급으로 한다.

③ 사무국장은 위원장 및 상임위원의 지휘를 받아 사무국의 사무를 관장하고, 소속 직원을 지휘·감독한다.

제5조(하부조직) 사무국에 기획총괄과, 심의처리과, 조사과를 둔다.

제6조(기획총괄과) ① 기획총괄과장은 부이사관·서기관 또는 기술서기관으로 보한다.

② 기획총괄과장은 다음 사항을 분장한다.

1. 위원회의 회의 운영에 관한 사항
2. 위원회 규칙·규정의 관리
3. 대외협력 및 홍보에 관한 사항
4. 위원회 내 주요 업무계획의 수립 및 조정
5. 예산의 편성 및 집행
6. 국회와의 업무 협조
7. 조직관리 및 자체감사에 관한 사항
8. 소속 직원의 임용·복무·상훈·징계 및 교육훈련 등 인사에 관한 사항
9. 관인 및 관인대장의 관리
10. 기록물의 관리 및 행정정보 공개에 관한 사항
11. 청사 및 시설·장비의 유지, 관리 및 방호
12. 자금의 운용·회계 및 수입에 관한 업무
13. 소속 직원의 급여·연금 및 후생복지에 관한 사항
14. 국유재산·물품의 관리 및 물품·용역·공사 등의 계약
15. 개인정보 보호 심의·의결서의 발간
16. 보안·비상근무 및 비상대비 업무
17. 예비군 및 민방위 업무
18. 그 밖에 위원회 내 다른 과의 주관에 속하지 아니하는 사항

제7조(심의처리과) ① 심의처리과장은 부이사관·서기관 또는 기술서기관으로 보한다.

② 심의처리과장은 다음 사항을 분장한다.

1. 다음 각 목의 위원회 심의·의결 사항과

관련된 안건의 위원회 상정

　가. 개인정보 보호 기본계획 및 시행계획에 관한 사항

　나. 개인정보 보호와 관련된 정책·제도 및 법령 개선에 관한 사항

　다. 개인정보 처리에 관한 공공기관 간의 의견조정에 관한 사항

　라. 개인정보 보호에 관한 법령의 해석·운용에 관한 사항

　마. 법 제18조제2항에 따른 개인정보의 이용·제공에 관한 사항

　바. 법 제33조제3항 및 제61조제1항에 따른 행정안전부장관의 의견제시에 관한 사항

　사. 법 제66조에 따른 처리결과의 공표에 관한 사항

　아. 개인정보 보호와 관련하여 대통령, 위원장 또는 위원 2명 이상이 회의에 부치는 사항

2. 제1호 각 목 외의 위원회 심의·의결 사항으로서 다른 과의 주관에 속하지 아니하는 사항과 관련된 안건의 상정

3. 제1호에 따른 위원회 심의·의결 안건에 대한 검토 및 보고에 관한 사항

4. 제1호에 따른 위원회 심의·의결 안건과 관련된 기관 등과의 사전 협의 등에 관한 사항

5. 소관 전문위원회의 구성 및 운영

제8조(조사과)　① 조사과장은 부이사관·서기관 또는 기술서기관으로 보한다.

② 조사과장은 다음 사항을 분장한다.

1. 법 제64조제4항에 따른 시정조치 권고에 관한 사항

2. 법 제67조에 따른 연차보고서의 작성에 관한 사항

3. 국내외 개인정보 보호 관련 통계의 작성 및 관리

4. 소관 전문위원회의 구성 및 운영

5. 개인정보 침해, 시정조치 권고 및 처리결과 등에 관한 통합관리시스템의 구축·운영

6. 위원회 홈페이지, 업무관리시스템 및 통신·음향시스템 등의 구축·운영

7. 사무용 전산장비·소프트웨어의 도입 및 유지·보수

8. 그 밖에 위원회의 정보화 추진 및 운영에 관한 사항

제9조(소관 사무의 일시 조정)　위원장은 특히 필요하다고 인정할 때에는 일시적으로 각 과장이 담당하는 사무의 일부를 다른 과장으로 하여금 처리하게 할 수 있다.

제10조(위원회에 두는 공무원의 정원)　① 위원회에 두는 공무원의 정원은 별표와 같다.

② 위원회에 두는 공무원의 정원 중 2명(5급 1명, 6급 1명)은 「국가공무원법」 제2조제3항제3호에 따른 계약직공무원으로 대체할 수 있다.

③ 위원회의 정원 중 1명(5급 1명)은 교육과학기술부, 3명(4급 1명, 5급 1명, 6급 1명)은 행정안전부, 1명(5급 1명)은 보건복지부, 1명(5급 1명)은 방송통신위원회, 1명(5급 1명)은 금융위원회 소속 공무원으로 각각 충원하여야 한다.

부칙[2011.9.29. 제23174호]

제1조(시행일)　이 영은 2011년 9월 30일부터 시행한다.

제2조(다른 법령의 개정)　공무원임용령 일부를 다음과 같이 개정한다.

제5조제2항 중 "검사장"을 "검사장과 개인정보 보호위원회 상임위원"으로 한다.

별표 개인정보 보호위원회 공무원 정원표(제10조제1항 관련)

5. 개인정보 단체소송규칙

[대법원규칙 제2358호 신규제정 2011. 09. 28.]

제1조(목적) 이 규칙은 「개인정보 보호법」(다음부터 "법"이라고 한다) 제51조에 따라 제기된 금지·중지 청구에 관한 소송(다음부터 '개인정보 단체소송'이라고 한다)의 절차에 관하여 필요한 사항을 정하는 것을 목적으로 한다.

제2조(「민사소송규칙」의 적용) 개인정보 단체소송에 관하여 이 규칙에 특별한 규정이 없는 때에는 「민사소송규칙」을 적용한다.

제3조(소의 제기 및 소송허가신청의 방법) 소장과 소송허가신청서는 별개의 서면으로 작성하여 제출하여야 한다.

제4조(소장의 기재사항) 소장에는 다음 각 호의 사항을 적어야 한다.
1. 원고 및 그 소송대리인
2. 피고
3. 청구의 취지와 원인

제5조(소송허가신청서의 기재사항) 소송허가신청서에는 다음 각 호의 사항을 적어야 한다.
1. 원고 및 그 소송대리인
2. 피고
3. 허가신청의 취지와 원인
4. 정보주체의 침해된 권리의 내용

제6조(소송허가신청서에 붙일 자료) ① 법 제51조제1호에 규정된 단체는 소송허가신청서에 다음 각 호의 자료 등을 붙여야 한다.
1. 단체의 정관
2. 단체의 정회원수가 1천명 이상임을 소명할 수 있는 자료
3. 「소비자기본법」 제29조에 따라 소비자단체로 등록한 사실 및 등록일자를 소명하는 서면

② 법 제51조제2호에 규정된 단체는 소송허가신청서에 다음 각 호의 자료 등을 붙여야 한다.
1. 단체의 정관
2. 개인정보 보호와 관련된 최근 3년간의 활동실적
3. 단체의 상시 구성원수가 5천명 이상임을 소명할 수 있는 자료
4. 중앙행정기관에 등록되어 있음을 소명하는 서면
5. 단체소송의 제기를 요청한 정보주체의 이름·주소와 연락처(전화번호·팩시밀리번호 또는 전자우편주소 등을 말한다.)
6. 제5호의 정보주체들이 단체소송의 제기를 요청한 서면(각 정보주체별 침해의 내용과 서명 또는 날인을 포함하여야 한다)

③ 소제기단체는 소송허가신청서에 법 제54조제2항제2호에 따라 개인정보 처리자가 법 제49조에 따른 집단분쟁조정을 거부하거나 집단분쟁조정의 결과를 수락하지 아니하였음을 증명하는 서류를 붙여야 한다.

제7조(소송허가신청서의 심사) ① 소송허가신청서의 기재사항 및 소송허가신청서에 붙일 서류에 흠이 있는 때에는 재판장은 상당한 기간을 정하여 그 기간 이내에 흠을 보정하도록 명하여야 한다.

② 원고가 제1항에 따른 재판장의 명령에도 불구하고 흠을 보정하지 아니한 때에는 법원은 결정으로 단체소송을 불허가한다.

제8조(소송허가신청서 부본의 송달) 소송허

가신청서의 부본은 소장부본과 함께 피고에게 송달한다.

제9조(소송허가신청의 심리) 법원은 소송허가 여부를 결정하기 위하여 필요하다고 인정하는 때에는 원고의 대표자, 피용자, 회원 또는 구성원, 피고 및 정보주체 등을 심문할 수 있다.

제10조(소송허가 여부에 대한 결정) ① 소송허가결정서 및 소송불허가결정서에는 다음 각 호의 사항을 기재하고 결정을 한 법관이 기명날인하여야 한다.
1. 원고 및 그 소송대리인
2. 피고
3. 주문
4. 이유
② 소송불허가결정서의 이유에는 흠결이 있는 소송허가요건을 명시하여야 한다.
③ 소송허가결정 및 소송불허가결정은 그 결정등본을 원고와 피고에게 송달하여야 한다.
④ 소송불허가결정이 확정된 때에는 단체소송이 제기되지 아니한 것으로 본다.

제11조(소송대리인의 사임 등) ① 원고의 소송대리인 전원이 사망 또는 사임하거나 해임된 때에는 원고가 새로운 소송대리인을 선임할 때까지 소송절차가 중지된다.
② 제1항에 따라 소송절차가 중지된 경우 법원은 원고에게 1개월 이상의 기간을 정하여 변호사를 선임할 것을 명하여야 한다.
③ 원고가 제2항에 따른 명령을 받고도 정해진 기간 내에 변호사를 선임하지 아니한 때에는 법원은 결정으로 소를 각하하여야 한다.

④ 제3항의 결정에 대하여는 즉시항고를 할 수 있다.

제12조(공동소송참가) ① 법 제51조 각 호의 어느 하나에 해당하는 단체는 법 제55조제1항에 따른 법원의 허가를 받아 다른 단체와 개인정보 처리자 사이에 계속 중인 개인정보 단체소송에 「민사소송법」 제83조에 따른 공동소송인으로 참가할 수 있다. 이 때 공동소송참가신청서와 공동소송참가허가신청서는 법 제54조제1항의 소장과 소송허가신청서로 본다.
② 제1항의 경우 법 제54조제2항제2호, 제55조제1항제1호의 규정은 적용하지 아니한다.

제13조(청구의 변경) 원고가 청구의 기초가 바뀌지 아니하는 한도 안에서 청구의 취지 또는 원인을 바꿀 때에는 법 제54조 및 제55조의 규정을 적용하지 아니한다.

제14조(변론의 병합) 동일한 법원에 청구의 기초와 피고인 개인정보 처리자가 같은 여러 개의 개인정보 단체소송이 계속 중인 때에는 이를 병합하여 심리하여야 한다. 다만, 심리상황이나 그 밖의 사정을 고려하여 병합심리가 타당하지 아니한 때에는 그러하지 아니하다.

부칙[2011.9.28. 제2358호]

이 규칙은 2011년 9월 30일부터 시행한다.

6. 정보통신망 이용촉진 및 정보보호 등에 관한 법률 중 제4장 개인정보 보호 규정

[법률 제11048호(청소년 보호법) 일부개정 2011. 09. 15.]

제 4 장 개인정보의 보호

제1절 개인정보의 수집·이용 및 제공 등
[본절제목개정 2007.1.26.]

제22조(개인정보의 수집·이용 동의 등) ① 정보통신서비스 제공자는 이용자의 개인정보를 이용하려고 수집하는 경우에는 다음 각 호의 모든 사항을 이용자에게 알리고 동의를 받아야 한다. 다음 각 호의 어느 하나의 사항을 변경하려는 경우에도 또한 같다.
1. 개인정보의 수집·이용 목적
2. 수집하는 개인정보의 항목
3. 개인정보의 보유·이용 기간
② 정보통신서비스 제공자는 다음 각 호의 어느 하나에 해당하는 경우에는 제1항에 따른 동의 없이 이용자의 개인정보를 수집·이용할 수 있다.
1. 정보통신서비스의 제공에 관한 계약을 이행하기 위하여 필요한 개인정보로서 경제적·기술적인 사유로 통상적인 동의를 받는 것이 뚜렷하게 곤란한 경우
2. 정보통신서비스의 제공에 따른 요금정산을 위하여 필요한 경우
3. 이 법 또는 다른 법률에 특별한 규정이 있는 경우 [전문개정 2008.6.13.] [[시행일 2008.12.14.]]

제23조(개인정보의 수집 제한 등) ① 정보통신서비스 제공자는 사상, 신념, 과거의 병력(病歷) 등 개인의 권리·이익이나 사생활을 뚜렷하게 침해할 우려가 있는 개인정보를 수집하여서는 아니 된다. 다만, 제22조제1항에 따른 이용자의 동의를 받거나 다른 법률에 따라 특별히 수집 대상 개인정보로 허용된 경우에는 그 개인정보를 수집할 수 있다.
② 정보통신서비스 제공자는 이용자의 개인정보를 수집하는 경우에는 정보통신서비스의 제공을 위하여 필요한 최소한의 정보를 수집하여야 하며, 필요한 최소한의 정보 외의 개인정보를 제공하지 아니한다는 이유로 그 서비스의 제공을 거부하여서는 아니 된다. [전문개정 2008.6.13.] [[시행일 2008.12.14.]]
[본조제목개정 2008.6.13.] [[시행일 2008.12.14.]]

제23조의2(주민등록번호 외의 회원가입 방법) ① 정보통신서비스 제공자로서 제공하는 정보통신서비스의 유형별 일일 평균 이용자 수가 대통령령으로 정하는 기준에 해당하는 자는 이용자가 정보통신망을 통하여 회원으로 가입할 경우에 주민등록번호를 사용하지 아니하고도 회원으로 가입할 수 있는 방법(이하 "대체수단"이라 한다)을 제공하여야 한다. [개정 2011.4.5.] [[시행일 2011.7.6.]]
② 제1항에 해당하는 정보통신서비스 제공자는 주민등록번호를 사용하는 회원가입 방법을 따로 제공하여 이용자가 회원가입 방법을 선택하게 할 수 있다. [전문개정 2008.6.13.] [[시행일 2008.12.14.]]

제23조의3(본인확인기관의 지정 등) ① 방송통신위원회는 다음 각 호의 사항을 심사하여 대체수단의 개발·제공·관리 업무

(이하 "본인확인업무"라 한다)를 안전하고 신뢰성 있게 수행할 능력이 있다고 인정되는 자를 본인확인기관으로 지정할 수 있다.

1. 본인확인업무의 안전성 확보를 위한 물리적·기술적·관리적 조치계획
2. 본인확인업무의 수행을 위한 기술적·재정적 능력
3. 본인확인업무 관련 설비규모의 적정성

② 본인확인기관이 본인확인업무의 전부 또는 일부를 휴지하고자 하는 때에는 휴지기간을 정하여 휴지하고자 하는 날의 30일 전까지 이를 이용자에게 통보하고 방송통신위원회에 신고하여야 한다. 이 경우 휴지기간은 6개월을 초과할 수 없다.

③ 본인확인기관이 본인확인업무를 폐지하고자 하는 때에는 폐지하고자 하는 날의 60일 전까지 이를 이용자에게 통보하고 방송통신위원회에 신고하여야 한다.

④ 제1항부터 제3항까지의 규정에 따른 심사사항별 세부 심사기준·지정절차 및 휴지·폐지 등에 관하여 필요한 사항은 대통령령으로 정한다.

[본조신설 2011.4.5.] [[시행일 2011.7.6.]]

제23조의4(본인확인업무의 정지 및 지정취소) ① 방송통신위원회는 본인확인기관이 다음 각 호의 어느 하나에 해당하는 때에는 6개월 이내의 기간을 정하여 본인확인업무의 전부 또는 일부의 정지를 명하거나 지정을 취소할 수 있다. 다만, 제1호 또는 제2호에 해당하는 때에는 그 지정을 취소하여야 한다.

1. 거짓이나 그 밖의 부정한 방법으로 본인확인기관의 지정을 받은 경우
2. 본인확인업무의 정지명령을 받은 자가 그 명령을 위반하여 업무를 정지하지 아니한 경우
3. 지정받은 날부터 6개월 이내에 본인확인업무를 개시하지 아니하거나 6개월 이상 계속하여 본인확인업무를 휴지한 경우
4. 제23조의3제4항에 따른 지정기준에 적

합하지 아니하게 된 경우

② 제1항에 따른 처분의 기준, 절차 및 그 밖에 필요한 사항은 대통령령으로 정한다.

[본조신설 2011.4.5.] [[시행일 2011.7.6.]]

제24조(개인정보의 이용 제한) 정보통신서비스 제공자는 제22조 및 제23조제1항 단서에 따라 수집한 개인정보를 이용자로부터 동의받은 목적이나 제22조제2항 각 호에서 정한 목적과 다른 목적으로 이용하여서는 아니 된다. [전문개정 2008.6.13.]

[[시행일 2008.12.14.]]

제24조의2(개인정보의 제공 동의 등) ① 정보통신서비스 제공자는 이용자의 개인정보를 제3자에게 제공하려면 제22조제2항제2호 및 제3호에 해당하는 경우 외에는 다음 각 호의 모든 사항을 이용자에게 알리고 동의를 받아야 한다. 다음 각 호의 어느 하나의 사항이 변경되는 경우에도 또한 같다.

1. 개인정보를 제공받는 자
2. 개인정보를 제공받는 자의 개인정보 이용 목적
3. 제공하는 개인정보의 항목
4. 개인정보를 제공받는 자의 개인정보 보유 및 이용 기간

② 제1항에 따라 정보통신서비스 제공자로부터 이용자의 개인정보를 제공받은 자는 그 이용자의 동의가 있거나 다른 법률에 특별한 규정이 있는 경우 외에는 개인정보를 제3자에게 제공하거나 제공받은 목적 외의 용도로 이용하여서는 아니 된다.

③ 제25조제1항에 따른 정보통신서비스 제공자등은 제1항에 따른 제공에 대한 동의와 제25조제1항에 따른 개인정보 취급위탁에 대한 동의를 받을 때에는 제22조에 따른 개인정보의 수집·이용에 대한 동의와 구분하여 받아야 하고, 이에 동의하지 아니한다는 이유로 서비스 제공을 거부하여서는 아니 된다. [신설 2011.4.5.] [[시행일 2011.7.6.]]

[전문개정 2008.6.13.] [[시행일 2008.12.14.]]

제25조(개인정보의 취급위탁) ① 정보통신서비스 제공자와 그로부터 제24조의2제1항에 따라 이용자의 개인정보를 제공받은 자(이하 "정보통신서비스 제공자등"이라 한다)는 제3자에게 이용자의 개인정보를 수집·보관·처리·이용·제공·관리·파기 등(이하 "취급"이라 한다)을 할 수 있도록 업무를 위탁(이하 "개인정보 취급위탁"이라 한다)하는 경우에는 다음 각 호의 사항 모두를 이용자에게 알리고 동의를 받아야 한다. 다음 각 호의 어느 하나의 사항이 변경되는 경우에도 또한 같다.

1. 개인정보 취급위탁을 받는 자(이하 "수탁자"라 한다)
2. 개인정보 취급위탁을 하는 업무의 내용

② 정보통신서비스 제공자등은 정보통신서비스의 제공에 관한 계약을 이행하기 위하여 필요한 경우로서 제1항 각 호의 사항 모두를 제27조의2제1항에 따라 공개하거나 전자우편 등 대통령령으로 정하는 방법에 따라 이용자에게 알린 경우에는 개인정보 취급위탁에 따른 제1항의 고지절차와 동의절차를 거치지 아니할 수 있다. 제1항 각 호의 어느 하나의 사항이 변경되는 경우에도 또한 같다.

③ 정보통신서비스 제공자등은 개인정보 취급위탁을 하는 경우에는 수탁자가 이용자의 개인정보를 취급할 수 있는 목적을 미리 정하여야 하며, 수탁자는 이 목적을 벗어나서 이용자의 개인정보를 취급하여서는 아니 된다.

④ 정보통신서비스 제공자등은 수탁자가 이 장의 규정을 위반하지 아니하도록 관리·감독하여야 한다.

⑤ 수탁자가 개인정보 취급위탁을 받은 업무와 관련하여 이 장의 규정을 위반하여 이용자에게 손해를 발생시키면 그 수탁자를 손해배상책임에 있어서 정보통신서비스 제공자등의 소속 직원으로 본다.

[전문개정 2008.6.13.] [[시행일 2008.12.14.]]

제26조(영업의 양수 등에 따른 개인정보의 이전) ① 정보통신서비스 제공자등이 영업의 전부 또는 일부의 양도·합병 등으로 그 이용자의 개인정보를 타인에게 이전하는 경우에는 미리 다음 각 호의 사항 모두를 인터넷 홈페이지 게시, 전자우편 등 대통령령으로 정하는 방법에 따라 이용자에게 알려야 한다.

1. 개인정보를 이전하려는 사실
2. 개인정보를 이전받는 자(이하 "영업양수자등"이라 한다)의 성명(법인의 경우에는 법인의 명칭을 말한다. 이하 이 조에서 같다)·주소·전화번호 및 그 밖의 연락처
3. 이용자가 개인정보의 이전을 원하지 아니하는 경우 그 동의를 철회할 수 있는 방법과 절차

② 영업양수자등은 개인정보를 이전받으면 지체 없이 그 사실을 인터넷 홈페이지 게시, 전자우편 등 대통령령으로 정하는 방법에 따라 이용자에게 알려야 한다. 다만, 정보통신서비스 제공자등이 제1항에 따라 그 이전사실을 이미 알린 경우에는 그러하지 아니하다.

③ 영업양수자등은 정보통신서비스 제공자등이 이용자의 개인정보를 이용하거나 제공할 수 있는 당초 목적의 범위에서만 개인정보를 이용하거나 제공할 수 있다. 다만, 이용자로부터 별도의 동의를 받은 경우에는 그러하지 아니하다.

[전문개정 2008.6.13.] [[시행일 2008.12.14.]]

제26조의2(동의를 받는 방법) 제22조제1항, 제23조제1항 단서, 제24조의2제1항·제2항, 제25조제1항, 제26조제3항 단서 또는 제63조제2항에 따른 동의(이하 "개인정보 수집·이용·제공 등의 동의"라 한다)를 받는 방법은 개인정보의 수집매체, 업종의 특성 및 이용자의 수 등을 고려하여 대통령령으로 정한다. [전문개정 2008.6.13.]

[[시행일 2008.12.14.]]

[본조제목개정 2008.6.13.] [[시행일 2008.12.14.]]

제2절 개인정보의 관리 및 파기 등
[본절신설 2007.1.26.]

제27조(개인정보 관리책임자의 지정) ①정보통신서비스 제공자등은 이용자의 개인정보를 보호하고 개인정보와 관련한 이용자의 고충을 처리하기 위하여 개인정보 관리책임자를 지정하여야 한다. 다만, 종업원 수, 이용자 수 등이 대통령령으로 정하는 기준에 해당하는 정보통신서비스 제공자등의 경우에는 지정하지 아니할 수 있다.
② 제1항 단서에 따른 정보통신서비스 제공자등이 개인정보 관리책임자를 지정하지 아니하는 경우에는 그 사업주 또는 대표자가 개인정보 관리책임자가 된다.
③ 개인정보 관리책임자의 자격요건과 그 밖의 지정에 필요한 사항은 대통령령으로 정한다. [전문개정 2008.6.13.] [[시행일 2008.12.14.]]
[본조제목개정 2008.6.13.] [[시행일 2008.12.14.]]

제27조의2(개인정보 취급방침의 공개) ①정보통신서비스 제공자등은 이용자의 개인정보를 취급하는 경우에는 개인정보 취급방침을 정하여 이용자가 언제든지 쉽게 확인할 수 있도록 대통령령으로 정하는 방법에 따라 공개하여야 한다.
② 제1항에 따른 개인정보 취급방침에는 다음 각 호의 사항이 모두 포함되어야 한다.
1. 개인정보의 수집·이용 목적, 수집하는 개인정보의 항목 및 수집방법
2. 개인정보를 제3자에게 제공하는 경우 제공받는 자의 성명(법인인 경우에는 법인의 명칭을 말한다), 제공받는 자의 이용 목적과 제공하는 개인정보의 항목
3. 개인정보의 보유 및 이용 기간, 개인정보의 파기절차 및 파기방법(제29조 각 호 외의 부분 단서에 따라 개인정보를 보존하여야 하는 경우에는 그 보존근거와 보존하는 개인정보 항목을 포함한다)

4. 개인정보 취급위탁을 하는 업무의 내용 및 수탁자(해당되는 경우에만 취급방침에 포함한다)
5. 이용자 및 법정대리인의 권리와 그 행사 방법
6. 인터넷 접속정보파일 등 개인정보를 자동으로 수집하는 장치의 설치·운영 및 그 거부에 관한 사항
7. 개인정보 관리책임자의 성명 또는 개인정보 보호 업무 및 관련 고충사항을 처리하는 부서의 명칭과 그 전화번호 등 연락처
③ 정보통신서비스 제공자등은 제1항에 따른 개인정보 취급방침을 변경하는 경우에는 그 이유 및 변경내용을 대통령령으로 정하는 방법에 따라 지체 없이 공지하고, 이용자가 언제든지 변경된 사항을 쉽게 알아 볼 수 있도록 조치하여야 한다. [전문개정 2008.6.13.] [[시행일 2008.12.14.]]
[본조제목개정 2008.6.13.] [[시행일 2008.12.14.]]

제28조(개인정보의 보호조치) ① 정보통신서비스 제공자등이 개인정보를 취급할 때에는 개인정보의 분실·도난·누출·변조 또는 훼손을 방지하기 위하여 대통령령으로 정하는 기준에 따라 다음 각 호의 기술적·관리적 조치를 하여야 한다.
1. 개인정보를 안전하게 취급하기 위한 내부관리계획의 수립·시행
2. 개인정보에 대한 불법적인 접근을 차단하기 위한 침입차단시스템 등 접근 통제장치의 설치·운영
3. 접속기록의 위조·변조 방지를 위한 조치
4. 개인정보를 안전하게 저장·전송할 수 있는 암호화기술 등을 이용한 보안조치
5. 백신 소프트웨어의 설치·운영 등 컴퓨터바이러스에 의한 침해 방지조치
6. 그 밖에 개인정보의 안전성 확보를 위하여 필요한 보호조치
② 정보통신서비스 제공자등은 이용자의 개인정보를 취급하는 자를 최소한으로 제

한하여야 한다. [전문개정 2008.6.13] [[시행일 2008.12.14]]

제28조의2(개인정보의 누설금지) ① 이용자의 개인정보를 취급하고 있거나 취급하였던 자는 직무상 알게 된 개인정보를 훼손·침해 또는 누설하여서는 아니 된다.
② 누구든지 그 개인정보가 누설된 사정을 알면서도 영리 또는 부정한 목적으로 개인정보를 제공받아서는 아니 된다.
[전문개정 2008.6.13.] [[시행일 2008.12.14.]]
[본조제목개정 2008.6.13.] [[시행일 2008.12.14.]]

제29조(개인정보의 파기) 정보통신서비스 제공자등은 다음 각 호의 어느 하나에 해당하는 경우에는 해당 개인정보를 지체 없이 파기하여야 한다. 다만, 다른 법률에 따라 개인정보를 보존하여야 하는 경우에는 그러하지 아니하다.
1. 제22조제1항, 제23조제1항 단서 또는 제24조의2제1항·제2항에 따라 동의를 받은 개인정보의 수집·이용 목적이나 제22조제2항 각 호에서 정한 해당 목적을 달성한 경우
2. 제22조제1항, 제23조제1항 단서 또는 제24조의2제1항·제2항에 따라 동의를 받은 개인정보의 보유 및 이용 기간이 끝난 경우
3. 제22조제2항에 따라 이용자의 동의를 받지 아니하고 수집·이용한 경우에는 제27조의2제2항제3호에 따른 개인정보의 보유 및 이용 기간이 끝난 경우
4. 사업을 폐업하는 경우 [전문개정 2008.6.13.] [[시행일 2008.12.14.]]

제 3 절 이용자의 권리

제30조(이용자의 권리 등) ① 이용자는 정보통신서비스 제공자등에 대하여 언제든지 개인정보 수집·이용·제공 등의 동의를 철회할 수 있다.
② 이용자는 정보통신서비스 제공자등에 대하여 본인에 관한 다음 각 호의 어느 하나의 사항에 대한 열람이나 제공을 요구할 수 있고 오류가 있는 경우에는 그 정정을 요구할 수 있다.
1. 정보통신서비스 제공자등이 가지고 있는 이용자의 개인정보
2. 정보통신서비스 제공자등이 이용자의 개인정보를 이용하거나 제3자에게 제공한 현황
3. 정보통신서비스 제공자등에게 개인정보 수집·이용·제공 등의 동의를 한 현황
③ 정보통신서비스 제공자등은 이용자가 제1항에 따라 동의를 철회하면 지체 없이 수집된 개인정보를 파기하는 등 필요한 조치를 하여야 한다.
④ 정보통신서비스 제공자등은 제2항에 따라 열람 또는 제공을 요구받으면 지체 없이 필요한 조치를 하여야 한다.
⑤ 정보통신서비스 제공자등은 제2항에 따라 오류의 정정을 요구받으면 지체 없이 그 오류를 정정하거나 정정하지 못하는 사유를 이용자에게 알리는 등 필요한 조치를 하여야 하고, 필요한 조치를 할 때까지는 해당 개인정보를 이용하거나 제공하여서는 아니 된다. 다만, 다른 법률에 따라 개인정보의 제공을 요청받은 경우에는 그 개인정보를 제공하거나 이용할 수 있다.
⑥ 정보통신서비스 제공자등은 제1항에 따른 동의의 철회 또는 제2항에 따른 개인정보의 열람·제공 또는 오류의 정정을 요구하는 방법을 개인정보의 수집방법보다 쉽게 하여야 한다.
⑦ 영업양수자등에 대하여는 제1항부터 제6항까지의 규정을 준용한다. 이 경우 "정보통신서비스 제공자등"은 "영업양수자등"으로 본다. [전문개정 2008.6.13.] [[시행일 2008.12.14.]]

제31조(법정대리인의 권리) ① 정보통신서비스 제공자등이 만 14세 미만의 아동으로부터 개인정보 수집·이용·제공 등의 동의를 받으려면 그 법정대리인의 동의를 받아야 한다. 이 경우 정보통신서비스 제공자는 그 아동에게 법정대리인의 동의를 받

기 위하여 필요한 법정대리인의 성명 등 최소한의 정보를 요구할 수 있다.

② 법정대리인은 해당 아동의 개인정보에 대하여 제30조제1항 및 제2항에 따른 이용자의 권리를 행사할 수 있다.

③ 제2항에 따른 법정대리인의 동의 철회, 열람 또는 오류정정의 요구에 관하여는 제30조제3항부터 제5항까지의 규정을 준용한다. [전문개정 2008.6.13.] [[시행일 2008.12.14.]]

제32조(손해배상) 이용자는 정보통신서비스 제공자등이 이 장의 규정을 위반한 행위로 손해를 입으면 그 정보통신서비스 제공자 등에게 손해배상을 청구할 수 있다. 이 경우 해당 정보통신서비스 제공자등은 고의 또는 과실이 없음을 입증하지 아니하면 책임을 면할 수 없다. [전문개정 2008.6.13.] [[시행일 2008.12.14.]]

제4절 삭제 [2011.3.29.] [[시행일 2011.9.30.]]

7. 위치정보의 보호 및 이용 등에 관한 법률

[법률 제10517호(장애인복지법) 일부개정 2011. 03. 30.]

제 1 장 총 칙

제1조(목적) 이 법은 위치정보의 유출·오용 및 남용으로부터 사생활의 비밀 등을 보호하고 위치정보의 안전한 이용환경을 조성하여 위치정보의 이용을 활성화함으로써 국민생활의 향상과 공공복리의 증진에 이바지함을 목적으로 한다.

제2조(정의) 이 법에서 사용하는 용어의 정의는 다음과 같다. [개정 2010.3.22. 제10166호(전기통신사업법)] [[시행일 2010. 9.23.]]

1. "위치정보"라 함은 이동성이 있는 물건 또는 개인이 특정한 시간에 존재하거나 존재하였던 장소에 관한 정보로서 「전기통신사업법」 제2조제2호 및 제3호에 따른 전기통신설비 및 전기통신회선설비를 이용하여 수집된 것을 말한다.

2. "개인위치정보"라 함은 특정 개인의 위치정보(위치정보만으로는 특정 개인의 위치를 알 수 없는 경우에도 다른 정보와 용이하게 결합하여 특정 개인의 위치를 알수 있는 것을 포함한다)를 말한다.

3. "개인위치정보주체"라 함은 개인위치정보에 의하여 식별되는 자를 말한다.

4. "위치정보 수집사실 확인자료"라 함은 위치정보의 수집요청인, 수집일시 및 수집방법에 관한 자료(위치정보를 제외한다)를 말한다.

5. "위치정보 이용·제공사실 확인자료"라 함은 위치정보를 제공받는 자, 취득경로, 이용·제공일시 및 이용·제공방법

에 관한 자료(위치정보를 제외한다)를 말한다.

6. "위치정보사업"이라 함은 위치정보를 수집하여 위치기반서비스사업자에게 제공하는 것을 사업으로 영위하는 것을 말한다.

7. "위치기반서비스사업"이라 함은 위치정보를 이용한 서비스(이하 "위치기반서비스"라 한다)를 제공하는 것을 사업으로 영위하는 것을 말한다.

8. "위치정보시스템"이라 함은 위치정보사업 및 위치기반서비스사업을 위하여 정보통신망이용촉진및정보보호등에관한법률 제2조제1항제1호의 규정에 의한 정보통신망을 통하여 위치정보를 수집·저장·분석·이용 및 제공할 수 있도록 서로 유기적으로 연계된 컴퓨터의 하드웨어, 소프트웨어, 데이터베이스 및 인적자원의 결합체를 말한다.

제3조(위치정보의 보호 및 이용 등을 위한 시책의 강구) 방송통신위원회는 관계중앙행정기관의 장과 협의를 거쳐 위치정보의 안전한 보호와 건전한 이용 등을 위하여 다음 각호의 사항이 포함되는 시책을 마련하여야 한다. [개정 2008.2. 29 제8867호(「방송통신위원회의 설치 및 운영에 관한 법률」)]

1. 위치정보의 보호 및 이용 등을 위한 시책의 기본방향

2. 위치정보의 보호에 관한 사항

3. 공공목적을 위한 위치정보의 이용에 관한 사항

4. 위치정보사업 및 위치기반서비스사업과

관련된 기술개발 및 표준화에 관한 사항

5. 위치정보사업 및 위치기반서비스사업의 안전성 및 신뢰성 향상에 관한 사항
6. 위치정보사업 및 위치기반서비스사업의 품질개선 및 품질평가 등에 관한 사항
7. 그 밖에 위치정보의 보호 및 이용 등을 위하여 필요한 사항

제4조(다른 법률과의 관계) 위치정보의 수집, 저장, 보호 및 이용 등에 관하여 다른 법률에 특별한 규정이 있는 경우를 제외하고는 이 법이 정하는 바에 의한다.

제 2 장 위치정보사업의 허가 등

제5조(위치정보사업의 허가 등) ① 위치정보사업을 하고자 하는 자는 상호, 주된 사무소의 소재지, 위치정보사업의 종류 및 내용, 위치정보시스템을 포함한 사업용 주요 설비 등에 대하여 대통령령으로 정하는 바에 따라 방송통신위원회의 허가를 받아야 한다. [개정 2007.12.21. 2008.2.29. 제8867호(「방송통신위원회의 설치 및 운영에 관한 법률」)] [[시행일 2008.6.22.]]
② 삭제 [2009.3.13. 제9481호(전기통신기본법)]
③ 방송통신위원회가 제1항의 규정에 의한 허가를 함에 있어서는 다음 각호의 사항을 종합적으로 심사하여야 한다. [개정 2008. 2.29. 제8867호(「방송통신위원회의 설치 및 운영에 관한 법률」)]
1. 위치정보사업계획의 타당성
2. 개인위치정보 보호 관련 기술적·관리적 조치계획
3. 위치정보사업 관련 설비규모의 적정성
4. 재정 및 기술적 능력
5. 그 밖에 사업수행에 필요한 사항
④ 방송통신위원회는 제1항의 규정에 의하여 허가를 하는 경우에는 위치정보의 정확성·신뢰성 제고, 공정경쟁 또는 개인위치정보의 보호를 위한 연구·개발에 필요한

조건을 붙일 수 있다. [개정 2008.2.29. 제8867호(「방송통신위원회의 설치 및 운영에 관한 법률」)]
⑤ 제1항의 규정에 의한 허가의 대상자는 법인에 한한다.
⑥ 제1항의 규정에 의한 허가의 신청요령·절차 등에 관한 사항 및 제3항의 규정에 의한 심사사항별 세부심사기준은 대통령령으로 정한다. [개정 2008.2.29. 제8867호(「방송통신위원회의 설치 및 운영에 관한 법률」)]
⑦ 제1항에 따라 위치정보사업의 허가를 받은 자(이하 "위치정보사업자"라 한다)가 허가를 받은 사항 중 위치정보시스템을 변경(그 변경으로 개인위치정보 보호를 위한 기술적 수준이 허가받은 때보다 저하되는 경우에 한한다)하려는 경우에는 대통령령으로 정하는 바에 따라 방송통신위원회의 변경허가를 받아야 하고, 상호 또는 주된 사무소의 소재지를 변경하려는 경우에는 방송통신위원회에 변경신고를 하여야 한다. [개정 2007.12.21. 2008.2.29. 제8867호(「방송통신위원회의 설치 및 운영에 관한 법률」)] [[시행일 2008.6.22.]]
[본조제목개정 2007.12.21.] [[시행일 2008.6.22.]]

제6조(임원의 결격사유) ① 다음 각호의 1에 해당하는 자는 위치정보사업자의 임원이 될 수 없다.
1. 미성년자·금치산자 또는 한정치산자
2. 파산자로서 복권되지 아니한 자
3. 이 법, 정보통신망이용촉진및정보보호등에관한법률, 전기통신기본법, 전기통신사업법 또는 전파법을 위반하여 금고 이상의 실형을 선고받고 그 집행이 종료(집행이 종료된 것으로 보는 경우를 포함한다)되거나 집행이 면제된 날부터 3년이 경과되지 아니한 자
4. 이 법, 정보통신망이용촉진및정보보호등에관한법률, 전기통신기본법, 전기통신사업법 또는 전파법을 위반하여 금고 이상의 형의 집행유예를 선고받고 그

유예기간 중에 있는 자

5. 이 법, 정보통신망이용촉진및정보보호
등에관한법률, 전기통신기본법, 전기통
신사업법 또는 전파법을 위반하여 벌금
형을 선고받고 3년이 경과되지 아니한
자

6. 제13조제1항의 규정에 의한 허가의 취
소처분 또는 사업의 폐지명령을 받은
후 3년이 경과되지 아니한 자. 이 경우
법인인 때에는 허가취소 또는 사업폐지
명령의 원인이 된 행위를 한 자와 그 대
표자를 말한다.

② 임원이 제1항 각호의 1에 해당하게 되
거나 선임 당시 그에 해당하는 자임이 판
명된 때에는 당연히 퇴직한다.

③ 제2항의 규정에 의하여 퇴직한 임원이
퇴직 전에 관여한 행위는 그 효력을 잃지
아니한다.

**제7조(위치정보사업의 양수 및 법인의 합병
등)** ① 위치정보사업자의 사업의 전부 또
는 일부를 양수하거나 위치정보사업자인
법인의 합병·분할(분할합병을 포함한다.
이하 같다)을 하고자 하는 자는 대통령령
이 정하는 바에 의하여 방송통신위원회의
인가를 받아야 한다. [개정 2008.2.29. 제
8867호(「방송통신위원회의 설치 및 운영
에 관한 법률」)]

② 제1항의 규정에 의하여 인가를 받은 양
수인 또는 합병·분할에 의하여 설립되거
나 합병·분할 후 존속하는 법인은 양도인
또는 합병·분할 전의 법인의 위치정보사
업자로서의 지위를 각각 승계한다.

제8조(위치정보사업의 휴지·폐지 등) ① 위
치정보사업자가 사업의 전부 또는 일부를
휴지하고자 하는 때에는 휴지기간을 정하
여 방송통신위원회의 승인을 얻어 휴지하
고자 하는 날의 30일 전까지 이를 개인위
치정보주체에게 통보하여야 한다. 이 경우
휴지기간은 6월을 초과할 수 없으며, 휴지
와 동시에 개인위치정보(사업의 일부를 휴
지하는 경우에는 휴지하는 사업의 개인위
치정보에 한한다)를 파기하여야 한다. [개

정 2008.2.29. 제8867호(「방송통신위원회의
설치 및 운영에 관한 법률」)]

② 위치정보사업자가 사업의 전부 또는 일
부를 폐지하고자 하는 때에는 방송통신위
원회의 승인을 얻어 폐지하고자 하는 날의
30일 전까지 이를 개인위치정보주체에게
통보하고, 폐지와 동시에 개인위치정보 및
위치정보 수집사실 확인자료(사업의 일부
를 폐지하는 경우에는 폐지하는 사업의 개
인위치정보 및 위치정보 수집사실 확인자
료에 한한다)를 파기하여야 한다. [개정
2008.2.29 제8867호(「방송통신위원회의 설
치 및 운영에 관한 법률」)]

③ 제1항 및 제2항의 규정에 의한 위치정
보사업의 휴지 또는 폐지의 승인 및 개인
위치정보 등의 파기 등에 관하여 필요한
사항은 대통령령으로 정한다. [개정
2008.2.29. 제8867호(「방송통신위원회의 설
치 및 운영에 관한 법률」)]

제9조(위치기반서비스사업의 신고) ① 위
치기반서비스사업을 하고자 하는 자는 상
호, 주된 사무소의 소재지, 사업의 종류, 위
치정보시스템을 포함한 사업용 주요 설비
등에 대하여 대통령령으로 정하는 바에 따
라 방송통신위원회에 신고하여야 한다.
[개정 2007.12.21. 2008.2.29. 제8867호(「방
송통신위원회의 설치 및 운영에 관한 법률
」)] [[시행일 2008.6.22.]]

② 제13조제1항의 규정에 의한 사업의 폐
지명령을 받은 후 1년이 경과하지 아니한
자(법인인 경우에는 그 대표자를 포함한
다)는 제1항의 규정에 의한 사업의 신고를
할 수 없다.

③ 제1항에 따라 위치기반서비스사업의 신
고를 한 자(이하 "위치기반서비스사업자"
라 한다)가 그 신고한 사항 중 상호, 주된
사무소의 소재지 또는 위치정보시스템을
변경(변경으로 인하여 개인위치정보 보호
를 위한 기술적 수준이 신고한 때보다 저
하되는 경우에 한한다)하고자 하는 때에는
대통령령이 정하는 바에 따라 방송통신위
원회에 변경신고를 하여야 한다. [개정

2007.12.21. 2008.2.29. 제8867호(「방송통신위원회의 설치 및 운영에 관한 법률」)][[시행일 2008.6.22.]]
④ 위치정보사업자가 제5조제1항에 따른 허가를 신청할 당시 위치기반서비스사업의 신고에 필요한 서류를 첨부한 경우에는 제9조제1항에 따른 위치기반서비스사업의 신고를 한 것으로 본다. [신설 2007.12.21.] [[시행일 2008.6.22.]]

제10조(위치기반서비스사업의 양수 및 법인의 합병 등) ① 위치기반서비스사업자의 사업의 전부 또는 일부의 양수, 상속 또는 위치기반서비스사업자인 법인의 합병·분할이 있는 경우에는 그 사업의 양수인, 상속인 또는 합병·분할에 의하여 설립되거나 합병·분할 후 존속하는 법인은 대통령령이 정하는 바에 의하여 방송통신위원회에 신고하여야 한다. [개정 2008.2.29. 제8867호(「방송통신위원회의 설치 및 운영에 관한 법률」)]
② 제1항의 규정에 의하여 신고한 양수인, 상속인 또는 합병·분할에 의하여 설립되거나 합병·분할 후 존속하는 법인은 양도인, 피상속인 또는 합병·분할 전의 법인의 위치기반서비스사업자로서의 지위를 각각 승계한다.

제11조(위치기반서비스사업의 휴지·폐지 등) ① 위치기반서비스사업자가 사업의 전부 또는 일부를 휴지하고자 하는 때에는 휴지기간을 정하여 휴지하고자 하는 날의 30일 전까지 이를 개인위치정보주체에게 통보하고 방송통신위원회에 신고하여야 한다. 이 경우 휴지기간은 6월을 초과할 수 없으며, 휴지와 동시에 개인위치정보(사업의 일부를 휴지하는 경우에는 휴지하는 사업의 개인위치정보에 한한다)를 파기하여야 한다. [개정 2008. 2.29. 제8867호(「방송통신위원회의 설치 및 운영에 관한 법률」)]
② 위치기반서비스사업자가 사업의 전부 또는 일부를 폐지하고자 하는 때에는 폐지하고자 하는 날의 30일 전까지 이를 개인위치정보주체에게 통보하고 방송통신위원

회에 신고하여야 한다. 이 경우 폐지와 동시에 개인위치정보 및 위치정보 이용·제공사실 확인자료(사업의 일부를 폐지하는 경우에는 폐지하는 사업의 개인위치정보 및 위치정보 이용·제공사실 확인자료에 한한다)를 파기하여야 한다. [개정 2008.2.29. 제8867호(「방송통신위원회의 설치 및 운영에 관한 법률」)]
③ 제1항 및 제2항의 규정에 의한 위치기반서비스사업의 휴지 또는 폐지의 신고 및 개인위치정보 등의 파기 등에 관하여 필요한 사항은 대통령령으로 정한다. [개정 2008.2.29. 제8867호(「방송통신위원회의 설치 및 운영에 관한 법률」)]

제12조(이용약관의 신고 등) ① 위치정보사업자 및 위치기반서비스사업자(이하 "위치정보사업자등"이라 한다)는 그가 제공하고자 하는 위치정보의 수집, 이용 및 제공에 관한 요금 및 조건 등(이하 "이용약관"이라 한다)을 정하여 방송통신위원회에 신고하여야 한다. 이를 변경하고자 하는 때에도 또한 같다. [개정 2008.2. 29. 제8867호(「방송통신위원회의 설치 및 운영에 관한 법률」)]
② 방송통신위원회는 위치정보사업자등의 이용약관이 개인위치정보의 보호, 공정경쟁 또는 공공이익을 침해할 우려가 있다고 판단되는 경우에는 위치정보사업자등에게 이용약관의 변경을 명할 수 있다. [개정 2008.2.29. 제8867호(「방송통신위원회의 설치 및 운영에 관한 법률」)]

제13조(허가의 취소 및 사업의 폐지·정지 등) ① 방송통신위원회는 위치정보사업자 등이 다음 각호의 1에 해당하는 때에는 허가 또는 인가의 취소, 사업의 폐지 또는 6월 이내의 범위에서 기간을 정하여 사업의 전부 또는 일부의 정지(이하 "사업의 정지"라 한다)를 명할 수 있다. 다만, 제1호에 해당하는 때에는 허가 또는 인가를 취소하거나 사업의 폐지를 명하여야 한다. [개정 2008.2.29. 제8867호(「방송통신위원회의 설치 및 운영에 관한 법률」)]

1. 속임수 그 밖의 부정한 방법으로 제5조 제1항·제7항 또는 제7조제1항의 규정에 의한 허가·변경허가 또는 인가를 받거나 제9조제1항의 규정에 의한 신고를 한 때
2. 제8조제1항 또는 제11조제1항의 규정에 의한 휴지기간 경과 후 정당한 사유없이 사업을 개시하지 아니한 때
3. 위치정보의 수집 관련 설비 또는 위치정보 보호 관련 기술적·관리적 조치에 중대한 변경이 발생하여 서비스를 지속적으로 제공할 수 없게 된 때
4. 제16조제1항의 규정에 따른 관리적 조치와 기술적 조치 또는 같은 조 제2항의 규정에 따른 위치정보 수집사실 확인자료 및 위치정보 이용·제공사실 확인자료(이하 "위치정보 수집·이용·제공사실 확인자료"라 한다)의 보존조치를 취하지 아니한 때
5. 제18조제1항 또는 제19조제1항의 규정을 위반하여 이용약관에 명시하지 아니하거나 동의를 받지 아니하고 위치정보를 수집·이용 또는 제공한 때
6. 제18조제2항 또는 제19조제4항의 규정을 위반하여 동의의 범위를 넘어 개인위치 정보를 수집·이용 또는 제공한 때
7. 제21조의 규정을 위반하여 이용약관에 명시하거나 고지한 범위를 넘어 개인위치 정보를 이용하거나 제3자에게 제공한 때
② 제1항의 규정에 의한 행정처분의 세부적인 기준은 그 위반행위의 유형과 위반의 정도 등을 참작하여 대통령령으로 정한다.

제14조(과징금의 부과 등) ① 방송통신위원회는 제13조제1항의 규정에 의한 사업의 정지가 개인위치정보주체의 이익을 현저히 저해할 우려가 있는 경우에는 사업의 정지명령 대신 위치정보사업 또는 위치기반서비스사업 매출액의 100분의 3 이하의 과징금을 부과할 수 있다. [개정 2008.2.29. 제8867호(「방송통신위원회의 설치 및 운영에 관한 법률」)]

② 제1항의 규정에 의한 매출액의 산정 등 과징금을 부과하는 기준 및 절차에 관하여 필요한 사항은 대통령령으로 정한다.
③ 방송통신위원회는 제1항의 규정에 의한 과징금을 납부하여야 할 자가 납부기한 이내에 이를 납부하지 아니한 때에는 체납된 과징금에 대하여 납부기한의 다음날부터 연 100분의 8 범위 안에서 대통령령이 정하는 비율의 가산금을 징수한다. [개정 2008.2.29 제8867호(「방송통신위원회의 설치 및 운영에 관한 법률」)]
④ 방송통신위원회는 과징금납부의무자가 납부기한 이내에 과징금을 납부하지 아니한 때에는 기간을 정하여 독촉을 하고, 그 지정한 기간 이내에 과징금 및 제3항의 규정에 의한 가산금을 납부하지 아니한 때에는 국세체납처분의 예에 따라 이를 징수한다. [개정 2008.2.29. 제8867호(「방송통신위원회의 설치 및 운영에 관한 법률」)]

제3장 위치정보의 보호

제1절 통 칙

제15조(위치정보의 수집 등의 금지) ① 누구든지 개인 또는 소유자의 동의를 얻지 아니하고 당해 개인 또는 이동성이 있는 물건의 위치정보를 수집·이용 또는 제공하여서는 아니된다. 다만, 제29조의 규정에 의한 긴급구조기관의 긴급구조 또는 경보발송 요청이 있거나 다른 법률에 특별한 규정이 있는 경우에는 그러하지 아니하다.
② 누구든지 타인의 정보통신기기를 복제하거나 정보를 도용하는 등의 방법으로 위치정보사업자등을 속여 타인의 개인위치정보를 제공받아서는 아니된다.
③ 위치정보를 수집할 수 있는 장치가 부착된 물건을 대여하는 자는 위치정보 수집장치가 부착된 사실을 대여받는 자에게 고지하여야 한다.

제16조(위치정보의 보호조치 등) ① 위치정보사업자등은 위치정보의 누출, 변조, 훼손 등을 방지하기 위하여 위치정보의 취급·

관리 지침을 제정하거나 접근권한자를 지정하는 등의 관리적 조치와 방화벽의 설치나 암호화 소프트웨어의 활용 등의 기술적 조치를 하여야 한다. 이 경우 관리적 조치와 기술적 조치의 구체적 내용은 대통령령으로 정한다.

② 위치정보사업자등은 위치정보 수집·이용·제공사실 확인자료를 위치정보시스템에 자동으로 기록되고 보존되도록 하여야 한다.

③ 방송통신위원회는 위치정보를 보호하고 오용·남용을 방지하기 위하여 소속 공무원으로 하여금 제1항의 규정에 의한 기술적·관리적 조치의 내용과 제2항의 규정에 의한 기록의 보존실태를 대통령령이 정하는 바에 의하여 점검하게 할 수 있다. [개정 2008.2.29. 제8867호(「방송통신위원회의 설치 및 운영에 관한 법률」)]

④ 제3항의 규정에 의하여 보존실태를 점검하는 공무원은 그 권한을 표시하는 증표를 지니고 이를 관계인에게 내보여야 한다.

제17조(위치정보의 누설 등의 금지) 위치정보사업자등과 그 종업원이거나 종업원이었던 자는 직무상 알게 된 위치정보를 누설·변조·훼손 또는 공개하여서는 아니된다.

제2절 개인위치정보의 보호

제18조(개인위치정보의 수집) ① 위치정보사업자가 개인위치정보를 수집하고자 하는 경우에는 미리 다음 각호의 내용을 이용약관에 명시한 후 개인위치정보주체의 동의를 얻어야 한다.

1. 위치정보사업자의 상호, 주소, 전화번호 그 밖의 연락처
2. 개인위치정보주체 및 법정대리인(제25조제1항의 규정에 의하여 법정대리인의 동의를 얻어야 하는 경우에 한한다)의 권리와 그 행사방법
3. 위치정보사업자가 위치기반서비스사업자에게 제공하고자 하는 서비스의 내용
4. 위치정보 수집사실 확인자료의 보유근거 및 보유기간
5. 그 밖에 개인위치정보의 보호를 위하여 필요한 사항으로서 대통령령이 정하는 사항

② 개인위치정보주체는 제1항의 규정에 의한 동의를 하는 경우 개인위치정보의 수집의 범위 및 이용약관의 내용 중 일부에 대하여 동의를 유보할 수 있다.

③ 위치정보사업자가 개인위치정보를 수집하는 경우에는 수집목적을 달성하기 위하여 필요한 최소한의 정보를 수집하여야 한다.

제19조(개인위치정보의 이용 또는 제공) ① 위치기반서비스사업자가 개인위치정보를 이용하여 서비스를 제공하고자 하는 경우에는 미리 다음 각호의 내용을 이용약관에 명시한 후 개인위치정보주체의 동의를 얻어야 한다.

1. 위치기반서비스사업자의 상호, 주소, 전화번호 그 밖의 연락처
2. 개인위치정보주체 및 법정대리인(제25조제1항의 규정에 의하여 법정대리인의 동의를 얻어야 하는 경우에 한한다)의 권리와 그 행사방법
3. 위치기반서비스사업자가 제공하고자 하는 위치기반서비스의 내용
4. 위치정보 이용·제공사실 확인자료의 보유근거 및 보유기간
5. 그 밖에 개인위치정보의 보호를 위하여 필요한 사항으로서 대통령령이 정하는 사항

② 위치기반서비스사업자가 개인위치정보를 개인위치정보주체가 지정하는 제3자에게 제공하는 서비스를 하고자 하는 경우에는 제1항 각호의 내용을 이용약관에 명시한 후 제공받는 자 및 제공목적을 개인위치정보주체에게 고지하고 동의를 얻어야 한다.

③ 제2항의 규정에 의하여 위치기반서비스사업자가 개인위치정보를 개인위치정보주체가 지정하는 제3자에게 제공하는 경우에는 매회 개인위치정보주체에게 제공받는

자, 제공일시 및 제공목적을 즉시 통보하여야 한다.

④ 개인위치정보주체는 제1항 및 제2항의 규정에 의한 동의를 하는 경우 개인위치정보의 이용·제공목적, 제공받는 자의 범위 및 위치기반서비스의 일부에 대하여 동의를 유보할 수 있다.

제20조(위치정보사업자의 개인위치정보 제공 등) ① 제19조제1항 또는 제2항의 규정에 의하여 개인위치정보주체의 동의를 얻은 위치기반서비스사업자는 제19조제1항 또는 제2항의 이용 또는 제공목적을 달성하기 위하여 해당 개인위치정보를 수집한 위치정보사업자에게 해당 개인위치정보의 제공을 요청할 수 있다. 이 경우 위치정보사업자는 정당한 사유없이 제공을 거절하여서는 아니된다.

② 제1항의 규정에 의하여 위치정보사업자가 위치기반서비스사업자에게 개인위치정보를 제공하는 절차 및 방법에 대하여는 대통령령으로 정한다. [개정 2008. 2.29. 제8867호(「방송통신위원회의 설치 및 운영에 관한 법률」)]

제21조(개인위치정보 등의 이용·제공의 제한 등) 위치정보사업자등은 개인위치정보주체의 동의가 있거나 다음 각호의 1에 해당하는 경우를 제외하고는 개인위치정보 또는 위치정보 수집·이용·제공사실 확인자료를 제18조제1항 및 제19조제1항·제2항에 의하여 이용약관에 명시 또는 고지한 범위를 넘어 이용하거나 제3자에게 제공하여서는 아니된다.

1. 위치정보 및 위치기반서비스 등의 제공에 따른 요금정산을 위하여 위치정보 수집·이용·제공사실 확인자료가 필요한 경우
2. 통계작성, 학술연구 또는 시장조사를 위하여 특정 개인을 알아볼 수 없는 형태로 가공하여 제공하는 경우

제22조(사업의 양도 등의 통지) 위치정보사업자등으로부터 사업의 전부 또는 일부의 양도·합병 또는 상속 등(이하 "양도등"이라 한다)으로 그 권리와 의무를 이전받은 자는 30일 이내에 다음 각호의 사항을 대통령령이 정하는 바에 의하여 개인위치정보주체에게 통지하여야 한다.

1. 사업의 전부 또는 일부의 양도등의 사실
2. 위치정보사업자등의 권리와 의무를 승계한 자의 성명, 주소, 전화번호 그 밖의 연락처
3. 그 밖에 개인위치정보 보호를 위하여 필요한 사항으로서 대통령령이 정하는 사항

제23조(개인위치정보의 파기 등) 위치정보사업자등은 개인위치정보의 수집, 이용 또는 제공목적을 달성한 때에는 제16조제2항의 규정에 의하여 기록·보존하여야 하는 위치정보 수집·이용·제공사실 확인자료 외의 개인위치정보는 즉시 파기하여야 한다.

제3절 개인위치정보주체 등의 권리

제24조(개인위치정보주체의 권리 등) ① 개인위치정보주체는 위치정보사업자등에 대하여 언제든지 제18조제1항 및 제19조제1항·제2항의 규정에 의한 동의의 전부 또는 일부를 철회할 수 있다.

② 개인위치정보주체는 위치정보사업자등에 대하여 언제든지 개인위치정보의 수집, 이용 또는 제공의 일시적인 중지를 요구할 수 있다. 이 경우 위치정보사업자등은 요구를 거절하여서는 아니되며, 이를 위한 기술적 수단을 갖추어야 한다.

③ 개인위치정보주체는 위치정보사업자등에 대하여 다음 각호의 1의 자료 등의 열람 또는 고지를 요구할 수 있고, 당해 자료 등에 오류가 있는 경우에는 그 정정을 요구할 수 있다. 이 경우 위치정보사업자등은 정당한 사유없이 요구를 거절하여서는 아니된다.

1. 본인에 대한 위치정보 수집·이용·제공사실 확인자료
2. 본인의 개인위치정보가 이 법 또는 다른 법률의 규정에 의하여 제3자에게 제공

된 이유 및 내용

④ 위치정보사업자등은 개인위치정보주체가 제1항의 규정에 의하여 동의의 전부 또는 일부를 철회한 경우에는 지체없이 수집된 개인위치정보 및 위치정보 수집·이용·제공사실 확인자료(동의의 일부를 철회하는 경우에는 철회하는 부분의 개인위치정보 및 위치정보 이용·제공사실 확인자료에 한한다)를 파기하여야 한다.

제25조(법정대리인의 권리) ① 위치정보사업자등이 14세 미만의 아동으로부터 제18조제1항, 제19조제1항·제2항 또는 제21조의 규정에 의하여 개인위치정보를 수집·이용 또는 제공하고자 하는 경우에는 그 법정대리인의 동의를 얻어야 한다.

② 제18조제2항·제19조제4항 및 제24조의 규정은 제1항의 규정에 의하여 법정대리인이 동의를 하는 경우에 이를 준용한다. 이 경우 "개인위치정보주체"는 "법정대리인"으로 본다.

제26조(8세 이하의 아동등의 보호를 위한 위치정보 이용) ①다음 각호의 1에 해당하는 자(이하 "8세 이하의 아동등"이라 한다)의 보호의무자가 8세 이하의 아동등의 생명 또는 신체의 보호를 위하여 8세 이하의 아동등의 개인위치정보의 수집·이용 또는 제공에 동의하는 경우에는 본인의 동의가 있는 것으로 본다. [개정 2007.4.11. 제8367호(장애인복지법)] [[시행일 2007.10.12]].

1. 8세 이하의 아동

2. 금치산자

3. 장애인복지법 제2조제2항제2호의 규정에 의한 정신적 장애를 가진 자로서 장애인고용촉진및직업재활법 제2조제2호의 규정에 의한 중증장애인에 해당하는 자(「장애인복지법」 제32조의 규정에 의하여 장애인등록을 한 자에 한한다)

② 제1항의 규정에 의한 8세 이하의 아동등의 보호의무자는 8세 이하의 아동등을 사실상 보호하는 자로서 다음 각호의 1에 해당하는 자를 말한다. [개정 2007.4.11. 제

8367호(장애인복지법)] [[시행일 2007.10.12]].

1. 8세 이하의 아동의 법정대리인 또는 보호시설에있는미성년자의후견직무에관한법률 제3조의 규정에 의한 후견인

2. 금치산자의 법정대리인

3. 제1항제3호의 자의 법정대리인 또는 「장애인복지법」 제58조제1항제1호의 규정에 의한 장애인생활시설(국가 또는 지방자치단체가 설치·운영하는 시설에 한한다)의 장, 정신보건법 제3조제4호의 규정에 의한 정신질환자사회복귀시설(국가 또는 지방자치단체가 설치·운영하는 시설에 한한다)의 장, 정신보건법 제3조제5호의 규정에 의한 정신요양시설의 장

③ 제1항의 규정에 의한 동의의 요건은 대통령령으로 정한다.

④ 제18조 내지 제22조 및 제24조의 규정은 제2항의 규정에 의하여 보호의무자가 동의를 하는 경우에 이를 준용한다. 이 경우 "개인위치정보주체"는 "보호의무자"로 본다.

제27조(손해배상) 개인위치정보주체는 위치정보사업자등의 제15조 내지 제26조의 규정을 위반한 행위로 손해를 입은 경우에 그 위치정보사업자등에 대하여 손해배상을 청구할 수 있다. 이 경우 그 위치정보사업자등은 고의 또는 과실이 없음을 입증하지 아니하면 책임을 면할 수 없다.

제28조(분쟁의 조정 등) ① 위치정보사업자 또는 위치기반서비스사업자는 위치정보와 관련된 분쟁에 대하여 당사자간 협의가 이루어지지 아니하거나 협의를 할 수 없는 경우에는 방송통신위원회에 재정을 신청할 수 있다. [개정 2008.2.29. 제8867호(「방송통신위원회의 설치 및 운영에 관한 법률」)]

② 위치정보사업자등과 이용자는 위치정보와 관련된 분쟁에 대하여 당사자간 협의가 이루어지지 아니하거나 협의를 할 수 없는 경우에는 「정보통신망이용촉진 및 정보보호등에 관한 법률」 제33조의 규정에

의한 개인정보분쟁조정위원회에 조정을 신청할 수 있다.

제 4 장 긴급구조를 위한 개인위치 정보 이용

제29조(긴급구조를 위한 개인위치정보의 이용) ① 「재난 및 안전관리 기본법」 제3조 제7항의 규정에 따른 긴급구조기관(이하 "긴급구조기관"이라 한다)은 급박한 위험으로부터 생명·신체를 보호하기 위하여 개인위치정보주체, 개인위치정보주체의 배우자, 2촌 이내의 친족 또는 「민법」 제928조의 규정에 따른 후견인(이하 "배우자등"이라 한다)의 긴급구조요청이 있는 경우 긴급구조 상황 여부를 판단하여 위치정보사업자에게 개인위치정보의 제공을 요청할 수 있다. 이 경우 배우자등은 긴급구조 외의 목적으로 긴급구조요청을 하여서는 아니된다. [개정 2006.9.27.]

② 제1항의 규정에 의한 개인위치정보주체 또는 배우자등의 긴급구조요청은 공공질서의 유지와 공익증진을 위하여 부여된 대통령령이 정하는 특수번호 전화서비스를 통한 호출에 한한다.

③ 제1항의 요청을 받은 위치정보사업자는 그 개인위치정보주체의 동의없이 개인위치정보를 수집할 수 있으며, 개인위치정보주체의 동의가 없음을 이유로 긴급구조기관의 요청을 거부하여서는 아니된다.

④ 위치정보사업자는 제1항의 규정에 의하여 개인위치정보를 긴급구조기관에게 제공하는 경우 개인위치정보의 제공사실을 당해 개인위치정보주체에게 즉시 통보하여야 한다.

⑤ 긴급구조기관은 태풍, 호우, 화재, 화생방사고 등 재난 또는 재해의 위험지역 안에 위치한 개인위치정보주체에게 생명 또는 신체의 위험을 경보하기 위하여 대통령령이 정하는 바에 의하여 위치정보사업자에게 경보발송을 요청할 수 있으며, 요청을 받은 위치정보사업자는 위험지역 안에 위치한 개인위치정보주체의 동의가 없음을 이유로 경보발송을 거부하여서는 아니된다. [개정 2008.2.29. 제8867호(「방송통신위원회의 설치 및 운영에 관한 법률」)]

⑥ 긴급구조기관과 긴급구조업무에 종사하거나 종사하였던 자는 긴급구조 목적으로 제공받은 개인위치정보를 긴급구조 외의 목적에 사용하여서는 아니된다.

⑦ 제1항의 규정에 의한 긴급구조요청, 제5항의 규정에 의한 경보발송의 방법 및 절차에 관하여 필요한 사항은 대통령령으로 정한다.

제30조(개인위치정보의 요청 및 방식) ① 긴급구조기관은 제29조제1항의 규정에 의하여 위치정보사업자에게 개인위치정보를 요청할 경우 위치정보시스템을 통한 방식으로 요청하여야 하며, 위치정보사업자는 긴급구조기관으로부터 요청을 받아 개인위치정보를 제공하는 경우 위치정보시스템을 통한 방식으로 제공하여야 한다.

② 제1항의 규정에 의한 긴급구조기관의 요청에 관하여 필요한 사항은 대통령령으로 정한다.

제31조(비용의 감면) 위치정보사업자는 제29조제5항의 규정에 의하여 경보발송을 하거나 제30조제1항의 규정에 의하여 긴급구조기관에 개인위치정보를 제공할 경우 비용을 감면할 수 있다.

제32조(통계자료의 제출 등) 위치정보사업자는 제29조제5항의 규정에 의한 경보발송 및 제30조제1항의 규정에 의한 개인위치정보의 제공에 관한 통계자료를 매 반기별로 방송통신위원회에 제출하여야 한다. [개정 2008.2.29. 제8867호(「방송통신위원회의 설치 및 운영에 관한 법률」)]

제 5 장 위치정보의 이용기반 조성 등

제33조(기술개발의 추진 등) ①방송통신위원회는 위치정보의 수집, 이용 또는 제공과 관련된 기술 및 기기의 개발을 효율적으로 추진하기 위하여 대통령령이 정하는

관련 연구기관으로 하여금 연구개발, 기술협력, 기술이전 또는 기술지도 등(이하 이 조에서 "연구개발등"이라 한다)의 사업을 하게 할 수 있다. 이 경우 방송통신위원회는 관계중앙행정기관의 장과 협의를 거쳐야 한다. [개정 2008.2.29. 제8867호(『방송통신위원회의 설치 및 운영에 관한 법률』)]
② 방송통신위원회는 제1항의 규정에 의하여 연구개발등의 사업을 실시하는 연구기관에 대하여 소요 비용의 전부 또는 일부를 지원할 수 있다. [개정 2008.2.29. 제8867호(『방송통신위원회의 설치 및 운영에 관한 법률』)]

제34조(표준화의 추진) ① 방송통신위원회는 관계중앙행정기관의 장과 협의를 거쳐 위치정보의 보호 및 이용을 위한 위치정보의 수집·이용 또는 제공에 관한 표준을 정하여 고시할 수 있다. 다만, 『산업표준화법』 제12조에 따른 한국산업표준이 제정되어 있는 사항에 대하여는 그 표준에 따른다. [개정 2007.5.25. 2008.2.29. 제8867호(『방송통신위원회의 설치 및 운영에 관한 법률』)]
② 방송통신위원회는 위치정보사업자등 또는 위치정보와 관련된 제품을 제조하거나 공급하는 자에게 제1항의 규정에 의한 표준의 준수를 권고할 수 있다. [개정 2008.2.29. 제8867호(『방송통신위원회의 설치 및 운영에 관한 법률』)]
③ 제1항에 따른 표준화의 대상은 다음 각호와 같다. [개정 2009.3.13.] [[시행일 2009.9.14.]]
1. 위치정보의 보호 및 인증 관련 기술
2. 위치정보의 수집, 저장, 관리 및 제공 관련 기술
3. 긴급구조와 그 밖의 공공서비스 관련 기술
4. 그 밖에 위치정보의 보호 및 이용 관련 기반 기술
④ 제1항에 따른 표준화의 방법 및 절차 등에 관하여 필요한 사항은 대통령령으로 정한다. [신설 2009.3.13.] [[시행일 2009.9.14.]]
⑤ 방송통신위원회는 위치정보의 수집·이용 또는 제공에 관한 표준화 활동을 지원할 수 있다. [개정 2008.2.29. 제8867호(『방송통신위원회의 설치 및 운영에 관한 법률』), 2009.3.13.] [[시행일 2009.9.14.]]

제35조(위치정보의 이용촉진) ① 방송통신위원회는 관계중앙행정기관의 장과 협의를 거쳐 위치정보의 보호 및 이용을 위하여 공공, 산업, 생활 및 복지 등 각 분야에서 관련 기술 및 응용서비스의 효율적인 활용과 보급을 촉진하기 위한 사업을 대통령령이 정하는 바에 의하여 실시할 수 있다. [개정 2008.2.29. 제8867호(『방송통신위원회의 설치 및 운영에 관한 법률』)]
② 방송통신위원회는 제1항의 규정에 의한 사업에 참여하는 자에게 기술 및 재정 등에 관하여 필요한 지원을 할 수 있다. [개정 2008.2.29. 제8867호(『방송통신위원회의 설치 및 운영에 관한 법률』)]

제36조(위치정보심의위원회) ① 위치정보의 안전한 이용환경 조성에 관한 사항을 협의하고 공공목적의 위치정보 이용을 활성화하기 위하여 방송통신위원회 소속하에 위치정보심의위원회(이하 "위원회"라 한다)를 둔다. [개정 2008.2.29. 제8867호(『방송통신위원회의 설치 및 운영에 관한 법률』)]
② 위원회는 다음 각호의 사항을 심의한다.
1. 위치정보의 중요정책에 관한 사항
2. 위치정보의 지원시책 및 지원체계에 관한 사항
3. 위치정보의 제도정비에 관한 사항
4. 공공목적의 위치정보 이용에 관한 사항
5. 위치정보에 관한 관계기관간의 협조사항
6. 위치정보의 보호 및 이용에 관한 연구·개발에 관한 사항
7. 그 밖에 위치정보와 관련한 주요사항으로서 위원장이 부의하는 사항
③ 위원회는 위원장을 포함한 20인 이내의 위원으로 구성한다.
④ 위원장은 방송통신위원회 부위원장이 되고, 위원은 다음 각호의 자가 된다. [개

정 2008.2.29. 제8867호(「방송통신위원회의
설치 및 운영에 관한 법률」)]
1. 교육과학기술부, 행정안전부, 국토해양
부, 소방방재청, 경찰청 및 해양경찰청
소속의 3급 이상 공무원(3급 이상에 상
당하는 특정직·별정직 국가공무원을
포함한다)중 해당 관계기관의 장이 위
촉하는 자
2. 위치정보사업자·위치기반서비스사업
자를 대표하는 자, 이용자를 대표하는
자 및 위치정보에 관한 민간전문가 중
방송통신위원회 위원장이 위촉하는 자
⑤ 제4항제2호의 위원의 임기는 3년으로
하되, 연임할 수 있다.
⑥ 위원회는 필요에 따라 분과위원회 및
전문위원회를 둘 수 있다.
⑦ 그 밖에 위원회의 구성·운영 등에 관
하여 필요한 사항은 대통령령으로 정한다.
제37조(청문) 방송통신위원회는 제13조의 규
정에 의한 허가 또는 인가의 취소, 사업의
폐지 처분을 하고자 하는 경우에는 청문을
실시하여야 한다. [개정 2008.2.29. 제8867
호(「방송통신위원회의 설치 및 운영에 관
한 법률」)]
제38조(권한의 위임) 방송통신위원회는 이법
에 의한 권한의 일부를 대통령령이 정하는
바에 따라 그 소속기관의 장 또는 체신청
장에게 위임·위탁할 수 있다. [개정 2008.
2.29. 제8867호(「방송통신위원회의 설치 및
운영에 관한 법률」)]

제 6 장 벌 칙

제39조(벌칙) 다음 각호의 1에 해당하는 자
는 5년 이하의 징역 또는 5천만원 이하의
벌금에 처한다.
1. 제5조제1항의 규정을 위반하여 허가를
받지 아니하고 위치정보사업을 하는 자
또는 속임수 그 밖의 부정한 방법으로
허가를 받은 자
2. 제17조의 규정을 위반하여 개인위치정
보를 누설·변조·훼손 또는 공개한 자

3. 제18조제1항·제2항 또는 제19조제1
항·제2항·제4항의 규정을 위반하여
개인위치정보주체의 동의를 얻지 아니
하거나 동의의 범위를 넘어 개인위치정
보를 수집·이용 또는 제공한 자 및 그
정을 알고 영리 또는 부정한 목적으로
개인위치정보를 제공받은 자
4. 제21조의 규정을 위반하여 이용약관에 명
시하거나 고지한 범위를 넘어 개인위치
정보를 이용하거나 제3자에게 제공한 자
5. 제29조제6항의 규정을 위반하여 개인
위치정보를 긴급구조 외의 목적에 사용
한 자
제40조(벌칙) 다음 각호의 1에 해당하는 자
는 3년 이하의 징역 또는 3천만원 이하의
벌금에 처한다. [개정 2007.12.21.] [[시행
일 2008.6.22]].
1. 제5조제7항의 규정을 위반하여 변경허
가를 받지 아니하거나 변경신고를 하지
아니하고 위치정보사업을 하는 자 또는
속임수 그 밖의 부정한 방법으로 변경
허가를 받거나 변경신고를 한 자
2. 제9조제1항의 규정을 위반하여 신고를
하지 아니하고 위치기반서비스사업을
하는 자 또는 속임수 그 밖의 부정한 방
법으로 신고한 자
3. 제13조제1항의 규정에 의한 사업폐지명
령을 위반한 자
4. 제15조제1항의 규정을 위반하여 개인의
동의를 얻지 아니하고 당해 개인의 위
치정보를 수집·이용 또는 제공한 자
5. 제15조제2항의 규정을 위반하여 타인의
정보통신기기를 복제하거나 정보를 도
용하는 등의 방법으로 위치정보사업자
등을 속여 타인의 개인위치정보를 제공
받은 자
제41조(벌칙) 다음 각호의 1에 해당하는 자
는 1년 이하의 징역 또는 2천만원 이하의
벌금에 처한다.
1. 제8조제1항·제2항, 제11조제1항·제2
항, 제23조 또는 제24조제4항의 규정을
위반하여 개인위치정보를 파기하지 아

니한 자

2. 제9조제3항의 규정을 위반하여 변경신고를 하지 아니하고 위치기반서비스사업을 하는 자 또는 속임수 그 밖의 부정한 방법으로 변경신고한 자

3. 제13조제1항의 규정에 의한 사업의 정지명령을 위반한 자

4. 제16조제1항의 규정을 위반하여 기술적·관리적 조치를 하지 아니하거나 제16조제2항의 규정을 위반하여 위치정보 수집·이용·제공사실 확인자료가 위치정보시스템에 자동으로 기록·보존되도록 하지 아니한 자

5. 제29조제3항의 규정을 위반하여 긴급구조기관의 요청을 거부하거나 제29조제5항의 규정을 위반하여 경보발송을 거부한 자[[시행일 2005.1.27.]]

제42조(양벌규정) 법인의 대표자나 법인 또는 개인의 대리인, 사용인, 그 밖의 종업원이 그 법인 또는 개인의 업무에 관하여 제39조부터 제41조까지의 어느 하나에 해당하는 위반행위를 하면 그 행위자를 벌하는 외에 그 법인 또는 개인에게도 해당 조문의 벌금형을 과(科)한다. 다만, 법인 또는 개인이 그 위반행위를 방지하기 위하여 해당 업무에 관하여 상당한 주의와 감독을 게을리하지 아니한 경우에는 그러하지 아니하다. [전문개정 2010.3.17.]

제43조(과태료) ① 다음 각 호의 1에 해당하는 자는 2천만원 이하의 과태료에 처한다.

1, 제5조제4항의 규정에 의한 허가조건을 위반한 자

2. 제7조제1항의 규정을 위반하여 인가를 받지 아니하고 사업을 양수하거나 합병·분할한 자

3. 제8조제1항 또는 제2항의 규정을 위반하여 승인을 얻지 아니하고 사업의 전부 또는 일부를 휴지하거나 폐지한 자

4. 제20조제1항의 규정을 위반하여 개인위치정보의 제공을 거절한 자

5. 제24조제2항의 규정을 위반하여 일시적인 중지 요구를 거절 또는 기술적 수단

을 갖추지 아니한 자

② 다음 각호의 1에 해당하는 자는 1천만원 이하의 과태료에 처한다.

1. 제10조제1항의 규정을 위반하여 사업의 양수, 상속 또는 합병·분할의 신고를 하지 아니한 자

2. 제11조제1항 또는 제2항의 규정을 위반하여 사업의 전부 또는 일부의 휴지·폐지를 신고하지 아니한 자

3. 제12조제1항의 규정을 위반하여 이용약관의 신고 또는 변경신고를 하지 아니하거나 제12조제2항의 규정에 의한 이용약관 변경명령을 위반한 자

4. 제15조제1항의 규정을 위반하여 소유자의 동의를 얻지 아니하고 이동성이 있는 물건의 위치정보를 수집·이용 또는 제공하거나 제15조제3항의 규정을 위반하여 위치정보 수집장치가 부착된 사실을 고지하지 아니한 자

5. 제18조제1항 또는 제19조제1항의 규정을 위반하여 이용약관명시의무를 다하지 아니한 자

6. 제18조제3항의 규정을 위반하여 개인위치정보를 수집한 자

7. 제19조제2항 또는 제3항의 규정을 위반하여 고지 또는 통보를 하지 아니한 자

8. 제22조의 규정을 위반하여 사업의 양도 등의 통지를 하지 아니한 자

9. 제24조제3항의 규정을 위반하여 열람, 고지 또는 정정요구를 거절한 자

10. 제25조제1항의 규정을 위반하여 법정대리인의 동의를 얻지 아니하고 개인위치정보를 수집·이용 또는 제공한 자

11. 제29조제1항의 규정에 따른 긴급구조요청을 허위로 한 자

12. 제29조제4항의 규정을 위반하여 개인위치정보의 제공사실을 통보하지 아니한 자

③ 제32조의 규정을 위반하여 통계자료를 제출하지 아니한 자는 500만원 이하의 과태료에 처한다.

④ 제1항, 제2항제1호 내지 제10호, 동항제

12호 및 제3항의 규정에 의한 과태료는 대통령령이 정하는 바에 따라 방송통신위원회가 부과·징수한다. [개정 2008.2.29. 제8867호(「방송통신위원회의 설치 및 운영에 관한 법률」)]

⑤ 제4항의 규정에 의한 과태료 처분에 불복이 있는 자는 그 처분의 고지를 받은 날부터 30일 이내에 방송통신위원회에 이의를 제기할 수 있다. [개정 2008.2.29. 제8867호(「방송통신위원회의 설치 및 운영에 관한 법률」)]

⑥ 제4항의 규정에 의하여 과태료 처분을 받은 자가 제5항의 규정에 의하여 이의를 제기한 때에는 방송통신위원회는 지체없이 관할법원에 그 사실을 통보하여야 하며, 그 통보를 받은 관할법원은 비송사건절차법에 따른 과태료의 재판을 한다. [개정 2008.2.29. 제8867호(「방송통신위원회의 설치 및 운영에 관한 법률」)]

⑦ 제5항의 규정에 의한 기간 이내에 이의를 제기하지 아니하고 과태료를 납부하지 아니한 때에는 국세체납처분의 예에 따라 이를 징수한다.

⑧ 제2항제11호의 규정에 따른 과태료는 대통령령이 정하는 바에 따라 소방본부장 또는 소방서장이 부과·징수한다.

⑨ 제5항 내지 제7항의 규정은 제8항의 규정에 의한 과태료 처분에 이를 준용한다. 이 경우 "방송통신위원회"와 "국세체납처분의 예"는 각각 "소방본부장 또는 소방서장"과 "지방세체납처분의 예"로 본다. [개정 2008.2.29. 제8867호(「방송통신위원회의 설치 및 운영에 관한 법률」)]

부칙[2005.1.27.]

① (시행일) 이 법은 공포 후 6월이 경과한 날부터 시행한다. 다만, 제29조 내지 제32조 및 제41조제5호, 제43조제2항제11호·제12호 및 제43조제8항의 규정은 공포한 날부터 시행한다.

② (위치정보사업 허가에 관한 경과조치) 이 법 시행 당시 위치정보사업을 하는 자는 이 법 시행일부터 3월 이내에 제5조제1항의 규정에 의하여 정보통신부장관의 허가를 받아야 한다.

③ (위치기반서비스사업 신고에 관한 경과조치) 이 법 시행 당시 위치기반서비스사업을 하는 자는 이 법 시행일부터 3월 이내에 제9조제1항의 규정에 의하여 정보통신부장관에게 신고하여야 한다.

④ (이용약관에 관한 경과조치) 이 법 시행 당시 위치정보사업 또는 위치기반서비스사업을 하는 자는 시행일부터 3월 이내에 제12조제1항의 규정에 의한 이용약관을 정하여 정보통신부장관에게 신고하여야 한다.

부칙[2006.9.27. 제8002호]

이 법은 공포한 날부터 시행한다.

부칙 [2007.4.11. 제8367호 (장애인복지법)]

제1조(시행일) 이 법은 공포 후 6개월이 경과한 날부터 시행한다.

제2조 내지 제4조 생략

제5조(다른 법률의 개정) ① 내지 ⑥ 생략
⑦ 위치정보의 보호 및 이용 등에 관한 법률 일부를 다음과 같이 개정한다.
제26조제1항제3호 중 "장애인복지법 제29조"를 "「장애인복지법」 제32조"로 하고, 같은 조 제2항제3호 중 "장애인복지법 제48조제1항제1호"를 "「장애인복지법」 제58조제1항제1호"로 한다.
⑧ 내지 ⑬ 생략

제6조 생략

부칙 [2007.5.25. 제8486호 (산업표준화법)]

제1조(시행일) 이 법은 공포 후 1년이 경과한 날부터 시행한다.

제2조 내지 제8조 생략

제9조(다른 법률의 개정) ① 내지 ⑪ 생략
⑫ 위치정보의 보호 및 이용 등에 관한 법률 일부를 다음과 같이 개정한다.
제34조제1항 단서중 "산업표준화법 제10조의 규정에 따른 한국산업규격이 제정되어 있는 사항에 대하여는 그 규격"을 "「산업표준화법」 제12조에 따른 한국산업표준이 제정되어 있는 사항에 대하여는 그 표준"으로 한다.
⑬ 내지 〈22〉 생략
제10조 생략

부칙[2007.12.21. 제8775호]

이 법은 공포 후 6개월이 경과한 날부터 시행한다.

부칙 [2008.2.29. 제8867호(방송통신위원회의 설치 및 운영에 관한 법률)]

제1조(시행일 등) 이 법은 공포한 날부터 시행한다.〈단서 생략〉
제2조부터 제6조까지 생략
제7조(다른 법률의 개정) ① 부터 ④ 까지 생략
⑤ 위치정보의 보호 및 이용 등에 관한 법률 일부를 다음과 같이 개정한다.
제5조제3항, 제43조제4항 중 "정보통신부장관이"를 "방송통신위원회가"로 한다.
제3조 각 호 외의 부분, 제5조제2항·제4항 제12조제2항, 제13조제1항 각 호 외의 부분 본문, 제14조제1항·제3항·제4항, 제16조제3항, 제33조제1항 전단 및 후단·제2항, 제34조제1항 본문·제2항·제4항, 제35조제1항·제2항, 제37조, 제38조 및 제43조제6항 중 "정보통신부장관은"을 각각 "방송통신위원회는"으로 한다.
제5조제6항·제7항, 제7조제1항, 제8조제3항, 제9조제1항·제3항, 제10조제1항, 제11조제3항, 제16조제3항, 제20조제2항, 제29조제5항 및 제34조제3항 중 "정보통신부령"을 각각 "대통령령"으로 한다.

제5조제1항·제7항, 제7조제1항, 제8조제1항·제2항 및 제36조제1항 중 "정보통신부장관"을 각각 "방송통신위원회"로 한다.
제9조제1항·제3항, 제10조제1항, 제11조제1항 전단·제2항 전단, 제12조제1항, 제32조 및 제43조제5항 중 "정보통신부장관에게"를 각각 "방송통신위원회에"로 한다.
제12조제2항 중 "전기통신기본법 제37조의 규정에 의한 통신위원회 심의를 거쳐 위치정보사업자등에게"를 "위치정보사업자등에게"로 한다.
제28조제1항 중 "전기통신기본법 제37조의 규정에 의한 통신위원회에"를 "방송통신위원회에"로 한다.
제36조제4항 중 "정보통신부차관"을 "방송통신위원회 부위원장"으로 하고, 같은 항 제1호 중 "과학기술부, 행정자치부, 건설교통부"를 "교육과학기술부, 행정안전부, 국토해양부"로 하며, 같은 항 제2호 중 "정보통신부장관"을 "방송통신위원회 위원장"으로 한다.
제38조제1항 중 "그 소속기관의 장에게 위임"을 "그 소속기관의 장 또는 체신청장에게 위임·위탁"으로 한다.
제43조제9항 중 "정보통신부장관과"를 "방송통신위원회와"로 한다.
⑥ 법률 제8775호 위치정보의 보호 및 이용 등에 관한 법률 일부개정법률 일부를 다음과 같이 개정한다.
제5조제7항 및 제9조제1항 중 "정보통신부장관에게"를 "방송통신위원회에"로 한다.
제5조제1항 및 제7항 중 "정보통신부장관"을 각각 "방송통신위원회"로 한다.
제5조제1항·제7항 및 제9조제1항 중 "정보통신부령"을 "대통령령"으로 한다.
⑦ 부터 〈20〉 까지 생략
제8조부터 제12조까지 생략

부칙[2009.3.13. 제9481호 (전기통신기본법)]

제1조(시행일) 이 법은 공포한 날부터 시행

한다.

제2조(다른 법률의 개정) ① 생략

② 위치정보의 보호 및 이용 등에 관한 법률 일부를 다음과 같이 개정한다.

제5조제2항을 삭제한다.

부칙[2009.3.13. 제9483호]

이 법은 공포 후 6개월이 경과한 날부터 시행한다.

부칙[2010.3.17. 제10137호]

이 법은 공포한 날부터 시행한다.

부칙[2010.3.22. 제10166호 (전기통신사업법)]

제1조(시행일) 이 법은 공포 후 6개월이 경과한 날부터 시행한다.

제2조부터 제6조까지 생략

제7조(다른 법률의 개정) ① 및 ② 생략

③ 위치정보의 보호 및 이용 등에 관한 법률 일부를 다음과 같이 개정한다.

제2조제1호 중 "전기통신기본법 제2조제2호 및 제3호의 규정에 따른"을 "「전기통신사업법」 제2조제2호 및 제3호에 따른"으로 한다.

④ 부터 ⑨ 까지 생략

제8조 및 제9조 생략

부칙[2011.3.30. 제10517호 (장애인복지법)]

제1조(시행일) 이 법은 공포 후 1년이 경과한 날부터 시행한다.

제2조 및 제3조 생략

제4조(다른 법률의 개정) ① 생략

② 위치정보의 보호 및 이용 등에 관한 법률 일부를 다음과 같이 개정한다.

제26조제2항제3호 중 "「장애인복지법」 제58조제1항제1호의 규정에 의한 장애인생활시설"을 "「장애인복지법」 제58조제1항제1호에 따른 장애인 거주시설"로 한다.

찾아보기

■ 저자 약력

김주영

서울대학교 법과대학 사법학과 졸업
서울대학교 대학원 법학과 석사(법사회학 전공)
서울대학교 대학원 법학과 박사(헌법, 법사회학 전공)
서울대학교 BK21 사업단 박사후연구원/계약조교수
홍익대학교, 백석대학교 강의
현, 명지대학교 법과대학 조교수
　　　한국공법학회 학술간사 등

[주요 논문]
한국헌법상의 '인간' 개념의 검토 - 전문용어학적 접근의 일례, 세계헌법연구(2011.4.)
전자주민증 도입에 대한 비판적 검토 - 2010년의 주민등록법 개정안을 중심으로, 공법연구(2011.2.)
미국의회의 입법평가제도에 관한 고찰, 입법평가연구(2010.9.)
한국지방자치제도의 입법사적 고찰 - 헌법과 지방자치법을 중심으로, 공법학연구(2010.5.)
법학의 과학성에 관한 시론, 서울대학교 법학(2009.3.)
현행헌법상의 '국가' 개념에 관한 고찰, 숭실대학교 법학논총(2008.8.)

[저서]
개인정보 보호법제에 관한 입법평가(공저), 한국법제연구원(2008)

손형섭

중앙대학교 법과대학 법학과 졸업
대한민국 해군장교복무(90기)
중앙대학교 대학원 법학석사(공법학 전공)
대한민국 관정장학재단 국외장학생(2기)
일본 도쿄대학교 법학박사(헌법학 전공)
서울대학교 학문후속세대연구원(Post-Doc.)
헌법재판소 헌법연구원
한국공법학회 연구간사, 한국헌법학회 정보간사 등
한국언론법학회 제1회 언론법 모의재판 운영위원
경찰대학, 고려대학, 단국대학, 서울시립대학, 중앙대학 강사
현, 경성대학교 법정대학 조교수
　　　한국헌법학회 총무간사

[주요 논문]
일본 재외선거제도와 그 시사점에 대한 연구, 공법연구(2011.2.)
인터넷 선거운동의 자유화에 관한 법적 연구 - Condorcet의 배심정리를 적용하여 -, 세계 헌법연구(2010.8.)
연예인의 프라이버시권 법리 - 일본의 "스마프 쫓아가기 사건"의 검토와 적용을 중심으로 -, 법조(2009.8.)
프라이버시권·명예권·언론의 자유의 법적관계 - 표현의 진실성을 중심으로 -, 언론과 법 제7권 제1호(2008)
プライバシー権と個人情報保護の憲法理論, 도쿄대학 박사학위논문(2008.3.)

[저서]
일본판례헌법(공역), 전남대학출판부(2011)
韓国憲法裁判所(監修)、日本加除出版株式会社(2010)
개인정보 보호법제에 관한 입법평가(공저), 한국법제연구원(2008)

개인정보 보호법의 이해

2012년 3월 25일 초판 인쇄
2012년 3월 30일 초판 1쇄 발행

저 자 김 주 영 · 손 형 섭

발행인 배 효 선

발행처 도서출판 **法 文 社**

주 소 413-756 경기도 파주시 문발동 526-3
등 록 1957년 12월 12일 제2 76호(윤)
전 화 031-955-6500~6, 팩 스 031-955-6525
e-mail(영업) : bms@bobmunsa.co.kr
　　　(편집) : edit66@bobmunsa.co.kr
홈페이지 http://www.bobmunsa.co.kr

조 판 광 암 문 화 사

정가 26,000원　　　ISBN 978-89-18-08019-2